무료 교재 MP3 이용 방법

방법 해커스인강(HackersIngang.com) 접속 ▶
상단메뉴 [토플 → MP3/자료 → 문제풀이 MP3] 클릭하여 다운받기

*QR코드로 [문제풀이 MP3] 바로 가기

| H | A | C | K | E | R | S |

LISTENING START

초판 11쇄 발행 2022년 11월 7일

초판 1쇄 발행 2004년 1월 3일

지은이	David Cho ǀ 언어학 박사, 前 UCLA 교수
펴낸곳	(주)해커스 어학연구소
펴낸이	해커스 어학연구소 출판팀

주소	서울특별시 서초구 강남대로61길 23 (주)해커스 어학연구소
고객센터	02-537-5000
교재 관련 문의	publishing@hackers.com
동영상강의	HackersIngang.com

ISBN	978-89-90700-07-0 (13740)
Serial Number	01-11-01

해커스가 만든 기본 리스닝

LISTENING START

PREFACE

토플시험뿐 아니라 유학생들의 강의 이해를 돕기위해 출간되었던 해커스 리스닝의 뒤를 이어, 리스닝을 처음 시작하는 분들의 안내자 역할을 할 리스닝 스타트를 여러분 앞에 선보이게 됨을 무척 기쁘게 생각합니다. 그 동안 기초 리스닝과 고급 리스닝을 연계하지 못해 안타까워했을 많은 학습자 분들을 위한 해커스만의 방법을 제시코자 이 책을 펴내게 되었습니다.

해커스 리스닝 스타트는 듣기 학습의 출발점을 정확하게 제시해주고 거기서부터 실력을 쌓아나가도록 하는데 초점을 맞추고 있습니다. 이 책은 청취에 필요한 기본 영어 발음 현상의 학습을 통해 소리 듣기를 연습할 뿐아니라 대화의 이해에 필요한 중요 구문과 필수 표현을 함께 공부하도록 하였습니다. 이를 통하여 실제시험에까지 접목할 수 있는 실전 감각을 익힐 수 있도록 함으로써 실질적인 도움을 제공하고자 하였습니다.

토플 시험을 준비하는 분들뿐만 아니라 영어 듣기의 기초를 탄탄히 다져, 리스닝에 대한 자신감을 키우고자 하는 모든 분들에게 해커스 리스닝 스타트가 길잡이 역할을 하리라고 자부합니다.

해커스 리딩 스타트, 라이팅 스타트, 그래머 스타트와 함께 초보자들을 위해 새롭게 탄생한 리스닝 스타트가 여러분이 겪어 갈 과정의 출발점에서부터 함께 할 든든한 동반자가 되기를 마음 깊이 기원합니다.

David Cho

Contents

정답 · Script · 해석 · 해설

TOEFL LISTENING 소개

● ● ● ● TOEFL LC에는 30set과 49set이 있으며 각각 40분에서 60분의 시간이 주어집니다.
LC는 또한 크게 두 개의 Part로 나누어지는데, Part A에는 짧은 대화를 듣고 푸는 문제가 출제되고 Part B
에는 긴 대화와 토론 및 강의를 듣고 푸는 문제가 출제됩니다.

1. TOEFL LISTENING의 구성

Set	Type		지문 및 문제 수	시간
30set	Part A	짧은 대화	11개 지문 / 각 1문제	40분
	Part B	긴 대화	2개 지문 / 각 2-3문제	
		토론 및 강의	4개 지문 / 각 3-6문제	
49set	Part A	짧은 대화	17개 지문 / 각 1문제	60분
	Part B	긴 대화	3개 지문 / 각 2-3문제	
		토론 및 강의	5-6개 지문 / 각 3-6문제	

2. CBT TOEFL의 특징

❶ CAT 방식
CBT TOEFL LISTENING은 컴퓨터 적응 방식(Computer Adaptive Test)이기 때문에 처음 3-
4개의 문제가 상당히 중요합니다. 다시 말해 이 질문들을 맞추면 시험의 난이도는 올라가고 그에 따라
더 고득점을 얻을 확률이 커집니다.

❷ 사진과 문제 화면
사진은 대화를 이해하는데 도움을 줄 수는 있으나 사진에 나오는 사람들의 외모나 동작, 배경이 정답을
맞추는 것과는 관련이 없습니다. 단, Part B의 토론 및 강의에서는 과목명이 화면에 나오므로 주의해서
보는 것이 그 내용을 이해하는 데 도움이 됩니다. 대화나 강의를 들려주는 동안 사진이 나오고, 대화가
강의가 끝나면 문제가 화면에 뜹니다.

초보 TOEFL LISTENING 전략

01
기본기를 확실히 익힌다.

토플 LC를 잘 하기 위해서는 기본적인 LC에 필요한 연습을 꾸준히 해봐야 합니다. 발음 현상부터 시작하여, 소리를 듣고 어떻게 이해하는 가, 그것을 위해 필요한 문법 및 구문 지식에는 어떤 것이 있는 가, 알아두어야 할 숙어나 관용어구 표현에는 어떤 것이 있나가 바로 여기에 속하게 됩니다.

02
Part 별 기출 어휘 및 주제에 익숙해진다.

기본기를 다진 후에는 TOEFL LC의 Part 별로 자주 출제되는 어휘와 주제에 익숙해져야 합니다. 아는 만큼 들리게 마련이기 때문이죠. 자신이 알지 못하는 단어나 표현, 또는 익숙하지 못한 주제를 바로 듣고 이해하기란 불가능하므로 이러한 사전 지식들을 구비하는 것이 중요합니다.

03
많이 받아 써 본다.

처음 듣기를 시작하는 사람들의 좋은 공부 방법 중 하나가 받아 쓰기(Dictation)입니다. 좀 어렵더라도 자꾸 받아 쓰다 보면, 자신이 어느 부분에 취약한지, 어떤 단어가 잘 들리지 않는지를 쉽게 파악할 수 있습니다.

04
반복해서 듣기를 연습한다.

LC의 고수가 되는 지름길은 무엇보다 반복해서 듣는 것입니다. 실력이 어느 정도 늘었다고 여겨 실제 듣기 연습을 게을리하다 보면, 감각이 금세 약화되는 것을 느낄 수 있습니다. 많이 듣는 것만큼 듣기 실력을 빠르게, 그리고 확실하게 향상시켜줄 수 있는 방법은 없습니다.

책의 특징 Character

01 초보를 위한
영어 청취 기본서

토플뿐만 아니라 일반적인 리스닝 학습을 기초 단계부터 시작하고자
하는 사람들에게 꼭 필요한 내용만을 단계적으로 공부할 수 있도록 구
성하였다. 왜 초보자들에게 리스닝이 어렵게 느껴지는 지를 진단하고
그에 대한 체계적이고도 구체적인 해결책을 제시하고 있다.

02 기초 리스닝
4주 완성

리스닝의 기초를 4주 만에 다질 수 있도록 구성하였다. 너무 많지도,
너무 적지도 않은 양을 하루 학습량으로 제시함으로써 체계적이고도
효율적으로 리스닝을 학습할 수 있도록 하고 있다.

03 리듬을 즐기며
리스닝 실력 늘리기

단어의 뜻과 발음을 정확하게 익힐 수 있도록 모든 본문 내용을 MP3
에 실었을 뿐만 아니라, 여기에 chant를 삽입하여 리듬을 즐기면서 단
어의 정확한 발음을 익히도록 하였다. 자칫 지루해지기 쉬운 발음 연
습을 재미있게 함으로써 리스닝 실력을 효과적으로 향상시키도록 하
였다.

04 발음 현상, 강세,
억양 총정리

리스닝 초보에게 꼭 필요한 영어의 기본 발음과 연음 현상, 강세와 억
양의 원칙을 총정리 하였다. 또한 이 내용을 실제 토플 듣기에 그대로
적용할 수 있도록 예문과 연습 문제를 구성하였다.

05 핵심 표현과
구문 정리

리스닝에 있어서 필수적인 구문과 표현을 정리해줌으로써 초보들이
우선 공부해야 할 것이 무엇인지를 제시하고 있다. 또한 리스닝에 초
점을 맞춘 구문 학습법을 제공하여, 초보들이 문법에 대한 큰 부담 없
이 리스닝을 해낼 수 있도록 하였다.

06	영어 청취의 단계적 공략	초보가 꼭 익혀야 할 기본기에서부터, 실전에서 꼭 필요한 문제 풀이 능력과 감각을 단계적으로 익힐 수 있도록 하였다. 1주에서 기본기를 다진 후, 이를 적용하여 2주에서는 짧은 대화를, 3주에서는 긴 대화와 강의를 공략할 수 있게 하였으며, 마지막 4주에서는 실전에 가까운 문제들을 연이어 풀어봄으로써 실전 감각을 익히도록 하였다.
07	리스닝 문제 유형 완전 분석	짧은 대화와 긴 대화, 그리고 토론 및 강의의 문제 유형별로 세부 단원을 구성하여 각 문제 유형의 특징과 전략을 상세하게 제시하고 있다. 또한 여기서 제시된 전략을 다양한 연습 문제에 적용시켜봄으로써 시험에 출제되는 문제 유형을 효과적으로 익힐 수 있게 하였다.
08	받아쓰기를 통한 청취력 강화	듣기 실력을 향상하는데 있어 꼭 필요한 받아쓰기(Dictation)연습을 충분히 할 수 있도록 구성하였다. 이를 통해 자신이 잘 듣지 못하는 부분이 어디이며, 보충해야 할 부분이 어디인지를 파악할 수 있게 된다. 또한 초보 단계에서 문장을 정확하게 듣는 기반을 다질 수 있다.
09	다양한 연습 문제를 통한 실전 대비	기본기뿐만 아니라 실전 문제에서도 단계적으로 꼭 연습해야 하는 내용들을 Exercise와 Daily Check-up, Daily Test에 담고 있다. 또한 4주에서는 실전에 가까운 연습 문제를 풀어봄으로써 실전에 충분히 대비할 수 있도록 하였다.
10	www.goHackers.com을 통한 상호 피드백	다른 해커스 교재들과 마찬가지로, 혼자서 해결하기 어려운 문제나 의문점들을 Hackers TOEFL 웹사이트(www.goHackers.com)상에서 나눠볼 수 있도록 하고 있다. 이를 통해 여러 사람과 함께 공부하는 효과를 얻을 수 있다.

책의 구성　Organization

01 학습 방법

학습자들이 자신의 실력을 미리 진단하고 이 책을 공부하는 목적을 확인하여 자신에게 맞는 학습법을 알려주기 위하여 '나에게 맞는 학습법' 코너를 마련하였다. 또한 개별 학습과 스터디 학습에서 이 책을 효과적으로 활용할 수 있는 구체적인 학습 방법을 제시하고 있다.

02 1주
Listen & Check

1주의 핵심적인 학습 내용에 관련된 예문을 미리 들어보고 자신의 상태를 확인해볼 수 있도록 하였다. 이를 통해 왜 그 단원을 공부해야 하며, 단원을 공부한 후에는 무엇을 알고 있어야 하는 지를 보다 확실하게 짚어볼 수 있다.

03 Course 별
본문 구성

1주 6일 동안의 학습은 Course별로 진행된다. 각 Course별로 핵심적인 내용을 본문에서 간략하게 정리하고 이를 MP3에 수록함으로써 실제 리스닝에 도움이 되도록 하였다. 이러한 구성을 통해 매일의 학습 내용을 머리 속에서 명확하게 정리해 볼 수 있다.

04 1주
Exercise

1주의 각 Course별 세부 항목마다 학습한 내용을 점검해볼 수 있는 Exercise가 따라온다. 일괄적인 양식이 아닌 각 단원의 내용에 맞춘 다양한 연습 문제들을 수록함으로써 그 내용을 숙지하고 있는 지를 가장 효율적으로 점검해볼 수 있도록 하였다.

05 1-3주
Daily Check-up

1주부터 3주 사이에 매일매일 학습한 내용을 종합적으로 점검해볼 수 있도록 한 코너이다. 각 단원별로 연습해야 할 내용을 다양하게 수록하였을 뿐 아니라, 받아쓰기 위주의 연습 문제를 수록하여 자신이 제대로 듣지 못하는 부분이 어디인지, 그 이유는 무엇인지를 정확하게 진단할 수 있도록 하였다.

06 | 2-3주 Example

2-3주의 Example에서는 문제 유형별로 실제 출제 되는 문제를 미리 보여주고, 그 문제를 푸는데 있어서 핵심적인 전략과 주의해야 할 오답 유형을 상세하게 분석하고 있다.

07 | 2-3주 Daily Test

2-3주에서 매일 학습한 내용을 토대로 실전 문제를 풀어볼 수 있도록 한 코너이다. 각 문제 유형별로 실제 문제가 어떻게 출제되는 지를 보여주고, 이를 집중적으로 공부할 수 있도록 구성하였다.

08 | Progressive test & Actual Test

4주에서는 2-3주 보다 좀 더 난이도 있는 문제들을, 실전과 유사한 형태로 구성하여 실전시험 유형을 익히도록 하였다. 5회의 Progressive Test를 통해 실전에 대한 감각을 익히면서 자신이 기본기를 충실히 다졌는지를 최종적으로 점검해볼 수 있으며, 마지막 Actual Test를 통해 자신이 공부한 내용을 실전 시험에서 어느 정도 적용할 수 있는 지를 점검해볼 수 있도록 하였다.

09 | 단어 및 표현 정리

본문의 하단에는 각 페이지 별로 중요한 단어와 표현들을 정리하였다. 이러한 구성을 통해 문제를 풀어본 후, 잘 모르는 단어들을 곧바로 확인할 수 있도록 하였다. 특히 어휘력이 부족하여 리스닝이 어렵다고 느껴지는 학습자라면 단어를 미리 외워두고 듣기에 임하는 것도 좋은 방법이다.

10 | 정답, Script, 해석, 해설

모든 연습 문제에 대한 script에는 정확한 해석뿐만 아니라 상세한 해설을 덧붙였다. 이를 통해 학습자들이 본문 내용을 정확하게 이해하고 문제를 풀이하는데 있어서 어려움이 없도록 하였다.

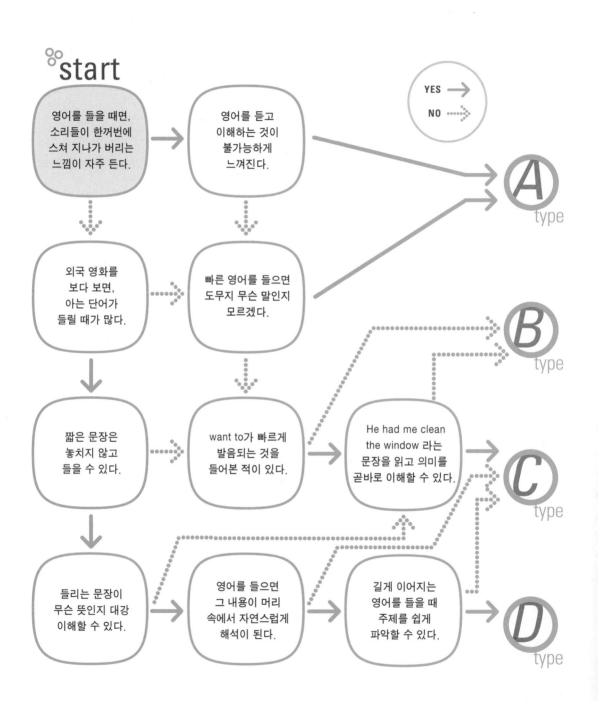

start

영어를 들을 때면, 소리들이 한꺼번에 스쳐 지나가 버리는 느낌이 자주 든다.

영어를 듣고 이해하는 것이 불가능하게 느껴진다.

YES →
NO ┈┈>

Ⓐ type

외국 영화를 보다 보면, 아는 단어가 들릴 때가 많다.

빠른 영어를 들으면 도무지 무슨 말인지 모르겠다.

Ⓑ type

짧은 문장은 놓치지 않고 들을 수 있다.

want to가 빠르게 발음되는 것을 들어본 적이 있다.

He had me clean the window 라는 문장을 읽고 의미를 곧바로 이해할 수 있다.

Ⓒ type

들리는 문장이 무슨 뜻인지 대강 이해할 수 있다.

영어를 들으면 그 내용이 머리 속에서 자연스럽게 해석이 된다.

길게 이어지는 영어를 들을 때 주제를 쉽게 파악할 수 있다.

Ⓓ type

 **왕초보형**

기본적인 어휘력과 구문 지식이 부족할 뿐 아니라, 영어 듣기에서 꼭 알아두어야 할 원리가 무엇인지 아직 잘 모르고 있는 상태입니다. 어휘력을 꾸준히 늘려감과 동시에, 영어의 발음 현상을 실제로 들으며 익혀야 합니다. 1주를 여러 번 복습하여 확실히 익힌 후 2,3,4 주를 공부하도록 하세요.

 **초보형**

어휘력과 구문 지식은 어느 정도 갖추었으나, 실제 이 표현들이 어떻게 들리는 가에 대한 감각, 즉 청취력이 부족한 상태입니다. 잘 안다고 생각했던 단어들을 실제 원어민의 발음으로 들으며 다시 외워볼 필요가 있습니다. 시간을 들여 1주를 공부한 후, 특히 2,3,4 주의 dictation 부분을 충분히 연습하시기 바랍니다.

 **일반형**

청취력과 구문 지식은 어느 정도 갖추었으나, 들리는 영어를 어떻게 이해하는 가에 대한 감각이 부족한 상태입니다. 구어체 표현과 관용적인 표현들을 많이 익히고, 특히 2주에서 표현을 다른 말로 옮기는 연습을 충분히 하시기 바랍니다.

 **중급형**

리스닝에 대한 감각을 어느 정도 갖추고 계시군요. 1주를 실제 스케줄보다 빨리 마무리하시고, TOEFL 유형에 익숙해지는데 초점을 맞추어 2, 3, 4주를 공부하세요.

1 | 개별 학습

❶ 당일 분량의 본문을 학습한 뒤 본문 내용을 적용 시켜 Exercise 및 Daily Check-up, Daily Test를 풀어본다.

❷ 예습법: 미리 모르는 단어를 공부한다.

❸ 본문 학습법: MP3를 들으며 따라 하고, dictation을 통해 자신이 취약한 부분을 점검한다.

❹ 복습법: 취약한 부분을 중심으로 여러 번 반복해서 듣는다.

2 | 스터디 학습

❶ 함께 녹음된 내용을 듣고 답을 비교해 본 후, 혼란스러운 부분이 있다면 그 이유가 무엇인지 파악해본다.

❷ Daily Check-up에서 Dictation 한 내용을 답을 확인하기 전에 비교해 본다.

❸ 긴 대화, 강의, 토론을 듣고, Key word와 대화의 주제를 간략하게 이야기 해본다.

Study Plan

1st week	Day	1st day	2nd day	3rd day	4th day	5th day	6th day	7th day
	Progress	1주 1일	1주 2일	1주 3일	1주 4일	1주 5일	1주 6일	1주 복습

2nd week	Day	8th day	9th day	10th day	11th day	12th day	13th day	14th day
	Progress	2주 1일	2주 2일	2주 3일	2주 4일	2주 5일	2주 6일	2주 복습

3 | 보충 학습

❶ 구어체 표현을 많이 익힌다.

❷ 강의, 토론에 등장하는 Topic별 단어들을 많이 익힌다.

❸ 필수 구문을 확실히 익히고 이것을 듣기에 적용하는 것까지를 연습한다.

❹ 본문에서 dictation 부분이 따로 없는 내용까지도 dictation을 해본다.

4 | 학습 Tip

❶ 자신이 취약한 부분이 발음 부분인지, 어휘 부분인지, 문법 부분인지를 정확하게 파악하여, 그 부분을 중점적으로 공부한다.

❷ script을 보지 않고 짧은 문장을 듣고 따라 해본다.

❸ 강의나 긴 대화를 들으며 전체 내용을 머리 속에 그리는 연습을 해본다.

❹ 실전 문제를 풀 때는 정해진 시간 내에 풀어보고, 풀이를 할 때는 앞 단원에서 배운 내용을 연계시켜서 학습한다.

3rd week	Day	15th day	16th day	17th day	18th day	19th day	20th day	21st day
	Progress	3주 1일	3주 2일	3주 3일	3주 4일	3주 5일	3주 6일	3주 복습

4th week	Day	22nd day	23rd day	24th day	25th day	26th day	27th day	28th day
	Progress	4주 1일	4주 2일	4주 3일	4주 4일	4주 5일	4주 6일	4주 복습

기본기 다지기

Hackers Listening Start

1주에서는 리스닝 실력을 향상시키기 위해 다져야 할 기본기를 익혀보도록 하겠습니다. 여기에는 가장 중요한 기본기인 영어의 발음 현상을 제대로 알고 듣는 것에서부터, 주의해야 할 강세와 억양, 듣기를 위해 꼭 알고 있어야 할 중요 구문과 필수 표현들을 이해하는 것까지가 모두 포함됩니다.

1주 Introduction
기본기 다지기

1. Listening의 기본기

❶ 기본 발음을 듣고 구분할 수 있다.

독해보다도 듣기가 어렵게 느껴지는 가장 큰 이유는, 영어를 귀로 듣는 것에 익숙해져 있지 않기 때문입니다. 흔히 눈으로 자주 본 단어들은 들어서도 알 수 있다고 생각하지만, 기본 발음을 정확하게 구분해내지 못하면 아주 간단한 단어조차도 알아듣지 못하게 됩니다. 그러므로 영어 자·모음과 개별 단어의 발음을 귀로 정확하게 듣고 구분해내는 것이 리스닝에 있어서는 매우 중요한 기본기가 됩니다.

❷ 연음 되는 단어들을 듣고 구분할 수 있다.

개별 단어나 음절의 소리를 제대로 발음하고 듣는다 해도, 이 단어들이 이어져서 빠르게 들리면 금세 그 소리를 따라가지 못하고 흐름을 놓쳐버리는 경우가 많습니다. 이는 기본적인 연음 현상에 익숙해져 있지 않기 때문입니다. 그러므로 단어들이 연음 되면서 소리에 어떤 변화가 일어나는가를 듣고 구분하는 것은 매우 중요합니다.

❸ 강세와 리듬을 따라 영어를 들을 수 있다.

듣기를 할 때 말하는 사람의 억양과 강세를 따라서 듣는 것은 전체 내용을 파악하는데 매우 중요한 역할을 합니다. 화자는 자신이 말하고자 하는 핵심 내용을 강조해서 말하거나 억양에 변화를 주어 말하게 마련이므로, 이 억양과 강세를 통해서 화자의 대체적인 의도를 파악할 수 있기 때문입니다.

❹ 들리는 순서대로 끊어서 이해할 수 있다.

듣기를 할 때는 문장을 끝까지 다 듣고 해석을 하는 것이 불가능하므로, 적당한 곳에서 문장을 끊어서 순차적으로 이해하는 능력을 기를 필요가 있습니다. 이 기본기를 길러둔다면 아무리 긴 문장을 듣더라도 그 내용을 정확하게 이해한 후 기억해둘 수 있습니다.

❺ 중요한 구문과 표현을 듣고 이해할 수 있다.

영어 문장의 중요한 구문 원칙과 관용적으로 쓰이는 표현들을 알지 못하면, 영어가 아무리 잘 들린다 하더라도 내용을 정확하게 이해하는 것은 불가능합니다. 그리고 이러한 구문과 표현을 이미 알고 있다 하더라도 이것을 듣고 곧바로 이해하려면 그 예를 많이 들어보는 것이 중요합니다.

2. Listening의 기본기 다지기

❶ 개별 단어와 이어지는 단어들을 MP3로 들으며 따라 해본다.

기본적인 영어 발음과 연음 된 단어들의 발음을 제대로 알기 위해서는, MP3를 통해 그 예들을 많이 듣고 따라 발음해 보는 것이 중요합니다. 이를 통해 두, 세 단어가 이어질 때의 소리에 대한 감각을 익혀두면, 이것이 긴 문장의 듣기로 연결될 수 있습니다.

❷ 받아쓰기를 통해 자신이 잘 듣지 못하는 단어를 정확하게 파악한다.

받아쓰기는 초보자들이 듣기 실력을 향상하는데 있어 매우 효율적인 방법입니다. 한 번 듣고 쓸 수 있는 단어들을 몇 개만이라도 적어본 후, 두세 번 더 들어 문장 단위를 완성해봅니다. 이를 통해서 자신이 잘 듣지 못하는 소리가 무엇인지를 파악하고 그것을 집중적으로 연습해야 합니다.

❸ 영어를 순차적으로, 끊어서 이해하는 습관을 기른다.

처음부터 영어를 순서대로 듣고 이해하기가 어렵다면, script을 보면서 들리는 문장을 순서대로 이해해봅니다. 이 때 문장을 크게 끊는 기준은 구나 절이기 때문에, 구나 절의 쓰임을 잘 알아두어야 합니다.

❹ 중요 구문과 필수 표현을 듣고 곧바로 이해하는 능력을 기른다.

자신이 알고 있는 구문이나 표현이 들어있는 문장을 많이 듣다 보면, 실제 듣기에서 이 구문과 표현을 듣게 될 때 자연 스럽게 의미가 이해됩니다. 물론 눈으로 중요 구문과 표현들을 익히는 것이 선행되어야 하겠지만, 이것을 듣기로 연결 시키는 연습도 꾸준히 해야 합니다.

"아는 단어도 들으면 모르겠어요."

실제 듣기를 하다 보면 전혀 생소한 단어가 튀어나올 때가 많을 것입니다. 그런데 나중에 확인해보면 이 단어들이 정말 모르는 단어이기 보다, 잘 아는 단어일 경우가 더 많은 걸 경험했을 텐데요. 이런 현상이 일어나는 이유는 그동안 단어를 들으면서 외우지 않았기 때문입니다. **독해에선 눈으로 외운 단어가 필요하다면, 리스닝에선 귀로 외운 단어가 필요하거든요.**
첫째 날에는 흔히 발음을 잘못 알고 있는 단어들, 발음이 비슷해서 혼동을 주는 단어들, 토플에 자주 등장하므로 꼭 알아두어야 할 단어들을 귀로 외워 내 것으로 만드는 연습을 해보겠습니다.

⊕ 1일 훈련 일정

훈련 코스	학습 목표	학습 내용
Course 1 단어, 소리로 다시 외우기	발음을 잘못 알고 있던 단어들을 제대로 발음하고, 들을 수 있다.	❶ 외래어 제대로 듣기 ❷ 약화된 모음 소리 듣기
Course 2 비슷한 발음 구분해내기	소리가 비슷한 자모음과 혼동하기 쉬운 단어들을 구별한다.	❶ 영어의 자·모음소리 구분하기 ❷ 발음이 같거나 유사한 단어 구분하기
Course 3 단어의 다양한 쓰임 알기	토플에서 자주 등장하는 단어의 소리를 익히고 의미를 함께 연상한다.	❶ 다의어 익히기 ❷ 대학 생활 관련 단어 익히기

Course 1 　단어, 소리로 다시 외우기

① 잘못 알고 있는 외래어는 들리지 않는다.

> 🎧 Listen & Check
>
> I have a seafood **allergy**. 　　　나는 해산물에 알레르기 반응이 있다.
>
> He is an **amateur** singer. 　　　그는 아마추어 가수이다.

예문을 눈으로 훑었을 때, 이미 머리 속에 '알레르기' 라는 발음과 '아마추어' 라는 발음이 떠오르는 분들이 많을 것입니다. 하지만 실제 발음을 들어보면 'allergy' 의 정확한 발음은 '앨러쥐' 에 가깝고, 'amateur' 는 '애머춰' 에 가깝습니다. 이와 같이 사람들의 머리 속에 잘못된 발음으로 굳어진 외래어들이야말로 리스닝을 어렵게 하는 큰 이유 중 하나입니다. 이와 같은 외래어의 대표적인 예들을 최대한 많이 들어서 올바른 발음을 익혀봅시다.

🎧 귀로 다시 외워야 할 외래어

단어	보이는 발음	들리는 발음	단어	보이는 발음	들리는 발음
ae**ro**bic	에어로빅	[에로우빅]	**fi**lm	필름	[필음]
alu**mi**num	알루미늄	[얼루미념]	ide**o**logy	이데올로기	[아이디알러지]
bac**te**ria	박테리아	[백티(어)리어]	in**te**rior	인테리어	[인티(어)리어]
battery	배터리	[배러리]	**i**tem	아이템	[아이럼]
calendar	카렌다	[캘린더]	**la**bel	라벨	[레이블]
calorie	칼로리	[캘러리]	**ma**rathon	마라톤	[매러손]
camera	카메라	[캐므라]	**mar**garine	마가린	[마ㄹ저린]
ca**reer**	캐리어	[커리어]	**mar**keting	마케팅	[마ㄹ키링]
ca**ssette**	카세트	[커셋트]	**mi**ssile	미사일	[미슬]
catalogue	카탈로그	[캐덜로그]	**mo**del	모델	[마들]
cocoa	코코아	[코우코(우)]	**te**lepathy	텔레파시	[털레퍼시]
coupon	쿠폰	[쿠펀]	**vi**tamin	비타민	[바이러민]
data	데이타	[데이러]	**yo**gurt	요구르트	[요거ㄹ트]

↪ 영어 발음을 우리말로 표기하는 데는 한계가 있으므로 반드시 음성을 들으면서 발음을 익혀야 합니다.
↪ 2음절 이상의 단어에서는 강세가 있는 음절을 진하게 표시하였으며, 1음절 단어의 강세 표시는 생략하였습니다.

Exercise

A. 들려주는 발음이 어떤 단어인지 찾아 그 기호를 쓰세요.

보기	A. 헤게모니	B. 르네상스	C. 카누	D. 마사지	E. 이탈리아
	F. 헬리콥터	G. 뷔페	H. 레퍼토리	I. 심포지엄	J. 카운슬러

1. _____   3. _____   5. _____   7. _____   9. _____

2. _____   4. _____   6. _____   8. _____   10. _____

B. 들려주는 단어를 듣고 받아써 보세요.

1. _____   4. _____   7. _____

2. _____   5. _____   8. _____

3. _____   6. _____   9. _____

C. 다음 문장의 빈 칸을 채워 보세요.

1. I had a _____ for lunch.

2. All you need is her _____ to add the class.

3. You should call everyone to collect the _____ .

4. Check out the cost of renting _____ first.

5. She is a _____ .

정답 ▌ p 266

＊단어 및 표현

hegemony[hédʒəmòuni] 지배권, 패권주의   symposium[simpóuziəm] 토론회, 심포지움   add the class 수업을 추가 신청하다
rent[rent] 임대하다

② 강세가 없는 모음은 거의 안 들린다.

> 🎧 Listen & Check
>
> The book can be placed in the **category** of science fiction.
> 그 책은 공상 과학 분야에 포함될 수 있다.
>
> He wants to enter the naval **academy**.
> 그는 해군 사관학교에 입학하고 싶어한다.

흔히 '카테고리' 그리고 '아카데미' 로 굳어져 사용되는 두 단어 'category' 와 'academy' 의 정확한 발음을 들어보세요. 우리 말로 표기하자면 '캐러고리' 와 '어캐더미' 에 가깝게 들릴 것입니다. 이처럼 영어 단어에서는 강세가 없는 모음이 매우 약해져 거의 '어' 나 '으' 에 가까운 발음이 되어 버립니다. 이 때 강세가 있는 모음은 상대적으로 매우 강하게 들리죠. 아래의 단어들은 강세를 제대로 알지 못해, 실제 발음과 흔히 알고 있는 발음이 다르게 들리는 예들입니다. 강세에 유의하여 발음을 익혀봅시다.

🎧 강세를 알아두어야 할 단어들

단어	보이는 발음	들리는 발음	단어	보이는 발음	들리는 발음
ac**cord**ing	어코딩	[(어)코ㄹ딩]	bal**loo**n	벌룬	[(벌)룬]
ad**mit**	어드밑	[(언)밑]	be**cau**se	비코우즈	[비커즈]
ad**van**ce	어드밴스	[(언)밴스]	car**toon**	카툰	[(커ㄹ)툰]
af**ford**	어포드	[(어)포ㄹ드]	de**mo**cracy	데모크라시	[(드)마크러시]
ap**pear**	어피어	[(어)피어]	le**gi**timate	리지터밑	[(리)지러밑]
as**sure**	어슈어	[(어)슈어]	ma**te**rial	머티어리얼	[(머)티리얼]
Athens	아테네	[애(쓴)즈]	**no**vel	나벌	[나(블)]
atom	애톰	[애(럼)]	**po**em	포엠	[포(엠)]
at**tend**	어텐드	[(어)텐드]	**sen**timent	센티먼트	[세(너)먼트]

Exercise

A. 들려주는 단어를 듣고 받아써 보세요.

1. _____   4. _____   7. _____

2. _____   5. _____   8. _____

3. _____   6. _____   9. _____

B. 들려주는 문장에서 어떤 단어를 발음하고 있는지 찾아보세요.

1. Ⓐ attend   Ⓑ tend   4. Ⓐ attempt   Ⓑ tempt
2. Ⓐ assure   Ⓑ sure   5. Ⓐ admit   Ⓑ meet
3. Ⓐ apply   Ⓑ fly   6. Ⓐ room   Ⓑ balloon

C. 다음 문장의 빈 칸을 채워 보세요.

1. Thanks for _____ me.

2. You can get the _____ at any supermarket.

3. Seven courses in one _____ is just too much.

4. My landlord just _____ the rent increase for the next year.

5. She has been to _____ twice.

정답 ▮ p 266

* 단어 및 표현

sentiment[séntəmənt] 감정, 정서   legitimate[lidʒítəmit] 합법적인   attempt[ətémpt] 시도하다   ingredient[ingríːdiənt] 재료, 성분   rent increase 집세 인상

Course 2 비슷한 발음 구분해내기

① 비슷하게 들리는 자음과 모음을 구분한다.

🎧 Listen & Check

He was a **fast** runner in the **past**.　그는 과거에 발 빠른 육상 선수였다.

Before **long**, he turned out to be **wrong**.　오래지 않아, 그가 틀렸다는 것이 밝혀졌다.

첫 번째 예문의 'fast' 와 'past' , 두 번째 예문의 'long' 과 'wrong' 처럼 소리가 유사한 자·모음으로 인해 혼동하기 쉬운 대표적인 단어들을 잘 듣고 확실히 구분할 수 있도록 합시다.

🎧 발음을 혼동하기 쉬운 단어들

[l] & [r]	lock [lɑk] rock [rɑk]	low [lou] raw [rɔ:]	gloss [glɑs] gross [grous]	lift [lift] rift [rift]	fly [flai] fry [frai]
	[l]은 우리 말의 'ㄹ' 발음과 비슷하게 입천장에 혀를 대고 내는 소리이며, [r]은 혀를 입천장 가까이로 가져간 후 입을 둥글게 해서 내는 소리입니다.				
[b] & [v]	bent [bent] vent [vent]	bail [beil] veil [veil]	ban [bæn] van [væn]	bow [bau] vow [vau]	bury [béri] very [véri]
	[b]는 우리 말의 'ㅂ' 발음과 비슷하게 입술을 붙였다가 떼며 내는 소리이고, [v]는 윗니를 아랫입술에 댄 채 목소리를 울리며 내는 소리입니다.				
[f] & [p]	file [fail] pile [pail]	coffee [kɔ́(:)fi] copy [kápi]	fair [fɛər] pair [pɛər]	fat [fæt] pat [pæt]	a fly [əflái] apply [əplái]
	[p]는 우리 말의 'ㅍ' 발음과 비슷하게 입술을 붙였다가 떼며 내는 소리이고, [f]는 윗니를 아랫입술에 댄 채로 바람을 새어나가게 하여 내는 소리입니다.				
[ɔ] & [ou]	bought [bɔ:t] boat [bout]	lawn [lɔ:n] loan [loun]	caught [kɔ:t] coat [kout]	ball [bɔ:l] bowl [boul]	bald [bɔ:ld] bold [bould]
	[ɔ]는 입 모양을 둥글게 한 채 발음하는 우리 말의 '오' 와 '아' 의 중간 소리이며, [ou]는 입을 '오' 와 같이 했다가 '우' 와 가까운 모양으로 바꾸며 내는 소리입니다.				
[i:] & [i]	feet [fi:t] fit [fit]	leaves [li:vz] lives [livz]	neat [ni:t] knit [nit]	seep [si:p] sip [sip]	least [li:st] list [list]
	[i:]는 혀를 긴장시킨 채 입술을 옆으로 크게 벌리고 길게 '이' 라고 발음하고, [i]는 혀와 입술에 힘을 빼고 짧게 '이' 라고 발음합니다.				

Exercise

🎧 A. 들려주는 단어를 듣고 받아써 보세요.

1. _____   4. _____   7. _____

2. _____   5. _____   8. _____

3. _____   6. _____   9. _____

🎧 B. 들려주는 문장에서 어떤 단어를 발음하고 있는지 찾아보세요.

1. Ⓐ best   Ⓑ vest   4. Ⓐ rice   Ⓑ lice

2. Ⓐ feinting   Ⓑ painting   5. Ⓐ beat   Ⓑ bit

3. Ⓐ call   Ⓑ coal   6. Ⓐ a fly   Ⓑ apply

🎧 C. 다음 문장의 빈 칸을 채워 보세요.

1. He mowed his neighbor's _____ to pay for the interest on the _____.

2. Do not _____ your _____ up on my desk.

3. It will _____ you lots of money to spend the holidays on the _____.

4. I _____ that the _____ can treat the parrot.

5. The _____ was shining on the _____ .

정답 ▮ p 266

＊단어 및 표현

rift[rift] 틈, 분열   largely[láːrdʒli] 주로, 대부분   live on ~을 주식으로 하다   mow the lawn 잔디를 깎다   vet[vet] 수의사
treat[triːt] 치료하다   parrot[pǽrət] 앵무새

② 발음이 같거나 비슷한 단어들은 문맥의 흐름을 따라가며 듣는다.

> ◎ Listen & Check
>
> I lost some weight and I tried to **repair** a **pair** of pants.
> 나는 몸무게가 좀 줄어서 바지를 줄이려고 했다.
>
> He didn't **write** the **right** answer.
> 그는 올바른 답을 쓰지 않았다.

첫 번째 예문의 'repair', 'pair'와 같이 발음이 유사한 단어나, 두 번째 예문의 'write', 'right'과 같이 발음이 같은 단어는 듣기를 할 때 혼동을 줄 수 있습니다. 이와 같이 발음이 같거나 유사한 단어들은 문맥에서 그 뜻을 생각하며 구분해야 합니다.

발음이 완전히 같은 단어들

[ɛ́ər]	air	공기		[dái]	die	죽다
	heir	상속자			dye	염료
[əláud]	allowed	허락하다		[fɛ́ər]	fair	공정한
	aloud	큰 소리로			fare	운임
[bɛ́ər]	bare	발가벗은		[pléin]	plane	비행기
	bear	견디다			plain	명백한
[bréik]	break	깨뜨리다		[ru(ː)t]	root	뿌리
	brake	제동 장치			route	길
[sel]	cell	방, 칸		[stiːl]	steal	훔치다
	sell	팔다			steel	강철
[díər]	dear	소중한		[ðɛ́ər]	they're	그들은
	deer	사슴			there	거기

🎧 발음이 유사한 단어들

adapt [ədǽpt]	적응하다		lose [luːz]	잃다
adopt [ədápt]	채택하다		loose [luːs]	느슨한
color [kʌ́lər]	색		revolution [rèvəlúːʃən]	혁명
collar [kálər]	깃		evolution [èvəlúːʃən]	진화
contact [kántækt]	연결하다		scarce [skɛ́ərs]	드문
contract [kántrækt]	계약		scare [skɛ́ər]	겁주다
directory [dirə́ktəri]	주소록		tried [tráid]	시도하다
directly [dirə́ktli]	직접		tired [táiərd]	피곤한
disease [dizíːz]	질병		repair [ripɛ́ər]	수리하다
decease [disíːs]	사망		prepare [pripɛ́ər]	준비하다
literary [lítərèri]	문학의		palace [pǽlis]	궁전
literally [lítərəli]	사실상		place [pléis]	장소

Exercise

🎧 A. 들리는 두 단어의 발음이 같으면 ◯, 틀리면 ✕ 로 표시하세요.

1. _____   4. _____   7. _____

2. _____   5. _____   8. _____

3. _____   6. _____   9. _____

🎧 B. 문장에서 들은 단어가 어떤 단어인지 뜻을 생각하며 찾아보세요.

1. Ⓐ planting   Ⓑ printing   4. Ⓐ quite   Ⓑ quiet

2. Ⓐ adapted   Ⓑ adopted   5. Ⓐ tired   Ⓑ tried

3. Ⓐ quality   Ⓑ quantity   6. Ⓐ scarce   Ⓑ scare

🎧 C. 다음 문장의 빈 칸을 채워 보세요.

1. I had to cool my _____ for about an hour.

2. The coach _____ him to skip practice.

3. How much is the shuttle bus _____ ?

4. I should _____ you about buying from the local electronics store.

5. I don't think _____ high school students.

정답 ▌p 267

*단어 및 표현

absorb [əbsɔ́ːrb] 흡수하다   paper [péipər] 리포트   state [steit] 말하다, 논하다   locality [loukǽləti] 지방   innovation [ìnəvéiʃən] 혁신   binding [báindiŋ] 제본, 장정   feat [fiːt] 위업, 공훈   as long as ~ 하는 한   cool one's heels 기다리다
skip [skip] (수업 등에) 빠지다

1주
● ○ ○ ○

1일

2일

3일

4일

5일

6일

Course 3 단어의 다양한 쓰임 알기

① 여러 가지 의미를 가진 단어들이 있다.

> 🎧 **Listen & Check**
>
> Didn't you take the **pain** reliever I gave you? 내가 너에게 준 진통제를 복용하지 않았니?
> That new printer is a real **pain**. 그 새 인쇄기는 정말 골칫거리다.

위의 두 문장에서 'pain'은 각각 다른 의미로 사용되었습니다. 첫 번째 문장에서는 '통증'이라는 의미이고, 두 번째 문장에서는 '골칫거리'라는 의미입니다. 이와 같이 한 단어가 여러 가지 의미를 지니는 경우가 많은데, 그 중 문장에서 어떤 뜻으로 쓰이고 있는 지는 문맥 속에서 파악해야 합니다.

🎧 알아두어야 할 다의어들

air	n. 공기 v. 방송하다	coat	n. 코트 n. 덧칠	meet	v. 만나다 v. (기한 등에) 맞추다
breeze	n. 미풍 n. 쉬운 일	spring	n. 봄 v. 갑자기~하다	drop	v. 떨어뜨리다 v. 그만두다
fair	n. 박람회 adj. 공정한	case	n. 경우 n. (병의) 증상	cover	v. 덮다 v. 보상하다
table	n. 시간표 v. (결정을) 보류하다	annex	n. 별관 v. 첨부하다	run	v. 달리다 v. 작동하다
party	n. 파티 n. 일행	hand	n. 도움 v. 건네주다	count	v. 세다 v. 중요하다
credit	n. 신용 n. 학점	save	v. 구하다 v. 남겨두다	take	v. 잡다 v. 수업을 듣다
final	n. 기말 시험 adj. 최종의	appreciate	v. 감사하다 v. 감상하다		

Exercise

🎧 . 다음 단어의 의미 중 들려주는 문장에서 사용된 의미를 찾아보세요.

1주 · ○○○
1일
2일
3일
4일
5일
6일

1. head
   Ⓐ ~로 향하다
   Ⓑ ~의 선두를 맡다

2. branch
   Ⓐ 나뭇가지
   Ⓑ 분과

3. edition
   Ⓐ 편집
   Ⓑ (초판, 재판의) 판

4. count
   Ⓐ 세다
   Ⓑ 중요하다

5. play
   Ⓐ 상영되다
   Ⓑ 연주하다

6. breeze
   Ⓐ 미풍
   Ⓑ 쉬운 일

7. save
   Ⓐ 구하다
   Ⓑ 남겨두다

8. run
   Ⓐ 작동하다
   Ⓑ 달리다

9. credit
   Ⓐ 학점
   Ⓑ 신용

10. fair
    Ⓐ 박람회
    Ⓑ 공정한

정답 ▮ p 267

＊단어 및 표현

emphasize[émfəsàiz] 강조하다   area[ɛ́əriə] 영역, 분야   personality[pə̀rsənǽləti] 성격, 특징   all that 그다지, 그토록

② 대학 생활과 관련하여 자주 등장하는 단어들이 있다.

> 🎧 Listen & Check
>
> I'm sorry, but the library charges a one-dollar **late fee** for a book a day.
> 죄송하지만 도서관에서는 하루 한 권당 1달러의 연체료를 부과하고 있습니다.
>
> How many more **credits** do you need to graduate this semester?
> 이번 학기에 졸업하려면 몇 학점이나 더 이수해야 하니?

토플은 대학 생활이라는 주제와 관련이 있으므로 여기에 해당하는 단어들이 빈번히 등장합니다. 그러므로 대학 생활과 관련된 단어들의 쓰임을 잘 알아두어야 하는데 위 예문의 'late fee'는 '연체료'라는 뜻이며, 'credits'는 '학점'이라는 뜻으로 자주 쓰이는 단어들입니다.

🎧 대학 생활 관련 단어들

과제 및 시험 관련 단어들

as**sign**ment 과제	hand in (turn in) 제출하다	**pa**per 리포트
due date (dead line) 기한	lab report 실험 보고서	pop quiz 즉석 퀴즈
ex**ten**sion 기한 연장	make up (시험·과제 등을) 보충하다	

수업 관련 단어들

ad**vis**or 지도 교수	hard marker 점수를 짜게 주는 교수	reference book 참고 문헌
audit 청강하다	**se**ssion 수업 (시간)	**tran**script 성적표
field trip 현장 학습	skip 수업을 빼먹다	Teaching Assistant (T.A.) 조교

학사 관련 단어들

academic calendar 학사 일정	**ma**jor 전공	undergraduate student 학부생
e**lec**tive 선택 과목	required course 필수 과목	**with**draw (drop) 수강을 취소하다
graduate school 대학원	**syl**labus 강의 계획표	

시설 및 건물 관련 단어들

cafe**te**ria 구내 식당	financial office 재정 사무실	student center 학생 회관
dorm 기숙사	housing office 주거 사무실	lost and found 분실물 보관소

기타

com**mute** 통학하다	used textbook 중고 교과서	flunk 낙제하다
postings 게시물	rent 집세	student loan 학생 대출
thesis 논문	cheat 부정 행위를 하다	

Exercise

A. 문장에서 사용된 대학 관련 어휘를 듣고 그 단어의 의미와 연결 지어 보세요.

1.	A. 식권	6.	F. 합격 통지서
2.	B. 학생 카드	7.	G. 강의 계획표
3.	C. 학기	8.	H. 등록 사무실
4.	D. 성적 증명서	9.	I. 마감이다
5.	E. 지도 교수	10.	J. 식물학 실험실

B. 다음 문장의 빈 칸을 채워보세요.

1. Do you think you will take _____ (미적분학) this semester?

2. Why don't you _____ (들르다) the housing office this afternoon?

3. You should _____ (제출하다) your paper by next class.

4. How many books did you _____ (대출하다) of the library yesterday?

5. I'm _____ (신청하다) an extra class.

6. I saw Mary in the _____ (열람실).

7. I've already paid my _____ (수업료).

8. As far as I know, she is an _____ (공학의) student.

정답 ▍p 268

✳단어 및 표현

barely [béərli] 거의~않다   graduate school 대학원

Daily Check-up

Drill A. 다음 문장의 빈 칸에 알맞은 단어를 써 넣으세요.

1. Would you like to _____?

2. He didn't _____ my plan.

3. The teacher _____ the students from drinking.

4. The dam regulated the _____ of the river.

5. You need to keep a _____ of this document.

6. This book covers the history of _____ mining.

Drill B. 들려주는 문장의 의미를 바르게 이해한 것을 고르세요.

1. Ⓐ 나는 컵 위에 파리 한 마리가 앉는 것을 보았다.
   Ⓑ 나는 잔디 위에 파리 한 마리가 앉는 것을 보았다.

2. Ⓐ 나는 마지막 성적표를 받았다.
   Ⓑ 나는 기말 고사의 성적표를 받았다.

3. Ⓐ Kane의 아들은 대머리다
   Ⓑ Kane의 아들은 대담하다

4. Ⓐ 그는 자신의 선생님께 인사했다.
   Ⓑ 그는 자신의 선생님께 맹세했다.

∗ 단어 및 표현

approve[əprúːv] 찬성하다, 승인하다   ban[bæn] 금지하다   regulate[régjəlèit] 통제하다, 조절하다   keep a copy of ~의 사본을 떠두다   cover[kʌ́vər] ~를 포함하다, 다루다   mining[máiniŋ] 광업

◎ Drill C. 문장을 듣고 받아써 보세요.

1. _____, so I missed my first class.

2. _____had a stain on it.

3. The laboratory is _____.

4. I want to _____.

5. _____ this semester.

6. Please bring me _____.

7. _____ , the world economy is recovering

right now.

◎ Drill D. 문장을 듣고 받아써 보세요.

1. _____

2. _____

3. _____

4. _____

5. _____

6. _____

7. _____

8. _____

9. _____

10. _____

정답 ▮ p 268

＊단어 및 표현

go off (소리, 빛 등을) 내다, 발하다 **miss**[mis] 놓치다 **stain**[stein] 얼룩 **annex**[ənéks] 별관, 별채 **withdraw**[wiðdrɔ́ː]
(from) 취소하다 **prerequisite**[prì(ː)rékwizit] 선수 과목 **recover**[riːkʌ́vər] 회복하다 **extension**[iksténʃn] (기한) 연장
nutrient[njúːtriənt] 영양분 **beyond repair** 수리할 가망이 없는

2일 달려가는 발음 쫓아가기

"빨리 말하면 안 들려요"

단어 하나하나의 발음을 정확히 익혔는데도 막상 실전 듣기를 하다 보면 그 단어를 알아들을 새도 없이 발음이 굴러 가버리는 걸 많이 경험하셨죠? 이렇게 달려가는 발음을 쫓아가려면 단어들이 이어지면서 그 발음이 다양하게 변화된다는 것을 이해해야 합니다. 지피지기면 백전백승이라고 했나요? 변신하는 발음들의 정체를 간파하면 들리지 않을 소리가 없습니다. 자, 그럼 지금부터 달려가는 발음들을 쫓아가볼까요?

2일 훈련 일정

훈련 코스	학습 목표	학습 내용
Course 1 사라지는 소리와 줄어드는 소리	탈락한 소리와 축약된 소리 알고 듣기	❶ 자음의 탈락 현상 익히기 ❷ 축약된 소리 정확히 듣기
Course 2 다양한 소리로 변화하는 /t/	위치에 따라 변하는 /t/ 소리 알고 듣기	❶ d와 r의 중간 소리에 가까운 t 소리 ❷ n 소리로 변하는 t 소리 ❸ 목구멍을 막았다가 내는 t 소리
Course 3 이어지면서 하나가 되는 소리	일반적인 연음 현상 알고 듣기	❶ 자음 + 모음의 연음 현상 ❷ 비슷한 소리가 뭉쳐서 들리는 연음현상

① 두 단어에서 발음이 유사한 자음이 이어지면, 앞 자음은 사라진다.

🎧 Listen & Check

I took that class **last semester**.
나는 그 수업을 지난 학기에 수강했다.

I've been to the **health center** to lose some weight.
나는 몸무게를 줄이기 위해 헬스 센터에 다녔다.

예문에서 'last'와 'semester'가 연이어 발음되면서 [t]음이 탈락하여 [læsiméstər]라고 들리며, 'health center' 역시 health의 마지막 소리 [θ]가 탈락되면서 [hélsentər]라고 들립니다. [t, d, θ, ð, s, ʃ] 소리와 같이 발음할 때 혀의 위치가 비슷한 자음이나 같은 자음이 이어지면, 앞 자음은 발음하지 않는 것이 보통입니다.

🎧 **앞 단어의 끝소리 탈락**

his stereo [histériòu]

had to [hǽtu]

student center [stʃúːdənsentər]

summer research [sʌməríːsəːrtʃ]

toward the [təwɔ́ːrðə]

last night [lɑsnáit]

next term [nekstə́ːrm]

first step [fəːrstép]

ice skate [áiskeit]

hard time [hɑːrtáim]

next stop [nekstáp]

breathe through [bríːθruː]

field trip [fíːltrip]

bus schedule [bʌ́skedʒuːl]

math tutoring [mǽtjuːtəriŋ]

health science [hélsɑiəns]

last station [læstéiʃən]

front desk [frʌndésk]

fast train [fǽstréin]

space shuttle [speiʃʌ́tl]

Exercise

A. 이어지는 단어를 듣고 받아써 보세요.

1. _____	5. _____	9. _____
2. _____	6. _____	10. _____
3. _____	7. _____	11. _____
4. _____	8. _____	12. _____

B. 다음 문장의 빈 칸을 채워 보세요.

1. I _____ keeping up with all the reading material.

2. The doctor told me that I should _____ it easy.

3. I'm _____ you could make it.

4. I _____ chance to study abroad.

5. I can't understand _____ .

6. I had a _____ finishing my computer assignment.

정답 ▌p 269

＊단어 및 표현
keep up with 따라잡다   reading materials 읽기 자료   take it easy 휴식을 취하다   make it 오다, 나타나다   study abroad 유학 가다

② 조동사, be동사, 부정어는 종종 축약되어 약하게 들린다.

> 🎧 Listen & Check
>
> I **haven't** gotten there yet.   나는 아직 거기 도착하지 못했다.
> **I'd** rather stay at home.   나는 그냥 집에 있는 게 낫겠다.

'haven't' 와 같이 부정어 'not' 이 조동사 'have' 와 결합하거나, 'I'd' 와 같이 주어와 조동사 'would' 가 결합하면 축약되기 쉽습니다. 이렇게 축약된 단어들은 약하게 발음되기 때문에 다른 단어와 결합하여 엉뚱한 소리로 들리기 쉬우므로, 여러 번 들어 익숙해질 필요가 있습니다.

🎧 축약

주어+ be 동사/ 조동사 축약	she's [ʃiːz]	they're [ðɛər]	you'd [jud]	it'll [itl]
주어/ (조)동사+ have 축약	you've [juv]	I've [aiv]	could've [kudv]	should've [ʃjudv]
be 동사/ 조동사+부정어 축약	weren't [wəːrnt]	won't [wount]	wouldn't [wúdənt]	shouldn't [ʃúdənt]

Exercise

🎧 문장을 듣고 빈 칸에 알맞은 축약형을 써보세요

1. I think _____ good for you.

2. _____ be easier for you to study in the library than in the dorm room.

3. You _____ told me about that.

4. That _____ be necessary.

5. I don't want to move out because the _____ not that bad.

정답 ▌p 270

―――――――――――――――――――――――――――――――――――――――

＊단어 및 표현

should have p.p. ~했어야만 했다   move out 이사 나오다

다양한 소리로 변화하는 /t/

① 모음 사이에 오는 /t/는 [d]와 [r]의 중간 소리로 들린다.

> 🎧 Listen & Check
>
> | | |
> |---|---|
> | You'd **better** take a rest. | 너는 휴식을 좀 취하는 게 좋겠다. |
> | I can **get it** for you. | 내가 너에게 그것을 가져다 줄게. |

'better' 의 't' 소리가 'd' 와 'r' 의 중간 소리로 변화하여 이 단어는 [bed*ər]라고 들립니다. 'get' 과 'it' 이 이어질 때 'get' 의 마지막 't' 소리 역시 [d]와 [r]의 중간 소리가 되어, [ged*it]에 가깝게 들립니다.

🎧 /d/와 /r/의 중간 소리로 들리는 [t]

한 단어

bottom [bád*əm]	celebrity [səlébrəd*i]	lattice [lǽd*is]
janitor [dʒǽnid*ər]	scatter [skǽd*ər]	charity [tʃǽrəd*i]
matter [mǽd*ər]	pretty [príd*i]	sweater [swéd*ər]
notice [nóud*is]	status [stéd*əs]	later [léid*ər]
cater [kéid*ər]	computer [kəmpjú:d*ər]	water [wɔ́:d*ər]
theater [θí(:)əd*ər]	potter [pád*ər]	Saturday [sǽd*ərdei]
better [béd*ər]	atom [ǽd*əm]	

이어지는 단어들

set apart [sed*əpá:rt]	sit on [síd*ən]	beat it [bí:d*it]
let her [léd*ər]	good at it [gúd*əd*it]	try to [tráid*u]
give it a [gívid*ə]	it is [id*íz]	what if [hwʌd*íf]
bet on [béd*ən]	not at all [nɑd*əd*ɔ́:l]	get a [géd*ə]

⇨ 변화된 [t]를 편의상 [d*]로 표기하였으나, 정확한 [d]발음과는 다른 [d]와 [r]의 중간 소리입니다.

Exercise

A. 이어지는 단어를 듣고 받아써 보세요.

1. _____   5. _____   9. _____

2. _____   6. _____   10. _____

3. _____   7. _____   11. _____

4. _____   8. _____   12. _____

B. 다음 문장의 빈 칸을 채워 보세요.

1. _____ three days ago.

2. I couldn't _____ with other people.

3. She wouldn't _____ in.

4. They _____ a solution after a long talk.

5. He _____ on the street.

6. Finishing the whole book in one day is _____ question.

정답 ▌p 270

＊단어 및 표현

put aside 제쳐놓다   fit in with 조화하다   hit on 생각해내다, 떠오르다

② 모음 사이에 /nt/가 올 경우 [t]소리는 생략된다.

🎧 Listen & Check

I was **disappointed** at his behavior. 나는 그의 행동에 실망했다.
He didn't **want to** see his brother. 그는 자신의 형제를 보고 싶어하지 않았다.

예문에서의 'disappointed'는 [disəpɔ́inid]로 들리고, 'want to'는 빨리 발음하면 [wɔ́nə]로 들릴 것입니다. 이처럼 모음 사이에 'n'과 't' 소리가 이어오면, 't' 소리는 탈락되고 'n' 소리만 들리는 경우가 대부분입니다. 'want to'의 예에서도 알 수 있듯이, 두 단어가 이어올 때도 이 법칙은 적용됩니다.

🎧 [n] 소리로 동화되는 [t]

한 단어

identification [aidènəfəkéiʃən]	entertainment [ènərtéinmənt]
twenty [twéni]	internet [inə́ːrnet]
bounty [báuni]	dentist [dénist]
interchange [ìnərtʃéindʒ]	quantity [kwánəti]
continuity [kànənjúːəti]	center [sénər]
county [káuni]	plenty [pléni]
counterbalance [káunərbǽləns]	winter [wínər]
advantage [ədvǽnidʒ]	mental [ménəl]
interview [ínərvjùː]	entity [énəd*i]

이어지는 단어들

in front of [infrʌ́nəv]	meant to [ménə]	grant it [grǽnit]
going to [góuinu]*	lent him [lénim]*	comment on [kámenən]
rent a house [renəháus]	bent on [bénən]	sent to [sénə]

↪ going to의 경우 going의 마지막 [ŋ] 발음이 [n]으로 약화되면서 /nt/가 연이어 오는 것과 똑같은 발음현상이 일어납니다.

↪ 대명사 him, her의 /h/ 소리는 연음될 때 생략될 경우가 많으므로, 'lent him'의 경우 /t/ 뒤에 모음 /i/가 연이어 오는 것과 똑같은 발음 현상이 일어납니다.

Exercise

🎧 A. 이어지는 단어를 듣고 받아써 보세요.

1. _____   5. _____   9. _____

2. _____   6. _____   10. _____

3. _____   7. _____   11. _____

4. _____   8. _____   12. _____

🎧 B. [t] 소리에 유의하여 다음 문장의 빈 칸을 채워 보세요.

1. Are you sure that you _____ the letter yesterday?

2. We'll meet in _____ the city museum.

3. I _____ my notes a few weeks ago.

4. Can you imagine what's _____ happen in ten minutes?

5. He is _____ studying abroad next semester.

6. I _____ finish my assignment in time.

정답 ▌p 270

＊단어 및 표현

urgent[ə́ːrdʒənt] 긴급한   count on 의지하다   faint[feint] 희미한, 실낱 같은   be bent on ~하려고 결심한

③ [tn], [tli]로 끝나는 단어의 /t/는 목을 막았다가 터뜨리는 소리로 들린다.

> 🎧 Listen & Check
>
> The **rotten** meat made me sick. 나는 그 상한 고기 때문에 아팠다.
> I haven't seen him **recently**. 나는 요즘 들어 그를 보지 못했다.

예문에서 'rotten'의 끝부분 '-ten'은 't' 발음을 위해 혀 끝을 입천장 쪽에 붙이고 숨을 멈췄다가 연이어 'n'의 끝소리를 발음하면서 거의 '응' 혹은 '은' 소리로 들리며, 'recently'의 끝부분 '-ntly' 역시 't' 발음이 거의 들리지 않고 '-nly' 발음만이 들리는 것을 알 수 있습니다. 이처럼 단어가 't+모음+n'으로 끝나거나 '-tly'로 끝날 경우, 각각 't' 소리에서 숨을 멈췄다가 목에서부터 약하게 내뱉는 'n, l' 소리만 들리게 됩니다.

🎧 목을 막았다가 터뜨리는 소리로 들리는 /t/

mitten	[미ㅌ은]	beaten	[비ㅌ은]	brightly	[브라이ㅌ리]
Britain	[브리ㅌ은]	cotton	[카ㅌ은]	lightly	[라이ㅌ리]
written	[뤼ㅌ은]	brighten	[브라이ㅌ은]	absolutely	[앱설루ㅌ리]
certain	[썰(ㅌ)은]	tighten	[타이ㅌ은]	recently	[리슨(ㅌ)리]
kitten	[키ㅌ은]	flatten	[플래ㅌ은]	lately	[레이ㅌ리]
curtain	[컬(ㅌ)은]	completely	[컴플리ㅌ리]	diligently	[딜리전(ㅌ)리]
fountain	[파운(ㅌ)은]	definitely	[데피니ㅌ리]	intelligently	[인텔리전(ㅌ)리]

Exercise

🎧 A. 이어지는 단어를 듣고 받아써 보세요.

1. _____   5. _____   9. _____

2. _____   6. _____   10. _____

3. _____   7. _____   11. _____

4. _____   8. _____   12. _____

🎧 B. [t] 소리에 유의하여 다음 문장의 빈 칸을 채워 보세요.

1. I'd almost _____ his birthday.

2. He has been scared of dogs since he was _____ by one.

3. I walked out the door _____ .

4. Be sure to fasten your seat belt _____ .

5. Have you _____ at that restaurant?

6. All the sailors _____ by the roaring waves.

정답 ∥ p 270

＊단어 및 표현

be flat out 녹초가 되다   enlightened[inláitənd] 계몽된, 개화된   be scared of ~를 두려워하다   fasten one's seat belt 안전
벨트를 매다   roaring[rɔ́:riŋ] 포효하는, 노호하는

Course 3 이어지면서 하나가 되는 소리

① 끝 자음과 첫 모음이 합쳐져 새로운 소리로 들린다.

🎧 Listen & Check

This library doesn't make it easy for us.   이 도서관은 별로 편하지가 않아.
Don't you think you'd better move out?   이사 나가는 것이 낫다고 생각하지 않니?

예문에 등장하는 'make it easy' 는 하나하나가 따로 발음되지 않고 연이어 발음됨으로써 [meikid*izi] 라는 하나의 소리로 들리며, 'Don't you' 역시 [dɔntʃju]라는 하나의 소리로 들립니다. 이와 같이 단어가 이어질 때 앞 단어의 끝 자음과 뒤 단어의 첫 모음이 결합하여, 두 개 이상의 단어가 마치 하나의 새로운 단어처럼 들리게 됩니다.

🎧 연음 되어 하나의 소리로 들리는 단어들

get over [ged*óuvər]   fit into [fid*íntə]

catch up [kætʃʌp]   write up [raid*ʌp]

not any more [nad*ənimɔ́:r]   bread and butter [bredənbʌ́d*ər]

sign up [sainʌ́p]   head off [hedɔ́:f]

checked out [tʃektáut]   give up [givʌ́p]

call it a day [kɔːlid*əd*éi]   give it a shot [givid*əʃát]

half an hour [hæfənáuər]   a lot of [əlád*əv]

keep up [kiːbʌ́p]   could you [kədʒju]

work on [wə́:rkən]   not yet [nadjét]

take advantage of [teikədvǽnidʒəv]   should wait [ʃədwéit]

                                         help yourself [helpjuərsélf]

⇨ 연음 현상에 의해 변화하는 발음을 연습할 때는 앞서 배운 탈락, 축약, /t/ 소리의 변화를 떠올리며 연습하도록 합시다.

Exercise

A. 이어지는 단어를 듣고 받아써 보세요.

1. _____   5. _____   9. _____

2. _____   6. _____   10. _____

3. _____   7. _____   11. _____

4. _____   8. _____   12. _____

B. 이어지는 소리에 유의하여 다음 문장의 빈 칸을 채워 보세요.

1. I've been _____ that field for a long time.

2. I'm really _____ .

3. If I _____ money, I would buy the shoes.

4. Can you _____ brother to help me move these things?

5. I'll _____ at the theater.

6. I don't think this is _____ .

정답 ▌p 271

---

* **단어 및 표현**

give a chance 기회를 주다   fill out 여백을 메우다   field [fiːld] 분야, 영역

② 발음이 비슷한 단어들이 이어지면 뭉쳐서 들린다.

> 🎧 Listen & Check
>
> **We'll all** be in time.
> 우리는 모두 제시간에 도착할 것이다.
>
> The professor said that **our report** was due yesterday.
> 교수님은 우리의 리포트가 어제까지였다고 말씀하셨다.

예문의 'We'll all'에서는 [l] 소리가 연이어 발음 되고, 'our report'에서는 [r] 소리가 연이어 오면서 두 단어가 하나로 뭉쳐서 들리기 쉽습니다. 이와 같이 이어지는 단어들의 발음이 유사할 경우 전체가 하나의 뭉쳐진 소리로 들리기 쉬우므로, 어떤 소리들이 주로 이런 현상을 겪는지 잘 알아둬야 합니다.

🎧 비슷한 발음이 이어져 혼동을 주기 쉬운 단어들

hour or so [áuɔ:rsou]

want one [wʌ́nwən]

world war [wə:rldwɔ́:r]

I'll rule [ailrúl]

beat it [bí:d*it]

out loud [autláud]

right or wrong [raid*ɔ:rɔ́(:)ŋ]

have been [həbin]

worthwhile [wə:rθwáil]

feel ill [fi:líl]

reward ourselves [riwɔ:rdauərsélvz]

more or less [mɔ:rɔ:rlés]

⇨ 이렇게 발음이 뭉쳐서 들리는 단어들을 잘 구분해내려면, 스스로 많이 읽고 들어서 그 발음에 익숙해지는 방법밖에 없습니다.

Exercise

🎧 A. 이어지는 단어를 들고 받아써 보세요.

1. _____   5. _____   9. _____

2. _____   6. _____   10. _____

3. _____   7. _____   11. _____

4. _____   8. _____   12. _____

🎧 B. 이어지는 소리에 유의하여 다음 문장의 빈 칸을 채워 보세요.

1. It will take an _____ to get to the museum.

2. I _____ with his pessimistic behavior.

3. Many countries _____ by the bloody war.

4. We had a party last night to _____ .

5. He is a _____ than me.

6. I _____ would not go to the party.

정답 ▮ p 271

※ 단어 및 표현

fit into ~와 조화하다   have had it with 진저리가 나다, 지긋지긋하다   pessimistic[pèsəmístik] 비관적인   ruin[rú(ː)in] 황폐
화 시키다, 못쓰게 만들다   bloody[blʌ́di] 피 비린내 나는, 잔혹한   reward[riwɔ́ːrd] 보상하다

Daily Check-up

Drill A. 이어지는 단어들을 듣고 어떤 단어들인지를 찾아보세요.

1. Ⓐ bought them
   Ⓑ bottom

2. Ⓐ fit it
   Ⓑ fill it

3. Ⓐ warning
   Ⓑ weren't in

4. Ⓐ I had a rat
   Ⓑ I'd rather

5. Ⓐ our right
   Ⓑ I'll write

6. Ⓐ better
   Ⓑ bet on

7. Ⓐ lit up
   Ⓑ little

8. Ⓐ meet him
   Ⓑ meeting

9. Ⓐ gentle reader
   Ⓑ general reader

Drill B. 문장을 듣고 빈 칸에 들어갈 두 단어로 알맞은 것을 고르세요.

1. Why don't you _____ in?
   Ⓐ let him   Ⓑ lend him   ⓒ let it

2. He might not have _____ hurt you.
   Ⓐ bent on   Ⓑ planned to   ⓒ meant to

3. Please _____ over.
   Ⓐ help me   Ⓑ hand it   ⓒ hang it

4. He will _____ to the post office.
   Ⓐ make it   Ⓑ take you   ⓒ take it

✳ 단어 및 표현

bet on ~에 돈을 걸다, 장담하다   bent on ~하려고 결심한

Drill C. 문장을 듣고 빈 칸을 채워 보세요.

1. _____ looks so beautiful.

2. Have you _____ professor?

3. This map will _____ to the post office.

4. Spoken English is one thing, and the _____ is another thing altogether.

5. How about going to see a movie _____?

6. As far as I know, _____.

7. I _____ to study somewhere else.

Drill D. 문장을 듣고 받아써 보세요.

1. _____
2. _____
3. _____
4. _____
5. _____
6. _____
7. _____
8. _____
9. _____
10. _____

정답 ▌p 271

＊단어 및 표현

optional[ɑ́pʃənəl] 선택적인 space shuttle 우주 왕복선 take advantage of 이용하다

3일 영어의 리듬 익히기

"영어 듣기를 할 때 모든 단어를 다 들어야 하나요?"

듣기를 할 때, 단어 하나하나를 모두 들어야 하는 것은 아닙니다. 그것보다 더욱 중요한 것은 영어의 리듬에 익숙해지는 것입니다. 즉, 그 리듬을 따라 강조되는 단어가 무엇인지, 화자의 어조가 무엇인지를 파악할 수 있다면 문장을 이해할 수 있게 되는 것이죠. 영어의 리듬을 구성하는 요소는 강세와 억양입니다. 기억해야 할 것은 이러한 강세와 억양의 원칙을 암기하는 것이 중요한 것이 아니라, 영어를 듣고 이해하는데 이 원칙을 적용할 수 있어야 한다는 점입니다.

3일 훈련 일정

훈련 코스	학습 목표	학습 내용
Course 1 내용어, 기능어 알고 듣기	강세를 따라 문장을 듣는 요령을 익힌다.	❶ 내용어를 통해 전체 의미 파악하기 ❷ 약화되는 기능어 소리의 특징
Course 2 억양의 변화를 통해 화자의 의도 파악하기	억양의 변화를 통해 의미를 파악한다.	❶ 말 끝의 억양에 따른 의미 변화 ❷ 화자가 특별히 강조하는 단어의 억양

① 내용어는 강하고 길게 들린다.

> 🎧 Listen & Check
>
> It was my **first time** to see a **big city**.
> 큰 도시를 본 것은 이번이 처음이다.
>
> **What made** you **skip class**?
> 왜 수업에 빠졌니?

첫 번째 예문에서 잘 들리는 단어는 'first time, see, big city'로 명사, 동사, 형용사임을 알 수 있고, 두 번째 예문에서는 'made, skip, class'의 명사와 동사뿐만 아니라, 의문사 'what'이 잘 들린다는 것을 알 수 있죠. 이와 같이 전달하고자 하는 주요한 내용을 포함하기 때문에 강조되어 들리는 단어를 내용어라고 하며, 명사, 동사, 형용사, 부사, 의문사가 여기에 속합니다.

🎧 문장에서 강조되어 들리는 내용어

1. 명사

Your pictures are hanging on the wall.   벽에 네 사진들이 걸려있다.

2. 동사

I already finished it this morning.   나는 이미 아침에 그 일을 끝냈다.

3. 형용사

The novel was so boring.   그 소설은 지루했다.

4. 부사

She eats really fast.   그녀는 정말 빨리 먹는다.

5. 의문사

Why didn't he arrive on time?   그가 왜 제 시간에 도착하지 못했지?

Exercise

A. 들려주는 문장에서 내용어를 채워 보세요.

1. Henry _____ to _____ his mother in _____, but his _____ didn't _____ to.
2. I _____ for my _____ on the _____.
3. My _____ is really _____ this _____ with school and a _____.
4. His _____ makes me very _____, so I _____ him whenever _____ .
5. A _____ of mine from New York _____ a _____ _____ last month.

B. 들리는 내용어를 통해 전체 문장을 정확하게 요약한 것을 고르세요.

1. ⓐ 나는 호주에 있는 내 친구 Ann과 그녀의 가족들을 방문하러 간다.
   ⓑ 나는 호주에 있는 숙모와 사촌들을 방문하러 갈 것이다.

2. ⓐ 나의 아버지는 누나가 그녀의 오랜 친구 John과 결혼하는 걸 원치 않으셨다.
   ⓑ 나의 아버지는 여동생 Mary가 그녀의 오랜 친구 John과 결혼하길 원하셨다.

3. ⓐ 나는 이 책의 작가를 내일 오후에 만나게 된다는 것에 무척 흥분된다.
   ⓑ 나는 내일 오후 작가들의 회의에 참석하게 된 것에 무척 흥분된다.

4. ⓐ 나는 집을 청소하지 않고는 다른 일을 할 수가 없었다.
   ⓑ 나는 집을 청소하는 것 외에 달리 할 일이 없었다.

5. ⓐ 내 룸메이트인 Mike는 행복해 보이나, 그의 여자 친구는 그렇지 않다.
   ⓑ 내 룸메이트는 Mike와 그의 여자 친구가 전혀 닮지 않았다고 말했다.

정답 ▌p 272

✽단어 및 표현
baby-sit 아기를 봐주다   packed[pækt] 꽉 찬, 만원의   author[ɔ́ːθər] 저자, 작가   other than 다른, 별개의, 이외의

② 기능어 소리는 약해져서 앞 뒤 단어와 연결되어 들린다.

> 🎧 Listen & Check
>
> **I'm waiting for Tommy to give him the letter.**
> 나는 Tommy에게 편지를 전해주기 위해 그를 기다리는 중이다.
>
> **I just think you need to take a break.**
> 나는 단지 네가 휴식을 취했으면 한다.

첫 번째 예문의 'give him' 이 연음 되면 [givim]이라는 하나의 이어진 소리가 되어 버리고, 두 번째 예문의 'take a break' 역시 하나로 이어져서 혼동을 주기 쉽습니다. 이처럼 문법적 역할을 주로 담당하는 대명사, 관사, 전치사, 접속사, 조동사와 같은 기능어는 약하게 발음되면서 내용어 소리에 혼동을 주게 될 경우가 많으므로 기능어가 어떻게 들리는 가를 잘 익혀두어야 합니다.

🎧 약해져서 다른 단어와 하나로 들리는 기능어

1. **대명사** it, him, her, them, me, us

   He **raised his** son to be a good person.   그는 자신의 아들을 좋은 사람으로 길렀다.

   ⇨ 'him, her' 등의 대명사는 연음 되어 'h' 소리를 잃는 경우가 많습니다.

2. **전치사** of, in, at, with, on

   I don't know much about **either of them**.   나는 그 두 사람 모두에 대해 잘 모른다.

3. **관사** a, the

   I've **got a lot of** work to do tonight.   나는 오늘 밤 할 일이 매우 많다.

4. **접속사** and, but

   There are 50 **boys and girls** in our class.   우리 학급에는 50명의 소년, 소녀들이 있다.

5. **조동사** would, could, can, will

   I would rather stay home tomorrow.   내일은 차라리 집에 있겠다.

   ⇨ 조동사는 주로 축약되어 주어와 결합하는 경우가 많습니다.

Exercise

A. 이어지는 단어를 듣고 받아써 보세요.

1. _____

2. _____

3. _____

4. _____

5. _____

B. 다음 문장의 빈 칸을 채워 보세요.

1. My father didn't _____ to _____ .

2. Please _____ to your roommate after class.

3. Are you making _____ ?

4. Can you _____ right away?

5. Would you like to study _____ for the final exam?

6. I'd like to have _____ .

7. I've _____ environmental science for a long time.

8. One of my friends is going to _____ at the airport.

9. I _____ to finish as soon as possible.

10. Be sure to take your umbrella _____ case.

정답 ▌p 273

* **단어 및 표현**

give a ride 태워주다   **give it a shot** 시도해보다   **hand** [hænd] 건네주다   **right away** 당장, 즉시   **pick up** (차로) 마중 나가다

① 문장 끝의 억양이 달라지면 그 의미도 달라진다.

> **Listen & Check**
>
> You are good at typing, aren't you? 너 타이핑을 잘 치지 않니? (불확실)
> You are good at typing, aren't you? 넌 타이핑을 잘 치잖아, 그렇지? (확실)

첫 번째 예문의 화자는 끝을 올려서 말하는데 이것은 상대방이 타이핑을 잘 치는지 아닌지를 확실히 모를 경우이며, 두 번째 예문의 화자는 상대방이 타이핑을 잘 친다는 것을 이미 확신하므로 끝을 내려서 말하고 있습니다. 이처럼 문장 끝의 억양을 올리느냐 내리느냐에 따라 그 문장이 내포하는 의미가 달라질 수 있습니다.

억양에 따른 의미의 차이

1. 영어의 기본 억양 pattern

평서문	The professor wants us to turn in the paper by tomorrow. 교수님은 우리가 내일까지 리포트를 제출하기를 원하신다.
일반 의문문	Don't you work at a French restaurant on the weekend? 너 주말에는 프랑스 식당에서 일하지 않니?
Wh-question	Who is your advisor? 네 담당 교수님이 누구니?
명령문	Finish your work first. 네 일을 먼저 끝내도록 해.

2. Wh-question의 억양 변화

What time did you arrive here? 네가 여기 몇 시에 도착했다고? (내용 확인)
What time did you arrive here? 너는 여기 몇 시에 도착했니? (일반 Wh-question)

3. 부가 의문문의 억양 변화

Dr. Hopkins wrote that book, didn't he? Hopkins 박사가 그 책을 쓰지 않았니? (불확실)
Dr. Hopkins wrote that book, didn't he? Hopkins 박사가 그 책을 썼잖아, 그렇지? (확실)

4. 평서문의 억양 변화

You are from California. 네가 캘리포니아 출신이라고? (의문)
You are from California. 너는 캘리포니아 출신이다. (평서)

Exercise

🎧 억양을 통해 화자의 의도를 바르게 파악한 것을 고르세요.

1. Ⓐ Mark가 수업에 빠졌었지, 그렇지? (확실)

    Ⓑ Mark가 수업에 빠졌었나? (불확실)

2. Ⓐ 누가 네 룸메이트니? (일반 Wh-question)

    Ⓑ 네 룸메이트가 누구라고? (내용 확인)

3. Ⓐ 너는 그를 좋아하지 않는구나. (확실)

    Ⓑ 너는 그를 좋아하지 않지? (불확실)

4. Ⓐ 그는 지난 달에 해외로 갔다. (확실)

    Ⓑ 그가 지난 달에 해외로 갔니? (불확실)

5. Ⓐ 너는 지금 기숙사에 살잖아, 그렇지? (확실)

    Ⓑ 너는 지금 기숙사에 살고 있는 거니? (불확실)

6. Ⓐ 당신의 이름은 무엇입니까? (일반 Wh-question)

    Ⓑ 당신의 이름이 뭐라고 했나요? (내용 확인)

정답 ▮ p 273

＊단어 및 표현
go abroad 해외로 가다

② 화자가 특별히 강조하는 단어에서는 억양의 변화가 있다.

🎧 Listen & Check

M: What do you want to drink, coffee or tea?　M: 커피와 차 중에서 뭘 마시고 싶니?

W: I don't want either coffee **or** tea.　W: 나는 커피도 차도 원하지 않아.

여자는 커피와, 차 중 어느 것도 원하지 않는다는 것을 강조하기 위해 'or'에서 억양을 높였다가 낮춥니다. 이처럼 내용어, 기능어와 관계 없이 화자가 문맥상 가장 강조하는 단어가 있는데 단어에서 억양이 높아졌다가 낮아지는 현상이 일어납니다. 화자가 강조하는 말은 주로 새로운 정보 제공, 이야기의 초점, 질문에 대한 핵심적인 응답, 놀람/반의 등의 감정 등을 나타낼 때 입니다.

🎧 화자가 특별히 강조하는 단어

1. 새로운 정보 제공

W: Professor Carey is really kind.　W: Carey 교수님은 정말 친절해.

M: She is also an **expert** in her field.　M: 그녀는 또한 그 분야의 전문가이기도 해.

☞ 남자는 Carey 교수에 대한 여자의 말에, 또 다른 신 정보인 'expert'를 덧붙이면서 여기에 억양의 변화를 줍니다.

2. 이야기의 초점

M: I heard that John is really sick.　M: John이 매우 아프다고 들었어.

W: I've never seen him sick before.　W: 나는 그가 아픈 것을 한 번도 못 봤어.

☞ 남자는 John에서 억양을 변화시켜, sick이 아닌 John이 이야기의 초점이 됨을 강조하고 있습니다.

3. 질문에 대한 핵심적 응답

1) W: Are you a graduate student?

   M: No, I'm **not**.

     W: 당신은 대학원생인가요?

     M: 아닙니다.

   ↳ 남자는 자신이 대학원생이 아님을 강조하기 위해 'not' 에서 억양을 높였다가 낮춥니다.

---

2) M: When is your brother entering college?

   W: He'll start college **next year**.

     M: 동생이 언제 대학에 입학하니?

     W: 그는 내년에 대학에 입학할 거야.

   ↳ 여자는 'When' 의 핵심적 응답이 되는 'next year' 에서 억양을 높였다가 낮춥니다.

---

4. 놀람/ 반의

1) M: I'll go abroad to study next spring.

   W: **Next spring**? That's quite soon.

     M: 난 내년 봄에 유학 갈 거야.

     W: 내년 봄? 꽤 빠른데?

   ↳ 여자는 남자가 빨리 떠나는 데 대한 놀람을 표현하기 위해 'next spring' 에서 억양에 변화를 줍니다.

---

2) M: I'm sorry, but I forgot to bring your notebook.

   W: That's just **perfect**! We're taking the quiz tomorrow.

     M: 미안해, 네 노트 가져오는 것을 잊어버렸어.

     W: 잘됐네! 내일 퀴즈를 치는데 말이야.

   ↳ 여자는 화난 감정을 표현하기 위해 반의적인 의미의 단어 'perfect' 에서 억양을 높였다가 낮춥니다.

Exercise

🎧 첫 번째 화자의 말에 대한 두 번째 화자의 의도를 바르게 나타낸 것을 고르세요.

1. Ⓐ 아버지의 직업은 교수이다.

   Ⓑ 나의 아버지는 이 학교 교수님이 아니다.

2. Ⓐ John에게 투표를 하겠다.

   Ⓑ 둘 중에서 아직 결정하지 못했다.

3. Ⓐ 내가 꽃을 가지고 왔다.

   Ⓑ 너를 위해 꽃을 가지고 왔다

4. Ⓐ 돌발 퀴즈를 쳤다는 사실에 놀랐다.

   Ⓑ 나는 너와 다른 수업을 듣는다.

5. Ⓐ 나는 이 식당에서 일을 한다.

   Ⓑ 나는 다른 식당에서 식사를 한다.

6. Ⓐ 학생회 모임에 가고 싶지 않다.

   Ⓑ 학생회 모임에 가고 싶다.

정답 ▌p 273

＊단어 및 표현

vote for ~에게 투표하다   **what ~ for** (물건이) 무슨 용도로, 무엇에 쓰이어   **pop quiz** 돌발 퀴즈   **student government** 학생 자치회

1주
●○○○

1일

2일

3일

4일

5일

6일

Daily Check-up

🎧 **Drill A.** 들려주는 문장에서 어떤 소리가 등장했는지 고르세요.

1. Ⓐ write a　　Ⓑ writer
2. Ⓐ half an　　Ⓑ happen
3. Ⓐ let him　　Ⓑ letting

4. Ⓐ all of the　　Ⓑ a loved
5. Ⓐ bet a　　Ⓑ better
6. Ⓐ all out of　　Ⓑ a lot of

🎧 **Drill B.** 문장의 내용어를 종합하여 의미를 바르게 파악한 것을 고르세요.

1. Ⓐ children, allowed, noisy, school 아이들은 학교에서 떠들지 못한다.
   Ⓑ children, loud, noisy, school 아이들은 학교에서 큰 소리로 떠든다.

2. Ⓐ don't want, work, can afford 여유가 있어서 일하고 싶은 마음이 없다.
   Ⓑ don't want, work, can't afford 원하지는 않지만 어쨌든 일을 할 것이다.

3. Ⓐ particular, interest, the field, environmental science 그녀는 환경학 분야에 관심이 많다.
   Ⓑ particular interest, field, environment 그녀는 환경을 야외에서 연구하는 것에 관심이 많다.

🎧 **Drill C.** 문장의 강세와 억양을 통해 화자의 의도를 바르게 나타낸 것을 고르세요.

1. Ⓐ 너는 그 강의가 재미있었다고 생각하니? (불확실)
   Ⓑ 너는 그 강의가 재미있었다고 생각한다. (확실)

2. Ⓐ 내가 좋아하는 계절은 여름이야. (summer를 강조)
   Ⓑ 나는 여름을 (싫어하는 것이 아니라) 좋아해. (favorite을 강조)

3. Ⓐ 그녀는 너의 룸메이트잖아. (확실)
   Ⓑ 그녀가 너의 룸메이트 아니야? (불확실)

4. Ⓐ 다음 주까지 실험 보고서를 써서 내야 해. (lab report를 강조)
   Ⓑ 다음 주에 실험 보고서를 내도 괜찮아. (next week을 강조)

＊**단어 및 표현**
you'd better ~ 너는 ~하는 것이 낫다　　afford[əfɔ́:rd] 감당하다, 여유가 있다　　environmental science 환경학　　favorite
[féivərit] 좋아하는

Drill D. 문장을 듣고 빈 칸을 채워 보세요.

1. Let's _____ before the class.

2. I can't hand in my _____.

3. It is such a large _____ grade.

4. I want to _____ now.

5. _____ on Saturday.

6. It doesn't look like _____.

7. The English literature professor _____ 10 books

   _____ .

Drill E. 문장을 듣고 받아써 보세요.

1. _____
2. _____
3. _____
4. _____
5. _____
6. _____
7. _____
8. _____
9. _____
10. _____

정답 ▮ p 274

＊단어 및 표현

on time 시간에 맞게, 정각에   literature[lítərətʃùər] 문학   write down 받아 쓰다   be behind ~에 뒤처지다

"길고 복잡한 문장은 어떻게 들어야 하나요?"

문장이 길어질수록 이것을 듣고 곧바로 이해하기가 어렵다고 느껴지죠. 하지만 긴 문장도 결국은 여러 개의 짧은 문장이나 구로 이루어져 있기 때문에 적당한 곳에서 끊어 듣는 연습만 한다면 어려움 없이 긴 문장을 이해할 수 있습니다. 그 중에서도 문장 안에 있는 또 하나의 문장, 즉 절의 쓰임을 잘 알아두어야 합니다. 절의 기본적인 구조는 "접속사+주어+동사"이며 이 덩어리가 때로는 명사, 때로는 형용사, 때로는 부사의 역할을 하게 됩니다. 이 때 부사절과 형용사절의 경우, 보다 더 간단한 형태인 분사 구문으로 자주 쓰인다는 것을 알아두어야 합니다.

◉ 4일 훈련 일정

훈련 코스	학습 목표	학습 내용
Course 1 명사절, 형용사절, 부사절 끊어 듣기	절을 포함한 긴 문장을 순차적으로 끊어서 이해한다.	❶ 명사절의 쓰임 ❷ 형용사절의 쓰임 ❸ 부사절의 쓰임
Course 2 분사구 끊어 듣기	분사 구문의 쓰임을 익히고 끊어서 이해한다.	❶ 부사절이 축약된 분사구 ❷ 형용사절이 축약된 분사구

① 명사절을 끊어 듣는다.

> 🎧 Listen & Check
>
> **What she said to me** /was really shocking.　그녀가 내게 말한 것은 무척 충격적이었다.
> Do you suppose /**that he will be here on time?**　그가 제시간에 올 거라고 생각하니?

첫 번째 예문의 'what she said to me' 는 'was' 의 주어 역할을 하는 명사절이며, 두 번째 예문의 'that he will be here on time' 은 'suppose의 목적어 역할을 하는 명사절입니다. 이와 같이 명사절은 문장 안에서 주어, 보어, 목적어 역할을 하며, '~하는 것' 이라고 해석됩니다. 구어체 표현에서 자주 쓰이는 명사절 접속사에는 that, what, when, where, how, why, whether, if 등이 있습니다.

🎧 명사절의 쓰임

1. 주어 역할을 하는 명사절

Whether he comes or not / doesn't matter to me.
그가 올 지 안 올지는 나에게 중요하지 않다.

It is unbelievable / that Mary and Tom are going to marry. (가주어 구문)
Mary와 Tom이 결혼한다는 것은 믿기 힘들다.

2. 목적어 역할을 하는 명사절

She said /(that) she wanted to go for a picnic tomorrow.
그녀는 내일 소풍을 가고 싶다고 말했다.

I'm not sure /if she wants to go to college.
나는 그녀가 대학에 가기 원하는 지 잘 모르겠다.

⇨ 목적절을 이끄는 접속사 that은 생략할 수 있습니다.

3. 보어 역할을 하는 명사절

The important thing is / that he doesn't want to enter the graduate school.
중요한 것은 그가 대학원에 진학하기를 원하지 않는다는 것이다.

Exercise

🎧 순서대로 끊어 해석한 것을 참고하여, 빈 칸에 들어갈 절을 받아써 보세요.

1. He just wants to know/_____ /so quickly.

   그는 알기를 원한다/ 어떻게 네가 리포트를 끝낼 수 있었는지 / 그렇게 빨리

2. I can't tell /_____.

   나는 모르겠다/ 그가 옳은지 아닌지를

3. It's been said /_____.

   ~라고들 한다/ Brown 교수님이 우리를 더 이상 가르치지 않을 거라고

4. _____ /was just that your opinion is different with him.

   그가 의미한 바는/ 단지 너의 의견이 그와 다르다는 것뿐이다.

5. You should explain/_____.

   너는 설명해야 한다/ 네가 왜 몇 일전에 그녀를 도울 수 없었는지를

6. I don't care about/_____.

   나는 신경 쓰지 않는다/ 네가 내 행동에 대해 어떻게 느끼는가를

정답 ▮ p 275

＊단어 및 표현

tell[tel] 알다, 분간하다 **opinion**[əpínjən] 의견 **behavior**[bihéivjər] 행동

② 형용사절(관계절)을 끊어 듣는다.

> 🎧 **Listen & Check**
>
> I have something /**that you might be interested in.**
> 나는 네가 흥미 있을 만한 것을 가지고 있다.
>
> You can always use my computer/ **I bought yesterday.**
> 너는 언제라도 내가 어제 구입한 컴퓨터를 이용할 수 있다.

첫 번째 예문에서 'that you might be interested in'은 'something'을 수식하는 형용사절이며, 두 번째 예문의 'I bought yesterday'는 목적격 관계대명사 'that'이 생략된 형용사절로 computer를 수식하고 있습니다. 이처럼 형용사절은 명사 뒤에 위치하여 명사를 수식하며, 주로 '~하는', '~한'이라고 해석됩니다. 형용사절 접속사에는 주격 관계 대명사인 that, which, who, 소유격 관계대명사 whose, 목적격 관계대명사 whom(who), which, that이 있습니다.

🎧 형용사절의 쓰임

1. 주격 관계 대명사를 포함한 형용사절

They want a person /who is honest and diligent.
그들은 정직하고 부지런한 사람을 원한다.

I should stay in the library until late at night because of this assignment /which is due tomorrow.
나는 내일이 마감인 이 과제 때문에 도서관에 밤 늦게까지 있어야 한다.

2. 소유격 관계 대명사를 포함한 형용사절

I've met a foreign man /whose eyes are dark blue.
나는 짙은 파란 색 눈을 가진 외국인을 만났다.

3. 목적격 관계 대명사를 포함한 형용사절

He is the professor/ (whom) I've respected for a long time.
그는 내가 오랫동안 존경해 온 교수님이다.
⇨ that, which, whom과 같은 목적격 관계 대명사는 생략될 수도 있습니다.

Exercise

순서대로 끊어 해석한 것을 참고하여, 빈 칸에 들어갈 절을 받아써 보세요.

1. I'd like to go to the new restaurant /_____ for free.

   나는 새로운 식당에 가고 싶다 / 훌륭한 디저트를 무료로 제공하는

2. He is a writer /_____.

   그는 작가이다 / 자신의 책들이 매우 유명한

3. How do you feel about your dorm room /_____?

   너의 기숙사 실은 어떠니? / 새로 지어진

4. She gave all the money /_____ /_____ .

   그녀는 모든 돈을 주었다 / 그녀가 가진 (모든 돈을) / 그 할머니에게.

5. This is a great movie /_____.

   이것은 훌륭한 영화이다/ 두 번 볼 가치가 있는

6. The article is about the endangered animals /_____

   그 기사는 멸종 위기의 동물들에 관한 내용이다 /법에 의해 보호되어야 하는

정답 ▌p 275

*단어 및 표현

for free 무료로   **due**[dju:] 마감인   **article**[ɑ́:rtikl] 기사, 논설   **endangered**[indéindʒərd] 멸종 위기에 처한

③ 부사절을 끊어 듣는다.

> 🎧 Listen & Check
>
> **Before we could arrive at the peak,** /the weather became dark.
> 우리가 정상에 도착하기 전에, 날씨가 어두워지기 시작했다.
>
> Meerkats live in a group /**so that they can protect themselves.**
> 미어캣츠는 스스로를 보호할 수 있도록 무리 지어 산다.

첫 번째 예문의 'Before we could arrive at the peak'은 앞 문장에 대해 시간의 정보를 제공하는 부사절로 쓰였고, 두 번째 예문의 'so that they can protect themselves'는 목적의 정보를 제공하는 부사절로 쓰였습니다. 부사절은 첫 번째 예문처럼 문두에 올 수도 있고, 두 번째 예문처럼 문미에 올 수도 있는데, 부사절이 문두에 올 때 부사절과 주절 사이에 comma가 있으므로 그 부분에서 잠깐의 휴지가 있습니다.

🎧 부사절의 쓰임

1. **시간의 부사절**: when~, since~, after~, before~, as soon as~

   Tell him to go to the student center / as soon as he finishes the class.
   그에게 수업이 끝나는 대로 학생 회관으로 가라고 전해라.

2. **이유의 부사절**: since~, because~, cause~

   As you studied so hard, / I believe you can pass the exam.
   너는 매우 열심히 공부했으니, 나는 네가 시험에 통과하리라고 믿는다.

3. **목적의 부사절**: so that~, in order that~

   I sang a song / so that the baby could sleep.
   나는 아기가 잠들 수 있도록 노래를 불렀다.

4. **양보의 부사절**: though~, although~, even if~

   Although he is not a famous actor, / he is a really talented person.
   비록 유명한 배우는 아니지만, 그는 매우 재능 있는 사람이다.

5. **조건의 부사절**: if~, unless~

   We can't go home / unless somebody gives us a ride.
   만약 누군가가 우리를 태워주지 않는다면 우리는 집에 갈 수 없다.

Exercise

순서대로 끊어 해석한 것을 참고하여, 빈 칸에 들어갈 절을 받아써 보세요.

1. I decided to live in the dorm this semester/_____.

   나는 이번 학기에 기숙사에서 살기로 결정했다/ 비록 약간 시끄럽더라도

2. I will go with you to see the concert tomorrow /_____.

   나는 내일 너와 함께 콘서트를 보러 가겠다/ 비가 오지 않는다면

3. _____, /he went to Italy.

   프랑스에서 돌아오자마자/ 그는 이탈리아로 떠났다.

4. The professor would not give you an extension /_____

   _____.

   교수님께선 시간을 연장해 주지 않으실 거야/ 네가 정당한 이유를 말하지 않는 한

5. She ran all the way to the school /_____.

   그녀는 학교 가는 동안 내내 뛰었다/ 수업에 제시간에 도착하기 위해

6. I helped you/_____.

   나는 너를 도왔을 뿐이다/ 단지 내가 원했기 때문에

정답 ▌p 275

＊단어 및 표현
unless[ənlés] ~하지 않는 한   reasonable[ríːzənəbl] 이성적인, 정당한   excuse[ikskjúːz] 이유, 변명   all the way to ~로 가
는 내내

① 부사절이 분사구로 줄어든다.

> 🎧 Listen & Check
>
> **Arriving at the airport,** / he could see his family there.
> 공항에 도착했을 때, 그는 거기서 자신의 가족을 만날 수 있었다.
>
> **Heard by many people,** / jazz music became really popular.
> 많은 사람들이 듣기 때문에, 재즈 음악은 매우 대중적인 것이 되었다.

첫 번째 예문의 'Arriving at the airport'는 원래 'When he arrived at the airport'라는 부사절이 축약된 현재 분사구이고, 두 번째 예문의 'Heard by many people'은 'As the jazz music was heard~'라는 부사절이 축약된 과거 분사구입니다. 이와 같이 부사절과 주절의 주어가 일치할 때, 부사절의 접속사와 주어를 생략하여 간단히 분사구로 쓸 경우가 많습니다.

🎧 부사절이 축약된 분사구

1. 일반 동사 축약 : 부사절의 접속사와 주어를 생략하고 동사를 분사 형태(-ing)로 고친다.

부사절	~~When we~~ use a computer, we should pay the technical fee.
분사구	(When) Using a computer, we should pay the technical fee.
	컴퓨터를 사용할 때는 기술 요금을 지불해야 한다.

부사절	~~Because we~~ stayed up all night yesterday, we finally finished our project.
분사구	Staying up all night yesterday, we finally finished our project.
	어제 밤을 샜기 때문에 우리는 마침내 연구과제를 끝낼 수 있었다.

부사절	Although ~~I~~ got a bad grade on the test, I did my best.
분사구	Although getting a bad grade on the test, I did my best.
	비록 시험에서 낮은 점수를 얻었지만 난 최선을 다했다.

1주 · 1일 · 2일 · 3일 · 4일 · 5일 · 6일

2. **be 동사의 축약** : 부사절 접속사와 주어를 생략하고 be동사를 being으로 바꿔준 후, 남아있는 분사나 형용사를 써 준다. 이 때 분사 앞에서는 일반적으로 being을 생략한다.

부사절 ~~While I was~~ researching this book, I found something interesting.

분사구 Researching this book, I found something interesting.

나는 이 책을 조사하다가 흥미로운 것을 발견했다.

부사절 ~~As the song was~~ played by a famous musician, it became very popular.

분사구 Played by a famous musician, the song became very popular.

유명한 음악가에 의해 연주되어, 그 곡은 널리 알려졌다.

부사절 Although ~~I am~~ his best friend, I don't understand him.

분사구 Although being his best friend, I don't understand him.

비록 나의 절친한 친구지만, 나는 그를 이해할 수 없다.

✍ 주로 시간, 이유, 양보의 부사절이 축약될 경우가 많으며, 의미를 명확하게 해주기 위해 양보절 접속사는 생략하지 않는 것이 보통입니다.

Exercise

🎧 순서대로 끊어 해석한 것을 참고하여, 빈 칸에 들어갈 절을 받아써 보세요.

1. _____ / I am reminded of the day you bought it.

너의 푸른 셔츠를 보니/ 나는 네가 그것을 샀던 날이 떠오른다.

2. _____,/ Barbara saw a man walking into it.

미술 박물관을 지나며/ Barbara는 한 남자가 그 곳으로 걸어 들어가고 있는 것을 보았다.

3. _____,/ I came to realize that I've changed very much.

한 친구와 이야기하던 와중에 /나는 내가 많이 변했다는 것을 깨닫게 되었다.

4. She went out for a walk /_____.

그녀는 산책하러 나갔다/ 수학 과제를 끝낸 후

5. _____,/ you should present your student ID card.

도서관에서 책을 빌릴 때,/ 너는 너의 학생증을 제시해야만 한다.

6. _____,/ he expressed his pleasure.

크게 웃으며/ 그는 자신의 기쁨을 표했다.

7. _____,/ I can take the advanced one.

이미 기초 과정을 수강했기 때문에/ 나는 중급 과정을 들을 수 있다.

8. _____,/ I saw him getting off his car.

창문 밖을 내다보다가, /나는 그가 자신의 차에서 내리는 것을 봤다.

9. _____,/ I don't think this book is interesting.

비록 많은 사람들에게 읽혔지만/ 나는 이 책이 재미있다고 생각하지 않는다.

정답 ▌p 275

✻단어 및 표현

pass by 지나가다   go out for a walk 산책하러 가다   present[prizént] 제출하다   express[ikspés] 표현하다
advanced[ədvǽnst] 고급의

② 형용사절이 분사구로 줄어든다.

> 🎧 Listen & Check
>
> People **living in the dorm room**/ can get enough sleep in the morning.
> 기숙사에서 살고 있는 사람들은 아침에 충분히 잘 수 있다.
>
> He wishes to write a book /**read by many people.**
> 그는 많은 사람들에게 읽히는 책을 쓰는 것이 소원이다.

첫 번째 예문의 'living in the dorm room'은 명사 'people'을 수식하는 분사구문으로 원래 'who lives in the dorm room'이라는 형용사 절이 축약된 것이고, 두 번째 예문의 'read by many people'은 'a book'을 수식하는 것으로 'which is read by'라는 형용사절이 축약된 것입니다. 이처럼 관계절이 분사구가 될 때는 관계 대명사와 be 동사는 생략되고, 일반 동사는 분사형태가 되어 분사구를 이끕니다.

🎧 형용사절이 축약된 분사구

1. 일반 동사 축약

형용사절 I took part in the academic seminar ~~which~~ lasts for a week.
분사구 I took part in the academic seminar lasting for a week.
　　　　　　나는 일 주일 동안 계속된 학술 세미나에 참가했다.

2. Be 동사 축약

형용사절 This is the wallet ~~which was~~ given by one of my friends.
분사구 This is the wallet given by one of my friends.
　　　　　　이것은 내 친구 중 한 명에게서 받은 지갑이다.

형용사절 The guy ~~who is~~ standing under the tree looks like my brother Henry.
분사구 The guy standing under the tree/ looks like my brother Henry.
　　　　　　나무 밑에 서 있는 남자는 나의 남동생 Henry와 닮았다.

형용사절 The picture, ~~which was~~ taken by the photographer, sold at a high price.
분사구 The picture, taken by the photographer, sold at a high price.
　　　　　　그 사진가에 의해 찍힌 사진은 높은 가격에 팔렸다.

Exercise

순서대로 끊어 해석한 것을 참고하여, 빈 칸에 들어갈 분사 구문을 받아써 보세요.

1. The exhibition, /_____,/ attracts many people.

현재 무역 센터에서 열리고 있는 그 박람회는/ 많은 사람들을 끌어들인다.

2. I've been reading several books /_____.

나는 몇 권의 책을 읽었다/ Hemingway가 쓴

3. The man /_____ / makes me afraid.

레스토랑의 한 쪽을 응시하고 있는 사람이/ 나를 무섭게 한다.

4. Doctor Johns, /_____ /, visited our campus.

그의 유명한 저서로 널리 알려진 Johns 박사가/ 우리 학교를 방문했다.

5. She has to take a subway /_____ / in the morning.

그녀는 지하철을 타야만 한다/ 사람들로 붐비는/ 아침에

6. I have lots of work to do/_____.

나는 할 일이 매우 많다/ 실험 보고서와 시간제 일을 포함하여

정답 ▌p 276

✻단어 및 표현

exhibition[èksəbíʃən] 전시회 trade center 무역 센터 attract[ətrǽkt] 끌다, 끌어 들이다 stare[stɛər] 응시하다

Daily Check-up

🎧 Drill A. 들려주는 문장에서 분사구를 받아써 보세요.

1. Students _____ should talk to a counselor.

2. _____, he never takes a subway to work.

3. For me, this is a really precious necklace _____ .

4. _____, he was calm and steady.

5. _____, he found there was nobody in the house.

6. _____, I can't tell you the way to the post office

   either.

🎧 Drill B. 문장을 듣고, 그 속에 포함된 절의 의미를 바르게 파악한 것을 고르세요.

1. Ⓐ 잠자리에 일찍 들기 위해
   Ⓑ 잠자리에 일찍 드는

2. Ⓐ 네가 이 학교의 학생이 아니라는 것
   Ⓑ 네가 이 학교의 학생이 아니기 때문에

3. Ⓐ 내가 찾아온 것
   Ⓑ 내가 찾던

4. Ⓐ Roberts가 나를 태워줄 지 안 태워줄 지
   Ⓑ 만약 Roberts가 나를 태워준다면

＊단어 및 표현

counselor[káunsələr] 상담자, 카운슬러   **millionaire**[mìljənέər] 백만장자   **precious**[préʃəs] 귀중한   **laugh at** 비웃다
steady[stédi] 꾸준한, 안정된

🎧 Drill C. 문장을 듣고 빈 칸을 채워 보세요.

1. My friend went to see a movie _____.
2. Paul will fail the class _____.
3. All the students _____ want to see him again.
4. _____, she looked pleased.
5. I don't think _____.
6. Do you suppose _____
   _____?

🎧 Drill D. 문장을 듣고 받아 써보세요.

1. _____
2. _____
3. _____
4. _____
5. _____
6. _____
7. _____
8. _____
9. _____
10. _____

정답 ▮ p 276

＊단어 및 표현

board[bɔ:rd] (탈 것에) 타다   due[dju:] 기한인   fail[feil] 낙제하다   suppose[səpóuz] 가정하다, 생각하다   give a pop quiz 돌발 퀴즈를 내다

5일 중요 구문 익히기

"듣기를 잘 하려면 문법을 다 알아야 하나요?"

문장을 듣고 정확하게 이해하려면 문법과 구문에 대한 지식이 어느 정도 필요합니다. 하지만 모든 문법을 다 알아야 하는 것은 아니며, 필수적으로 알아두어야 할 몇 가지만 확실하게 익혀놓는다면 듣기를 하는데 아무런 문제가 없습니다. 여기서는 문장을 듣고 이해하기 위해 꼭 필요한 문법과 구문을 익혀보고, 실제로 이 구문을 듣고 이해할 수 있는가를 확인해 보도록 하겠습니다.

5일 훈련 일정

훈련 코스	학습 목표	학습 내용
Course 1 가정법 구문과 사역 구문	가정법 구문과 사역 구문에서 화자가 말하고자 하는 바를 정확하게 이해한다.	❶ 가정법 구문 ❷ 사역 구문
Course 2 부정어구와 비교 구문	부정어구와 비교 구문의 쓰임을 미리 알아두어 표현을 듣는 즉시 이해한다.	❶ 주의해야 할 부정어구 ❷ 주의해야 할 비교 구문

가정법 구문과 사역 구문

① 가정법은 실제 사실과 반대의 의미이다.

> 🎧 Listen & Check
>
> **If I had some money**, I would lend it to you.
> 나에게 돈이 있다면 너에게 빌려줄 텐데.
>
> **If I were not a student**, I would get a job.
> 내가 학생이 아니라면 직업을 구할 수 있을 텐데.

첫 번째 예문에서 쓰인 '나에게 돈이 있다면' 이라는 가정은 현실과 반대되는 가정으로, 실제로 화자는 가진 돈이 없다는 것을 의미하며, 두 번째 예문의 '내가 학생이 아니라면' 이라는 가정 역시 현재 사실과 반대되는 가정입니다. 이와 같이 현재 사실, 혹은 과거 사실의 반대를 가정한 구문을 가정법 구문이라고 합니다.

🎧 가정법 구문

1. 가정법 과거: If + 주어+ 동사의 과거~, 주어+ 조동사 과거+ 동사 원형
　　　　　　　현재 사실의 반대 ⇨ 현재 ~라면 (현재~하지 않다)

If you took the physics class you would regret it.
만약 네가 물리학 수업을 듣는다면, 너는 그것을 후회할 텐데.

2. 가정법 과거 완료: If+ 주어+ 과거 완료~, 주어+ 조동사 과거+현재 완료
　　　　　　　　과거 사실의 반대 ⇨ 과거에~했더라면 (과거에 ~하지 않았다)

If he had turned in his paper in time, he would' ve got a better grade.
그가 제 시간에 리포트를 제출했다면, 더 좋은 성적을 얻었을 텐데

3. I wish + 가정법 과거/ 과거 완료　　　내가 ~하다면(했더라면) 좋을 텐데 (~하지 않아서 유감이다)

I wish I could fly. 내가 날 수 있다면 좋을 텐데

I wish I could have made it to your birthday party.
내가 너의 생일 파티에 갈 수 있었더라면 좋았을텐데.

4. as if + 가정법 과거/ 과거 완료　　　마치 ~인 것처럼 (실제로는 ~가 아니다)

He rushed into the class as if he had run all the way there.
그는 마치 오는 내내 뛰었던 것처럼 교실로 급히 들어왔다.

5. **If only + 가정법 과거/ 과거 완료~** ~하기만 하다면 (했다면)

If only I could be with you now. 내가 지금 너와 함께 있을 수만 있다면…

6. **If it were (had not been) not for ~** ~가 아니라면 (~가 아니었더라면)

If it were not for your notes, I could not have passed the exam.
네 노트가 아니었더라면 나는 시험에 통과하지 못했을 것이다.

7. **If 절 또는 If 가 생략된 가정법 구문**

It could've been worse. 더 나쁠 수도 있었다. (그나마 다행이다.)

Had I known him, I could've asked for a favor. 만약 내가 그를 알았더라면, 그에게 부탁했었을 것이다.

⇨ 가정법 문장에서 If 가 생략되면 have 조동사나 be 동사는 도치됩니다.

Exercise

들려주는 문장의 의미를 바르게 이해한 것을 고르세요.

1. Ⓐ 네가 도와주지 않아서 나는 그것을 시간 내에 끝내지 못했다.

  Ⓑ 네가 도와주었기 때문에 나는 그것을 시간 내에 끝낼 수가 있었다.

2. Ⓐ 내가 너라면 Parker 교수님의 수업은 듣지 않겠다.

  Ⓑ 네가 Parker 교수님의 수업을 듣지 않아서 유감이다.

3. Ⓐ 아파트로 이사하지 않은 것을 후회한다.

  Ⓑ 아파트로 이사한 것을 후회한다.

4. ⓐ 그가 나의 아들이라면 떠들지 못하도록 했을 것이다.

   ⓑ 그가 나의 아들이기 때문에 떠들지 못하도록 했다.

5. ⓐ 그의 말에서 그가 식당 주인인 것을 알 수 있다.

   ⓑ 그는 식당의 주인이 아니다.

6. ⓐ 그녀가 뽑히지 않았다면 더 좋았을 것이다.

   ⓑ 그녀가 뽑히지 못한 것이 아쉽다.

7. ⓐ 아이들이 있었기 때문에 그녀는 병에서 회복될 수 있었다.

   ⓑ 아이들이 없어서 그녀는 더 빨리 회복될 수 있었다.

8. ⓐ 그녀는 너무나 행복했다.

   ⓑ 그녀는 행복하지 않았다.

9. ⓐ 리포트를 제시간에 끝냈기 때문에 수업에서 낙제하지 않았다.

   ⓑ 리포트를 제시간에 끝내지 못해서 수업에서 낙제했다.

정답 ▮ p 277

＊단어 및 표현

make it 성공하다, 제대로 해내다 on time 정시에, 제 시간에 make a noise 시끄럽게 하다 owner[óunər] 주인, 소유주
representative[rèprizéntətiv] 대표자

② 사역 구문에서는 시키는 주체와 당하는 주체를 정확히 파악한다.

> 🎧 Listen & Check
>
> Susan **made** her husband set the table for dinner.
> Susan은 그녀의 남편에게 저녁 식사를 위해 식탁을 차리게 했다.

예문에서 '~하게 하다' 라는 의미의 사역 동사 'make' 가 쓰여, 주어인 Susan이 목적어인 her husband에게 무언가를 지시하고 있음을 알 수 있습니다. 이와 같이 사역 구문에서는 행위의 주체가 누구인가를 정확하게 파악해야 합니다.

🎧 사역 구문

1. get + 목적어 + to 부정사

She got her friend to open the window.   그녀는 친구에게 창문을 열게 했다.

---

2. have + 목적어 + 원형 부정사 / 과거 분사

I had him bring my notebook.   나는 그에게 나의 노트를 가져오게 했다.
I had my shoes repaired.   나는 내 구두를 수선했다.

   ↪ 목적어와 목적 보어 간의 관계가 수동일 때, 목적 보어 자리에 과거 분사를 씁니다.

---

3. make + 목적어 + 원형 부정사 / 과거 분사

His parents made him wake up early in the morning.
그의 부모님은 그를 아침 일찍 일어나게 했다.

You should speak more loudly so that you can make yourself heard.
네 목소리가 들리도록 하려면 네가 더 크게 말해야 한다.

---

4. let + 목적어 + 원형 부정사~ / 전치사구

The professor let the students talk in class.   그 교수는 수업 시간에 학생들이 떠들도록 내버려두었다.
His father wouldn't let him in.   그의 아버지는 그를 안으로 들어오지 못하도록 했다.

Exercise

문장을 듣고 동작의 주체를 정확하게 파악한 것을 고르세요.

1. Ⓐ Mary는 Jessie에게 설거지를 시켰다.
   Ⓑ 설거지를 해야 하는 사람은 Mary이다.

2. Ⓐ 어머니는 나를 침대에서 일어나게 했다.
   Ⓑ 나는 어머니를 침대에서 일으켜 드렸다.

3. Ⓐ 나는 직접 수도관을 수리했다.
   Ⓑ 나는 배관공에게 수도관을 수리하게 했다.

4. Ⓐ 그 경관은 사람들 때문에 지나갈 수가 없었다.
   Ⓑ 그 경관은 사람들이 지나가지 못하게 했다.

5. Ⓐ James의 여동생은 그에게 조부모님을 도와드리라고 했다.
   Ⓑ James는 그의 여동생에게 조부모님을 도와드리게 했다.

6. Ⓐ 그 선생님은 소년들에게 사과하게 했다.
   Ⓑ 그 선생님은 소년들에게 사과했다.

정답 ▌ p 278

＊단어 및 표현
water pipe 배수관, 수도관   plumber[plʌ́mər] 배관공   let through 통과시키다   apologize[əpάləʤàiz] 사과하다

1주
1일
2일
3일
4일
5일
6일

Course 2 부정어구와 비교 구문

① 부정어를 제대로 이해하지 못하면 반대의 의미로 오해하게 된다.

> 🎧 Listen & Check
>
> I've **hardly** concentrated on the lecture.
> 나는 수업에 거의 집중하지 못했다.

예문에서 'hardly'가 부정의 의미를 지닌 부사라는 것을 알지 못하면 문장의 의미를 완전히 반대로 이해하게 될 수도 있습니다. 이와 같이 'not, never, no' 이외에 부정을 나타내는 표현의 쓰임을 알아보도록 하겠습니다.

🎧 주의해야 할 부정어구

1. 준부정어: barely, hardly, rarely, scarcely, seldom   거의 ~ 않다.

We **barely** know him.   우리는 그를 잘 알지 못한다.

---

2. 부정의 접두어, 접미어: dis-, il-, im-, in-, ir-, un-/ -less, -free   어근의 반대 의미

ex) dislike 싫어하다, illiterate 글자를 모르는, impolite 무례한, irregular 불규칙적인, unpleasant 불쾌한, worthless 가치 없는, carefree 근심이 없는

Are you always that **careless**?   너는 항상 그렇게 부주의하니?

---

3. 이중 부정: not+부정의 의미를 지닌 단어 및 어구   긍정의 의미

Balancing work and study is **not** an **impossible** thing at all.
일과 학업을 병행하는 것은 전혀 불가능한 일이 아니다.

---

4. 부분 부정: not + all/ every/ both/ each/ always (전체를 나타내는 단어들)
모든 ~가 그런 것은 아니다 (부분적으로 그렇지 않은 ~도 있다)

Not all animals like to eat meat.   모든 동물들이 육식을 좋아하는 것은 아니다.

Exercise

🎧 들려주는 문장의 의미를 바르게 나타낸 것을 고르세요.

1. Ⓐ 그는 항상 게으르다.

　Ⓑ 그는 게으를 때도 있고 아닐 때도 있다.

2. Ⓐ 그는 약속을 지키기 위해 최선을 다한다.

　Ⓑ 그는 약속을 잘 지키지 않는다.

3. Ⓐ 그는 외국인을 만날 기회가 종종 있다.

　Ⓑ 그는 외국인을 만날 기회가 좀처럼 없다.

4. Ⓐ 많은 학생들이 시험에 통과했다.

　Ⓑ 시험에 통과한 학생이 한 명도 없다.

5. Ⓐ 나는 네가 뛰어난 축구 선수라고 생각하지 않는다.

　Ⓑ 나는 네가 확실히 뛰어난 축구 선수라고 생각한다.

6. Ⓐ 나는 정치에 어느 정도 관심이 있다.

　Ⓑ 나는 정치에 전혀 관심이 없다.

정답 ▌p 278

＊단어 및 표현

that[ðət] 그 만큼, 그렇게　**keep one's promise** 약속을 지키다　**needless**[níːdlis] 불필요한, 쓸데 없는　**disinterested** [disíntərèstid] 무관심한

② 비교 표현을 듣는 즉시 비교 대상에 대한 정보를 파악한다.

> 🎧 Listen & Check
>
> This building is twice **as tall as** the Trade Center.
> 이 건물은 무역 센터보다 두 배나 더 높다.

예문을 들었을 때 'this building' 과 'the Trade Center' 중 어느 것이 더 높은지를 곧바로 이해할 수 있어야 합니다. 비교 표현은 그 쓰임에 익숙해져 있지 않으면 본래의 의미를 혼동하기 쉬우므로, 듣는 즉시 비교 대상에 대한 정보를 파악할 수 있도록 연습해야 합니다.

🎧 주의해야 할 비교 구문

1. 원급 비교: as ~ as ⋯   ⋯만큼 ~하다

   My younger brother is **as tall as** you.   나의 남동생은 너와 키가 똑같다.

---

2. 비교급: 형용사, 부사의 비교급(-er/ more ~) + than ⋯   ⋯보다 더 ~하다

   She seems to be **smarter than** her teacher. 그녀는 그녀의 선생님보다 더 똑똑한 듯하다.

---

3. 최상급: the +형용사의 최상급/ 부사의 최상급(-est/ most ~)   (A는) 가장 ~하다.

   She is **the most beautiful** woman I've ever known.
   그녀는 내가 아는 사람 중 가장 아름답다.

   최상급의 의미를 지니는 원급 구문 : No⋯ is as ~ as A,

   최상급의 의미를 지니는 비교급 구문 : A is more ~ /-er than any⋯.

   Nobody laughs **as** loudly **as** Sarah. Sarah만큼 크게 웃는 사람은 없다. (Sarah가 가장 크게 웃는다.)

---

4. 기타 비교의 의미를 지닌 어구들

   would rather~ than⋯   ⋯ 하느니 차라리 ~하겠다   had better~   ~하는 것이 더 낫다

   prefer A to B   B보다는 A를 더 선호하다   excel~   ~를 능가하다

   I'd rather study **than** go to see that movie.
   그 영화를 보러 가느니 차라리 공부하는 것이 더 낫겠다.

Exercise

🎧 들려주는 문장의 의미를 바르게 나타낸 것을 고르세요.

1. Ⓐ 그의 컴퓨터 속도는 내 것보다 더 느리다.

   Ⓑ 그의 컴퓨터 속도는 내 것만큼 빠르다.

2. Ⓐ 너는 일에 가장 서툰 사람이다.

   Ⓑ 너는 일에 가장 뛰어난 사람이다.

3. Ⓐ Annie의 여동생은 Annie 보다 훨씬 더 아름답다.

   Ⓑ Annie는 그녀의 여동생만큼이나 아름답다.

4. Ⓐ 나는 혼자서 공부하는 것이 좋다.

   Ⓑ 나는 다른 사람들과 함께 공부하는 것이 좋다.

5. Ⓐ 기숙사는 아파트만큼 편안하지 않다.

   Ⓑ 아파트는 기숙사와 똑같이 편안하다.

6. Ⓐ 삶이 어느 때보다 행복하다.

   Ⓑ 삶이 어느 때보다 불행하다.

정답 ▌ p 278

＊단어 및 표현

no less than ~에 못지 않게, ~와 마찬가지로   **prefer A to B** B보다 A를 더 선호하다   **far**[fɑːr] 훨씬 (비교급 수식)

Daily Check-up

 Drill A. 들려주는 문장의 의미를 바르게 나타낸 것을 고르세요.

1. Ⓐ Nobody wants to go to the library.

   Ⓑ One of them wants to go the library, the other does not.

2. Ⓐ You can have my used book because you let me know early.

   Ⓑ You called too late to get my used books.

3. Ⓐ I made my roommate see a musical.

   Ⓑ My roommate made me see a musical.

4. Ⓐ I am not the right person to be giving advice.

   Ⓑ Nobody gives better advice than me.

5. Ⓐ She loves to read.

   Ⓑ She hates to read.

6. Ⓐ We won after he scored.

   Ⓑ We lost because he couldn't score.

＊ 단어 및 표현

drag[dræg] 끌어들이다　**right**[rait] 적당한, 걸 맞는　**give advice** 충고하다　**score**[skɔːr] 득점하다　**win the game** 시합에서 이기다

🎧 Drill B. 문장을 듣고 빈 칸을 채워 보세요.

1. _____, I couldn't have finished my paper.

2. _____ to do it yourself.

3. The ticket shouldn't cost you _____.

4. _____ if you find my bag.

5. He could've had the job, _____.

6. _____ is as smart as he is.

7. _____ since we fought.

🎧 Drill C. 문장을 듣고 받아 써보세요.

1. _____
2. _____
3. _____
4. _____
5. _____
6. _____
7. _____
8. _____
9. _____
10. _____

정답 ▌p 278

＊단어 및 표현

cost[kɔ(ː)st] (비용을) 들게 하다   barely[béərli] 거의~않다   musical instruments 악기   drop off (차에서) 내려주다
embarrassed[imbǽrəst] 어리둥절한, 당혹한   drop out of (학교 등을) 그만두다, 뒤떨어지다

6일 필수 표현 잡기

> ## "표현을 들어도 곧바로 이해가 되지 않아요"
>
> 문장을 이해하는데 있어서 구문 지식 외에 또 하나의 핵심적 요소는 관용적으로 쓰이는 표현들입니다. 단어 하나하나가 들려도 문장의 뜻을 곧바로 이해할 수 없다면, 그것은 이 표현들에 대한 기본 지식이 부족하기 때 문입니다. 그 중 필수적으로 알아두어야 할 표현에는 구 동사 (Phrasal verbs), 관용적인 구어체 표현과 함께 의견 제시, 제안, 요청 등에 자주 쓰이는 표현, 간접적인 긍정과 부정의 표현들이 있습니다.

⊕ 6일 훈련 일정

훈련 코스	학습 목표	학습 내용
Course 1 숙어와 구어체 표현 잡기	숙어, 구어체 표현의 쓰임에 익숙해진다.	❶ 필수 숙어와 구어체 표현
Course 2 듣고 곧바로 이해해야 할 표현 잡기	상황에 따라 자주 사용되는 표현들에 익숙해진다.	❶ 상황에 따라 자주 쓰이는 표현 ❷ 자주 쓰이는 긍정, 부정의 표현

숙어와 구어체 표현 잡기

① 숙어와 구어체 표현에 익숙해진다.

> 🎧 Listen & Check
>
> She said she would **fill** me **in** about what was discussed at today's seminar, later.
> 그녀는 오늘 세미나에서 논의된 것을 나중에 나에게 말해주겠다고 했다.

예문의 'fill in' 은 '채우다' 라는 뜻이 아닌 '자세히 알리다, 설명하다' 라는 의미의 관용어구로 쓰였음을 이해할 때 문장의 뜻을 정확하게 파악할 수 있습니다.

🎧 **필수 숙어와 구어체 표현**

be about to~ 막 ~하려 하다
I was about to call you. 나는 막 너에게 전화하려던 참이다.

be bound to ~하도록 되어있다
You are bound to leave here tonight. 너는 오늘 밤 여기를 떠나기로 되어있다.

be done with ~를 끝내다
I'm done with cleaning the house. 나는 집 청소를 끝냈다.

be into ~ ~에 열중하다, 빠지다
He's been into classical music lately. 그는 요즘 클래식 음악에 빠져있다.

be swamped with ~ ~때문에 꼼짝 달싹 못하다
All of my family has been swamped with my wedding. 가족 모두가 나의 결혼식으로 꼼짝 달싹 못했다.

call it a day 하루 일을 끝내다
I'm ready to call it a day. 나는 오늘 일을 끝낼 준비가 되었다.

come down with 병에 걸리다
The professor came down with the flu. 교수님께서는 감기에 걸리셨다.

come in handy 편리하다, 유용하다
It will come in handy when you get married. 네가 결혼하게 되면 그것이 유용할 것이다.

1주 / 1일 / 2일 / 3일 / 4일 / 5일 / 6일

come up with 생각해내다

I can't **come up with** a good topic for our research project.
나는 연구 과제를 위한 좋은 주제를 생각해낼 수가 없다.

count out 제외하다

Please **count** me **out** in your plan for the picnic tomorrow. 내일 소풍 계획에서 나는 제외시켜줘.

drop by 잠깐 들르다

You'd better **drop by** the housing office. 주거 관리 사무실에 잠깐 들러보는 게 좋을 거야.

easy as pie 매우 쉬운

The math quiz was **easy as pie**. 수학 퀴즈는 매우 쉬웠다.

fall behind (수업 등에) 뒤처지다

She seems to **fall behind** in all kinds of sports classes. 그녀는 모든 운동 수업에 뒤처진 것 같다.

feel under the weather 몸이 좋지 않다

I **feel under the weather**. 나는 몸이 별로 좋지 않다.

figure out 이해하다, 해결하다

I can't **figure out** what is the problem with this machine. 나는 이 기계의 문제가 무엇인지를 알아낼 수가 없다.

fill out 작성하다, 기입하다

Please **fill out** the blue form to register for the summer session.
여름 학기 수업에 등록하려면 파란색 용지를 작성해주세요.

for the time being 당분간

For the time being, I'm working at a restaurant. 당분간 나는 레스토랑에서 일할 것이다.

get along with ~와 잘 지내다

Tommy seems to **get along with** everyone. Tommy는 모두와 잘 지내는 것 같다.

get in touch with 연락하다

I **got in touch** with a long lost friend. 나는 오랫동안 소식이 끊겼던 친구와 연락을 했다.

give it a try (=give it a shot) 한 번 해보다, 시도하다

I think I'll **give it a try**. 그걸 한 번 해볼 생각이야.

give in 굴복하다, 따르다

The boy didn't **give in** to his teacher's order. 그 소년은 선생님의 명령에 굴복하지 않았다.

have a heart 인정이 있다

She doesn't seem to have a heart for the poor neighbors. 그녀는 불쌍한 이웃들에 대한 인정이 없는 것 같다.

have had it with~ ~에 진저리나다, 지긋지긋하다

I've had it with pizza. 나는 피자라면 지긋지긋하다.

just in case 만약을 대비해서

Take the subway just in case there is a traffic jam. 교통 정체에 대비해서 지하철을 타라.

look into 조사하다, 알아보다

You should look into a career in teaching. 너는 교직 쪽에 직장을 알아봐야 한다.

make it (장소에) 이르다/ 성공하다

I'm glad you made it. 네가 와줘서 기쁘다.

make up one's mind 결정하다

He doesn't seem to make up his mind yet. 그는 아직 자신의 마음을 결정하지 못했다.

out of one's mind 제 정신이 아닌

Are you out of your mind? 너 제정신이니?

out of the question 불가능한

Reading all these materials in a week is out of the question. 이 자료들을 일주일 내에 다 읽는다는 건 불가능하다.

pick up 차로 마중 가다

My brother will pick me up at the airport. 나의 형이 공항으로 나를 마중 올 것이다.

put up with 참다, 견디다

You can put up with this hard work. 너는 그 힘든 일을 견뎌내야만 한다.

sick and tired of 물리다, 넌더리 나다

I'm sick and tired of the historical movie. 나는 역사 영화라면 넌더리가 난다.

take a rain check 다음 기회를 기약하다

I can't go to see the movie, tonight. Can I take a rain check?
오늘 영화 보러 못 갈 것 같아. 다음 기회에 갈 수 있을까?

take into account 고려하다, 참작하다

I want you to take into account my schedule. 네가 나의 일정을 고려해줬으면 해.

take on (일을) 맡다

You are taking on too much this summer. 너는 이번 여름에 너무 많은 일을 맡고 있다.

1주 · 1일 · 2일 · 3일 · 4일 · 5일 · 6일

Exercise

🎧 문장을 듣고 빈 칸을 채운 후, 이 부분을 다른 표현으로 옮길 때 가장 적절한 것을 고르세요.

1. I'm _____ my math class.

   Ⓐ not keeping up with   Ⓑ going to drop   Ⓒ never going to miss

2. The boy _____ computer games.

   Ⓐ is sick and tired of   Ⓑ is crazy about   Ⓒ is playing

3. I've been _____ work for two months.

   Ⓐ really busy with   Ⓑ so tired with   Ⓒ quite excited with

4. I'd like you to _____ the circumstances _____.

   Ⓐ explain   Ⓑ overlook   Ⓒ consider

5. I can't _____ this noise anymore.

   Ⓐ stand   Ⓑ hear   Ⓒ stop

6. _____ ask for some help from your friends when you move out.

   Ⓐ You should not   Ⓑ You will   Ⓒ Why don't you

정답 ▌p 279

---

*단어 및 표현

circumstance[sə́ːrkəmstæ̀ns] 상황, 사정   miss[mis] 놓치다   overlook[òuvərlúk] 간과하다, 눈감아주다   stand[stænd] 참다, 견디다

1 의견 표현, 제안, 요청에 따라 자주 쓰는 표현들이 있다.

> 🎧 Listen & Check
>
> **As far as I'm concerned**, we should not have a party until the end of the final.
> 내 생각에, 우리는 기말 시험이 끝나기 전에 파티를 열어서는 안 돼.

예문에서 쓰인 'As far as I'm concerned'는 화자가 자신의 의견을 제시할 때 자주 쓰는 표현입니다. 이와 같이 화자의 의도를 드러내주는 표현들은 의견 제시, 제안/권유, 요청/부탁, 놀람/강조의 네 가지 경우로 나누어 볼 수 있습니다.

🎧 의견 제시의 표현

As far as I'm concerned 　내 생각에는

As far as I'm concerned, he is talented enough to be an entertainer.
내 생각에, 그는 연예인이 될 만한 자질을 충분히 갖추고 있다.

If you ask me ~ 　내 의견을 묻는다면 (내 생각을 말하자면)

If you ask me, I don't think chemistry is a difficult subject.
내 생각을 말하자면, 나는 화학이 어려운 과목이라고 생각하지 않는다.

It seems to me ~ 　내가 보기에 그것은~

It seems to me that she can be a good mother.
내가 보기에 그녀는 좋은 어머니가 될 것 같다.

Don't you think ~? 　~라고 생각하지 않니? (나는 ~라고 생각한다)

Don't you think that this building needs to be extended?
이 건물이 확장되어야 한다고 생각하지 않니?

In my view/opinion, ~ 　내가 보기에는

In my view, nobody is right.
내가 보기에는 누구도 옳지 않아.

Course 2 표현을 듣고 곧바로 이해하기

제안/ 권유의 표현

Why don't you/we ~? ~해보는 것이 어때?
Why don't you try to finish the easier one first?
쉬운 것부터 먼저 하는 게 어때?

Have you ever thought of ~? ~에 대해서는 생각해봤니? (~는 어때?)
Have you ever thought of going abroad to study your major?
네 전공 공부를 위해 해외로 가는 것에 대해 생각해봤니?

If I were you ~ 내가 너라면,~
If I were you, I wouldn't say that.
내가 너라면 그 말을 하진 않을 거야.

You'd better ~ ~하는 것이 좋을 거야.
You'd better leave early to catch your train.
기차를 타기 위해서는 빨리 출발하는 것이 좋겠다.

Maybe you could ~ 네가 ~할 수도 있지.
Maybe you could have dinner somewhere other than in the cafeteria.
네가 구내 식당 외에 다른 곳에서 저녁 식사를 할 수도 있지.

You don't want to ~ ~하지 않는 것이 좋을 거야.
You don't want to miss the party tonight.
오늘 밤의 파티를 놓치지 않는 것이 좋을 거야.

What about/ How about ~? ~는 어때?
What about moving into the dorm room?
기숙사로 이사하는 건 어때?

What do you say to ~? ~에 대해 어떻게 생각하니?
What do you say to Mr. Johnson's lecture?
Johnson 교수님의 강의에 대해 어떻게 생각하니?

How do you feel about ~? ~하는 건 어때?
How do you feel about going to the beach this summer?
이번 여름에 해변 가에 가는 건 어때?

Do you want me to ~? 내가 ~할까?
Do you want me to lend you my notebook?
내가 노트북을 빌려줄까?

🎧 부탁/ 요청의 표현

Could/ Would you ~?   ~ 해줄 수 있니?

Could you lend me some money?
내게 돈을 좀 빌려줄 수 있니?

Do you think you could ~?   ~ 해줄 수 있겠니?

Do you think you could fill me in about the seminar, later?
나중에 세미나에 대해 말해줄 수 있겠니?

Do / Would you mind if I ~?   내가 ~하는 것이 꺼려지니?

Do you mind if I listen to the music?
내가 음악 듣는 것이 꺼려지니? (내가 음악을 들어도 괜찮겠니?)

➪ 이 표현에 대한 긍정의 응답은 'of course not,' 'certainly not' 과 같이 'not' 의 의미를 포함한 것입니다.

🎧 놀람/ 강조의 표현

You' ve got to be kidding! /Are you kidding? 농담이겠지!

We have a test tomorrow? You' ve got to be kidding!
내일 시험이 있다고? 농담이겠지!

Get out of here! 말도 안돼!

You' re marrying next month? Get out of here!
네가 다음 달에 결혼한다고? 말도 안돼!

Are you sure (that ~)? 정말이니?

Are you sure that we don' t have any class tomorrow?
내일 수업이 하나도 없을 거라는 게 정말이니?

It' s ~ that… …한 건 바로 ~야

It' s this book that I' ve told you about.
내가 너에게 말했던 책이 바로 이 책이야!

Believe me! 정말이야!

Believe me! I didn' t mean to be late.
정말이야! 나는 늦을 생각이 없었어.

Exercise

화자의 의도를 가장 잘 드러낸 문장을 고르세요.

1. Ⓐ I think the professor is absolutely right.

   Ⓑ I think the professor might be wrong.

2. Ⓐ I think you should not skip class on the first day of the semester.

   Ⓑ I'll never skip class again this semester.

3. Ⓐ I think Mary is a smart girl.

   Ⓑ I don't think Mary is a smart girl.

4. Ⓐ I was not surprised that Mike is your brother.

   Ⓑ It's hard to believe Mike is your brother.

5. Ⓐ You don't like watching movies.

   Ⓑ You shouldn't watch that movie.

6. Ⓐ Why do you think I'll lend you my notebook?

   Ⓑ Do you want to borrow my notebook?

정답 ∥ p 280

＊단어 및 표현

necessarily [nèsəsérəli] 반드시   skip class 수업에 빠지다

② 반응이 긍정인지 부정인지를 이해한다.

> 🎧 Listen & Check
>
> **I don't think I can say** yes to your question. 너의 질문에 '그렇다' 고 대답할 순 없을 것 같다.

예문에서는 부정의 의도를 표현할 때 곧바로 'no' 라는 직설적 표현을 쓰기보다 'yes' 라고 할 수는 없을 것 같다' 는 표현을 사용하고 있습니다. 이처럼 자주 쓰이는 긍정과 부정의 표현을 파악해야, 정확한 문장의 이해가 가능합니다.

🎧 자주 쓰이는 긍정의 표현

I couldn't agree with you more. 난 네 말에 전적으로 동의한다.

M: The schools should renovate the dorms. 학교는 기숙사를 개조해야만 해.
W: I couldn't agree with you more. 네 말에 전적으로 동의해.

You bet. 물론이야.

W: Would you like to go see a movie? 영화 보러 가고 싶니?
M: You bet. 물론이지

Who wouldn't? 누가 아니래?

M: I want to travel the world. 난 세계를 여행하고 싶어.
W: Who wouldn't? 누가 그걸 원하지 않겠니?

You can say that again. 맞아, 바로 그거야.

M: It's really hot today. 오늘 정말 덥다.
W: You can say that again. 정말 그렇구나.

What a great idea! 정말 좋은 생각이야!

W: What about going skiing this weekend? 이번 주말에 스키 타러 가는 게 어때?
M: What a great idea! 정말 좋은 생각이야!

No doubt about that. 의심의 여지가 없지.

M: Alice is really kind. Alice는 정말 친절해.
W: No doubt about that. 의심의 여지가 없지.

Why not? 왜 아니겠어?

W: Would you like to join our study group? 우리 스터디 클럽에 가입할래?
M: **Why not?** 못할 이유가 없지.

자주 쓰이는 부정의 표현

I'm not so sure about that. 그건 잘 모르겠구나. (그건 아닌 것 같아)

M: I think it will be fine tomorrow. 내 생각에 내일은 맑을 것 같아.
W: **I'm not so sure about that.** 난 그럴 것 같지 않은데.

I wish I could say the same. 나도 그렇게 말할 수 있었으면 좋겠어. (그렇지만 아니야)

W: I'm really looking forward to this summer. 난 이번 여름이 정말 기대 돼.
M: **I wish I could say the same.** 나도 그렇게 말할 수 있으면 좋겠어.

Not necessarily. 꼭 그런 것 만은 아니야.

M: The archeology class is really boring. 고고학 수업은 정말 지루해.
W: **Not necessarily.** 꼭 그런 것만은 아니야.

That's not how I see it. 나는 그렇게 생각하지 않아.

W: I think John is the best candidate. 나는 John이 가장 뛰어난 후보자라고 생각해.
M: **That's not how I see it.** 나는 그렇게 생각하지 않아.

I'll pass. (= count me out) 나는 빠질게.

M: How does spaghetti sound for dinner? 저녁 식사로 스파게티 어때?
W: **I'll pass.** 나는 빠질게.

Thanks anyway. 어쨌든 고마워.

W: Do you need a hand when you move out? 이사할 때 도움이 필요하니?
M: No, but **thanks anyway.** 아니, 어쨌든 고마워.

I wouldn't bet on it. 그럴 것 같지는 않은데.

M: Is your roommate coming to the party? 네 룸메이트가 파티에 올까?
W: **I wouldn't bet on it.** 그럴 것 같지는 않아.

Exercise

🎧 마지막 화자의 의도를 바르게 나타낸 것을 고르세요.

1. Ⓐ 바람 쐬러 가자.
   Ⓑ 함께 공부하자.

2. Ⓐ 역사 수업은 너무 힘들다.
   Ⓑ 역사 수업은 쉽다.

3. Ⓐ 함께 농구 경기를 보러가자.
   Ⓑ 농구 경기를 보러갈 수 없다.

4. Ⓐ 좀 도와 주시겠어요?
   Ⓑ 도와주지 않아도 되요.

5. Ⓐ 네 컴퓨터를 쓸게.
   Ⓑ 네 컴퓨터를 쓰지 않아도 돼.

6. Ⓐ 네가 담배를 피우지 않았으면 해.
   Ⓑ 네가 담배 피워도 괜찮아.

7. Ⓐ 난 피자를 싫어해.
   Ⓑ 피자를 먹으러 가자.

8. Ⓐ Tony는 무척 말이 많아.
   Ⓑ Tony는 보기보다 말이 없어.

9. Ⓐ Laura는 노트를 빌려주지 않을 거야.
   Ⓑ Laura가 노트를 빌려줄 거야.

10. Ⓐ 기말 시험은 너무 어려웠어.
    Ⓑ 기말 시험은 쉬웠어.

정답 ▮ p 280

---

*단어 및 표현

get fresh air 바람을 쐬다   **kill**[kil] 녹초가 되게 하다, 몹시 지치게 하다   **mind**[maind] 거북해 하다, 싫어하다   **talkative**
[tɔ́:kətiv] 말이 많은, 수다스러운   **bet**[bet] 단언하다, 보증하다

Daily Check-up

Drill A. 빈 칸을 채운 후, 이를 다른 말로 옮길 때 쓸 수 있는 가장 적절한 표현을 고르세요.

1. It's late and we've been working really hard. _____.
   Ⓐ Let's take a break.   Ⓑ Let's not work anymore today.
   Ⓒ Let's work a little more.   Ⓓ Let's go out for dinner.

2. I think Mark _____, because he hasn't shown up for class
   in a week.
   Ⓐ took a trip   Ⓑ has a problem
   Ⓒ became ill   Ⓓ is busy

3. Mr. Hanson's pop quiz was _____.
   Ⓐ very easy   Ⓑ very difficult
   Ⓒ an exam about weather   Ⓓ windy

4. The landlord doesn't seem to _____ his tenants at all.
   Ⓐ care for   Ⓑ look down on
   Ⓒ like   Ⓓ help

5. Finally George _____ to his best friend's demand.
   Ⓐ disagreed   Ⓑ submitted
   Ⓒ admitted   Ⓓ committed

6. _____ parties in the dorm.
   Ⓐ I had a lot of fun at   Ⓑ I host
   Ⓒ I've eaten so much food at   Ⓓ I'm sick and tired of

＊단어 및 표현

show up 나타나다   tenant[ténənt] 거주자, 세입자   look down on 경멸하다   submit[səbmít] 따르다   commit[kəmít] 약속
하다   host[houst] 접대하다

Drill B. 마지막 화자의 말이 뜻하는 바를 바르게 나타낸 것을 고르세요.

1. Ⓐ I want to study more.

   Ⓑ I don't want to study anymore.

2. Ⓐ I really want to meet your sister.

   Ⓑ I don't want to meet your sister at all.

3. Ⓐ I've already seen that opera.

   Ⓑ I don't enjoy watching operas.

4. Ⓐ I'd like a ride home.

   Ⓑ I don't need your help.

5. Ⓐ The weather man didn't say it will rain tomorrow.

   Ⓑ I don't agree with the weather man.

6. Ⓐ I don't like football.

   Ⓑ I can't go with you.

＊단어 및 표현

be looking forward to ~를 고대하다, 기대하다   keep ~ing 계속해서 ~하다   give a ride 차를 태워주다   weather man 일기예보
아나운서

Drill C. 문장을 듣고 빈 칸을 채워봅시다.

1. I don't think _____.

2. _____ teaching in college?

3. That kind of work _____.

4. _____ the student health center to see a doctor.

5. _____, don't go out in the stormy weather.

Drill D. 문장을 듣고 받아 써보세요.

1. _____

2. _____

3. _____

4. _____

5. _____

6. _____

7. _____

8. _____

9. _____

10. _____

정답 ▌p 281

＊단어 및 표현

turn in 제출하다   **application**[æ̀pləkéiʃən] 신청서   **work**[wəːrk] 잘 되어가다

www.goHackers.com

짧은 대화 공략하기

Hackers Listening Start

Hackers Listening Start

2주에서는 TOEFL 듣기의 Part A에 해당하는 짧은 대화 (Short Conversations)를 공부해 보도록 하겠습니다. 여기서는 각 문제 유형에 따른 전략과 문제 유형별 질문의 형태, 주의해야 할 오답 유형을 분석해볼 것입니다. 짧은 대화에서 출제되는 문제 유형에는 Meaning, Implication, Inference, Suggestion, Prediction, Assumption, Detail의 7가지가 있습니다.

1일 Meaning Questions

2일 Implication Questions

3일 Inference Questions

4일 Suggestion Questions

5일 Prediction Questions

6일 Assumption & Detail Questions

2주 Introduction
짧은 대화 공략하기

1. Part A 소개

CBT TOEFL의 Part A에서는 짧은 대화(Short Conversations)를 들려주고 그 대화를 제대로 이해했는지를 묻는 문제가 출제됩니다. 대화를 들려줄 때는 사진이 나오고 대화가 끝난 후, 문제와 보기가 나옵니다.

2. Part A 문제 유형

❶ Meaning | 화자가 의미하는 바는 무엇인가?

❷ Implication | 화자가 암시하는 바는 무엇인가?

❸ Inference | 대화에서 추론할 수 있는 바는 무엇인가?

❹ Suggestion | 화자가 제안하는 바는 무엇인가?

❺ Prediction | 화자가 다음에 할 행동은 무엇인가?

❻ Assumption | 화자가 가정하고 있는 바는 무엇인가?

❼ Detail | 대화에서 알 수 있는 바는 무엇인가?

3. 문제 유형별 출제 빈도

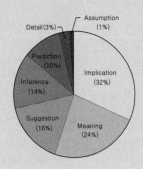

4. Part A 관련 주제

주제는 주로 Campus 생활과 관련된 것이 많습니다. 구체적인 예로는 수업 내용이나 과제에 대한 질문 및 응답, 기숙사 생활과 관련된 내용, 학교 식당에 관련된 내용, part time job에 대한 내용, 인턴쉽이나 졸업, 수강 신청 등 학사 행정에 관련된 내용 등이 있습니다.

5. Part A 주요전략

❶ 문제는 주로 마지막 화자의 말에서 출제됩니다. 그러므로 마지막 화자가 한 말을 특별히 주의해서 들어야 합니다.

❷ Key Word를 먼저 파악해야 합니다. 그리고 그 Key Word를 쫓아서 대화의 흐름을 파악해야 합니다.

❸ Part A (Short Conversations) 문제의 정답은 대화에서 등장한 단어나 구문을 그대로 쓴 것이 아니라, 다른 표현으로 옮겨 쓴 것일 경우가 많습니다.

❹ Part A (Short Conversations)에 자주 등장하는 대표적인 오답 유형을 파악하여, 정답을 고를 때 함정에 빠지지 않도록 해야 합니다.

Short Conversations에 등장하는 대표적인 오답 유형 7가지

Type 1 대화에서 잘 들리는 단어를 그대로 쓰거나 그 뜻, 발음 등을 변형하여 써놓은 선택지

Type 2 주체와 행동을 잘못 연결해 놓은 선택지

Type 3 간접적인 표현을 곧이곧대로 풀이하여 화자의 의도를 잘못 이해한 선택지

Type 4 근거 없는 추론을 해놓은 선택지

Type 5 시제를 잘못 이해한 선택지

Type 6 대화의 앞부분만으로 성급한 결론을 내린 선택지

Type 7 대화의 사실과 틀린 진술을 한 선택지

1일 Meaning Questions

---

01 Meaning 문제란?

Meaning 문제란 화자의 말이 무슨 뜻인지를 묻는 문제 유형을 말하는 것으로 출제 빈도가 매우 높습니다. Meaning 문제에서 화자는 비교적 자신의 의도를 직접적으로 드러내는 경우가 많습니다.

---

02 질문 형태

What does the man/woman mean?
남자/여자는 무엇을 의미하는가?

---

03 핵심 전략

① Meaning 문제의 정답은 마지막 화자의 말을 바꿔 쓴 것이다.

Ex) M: I should prepare for the final tomorrow.
정답: The man should study for the exam tomorrow.

↪ '기말 시험을 준비하다' 가 '시험을 대비해 공부하다' 로 바꿔서 표현되었습니다.

② 관용어구 및 표현의 의미를 다른 말로 바꿔 쓰는데 익숙해져야 한다. ↪ 1주 5,6일 참고

③ 오답 Type 1 (대화에서 잘 들리는 단어를 그대로 쓰거나 그 뜻, 발음 등을 변형하여 써 놓은 선택지) 에 주의한다.

Ex) M: I should prepare for the final tomorrow.
오답 Type 1: Tomorrow is the final day of this semester.

↪ 대화에서 잘 들리는 'final' 이란 단어를 그대로 쓰되, 그 의미를 '기말고사' 에서 '마지막' 으로 변형해 놓은 선택지입니다.

⊙ Example

Q What does the woman mean?

A _ She has been avoiding the man.

B _ The man should eat out more often.

C _ She does not like the cafeteria food.

D _ She has been eating at a later time.

정답 C

해설 여자의 말이 의미하는 바를 묻는 문제죠. 여자는 요즘 자신이 구내 식당에 잘 가지 않는 이유가 "음식이 맞지 않아서" 라고 말합니다. 이것을 다른 말로 제대로 표현한 선택지는 바로 C입니다. B와 같이 대화에서 등장했던 단어(eat out)를 그대로 쓴 선택지(오답 type 1)는 답이 될 확률이 거의 없습니다.

Script

M _ I haven't seen you in the cafeteria lately. Are you eating at a different time now?

W _ No, it's not that. I've been eating out a lot. The cafeteria food doesn't really suit me.

단어 및 표현

cafeteria[kæfíti(:)əriə] 구내 식당   eat out 외식하다   suit[sju:t] (음식 등이) 기호에 맞다

Q. 여자는 무엇을 의미하는가?

A 그녀는 남자를 피해왔다.
B 남자는 외식을 많이 해야만 한다.
C 그녀는 구내 식당의 음식을 싫어한다.
D 그녀는 요즘 더 늦게 식사를 한다.

번역

M 요즘 구내 식당에서 널 잘 못 봤어. 이제 다른 시간 대에 식사를 하니?
W 아니, 그게 아니야. 요즘 밖에서 많이 먹어. 구내 식당의 음식이 내 입맛에 맞지 않아서.

Daily Check-up

Drill A. 마지막 화자의 말을 듣고 받아써 보세요.

1. M: Why don't we go out for dinner tonight?

   W: _____

2. W: I got a part time job at the coffee house near campus.

   M: That doesn't sound like you. You aren't the type of person who enjoys hard work.

   W: _____

3. M: Have you taken Professor Barron's class? I can't help but fall asleep during that class.

   W: _____

4. M: Hey, I didn't expect to see you in the library.

   W: _____

5. W: Can I borrow your laptop for about an hour?

   M: _____

6. M: I can't believe I overslept for class this morning with midterms coming up.

   W: _____

＊단어 및 표현
feel under the weather 몸이 좋지 않다 That doesn't sound like you. 너 답지 않다 barely[béərli] 거의 ~ 않다 go over 복
습하다 Be my guest 예, 그러세요 oversleep[òuvərslíːp] 늦잠 자다 take a look 살펴보다

Drill B. 마지막 화자가 한 말의 의미를 바르게 나타낸 문장을 고르세요.

1. Ⓐ 여자는 남자만큼 기숙사 시설이 열악하다고 생각하지는 않는다.

Ⓑ 여자는 기숙사 시설이 열악하다고 생각한다.

2. Ⓐ 남자는 여자와 함께 소풍을 갈 것이다.

Ⓑ 남자는 여자와 함께 소풍을 갈 수 없을 것이다.

3. Ⓐ 남자는 영화가 너무 흥미로워 제대로 앉아있기가 힘들었다.

Ⓑ 남자는 영화가 무척 지루하다고 느꼈다.

4. Ⓐ 여자는 돈 때문에 지금 당장 유학을 갈 수 없다.

Ⓑ 여자는 유학에 드는 비용이 너무 비싸다고 생각한다.

5. Ⓐ 남자는 여자가 등록할 수업이 어렵다고 생각한다.

Ⓑ 남자는 여자가 그 수업을 들을 만한 능력이 없다고 생각한다.

6. Ⓐ 여자가 새로운 일을 한 지는 꽤 오래 되었다.

Ⓑ 여자는 원래하던 일을 계속하고 있다.

2주

1일

2일

3일

4일

5일

6일

＊**단어 및 표현**

facility[fəsíləti] 설비, 시설　go on a picnic 소풍 가다　I wish ~이면 좋을 텐데(~가 아니다)　sit through 끝까지 보다　go abroad 해외로 가다

1. Ⓐ The professor will not give an extension to the student.

   Ⓑ The professor was surprised that he did not have time to finish his lab report.

2. Ⓐ The woman should go to the cafeteria right now.

   Ⓑ The woman should not ask Tom about the physics homework.

3. Ⓐ The person the man saw yesterday was not the woman.

   Ⓑ The woman goes downtown almost everyday.

4. Ⓐ The woman can't teach the man because she doesn't have enough time.

   Ⓑ The woman can't teach the man because she is not that skilled.

5. Ⓐ The woman has less time to finish her lab report than she had thought.

   Ⓑ The woman can take more time to finish her lab report.

6. Ⓐ The woman has never seen a movie star in person.

   Ⓑ The woman has met movie stars before.

정답 ▌ p 282

＊단어 및 표현

give an extension 기한을 연장해주다 **assignment**[əsáinmənt] 과제 **cafeteria**[kæfití(ː)əriə] 구내 식당 **the other day** 며칠 전에 **chemistry**[kémistri] 화학

🎧 짧은 대화를 듣고 질문에 알맞은 답을 고르세요.

1 What does the woman mean?

A_ She cannot go on the field trip.

B_ She has to work on a geology paper.

C_ The man may have to go to work.

D_ She is taking a math class.

2 What does the man mean?

A_ He is behind in his schoolwork.

B_ He found the lecture fascinating.

C_ He did not get enough sleep last night.

D_ He was bored by the lecture.

3 What does the woman mean?

A_ She will help the man look for the book.

B_ The man is good at solving math problems.

C_ She does not know where the book is.

D_ She borrowed the book for class.

4 What does the woman mean?

A_ The man has lost his ID card before.

B_ The man will have to pay for a new card.

C_ The man has replaced his card recently.

D_ The man will give her a new card.

5 What does the man mean?

A_ He does not feel like studying.

B_ He will pay for the pizza.

C_ He has not eaten all day.

D_ He wants some pizza from the cafeteria.

6 What does the man mean?

A_ He took a science exam.

B_ He thought the test was easy.

C_ He couldn't take the exam because of bad weather.

D_ He thought the test was quite difficult.

7 What does the woman mean?

A_ She will return the book for the man.

B_ She has no time to go to the library.

C_ She will not go to class.

D_ She will borrow the book from the library for the man.

8 What does the woman mean?

A_ She doesn't like watching movies.

B_ She will meet the man at the theater later.

C_ She already has another appointment.

D_ She has too much homework to do.

9 What does the man mean?

A_ The woman doesn't have to bring an umbrella.

B_ The woman can use the man's umbrella.

C_ The woman should not go outside.

D_ The woman should bring an umbrella just in case.

10 What does the man mean?

A_ He can't go to the beach during spring break.

B_ He will meet the woman at the beach.

C_ He will tell the woman later if he will go.

D_ He wants to go somewhere else with the woman.

정답 ‖ p 285

단어 및 표현

make[meik] 가다, 도착하다   count out 제외하다   catch up 따라 잡다   calculus[kǽlkjələs] 미적분학   ID card 학생증, 신분증   replace[ripléis] 교체하다   treat[triːt] 한턱 내기, 대접   breeze[briːz] 쉬운 일; 미풍   drop off 떨어뜨리다, 놓다   way[wei] 훨씬   get back 나중에 말해주다

2일 Implication Questions

---

01 Implication 문제란?

Implication 문제란 화자의 말이 무엇을 암시하고 있는지를 묻는 문제 유형으로, Meaning 문제와 함께 가장 출제 빈도가 높은 문제 유형에 속합니다. 화자가 암시하는 바는 대사에서 직접적으로 언급되지 않습니다.

---

02 질문 형태

What does the man/woman imply? 남자/여자는 무엇을 암시하는가?

What does the man/woman imply about … ?
남자/여자가 … 에 대해 암시하는 바는 무엇인가?

---

03 핵심 전략

① 간접적인 표현이 의미하는 바를 파악한다. ⇨ 1주 6일 참고

② 오답 Type 1 (대화에서 잘 들리는 단어를 그대로 쓰거나 그 뜻, 발음 등을 변형하여 써 놓은 선택지)과 Type 3 (간접적인 표현을 곧이곧대로 풀이하여 화자의 의도를 잘못 이해한 선택지)을 특히 주의한다.

Ex) W: I don't know why the jazz music is so popular.

정답: The woman doesn't like the jazz music very much.
⇨ 재즈 음악이 왜 유명한 지를 모르겠다' 가 암시하는 바는 '재즈 음악을 별로 좋아하지 않는다' 입니다.

오답 Type 1: The woman likes only popular jazz music.
⇨ 'popular' 라는 단어가 똑같이 들어가 있어 답으로 혼동하기 쉽습니다.

오답 Type 3: The woman wants to know the reason for the popularity of the jazz music.
⇨ 여자의 'don't know why' 라는 부분을 곧이곧대로 풀이한 오답 유형입니다.

⏻ Example

Q What does the woman imply?

A_ She will have to hand in the paper late.

B_ The professor will not accept an overdue paper.

C_ The man should talk to the professor.

D_ The man should hand in the paper as soon as possible.

정답 B

해설 여자의 말이 암시하는 바를 묻는 문제입니다. "I wouldn't bet on it" 은 상대의 말에 대한 부정적인 응답으로 "그럴 것 같지는 않다" 라는 뜻입니다. 그러므로 여자의 의도를 바르게 나타낸 것은 B가 됩니다. A는 대화에서 등장한 'late' 이라는 단어를 반복하여 혼동을 준 오답(type 1)입니다.

Script

M _ Do you think the professor will let me turn in my paper a little late?

W _ I wouldn't bet on it.

단어 및 표현

turn in 제출하다   bet on ~에 돈을 걸다, 확신하다   hand in 제출하다   overdue [òuvərdjúː] 기한이 지난

Q. 여자는 무엇을 암시하는가?

A 그녀는 리포트를 늦게 내야만 한다.
B 교수님은 늦은 리포트를 받아주지 않을 것이다.
C 남자는 교수님께 말씀 드려봐야 한다.
D 남자는 가능한 빨리 리포트를 내야 한다.

번역

M 교수님께서 리포트를 늦게 내는 것을 허락해주실까?
W 그럴 것 같지는 않은데.

Daily Check-up

🎧 Drill A. 마지막 화자의 말을 듣고 받아써 보세요.

1. W: Do you think you'll take part in the field trip next weekend?

   M: _____

2. M: Can you give me a ride to the campus tomorrow morning?

   W: _____

3. W: I think I'll be studying all night for my final.

   M: _____

4. M: Do you know how I can get to the TA's office?

   W: _____

5. W: I've heard that there will be a quiz tomorrow morning.

   M: _____

6. M: I was almost run over by a car. Luckily someone pushed me out of the way.

   W: _____

＊단어 및 표현

take part in 참여하다   anticipate[æntísəpèit] 기대하다   give a ride 태워주다   TA(=teaching assistant) 조교   run over (차가) 치다

Drill B. 마지막 화자가 암시하는 바를 바르게 나타낸 것을 고르세요.

1. Ⓐ 남자는 평소에 수업에 잘 늦지 않는다.
   Ⓑ 남자는 수업에 늦는 일이 잦다.

2. Ⓐ 남자는 여자가 추가 과목을 듣는 것이 학점을 높이는 데 도움이 되지 않는다고 생각한다.
   Ⓑ 남자는 여자가 추가 과목을 듣는 것이 학점을 높이는 데 도움이 된다고 생각한다.

3. Ⓐ 여자는 기숙사 시설에 대해 남자와 같은 생각이다.
   Ⓑ 여자는 기숙사 상황에 대해 잘 알지 못한다.

4. Ⓐ 여자는 남자가 생화학 교재를 다시 사는 수 밖에 없다고 생각한다.
   Ⓑ 여자는 남자가 구입하기에 생화학 교재가 너무 비싸다고 생각한다.

5. Ⓐ 남자는 뮤지컬을 그다지 좋아하지 않는다.
   Ⓑ 남자는 여자와 함께 뮤지컬을 보러 갈 것이다.

6. Ⓐ 여자는 타이핑을 잘 치지 못한다.
   Ⓑ 여자는 남자를 도와줄 의향이 없다.

2주 ● ● ○ ○ 1일 2일 3일 4일 5일 6일

＊단어 및 표현

skip[skip] (수업을) 빼먹다 extra course 추가 과목 biochemistry[bàioukémistri] 생화학 afford[əfɔ́:rd] ~할 여유가 있다.

1. Ⓐ The man will return the book after the class.

   Ⓑ The man doesn't have time to drop by the library.

2. Ⓐ The professor is unfair for not giving the man an extension.

   Ⓑ The professor should not give the man an extension.

3. Ⓐ The woman always looks gloomy, regardless of the weather.

   Ⓑ The woman looks happy on sunny days.

4. Ⓐ The man doesn't walk as much as he could.

   Ⓑ The man walks at least 5 minutes a day.

5. Ⓐ The professor is too busy to write a letter of recommendation.

   Ⓑ The professor thinks the student should ask a different professor.

6. Ⓐ The man is confused about the day of the concert.

   Ⓑ The woman wants to postpone their appointment.

정답 ▌p 286

＊단어 및 표현

return [ritə́:rn] 반납하다 take into account 고려하다, 참작하다 gloomy [glú:mi] 우울한 mood [mu:d] 기분 be better off 한결 더 낫다

🎧 짧은 대화를 듣고 질문에 알맞은 답을 고르세요.

1 What does the man imply?

A_ He did not study for the test.

B_ He failed the midterm exam.

C_ The woman should have gotten some rest.

D_ He made a higher grade than the woman.

2 What does the woman imply?

A_ Her roommate is still sick.

B_ She has been taking cold medicine.

C_ The man has been missing classes.

D_ She caught a cold from her roommate.

3 What does the man imply?

A_ The woman will not get the extension.

B_ He has already turned in his paper.

C_ The woman should go talk to the professor.

D_ The professor is lenient with late papers.

4 What does the woman imply?

A_ She had to leave early.

B_ Her boyfriend went to the concert without her.

C_ She forgot to reserve the tickets.

D_ She did not go to the concert.

5 What does the man imply?

A_ His nose has been running all day.

B_ He does not suffer from allergies.

C_ The woman should take some medication.

D_ He and his sister have the same allergy problems.

6 What does the woman imply?

A_ The man should change classes.

B_ The man should go to bed earlier.

C_ The man should keep the class.

D_ The man should drop by the registration office.

7 What does the woman imply?

A_ The dorms are not a good place to live.

B_ The man should hurry to get a space in the dorm.

C_ The man should take his time to decide where to live.

D_ The dormitories are full.

8 What does the man imply?

A_ He thinks pizza is too expensive.

B_ He does not have any money.

C_ He doesn't like pizza.

D_ He will treat the woman to pizza.

9 What does the man imply?

A_ He is willing to give her a ride.

B_ He did not drive today.

C_ His car needs to be fixed.

D_ He doesn't want to give her a ride.

10 What does the woman imply?

A_ The man cannot borrow the books.

B_ The man can check the books out with his student ID number.

C_ The man can borrow the books from another library.

D_ The woman will make an exception for the man.

정답 ∥ p 289

단어 및 표현

stay up 자지 않고 있다 **complain**[kəmpléin] 불평하다, 항의하다 **get over** 회복하다 **on time** 정시에, 시간 내에 **lenient** [líːniənt] 관대한 **count on** 의지하다 **sold out** 매진된 **act up** 악화되다 **sneeze**[sniːz] 재채기 하다 **run**[rʌn] (성격, 특징 등이) 흐르다, 전해지다: (콧물이) 흐르다 **housing office** 주거 사무실 **out of luck** 운이 없는

3일 Inference Questions

---

01 Inference 문제란?

Inference 문제란 대화를 통해 추론할 수 있는 사실이 무엇인지를 묻는 문제입니다. 각 화자의 상황을 묻는 문제와 대화 전체의 상황을 묻는 문제로 나누어 볼 수 있습니다. 직접적으로 주어지지 않은 정보를 통해 답을 유추해야 하므로 논리적 사고와 전체적인 맥락을 파악하는 것이 매우 중요합니다.

---

02 질문 형태

What can be inferred from the conversation? 대화에서 추론할 수 있는 것은 무엇인가?

What can be inferred about the man/woman? 남자/여자에 대해 추론할 수 있는 것은 무엇인가?

---

03 핵심 전략

1. 전체적인 맥락을 통해 정답을 추론한다.

2. 마지막 화자의 대사에 함축된 의미가 무엇인가를 파악한다.

3. 오답 Type 1 (대화에서 잘 들리는 단어를 그대로 쓰거나 그 뜻, 발음 등을 변형하여 써 놓은 선택지), Type 4 (근거 없는 추론을 해놓은 선택지), Type 6 (대화의 앞부분만으로 성급한 결론을 내린 선택지)에 특히 주의한다.

   Ex) W: Would you give me a ride to my house?
   　　M: I would do, if only my car weren't in the shop now for repairs.

   정답: The man can't give her a ride.
   ⇨ 남자는 만약 차를 수리하러 맡기지 않았다면 태워줬을 거라고 말하므로, 여자의 요청에 대한 부정적 응답을 완곡하게 표현하고 있음을 알 수 있습니다.

   오답 Type 6: The man would give her a ride.
   ⇨ 남자의 대사 중 'I would do' 라는 표현만으로 성급한 결론을 내린 오답입니다.

   오답 Type 4: The man doesn't want to give her a ride.
   ⇨ 대화에 근거하지 않은 결론을 내린 오답입니다.

⊙ Example

Q What can be inferred from the conversation?

A_ The woman will be late for class.

B_ The woman will not finish reading the chapter.

C_ The man will have a quiz in class today.

D_ The woman will finish the chapter in ten minutes.

정답 B

해설 대화에서 추론할 수 있는 사실을 묻는 문제입니다. 여자는 읽기 과제가 너무 많아서 분명히 낙제할 것 같다고 말하므로 정답은 B가 됩니다. D의 경우 "I have class in ten minutes"라는 여자의 말만으로 성급한 결론을 내린 오답(type 6)입니다.

Script

M _ Why are you in the library? Don't you normally have class right now?

W _ I have class in ten minutes, but I have to finish this chapter. The professor told us to expect a quiz.

M _ How many pages do you have left?

W _ Around twenty. I'm bound to fail the quiz for sure!

단어 및 표현

normally[nɔ́ːrməli] 보통은   be bound to ~하게 되어있는   for sure 확실히

Q. 대화에서 추론할 수 있는 것은?

A 여자는 수업에 늦을 것이다.

B 여자는 단원 읽기를 끝내지 못할 것이다.

C 남자는 오늘 수업에서 퀴즈를 칠 것이다.

D 여자는 10분 내에 단원 읽기를 끝낼 것이다.

번역

M 왜 도서관에 있는 거야? 보통 지금쯤 수업이 있지 않니?

W 10분 후에 수업이 있긴 한데, 이 단원 읽기를 끝내야만 해. 교수님께서 퀴즈를 낼 거라고 하셨거든.

M 몇 페이지나 남았어?

W 20페이지 정도. 난 분명히 퀴즈에서 낙제 점수를 얻을 거야!

Daily Check-up

🎧 Drill A. 마지막 화자의 말을 듣고 받아써 보세요.

1. W: I visited one of my friends in London last week.

   M: _____

2. M: Do you know how to get to the campus bookstore?

   W: I can tell you, but if you park at the bookstore you'll probably get a ticket.

   M: _____

3. W: Do you know that Henry's birthday is this weekend?

   M: _____

4. M: Do you think I need to bring my umbrella?

   W: It's clear right now, but the weatherman said it might rain later tonight.

   M: _____

5. M: I can't believe we're graduating next semester.

   W: Have you fulfilled all of your required courses? I thought that you needed one more semester to graduate.

   M: _____

∗단어 및 표현

get a ticket (주차 위반 등의) 딱지를 끊다   **weatherman** [wéðərmæn] 일기예보 아나운서   **fulfill** [fulfíl] 이행하다, 완료하다
required course 필수 과목   **catch up** 따라잡다

🎧 Drill B. 대화에서 유추할 수 있는 사실로 알맞은 것을 고르세요.

1. Ⓐ 남자는 인디언 문화에 관심이 없다.
   Ⓑ 남자는 여자만큼 강의가 훌륭했다고 생각하지 않는다.

2. Ⓐ 남자는 Laura가 시험 치지 않은 이유를 모른다.
   Ⓑ 남자는 Laura가 시험 치지 않은 이유를 비밀로 해야 한다.

3. Ⓐ 여자는 남자가 일하는 곳이 너무 많은 것을 요구한다고 생각한다.
   Ⓑ 여자는 남자가 일한 만큼 충분한 보상을 받고 있다고 생각한다.

4. Ⓐ 남자는 여자가 자리를 비운 사이 전화를 했다.
   Ⓑ 남자는 여자와의 약속을 기억하지 못했다.

5. Ⓐ 남자는 여자가 장학금을 탄 것에 매우 놀랐다.
   Ⓑ 남자는 여자가 장학금을 탈 만한 자격이 있다고 생각한다.

6. Ⓐ 남자는 체중을 늘리려고 운동을 해왔다.
   Ⓑ 남자는 운동을 한 덕분에 살이 좀 빠졌다.

2주 1일 2일 3일 4일 5일 6일

---

* 단어 및 표현

terrific[tərífik] 멋진, 훌륭한   soft[sɔ(ː)ft] 약한, 조용한   closing[klóuziŋ] 폐점, 폐쇄   short on ~이 부족하여   head to ~로 향하다, 가다   financial aid office 재정 보조 사무실   fit[fit] 건강한   work out 운동하다

Drill C. 대화에서 유추할 수 있는 사실을 바르게 표현한 문장을 고르세요.

1. Ⓐ The woman needs to go to bed.

    Ⓑ The woman has been busy the entire day.

2. Ⓐ The man thinks that the lecture was not easy to understand.

    Ⓑ The man thinks that they should take a walk to relax.

3. Ⓐ The woman thinks that the man should drop the class.

    Ⓑ The woman thinks that the man should keep the class.

4. Ⓐ The woman regrets signing up for one of her classes.

    Ⓑ The man should also take another morning class next semester.

5. Ⓐ The professor made a mistake on the man's grade.

    Ⓑ The man deserves the grade he got.

6. Ⓐ The man would not be much help to the woman.

    Ⓑ The man is too busy to give the woman a hand.

정답 ▮ p 291

＊단어 및 표현

get it 이해하다   **walk in the park** 쉬운 일   **assign**[əsáin] 할당하다, 부과하다   **measure**[méʒər] 재다, 측정하다   **rather** [ræðər] 오히려   **reason**[ríːzən] 논리적으로 생각하다   **strong suit** 장기, 장점

🎧 짧은 대화를 듣고 질문에 알맞은 답을 고르세요.

1 What can be inferred from the conversation?

A_The man will buy the book from another bookstore.

B_The bookstore has copies in stock.

C_The professor ordered extra books.

D_The man has sold back his book.

2 What can be inferred from the conversation?

A_The woman gets nervous in front of crowds.

B_The man would benefit from taking a speaking class.

C_The woman will be making a presentation for class.

D_The woman is taking a public speaking course.

3 What can be inferred from the conversation?

A_The man received free movie tickets.

B_The man will pay for the woman's ticket.

C_The woman is broke.

D_The man needs to go to the cash machine.

4 What can be inferred about the man?

   A_He does not see the woman very often.

   B_He spends a lot of time at the library.

   C_He had to return some books to the library.

   D_He has not been studying for his classes.

5 What can be inferred from the conversation?

   A_The man studied alone.

   B_The man was sick.

   C_The man has an interest in bugs.

   D_The woman did not go to the study group.

6 What can be inferred about the woman?

   A_She has not finished her paper.

   B_She is on her way to class.

   C_She is tired from working.

   D_She has a lot on her mind.

7 What can be inferred from the conversation?

   A_The man will get the test from the TA.

   B_The man is still feeling sick.

   C_The professor does not allow make-up exams.

   D_The man will make the test up another day.

8 What can be inferred from the conversation?

A_ The parking lot is full.

B_ The woman will look for another parking spot.

C_ Students can use the parking lot on the weekends.

D_ The sign is hard to read.

9 What can be inferred from the conversation?

A_ The man will go to the review session.

B_ The man is in financial trouble.

C_ The woman had plans to meet her friends.

D_ The woman would rather eat after the review session.

10 What can be inferred from the conversation?

A_ The woman does not have good hearing.

B_ The man will practice the presentation tonight.

C_ The presentation has been delayed.

D_ The professor will be in class tomorrow.

정답 ▌p 293

단어 및 표현

shipment [ʃípmənt] 선적, 수송 make presentation 발표하다 ATM 자동 입출금기 It's on me. 내가 낼게 make it ~에 가다
catch the bug 사소한 병에 걸리다 go around 돌아다니다 shift [ʃift] 교대조, 순번 make up 보충하다, 메우다 faculty
[fǽkəlti] 교직원, 교수단

4일 Suggestion Questions

01 Suggestion 문제란?

Suggestion 문제란 한 화자의 문제에 대해 나머지 화자가 제안해주는 내용이 무엇인지를 묻는 문제입니다. 제안하는 화자는 자신의 의도를 비교적 직접적으로 드러냅니다.

02 질문 형태

What does the man/woman suggest (to the woman/man)?
남자/여자는 (여자/남자에게) 무엇을 제안하는가?

What does the man/woman suggest the woman/man do?
남자/여자는 여자/남자에게 무엇을 하라고 제안하는가?

03 핵심 전략

① 제안, 권유의 표현들을 익힌다. ⇨ 1주 6일 참고

② 마지막 화자의 말을 적절히 옮긴 것이 정답이다.

③ 오답 Type 1 (대화에서 잘 들리는 단어를 그대로 쓰거나 그 뜻, 발음 등을 변형하여 써 놓은 선택지)과 오답 Type 7 (대화의 사실과 틀린 진술을 한 선택지)을 특히 주의한다.

Ex) M: I couldn't buy a textbook for a class in the campus bookstore.
   W: Why don't you go to the new bookstore out of the campus?

정답: The man should find the textbook in another bookstore.
⇨ '새로 생긴 서점에 가보지 그러냐' 는 여자의 말이 '다른 서점에서 책을 찾아보다' 로 표현되었습니다.

오답 Type 7: The man can borrow the textbook in the library.
⇨ 대화에는 등장하지 않았지만 남자의 문제에 대해 제시될 법한 해결책이 오답으로 제시되었습니다.

Example

Q What does the man suggest the woman do?

A_ Move out of her current place

B_ Find a bigger place to live

C_ Talk to her landlord about the rent

D_ Move into an apartment

정답 A

해설 남자가 여자에게 무엇을 제안하는 가를 묻는 문제입니다. 여자가 살고 있는 아파트 집세가 오를 것 같다고 하자 남자가 기숙사로 옮기라고 제안하고 있으므로 정답은 A가 됩니다. C는 여자의 문제에 대해 제시될 법한 해결책이 오답(type 7)으로 등장한 경우입니다.

Script

M _ Have you decided on where to live next year?

W _ I'm not sure yet. My landlord is planning to raise the rent again and I'm on a tight budget as it is.

M _ Why don't you move into the dorms? They're a lot cheaper and closer to campus.

단어 및 표현

rent[rent] 집세   be on a tight budget 주머니 사정이 좋지 않다   move into 이사 들어가다   move out 이사 나오다   current[kə́:rənt] 현재의

Q. 남자는 여자에게 무엇을 하라고 제안하는가?

A 현재 거처에서 이사해라
B 살기에 더 넓은 곳을 찾아봐라
C 집세에 대해 주인에게 상의해라
D 아파트로 이사해라

번역

M 내년에 어디서 살 지 결정했니?
W 아직 잘 모르겠어. 집 주인이 집세를 또 올리려고 하는데, 나는 지금 상태로도 예산이 빠듯해.
M 기숙사로 이사하지 그러니? 그 곳이 훨씬 더 저렴하고 캠퍼스에서도 더 가까워.

Daily Check-up

🎧 Drill A. 마지막 화자의 말을 듣고 받아써 보세요.

1. W: I'm not sure if I'll be able to graduate this semester. I found out I haven't met all the requirements.

    M: _____

2. M: I don't think I'm getting along with my new roommate.

    W: _____

3. W: How did you do so well in Professor Peterson's class?

    M: _____

4. M: I can't keep up with my sociology class, and it isn't even my major.

    W: _____

5. W: I really want to go abroad for a trip this summer, but I'm on a tight budget.

    M: _____

6. M: I can't possibly go over all this material before tomorrow's quiz.

    W: _____

＊단어 및 표현

find out 알게 되다, 깨닫다   meet[miːt] 충족시키다   advisor[ədváizər] 지도 교수   get along with 잘 어울리다   keep up with 따라잡다   skim[skim] 훑어보다

Drill B. 마지막 화자가 제안하는 바를 바르게 요약한 문장을 고르세요.

1. Ⓐ 남자는 자신의 노트북을 빌려주겠다고 제안하고 있다.
   Ⓑ 남자는 여자의 노트북을 고쳐주겠다고 제안하고 있다.

2. Ⓐ 여자는 남자에게 다음 기회에 Jane을 초대하라고 제안하고 있다.
   Ⓑ 여자는 남자에게 그의 사정을 Jane에게 말하라고 제안하고 있다.

3. Ⓐ 남자는 여자에게 가게에서 옷을 빌리라고 제안하고 있다.
   Ⓑ 남자는 여자에게 자신의 여동생의 옷을 빌리라고 제안하고 있다.

4. Ⓐ 여자는 남자에게 자신감을 가지라고 제안하고 있다.
   Ⓑ 여자는 남자에게 좀 더 겸손한 태도를 갖추라고 제안하고 있다.

5. Ⓐ 남자는 여자에게 교수님께 모르는 것을 문의하라고 제안하고 있다.
   Ⓑ 남자는 여자에게 참고 자료를 읽으라고 제안하고 있다.

6. Ⓐ 남자는 여자에게 아침 일찍 운동하라고 제안하고 있다.
   Ⓑ 남자는 여자에게 자신과 함께 운동을 하자고 제안하고 있다.

＊단어 및 표현

laptop[læptap] 휴대용 컴퓨터 **dress up** (옷을) 차려 입다 **job interview** 취업 면접 **over one's head** (어려워서) 이해되지 않는 **reference material** 참고 자료

1. ⒶThe man can take a make up exam.

   ⒷThe man can raise his grade by writing a good paper.

2. ⒶTake some aspirin.

   ⒷGo see a doctor at the student health center.

3. ⒶThe woman will give him a ride downtown.

   ⒷThe woman will take him home to get his car.

4. ⒶThe woman should practice as much as possible.

   ⒷThe woman should ask for help from someone who is good at tennis.

5. ⒶThe man should take art history.

   ⒷThe man should take physics.

6. ⒶHave something to eat.

   ⒷTake a break for a moment.

정답 ▌p 295

＊단어 및 표현

philosophy [filásəfi] 철학   check out 검사하다   health center 의료 센터   drop off (차에서) 내려주다

🎧 짧은 대화를 듣고 질문에 알맞은 답을 고르세요.

1 What does the man suggest the woman do?

A_ Find a person who majors in chemistry

B_ Walk with him to the chemistry lab

C_ Ask a friend who goes to the lab often

D_ Look for a shorter route from the dorm

2 What does the man suggest the woman do?

A_ Search for reference books at the library

B_ Study harder in Professor Wilson's class

C_ Apply to more graduate schools

D_ Get a recommendation from a former teacher

3 What does the man suggest the woman do?

A_ Take a break from studying

B_ Finish the paper before going to bed

C_ Go to sleep now

D_ Do the paper tomorrow afternoon

4 What does the man suggest the woman do?

A_Listen to Professor Johns' lecture

B_Find an easier class to take

C_Sign up for Professor Wilson's class

D_Register for Latin next year

5 What does the woman suggest the man do?

A_Get directions from a campus map

B_Ask for help when he gets to the building

C_Call the archeology department

D_Find a friend who knows the location

6 What does the man suggest the woman do?

A_Meet him at the coffee shop

B_See if she can run her errand later

C_Drink coffee to stay awake

D_Wait for him at the coffee shop

7 What does the woman suggest the man do?

A_Return the book to the front desk

B_Look in the lost and found

C_Be more careful with his things

D_See if the book is at the front desk

8 What does the man suggest the woman do?

A_Live in an off-campus dormitory

B_Ask her roommate to search for housing online

C_Find information on a school website

D_Go to a real estate agency

9 What does the man suggest the woman do?

A_Finish before the library closes

B_Work together on the research

C_Return to the library early tomorrow

D_Check out the books she needs

10 What does the man suggest the woman do?

A_Drive to school together

B_Park her car close to campus

C_Save money by taking the bus

D_Wake up earlier for class

정답 ▮ p 298

단어 및 표현

chemistry lab 화학 실험실 clue[klu:] 단서, 실마리 route[ru:t] 길 graduate school 대학원 application[æpləkéiʃən] 신청서, 신청 due[dju:] 마감인 call it a day 오늘은 이쯤 하자 easy grader 후한 채점자 run an errand 심부름을 하다 save [seiv] 따로 떼어놓다 lost and found 분실물 보관소 front desk 안내 데스크 housing[háuziŋ] 주거, 숙소 priority [praió(:)rəti] 우선권

Suggestion Questions 141

01 Prediction 문제란?

Prediction 문제란 화자가 다음에 할 행동이 무엇인가를 묻는 문제입니다. 화자가 다음에 할 행동은 직접적으로 언급되기 보다는 마지막 화자의 반응 속에 간접적으로 드러나는 경우가 많습니다.

02 질문 형태

What will the man/woman probably do?

남자/여자는 아마도 무엇을 할 것인가?

What will the man/woman do next?

남자/여자는 다음에 무엇을 할 것인가?

03 핵심 전략

1. 앞 화자의 제안이나 요청에 대한 마지막 화자의 응답을 정확히 파악한다.

2. 자주 쓰이는 긍정과 부정의 표현을 익힌다. ⇨ 1주 6일 참고

3. 오답 Type 1 (대화에서 잘 들리는 단어를 그대로 쓰거나 그 뜻, 발음 등을 변형하여 써 놓은 선택지)과 Type 6 (대화의 앞부분만으로 성급한 결론을 내린 선택지)에 특히 주의한다.

Ex) M: I'm starving. Would you like to go have something to eat?

　　W: I'd love to, but I should finish reading for world history class this afternoon.

정답: The woman will work on reading.

⇨ 'I'd love to, but~' 이하에 여자가 지금 식사를 할 수 없는 이유가 이어집니다.

오답 Type 6: The woman is going to have something to eat.

⇨ 'I'd love to' 만으로 성급한 결론을 내린 오답입니다.

⌒ Example

Q What will the man probably do next?

A_Put up with his headache

B_Get medicine from the woman

C_Buy medicine from the pharmacy

D_Get medicine from another friend

정답 D

해설 남자가 다음에 할 행동을 묻는 문제입니다. 두통약을 찾는 남자에게 여자는 Mary에게 있을 거라고 말합니다. 그러자 남자가 "왜 그 생각을 못했지" 라고 응답하므로 답은 D 입니다. A나 C는 약이 없다는 여자의 응답만으로 성급한 결론을 내린 오답(type 6)입 니다.

Script

M _ Do you happen to have something for a headache? I can't stand the pain anymore.

W _ I'm sorry, but I don't have anything. Why don't you ask Mary? She always has medicine with her.

M _ Why didn't I think of that?

단어 및 표현

happen to 혹시   put up with 견디다   pharmacy [fáːrməsi] 약국

Q. 남자는 아마도 무엇을 할 것인가?

A 두통을 참는다
B 여자에게서 약을 얻는다
C 약국에서 약을 산다
D 다른 친구에게서 약을 얻는다

번역

M 혹시 두통에 효과 있는 약을 가지 고 있니? 더 이상 아픔을 견딜 수가 없어.
W 미안하지만 나에게는 없어. Mary 에게 물어보지 그러니? 그녀는 항 상 약을 지니고 다니니까.
M 내가 왜 그 생각을 못했지?

Daily Check-up

Drill A. 마지막 화자의 말을 듣고 받아써 보세요.

1. W: Where can I find out when my add/drop period is?

   M: _____

2. M: I can't believe how much the biochemistry book costs.

   W: I bought a used copy through the internet. You should try there.

   M: _____

3. W: You look a little depressed. What's the matter?

   M: Well, I've been studying so hard that I'm burnt out completely.

   W: _____

4. M: Would you like to go see an opera on Saturday?

   W: _____

5. W: Could you drop these books off at the library on your way home?

   M: _____

6. M: I think we need to decide on a topic for our research paper.

   W: _____

✱단어 및 표현

add/drop period 수강 정정 기간   stop by 들르다   registration office 등록 사무실   depressed[dipRést] 기운 없는   burnt out (기력이) 소진하다

🎧 Drill B. 화자가 다음에 할 행동을 바르게 나타낸 것을 고르세요.

1. Ⓐ 남자는 202 철학 수업을 들으러 갈 것이다.
   Ⓑ 남자는 교수님을 찾아갈 것이다.

2. Ⓐ 남자와 여자는 함께 버스를 탈 것이다.
   Ⓑ 남자는 여자를 버스 정류소까지 데려다 줄 것이다.

3. Ⓐ 남자는 자신의 학생증에 대해 도서관의 안내 데스크에 문의해볼 것이다.
   Ⓑ 남자는 자신의 학생증을 분실물 보관소에서 찾아볼 것이다.

4. Ⓐ 화자들은 다른 곳에서 저녁을 먹을 것이다.
   Ⓑ 화자들은 줄을 서서 기다릴 것이다.

5. Ⓐ 남자는 다음 학기에 재정 보조금을 신청할 것이다.
   Ⓑ 남자는 대학원에 입학한 후에 재정 보조금을 신청할 것이다.

6. Ⓐ 여자는 쉬러 갈 것이다.
   Ⓑ 여자는 모임에 참석할 것이다.

2주 ●●○○

1일

2일

3일

4일

5일

6일

＊단어 및 표현
add form (수강) 추가 신청서   walk [wɔːk] (걸어서) 바래다 주다   It wouldn't hurt. 나쁠 건 없지   financial aid 재정 보조   turn in 제출하다   throw [θrou] 개최하다   show up 나타나다

1. Ⓐ The man will go to the post office.

   Ⓑ The man will go to class.

2. Ⓐ The woman will take classes this summer.

   Ⓑ The woman will continue looking for a job.

3. Ⓐ The woman will have lunch with a friend first.

   Ⓑ The woman will help the man now.

4. Ⓐ The woman will go to the beach with other friends.

   Ⓑ The woman will go see a movie with the man.

5. Ⓐ The man will study harder for the next exam.

   Ⓑ The man will talk to the professor about his grade.

6. Ⓐ The woman will grab a bite in another place.

   Ⓑ The woman will study.

정답 ▮ p 300

＊단어 및 표현

mail off 우송하다   take care of 처리하다   be supposed to ~하게 되어 있다   catch [kætʃ] (연극, 영화 등을) 보다   snack bar 간이 식당

🎧 짧은 대화를 듣고 질문에 알맞은 답을 고르세요.

1 What will the woman probably do next?

A_Set up another appointment

B_Come back in thirty minutes

C_Wait for the dean to finish the meeting

D_Hurry to get to her next class

2 What will the man probably do next?

A_Find recent issues of the magazine

B_Get directions to the archive room

C_Do a computer search for the back issue

D_Order a copy of the magazine online

3 What will the woman probably do next?

A_Run to her room to get money

B_Look for her lost card

C_Pick up her card in a few hours

D_Have her card replaced now

4 What will the man probably do?

A_Write his paper over the weekend

B_Take his midterms another day

C_Hand the paper in by Friday

D_Finish his paper before the midterms

5 What will the man probably do?

A_Buy a cafeteria meal plan

B_Look for an apartment closer to campus

C_Drive to school next year

D_Move back into the dormitory

6 What will the woman probably do next?

A_Go to a party now that finals are over

B_Turn down the volume on her stereo

C_Find a quieter place to study

D_Listen to music to help her concentration

7 What will the man probably do?

A_Check his test for mistakes

B_Listen to the professor's lecture

C_Study harder for his next test

D_Go to the professor's office later

8 What will the man probably do next?

A_See a movie with his friends

B_Go to the library for a few hours

C_Finish his homework before joining his friends

D_Take the video back to the store

9 What will the man probably do?

A_Sell his books back to the bookstore

B_Find another friend who has the book

C_Wait to purchase a used book

D_Buy a new copy from the bookstore

10 What will the woman probably do?

A_Prepare for another exam

B_Study for the test alone

C_Study with the man

D_Meet a different study group

정답 ‖ p 303

단어 및 표현

dean[di:n] 학장　in a rush 바쁜, 분주한　issue[íʃu:] 발행물, 판　archive[áːrkaiv] 기록, 공문서　misplace[mispléis] 잃어
버리다, 분실하다　excuse[ikskjúːz] 이유, 핑계　turn down (소리를) 줄이다　positive[pázitiv] 확신하고 있는　sort out 가려
내다　tempting[témptiŋ] 유혹하는, 부추기는　hold[hould] (약속 등을) 지키게 하다　happen to 혹시, 우연히

01 Assumption 문제와 Detail 문제란?

Assumption 문제는 화자가 말을 하며 이미 가정하고 있는 사실이 무엇인가를 묻는 문제입니다. 가정하는 내용은 직접 드러나기보다는 화자가 하는 말에서 함축적으로 드러납니다.

Detail 문제는 대화 전체의 상황에서 알 수 있는 세부 사항을 질문하는 문제입니다. 화자, 사물, 제 3의 인물 등 다양한 대상이 질문의 초점이 될 수 있습니다.

02 질문 형태

Assumption 문제

What does the man/woman assume?
남자/여자는 무엇을 가정하고 있나?

What did the man/woman assume?
남자/여자는 무엇을 가정했는가?

Detail 문제

What does the man/woman say about~?
남자/여자는 ~에 대해 뭐라고 말하는가?

What is the man's/woman's problem?
남자/여자의 문제는 무엇인가?

What does the man/woman want to know about?
남자/여자는 무엇에 대해 알기를 원하는가?

03 핵심 전략

Assumption 문제

1. 화자의 말 속에 이미 전제된 내용이 무엇인가를 파악한다.

2. 주로 한 화자가 사실과 다른 내용을 가정하여 다른 화자가 정정해주거나, 한 화자가 특정 내용을 전제하고 상대방에게 질문을 할 경우 Assumption 문제가 출제된다.

3. 대화의 전체 맥락을 이해한다.

Detail 문제

1. 대화의 Key Word와 여기에 대한 화자들의 입장을 파악한다.

2. 화자들이 제 3자나 특정 사물에 대해 중점적으로 이야기할 때는 Detail 문제가 나올 것을 예상한다.

⊙ Example 1

Q What does the woman assume?

A_ The man has enough time to complete the assignment.

B_ The man has not finished chapter two yet.

C_ The man does not enjoy the coursework.

D_ The man had missed too many classes.

정답 B

해설 여자가 가정하고 있는 바를 묻는 문제입니다. 여자가 남자에게 두 번째 단원을 먼저 복습하라고 충고하는 것으로 보아, 남자가 두 번째 단원을 아직 공부하지 않았다고 가정함을 알 수 있습니다. 그러므로 답은 B가 됩니다. 이와 같이 마지막 화자가 특정 사실을 전제하고 질문을 할 때는 Assumption 문제를 예상해볼 수 있습니다.

Script

M _ I don't think I can finish the reading assignment.

W _ Why don't you go over the second chapter first? There's much more material in chapter two than in chapter one.

단어 및 표현

assignment[əsáinmənt] 과제 material[mətíəriəl] 자료 miss[mís] (수업에) 빠지다, 결석하다

Q. 여자는 무엇을 가정하는가?

A 남자는 숙제를 마치기에 충분한 시간이 있다.

B 남자는 아직 2단원을 끝내지 않았다.

C 남자는 그 수업 과정을 좋아하지 않는다.

D 남자는 수업에 너무 많이 결석했다.

번역

M 난 읽기 과제를 끝낼 수 없을 것 같아.

W 두 번째 단원을 먼저 복습하지 그래? 1단원 보다 2단원에 읽을 거리들이 훨씬 더 많거든.

○ Example 2

Q What does the man say about his roommate?

A_His roommate does not play sports.

B_His roommate is very talkative.

C_His roommate doesn't like to study.

D_His roommate enjoys sports.

정답 A

해설 남자가 자신의 룸메이트에 대해 뭐라고 말하는 가를 묻는 문제입니다. 룸메이트와 함께 축구를 해보라는 여자의 제안에, 남자는 룸메이트가 그다지 운동을 즐겨 하는 타입은 아니라고 말합니다. 이 말을 바르게 옮긴 것은 A가 됩니다. 이와 같이 제 3자에 대한 내용이 대화의 주제가 될 때 Detail 문제를 예상할 수 있습니다.

Script

M _ I haven't gotten to know my roommate at all. He's always at the library and even when he's in the room he doesn't say much.

W _ Well, why don't you ask him to play soccer with you?

M _ I don't think he's really the athletic type.

단어 및 표현

athletic [æθlétik] 스포츠맨 다운; 강건한 talkative [tɔ́ːkətiv] 말이 많은, 수다스러운

Q. 남자는 그의 룸메이트에 대해 뭐라고 말하는가?

A 그의 룸메이트는 운동을 하지 않는다.

B 그의 룸메이트는 말이 많다.

C 그의 룸메이트는 공부를 좋아하지 않는다.

D 그의 룸메이트는 운동을 즐겨 한다.

번역

M 나는 룸메이트와 전혀 친해지지 못했어. 그는 항상 도서관에 있거나, 집에 있을 때도 별로 말을 하지 않아.

W 함께 축구를 해보는 건 어때?

M 그가 그렇게 운동을 즐겨 하는 타입은 아닌 것 같아.

Daily Check-up

Drill A. 마지막 화자의 말을 듣고 받아써 보세요.

1. W: I can't decide on a major.

   M: _____

2. M: I'm free for about an hour. What do you want to do?

   W: _____

3. M: Have you finished the readings for Professor Jenkins' class?

   W: _____

4. M: Can we postpone our date until this weekend? I have a big test tomorrow.

   W: _____

5. W: I saw your older brother yesterday downtown.

   M: _____

6. M: How do you like your speech class?

   W: _____

＊단어 및 표현

postpone[pous*t*póun] 연기하다   come in handy 유용하다, 편리하다

Drill B. 대화에서 알 수 있는 사실을 바르게 진술한 문장을 고르세요.

1. Ⓐ 여자는 Becker 교수님이 과제를 많이 내준다고 가정하고 있다.
   Ⓑ 여자는 Becker 교수님의 수업이 어렵다고 가정하고 있다.

2. Ⓐ 남자는 여자가 영화 보는 것을 싫어한다고 가정하고 있다.
   Ⓑ 남자는 여자가 오늘 밤 공부를 할 것이라고 가정하고 있다.

3. Ⓐ 여자는 남자가 늦었다고 가정하고 있다.
   Ⓑ 여자는 남자가 기차를 탈 것이라고 가정하고 있다.

4. Ⓐ 여자 역시 아침 일찍 일어나는 것이 어렵다고 말한다.
   Ⓑ 여자는 아침 일찍 일어나는 것이 전혀 어렵지 않다고 말한다.

5. Ⓐ 남자는 새로 이사한 아파트가 마음에 들지 않는다고 말한다.
   Ⓑ 남자는 기숙사보다 아파트가 훨씬 낫다고 말한다.

6. Ⓐ 남자가 도서관에 가는 이유는 오늘까지 끝내야 할 공부가 있어서이다.
   Ⓑ 남자가 도서관에 가는 이유는 오늘까지 반납해야 할 책이 있어서이다.

2주 ●●○○

1일

2일

3일

4일

5일

6일

＊단어 및 표현

catch[kætʃ] (기차 등을) 잡아타다   **move out** 이사 나가다   **dormitory**[dɔ́ːrmitɔ̀ːri] 기숙사   **head to** ~로 향하다, 가다
charge[tʃɑ́ːrdʒ] (대가, 요금을) 청구하다, 과하다   **late fee** 연체료

Drill C. 대화에서 알 수 있는 사실을 바르게 표현한 문장을 고르세요.

1. Ⓐ The woman assumes that she would have more time to write her paper.

   Ⓑ The woman assumes that the man has finished his report.

2. Ⓐ The man assumes that the woman is still working.

   Ⓑ The man assumes that there is opening at the woman's work place.

3. Ⓐ The man assumes that the woman has a copy of his notes.

   Ⓑ The man assumes that the woman has his notebook.

4. Ⓐ The man thinks that Judy looks very sad.

   Ⓑ The man has never seen Judy wear blue clothes before.

5. Ⓐ The woman doesn't like Professor Johnson's class as much as the man does.

   Ⓑ The woman likes Professor Johnson's class more than the man does.

6. Ⓐ The man can't go camping because he has something else to do.

   Ⓑ The man will not go camping because he doesn't want to.

정답 ▌p 305

*단어 및 표현
due[dju:] 마감인   You can't be serious! 사실일 리가 없어!   play a joke on ~를 놀리다   opening[óupəniŋ] 결원, 빈 자리
quit[kwit] (직장 등을) 그만두다   blue[blu:] 우울한

🎧 짧은 대화를 듣고 질문에 알맞은 답을 고르세요.

1 What did the man assume?

A_The woman wanted to be an archeologist.

B_The class would be easy for the woman.

C_The woman would enjoy her archeology class.

D_The woman would regret taking the class.

2 What did the man assume?

A_The woman would go to the museum this weekend.

B_The woman's cousin wouldn't like him to go with them.

C_The woman would visit the museum today.

D_He would be finished with his project.

3 What did the woman assume?

A_She was late in finishing her paper.

B_She could not do any more research.

C_The professor would move back the due date.

D_The topic could not be changed.

4 What did the man assume?

A_ The woman worked only on the weekends.

B_ The woman's job paid well.

C_ The woman enjoyed drinking coffee.

D_ The woman disliked her job.

5 What did the man assume?

A_ The woman owned her own camera.

B_ The woman could borrow her roommate's camera.

C_ He would get his camera back sooner.

D_ The woman might break his camera.

6 What does the woman say about the concert?

A_ Her friend will drive them to the concert.

B_ She is relieved the man can go.

C_ Her friend will give them directions.

D_ She will not be able to attend.

7 What does the man say about the marketing class?

A_ The class requires little studying.

B_ He is not confident about his grade.

C_ The midterm exam is difficult.

D_ The professor is an easy grader.

8 What is the woman's problem?

A_ She is worried about passing her classes.

B_ She does not have any money.

C_ She has a broken leg.

D_ She recently lost her job.

9 Why was the woman unable to finish her paper?

A_ She caught a cold from the rain.

B_ She did not have any electricity.

C_ She overslept because of the blackout.

D_ She did not know she had to write a paper.

10 What is the woman's problem?

A_ She missed her registration period.

B_ She is not fluent in another language.

C_ She did not get the classes she needed.

D_ She will graduate later than she expected.

정답 ▮ p 308

단어 및 표현

enthusiastic[inθjùːziǽstik] 열성적인 make[meik] (돈을) 벌다, 얻다 penny[péni] 잔돈, 푼돈 be willing to 기꺼이 ~하다
ace[eis] 평점 A를 받다 easy grader 성적을 후하게 주는 사람 broke[brouk] 무일푼으로, 파산하여 blackout[blǽkàut] 정
전, 소등 power[páuər] 전력, 전기 turn out ~로 드러나다

3주

긴 대화 및 강의 공략하기

Hackers Listening Start

3주에서는 TOEFL 듣기의 Part B에 해당하는 긴 대화 (Casual Conversations)와 강의 (Lectures) 및 토론(Academic Discussions)을 공부할 것입니다. 긴 대화 및 강의, 토론에 공통적으로 해당하는 문제 유형으로는 Main Topic, Inference, Prediction, Detail이 있으며, 강의와 토론에만 해당하는 문제 유형으로는 Matching, Ordering, Pictorial이 있습니다.

긴 대화 및 강의 공략하기

1. Part B 소개

CBT TOEFL의 Part B에는 크게 긴 대화(Casual Conversations), 강의(Lectures), 학술 토론(Academic Discussions)으로 구성된 세 가지 형태의 지문이 출제됩니다. 긴 대화는 지문당 2~3문제, 강의는 지문당 4~6문제, 학술 토론은 지문당 3~5 문제가 출제됩니다. 각 지문을 들려 줄 때는 사진이 나오고, 지문이 끝난 후 문제와 보기가 나옵니다.

2. Part B 문제 유형

❶ Main Topic | 대화나 강의의 주제가 무엇인가?

❷ Inference | 대화나 강의에서 추론할 수 있는 내용이 무엇인가?

❸ Prediction | 화자의 다음 행동 또는 다음 강의의 내용이 무엇인가?

❹ Detail | 대화나 강의에서 언급된 세부적 내용이 무엇인가?

❺ Matching | 강의에서 언급된 두 가지 이상의 사실을 어떻게 연결시켜야 하는가?

❻ Ordering | 강의에서 언급된 세 가지 이상의 사실이 어떤 순서로 배치되어야 하는가?

❼ Pictorial | 강의에서 설명한 내용을 그림으로 가장 잘 나타낸 것은 무엇인가?

3. 문제 유형별 출제 빈도

긴 대화

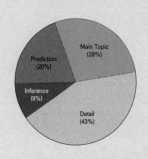

강의 및 학술 토론

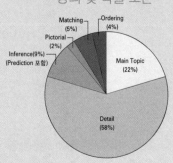

4. Part B의 주제

❶ 긴 대화: 대학 생활에서 일상적으로 일어나는 문제에 대한 것으로 Part A의 짧은 대화에서 다루는 주제와 유사합니다.

❷ 강의와 학술적 토론: 대학에서 다루는 다양한 전공 수업의 내용입니다. 문학, 철학, 역사학, 심리학 등의 인문 과학에서 천문학, 생물학, 화학 등의 자연 과학에 걸쳐 여러 분야에 대해 다양한 주제를 다루고 있습니다.

5. Part B 주요 전략

❶ 초반부에 Main Topic 즉, 무엇에 대해 이야기할 것인가를 파악해야 합니다. Main Topic은 직접 문제로 출제되기도 하고, 이어지는 내용을 Main Topic과 연관 지어 들을 때 더 잘 기억됩니다.

❷ 화자가 강조하는 것은 일차적으로 기억해야 합니다. 화자가 강하게 또는 또박또박 말하는 부분은 중요한 내용이며 따라서 문제로 자주 출제됩니다.

❸ 세부 사항들은 주제와 어떻게 관련되는지 생각하며 들어야 합니다. 주제를 뒷받침하는 예시, 인용, 반대 의견, 비교 등의 내용은 문제로 자주 출제됩니다.

❹ Part A에 비해 질문 형태가 길고 다양하므로, 문제를 정확히 읽고 무엇을 묻는지를 파악하는 것이 중요합니다.

❺ 관련어휘를 많이 익혀 두면 내용을 훨씬 더 쉽고 정확하게 들을 수 있습니다.

❻ Part B의 대표적인 오답 유형을 파악하여 오답을 피함으로써, 정답의 확률을 높일 수 있습니다.

Part B에 등장하는 대표적인 오답 유형 4가지

Type 1 지문의 내용과 다르거나 반대의 선택지

Type 2 질문에 대해 상식적으로 그럴듯한 내용의 선택지

Type 3 지문에 근거하지 않고 비약이 심한 선택지

Type 4 지문에 일부 언급된 단어나 구를 그대로 쓴 선택지

1일 Main Topic Questions

01 Main Topic 문제란?

Main Topic 문제는 대화나 강의, 토론에서 중심적으로 다루고 있는 내용이 무엇인지를 묻는 문제입니다. 긴 내용의 대화나, 강의, 토론을 듣고 그것이 무엇에 관한 것인지를 파악하는 것은 내용을 제대로 이해했는지를 확인하기 위해 자주 출제되며, 지문이 끝난 후 첫번 째 문제로 주로 출제됩니다. Main Topic 문제의 변형된 형태로 강의나 대화의 목적을 묻는 Purpose형 문제도 가끔 출제됩니다.

02 질문 형태

Main Topic형 질문

What is the topic of the conversation/discussion/lecture?
대화/토론/강의의 주제는 무엇인가?

What are the speakers mainly talking about?
화자들이 주로 이야기하는 것은 무엇인가?

What is the conversation/discussion/lecture mainly about?
대화/토론/강의는 주로 무엇에 관한 것인가?

What is the class discussing? 수업에서 무엇에 관한 토론을 하고 있나?

Purpose형 질문

What is the purpose of the lecture/discussion? 강의/토론의 목적은 무엇인가?

Why are the students discussing…? 학생들은 왜 …에 대해 토론하는가?

Why is the woman talking to the man? 왜 여자는 남자에게 말하고 있는가?

03 핵심 전략

① 초반부에 화두를 파악하는 것이 Main Topic을 찾는 중요한 단서가 된다. 화두와 관련하여 중점적으로 말하는 내용이 Main Topic이 된다.

② 대화와 토론에서 처음 두 turn(A-B-A-B)을 말하는 동안 화두를 파악해야 한다. 화두가 그대로 Main Topic의 답이 되기도 한다.

③ 강의에서 다음과 같은 표현들 뒤에 주로 화두가 제시된다.

- Today's talk is on …   오늘 수업은 …에 관한 것입니다.
- Today, I want to talk about …   오늘, 나는 …에 관해 말하고자 합니다.
- As of today, I would like to turn our attention to …   오늘, 나는 …에 관해 주목하고자 합니다.
- We will continue our discussion on …   우리는 …에 관한 토론을 계속할 것입니다.
- Let us continue our study on …   …에 관한 연구를 계속 합시다.
- This class would be …   이 수업은 …입니다.
- We should start by reviewing …   …부터 복습해야겠습니다.

④ 강의나 대화의 목적은 주로 초반부에 직접 제시된다. Main Topic 문제 대신 강의나 대화의 목적을 묻는 Purpose 문제가 출제되기도 한다.

⑤ 주의할 오답 유형은 Type 3 (지문에 근거하지 않고 비약이 심한 선택지)이다. 이 오답은 실제 내용과 거리가 먼 엉뚱한 내용이 된다.

Ex) 정답: 미술 작품을 분석하기 위해 사용되는 x-ray

오답 Type 3: 미술 작품 분석 기술의 발전

⌖ Example

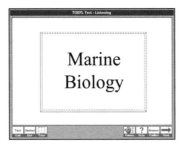 

Marine
Biology

Q. 강의는 주로 무엇에 관한 것인 가?

A 포유 동물의 호흡 기관
B 돌고래와 고래의 차이
C 돌고래가 포유 동물인 이유
D 돌고래가 바다에서 호흡하는 방법

Q What is the talk mainly about?

A_The respiratory system of mammals

B_The difference between dolphins and whales

C_The reason why dolphins are mammals

D_The way dolphins breathe in the sea

정답 D

해설 이 문제는 강의가 주로 무엇에 관한 것인지를 묻는 main topic문제입니다. 교수는 "Today, I will be discussing how dolphins breathe under water.(오늘, 나는 돌고래들이 수중에서 어떻게 호흡하는지를 논의하도록 하겠습니다.)"라고 말하고 있습니다. 그러므로 정답은 D입니다. C는 강의의 내용만으로는 추론할 수 없는 오답 (type 3)입니다.

Script

P _ Good morning, class. As you have already learned, all mammals breathe through their lungs. But dolphins and whales are special. Today, I will be discussing how dolphins breathe under water. Although they are mammals, they breathe under water, and yet their breathing apparatus is very different from that of other fish. Thousands of years ago, dolphins and whales lived on land and as they made their way to the sea, their respiratory systems had to adapt to the new environment in order to survive.

번역

P _ 안녕하세요, 학생 여러분. 여러분들이 이미 배웠듯이, 모든 포유동물은 허파를 통해 숨을 쉽니다. 하지만, 돌고래와 고래는 좀 특별하지요. 오늘 나는 돌고래들이 수면 아래서 어떻게 호흡하는지에 대해 논의할 것입니다. 비록 돌고래들은 포유동물이지만, 물 속에서 호흡을 합니다. 하지만 그것들의 호흡 기관은 다른 물고기들과는 매우 다르지요. 수천년 전, 돌고래와 고래들은 육지에서 살았는데, 그들이 바다로 가게 되면서 그들의 호흡 기관은 생존을 위해 새로운 환경에 적응해야만 했지요.

단어 및 표현

mammal[mǽməl] 포유동물 lung[lʌŋ] 폐, 허파 breathe[briːð] 호흡하다 apparatus[æ̀pərǽtəs] 기관 respiratory [réspərətɔ̀ːri] 호흡의, 호흡 작용의 adapt to ~에 적응하다 survive[sərváiv] 살아남다, 생존하다

Daily Check-up

🎧 강의 또는 대화의 빈 칸을 받아쓰고, 예상되는 Main Topic을 고르세요.

1. Let's pick up where we left off from the last class. Previously, we talked about

(A) _____ .

(B) _____ ?

As you know, continental islands form as a result of the ocean dividing a large landmass.

Q 강의의 주제는 무엇인가?

   Ⓐ oceanic islands와 continental islands의 차이점

   Ⓑ oceanic islands의 동식물

   Ⓒ continental islands의 생물의 발달

2. In today's class we'll be focusing on (A) _____

_____ . Red muscle

fibers contain a substance known as hemoglobin, which help bring oxygen to the

capillaries. (B) _____ and are used primarily

during activities that require endurance.

Q 강의는 주로 무엇에 관한 것인가?

   Ⓐ red muscles의 특징

   Ⓑ red muscles와 white muscles의 차이점

   Ⓒ 근육 발달의 원리

3. W: Hi, I was wondering (A) _____

_____ .

M: (B) _____

_____ .

W: Do you know when it might be available? I've been waiting for two weeks now and I really need the book to finish my research project.

M: Have you tried looking for it at another library? You might have more luck somewhere else.

Q 화자들은 주로 무엇에 대해 이야기하고 있는가?

ⓐ 심리학 책 대출　　　　　ⓑ 도서 대출 체계의 허점　　　　ⓒ 연체된 도서 목록

4. M: I thought this week would never end. I'm just glad midterms are finally over. Why don't we go to the beach this weekend to celebrate?

W: I don't think I can. (A) _____

_____ .

M: (B) _____ .

How did you find out about the position?

W: Well, one of my professors knew about the opening and he recommended me to the company.

M: Wow. That sounds like a great opportunity. It'll look good on your resume. Is it a paid internship?

Q 대화의 주제는 무엇인가?

ⓐ 남자의 주말 계획　　　　ⓑ 여자의 인턴십　　　　ⓒ 이력서 작성 요령

정답 ▌p 310

3주 ●●●○ 1일 2일 3일 4일 5일 6일

＊**단어 및 표현**

previously[príːviəsli] 이전에, 미리　origin[ɔ́(ː)ridʒin] 기원　oceanic island 양도(대양에 있는 섬)　continental island 육도 (대륙에 딸린 섬)　landmass[lǽndmæ̀s] 대륙　muscle tissue 근육 조직　red muscle 적근　white muscle 백근　fiber [fáibər] 섬유　substance[sʌ́bstəns] 물질　oxygen[ɑ́ksidʒən] 산소　capillary[kǽpəlèri] 모세 혈관　resistant[rizístənt] 저항력이 있는　fatigue[fətíːg] 피로　available[əvéiləbl] 이용할 수 있는　resume[rézumèi] 이력서

Main Topic Questions　169

🎧 강의 또는 대화를 듣고 질문에 알맞은 답을 고르세요.

1 What is the lecture mainly about?

A_How honeybees forage for new food sources

B_The mating dance of honeybees

C_Communication about food between honeybees

D_The types of food that honeybees search for

2 What is the professor mainly talking about?

A_Different research studies conducted on songbirds

B_The migratory routes of North American songbirds

C_The preferred winter habitats of songbirds

D_The diet of the migratory songbird

단어 및 표현

beehive[bíːhàiv] 벌집   forage[fɔ́ːridʒ] 식량을 찾아 다니다   detailed[ditéild] 상세한   complex[kámpleks] 복잡한
figure[fígjər] 모양   waggle[wǽgl] 흔들기   songbird[sɔ́(ː)ŋbəːrd] 명금(아름다운 소리로 우는 새)   insect[ínsekt] 곤충
claim[kleim] 주장   intensive[inténsiv] 집중적인   striking[stráikiŋ] 충격적인   annual[ǽnjuəl] 해마다의
migration[maigréiʃən] 이동   habitat [hǽbitæt] 서식지

3 What is the conversation mainly about?

A_The man's new part-time job
B_The woman's tough classes
C_The man's busy schedule
D_The man's graduation

4 What is the talk mainly about?

A_How to adapt to new culture
B_The difficulty of culture shock
C_The stages of culture shock
D_The best way to live in a foreign country

정답 ▌p 311

단어 및 표현

grocery store 식료품점   day off 휴일, 비번   culture shock 문화 충격   quaint[kweint] 별스러워 흥미를 끄는   novel[nάvəl] 신기한   explore[ikspló:r] 탐험, 답사하다   wear off 점차 없어지다   criticize[krítisàiz] 비판하다   value[vǽlju:] 가치관 reflect[riflékt] 돌아보다

01 Inference 문제란?

Inference 문제는 강의나 대화에서 화자가 직접적으로 표현하지는 않았지만, 주어진 정보로부터 추론할 수 있는 바를 찾는 문제입니다. Inference 문제는 직접 언급되지 않은 내용을 추론하는 문제이므로 다소 어렵지만, 지문에서 제시된 사실적인 정보를 이해하고 한번만 더 생각하면 충분히 풀 수 있는 문제들이 많습니다.

02 질문 형태

What can be inferred about … from the talk/conversation?
강의/대화에서 …에 대해 추론할 수 있는 것은 무엇인가?

What is probably true about … ? …에 대해 사실이 될 수 있는 것은 무엇인가?

What can be concluded about … ? …에 대해 결론 내릴 수 있는 것은 무엇인가?

Why do the white muscles become … ? 왜 백색 근육은 … 되는가?

Why might some consumers prefer … ? 왜 어떤 소비자들은 …를 선호하겠는가?

According to the speaker, why did … ? 화자에 의하면, 왜 … 했는가?

03 핵심 전략

① 추론은 말하지 않은 것을 자기의 생각으로 추론해 내는 것이 아니라, 화자가 하는 말에 근거하여 화자의 의도를 파악하는 것이므로, 주어진 사실을 먼저 정확히 들어야 한다.

② 대화의 경우, 화자가 왜 그 말을 하는지, 왜 그런 행동을 하려고 하는지를 생각하면서 들어야 한다.

　Ex) 대화 내용: 서점에서는 헌책을 정가의 15%에 구입하고자 한다. 남자는 서점에 파는 대신 직접 전단지를 붙여서 팔겠다고 한다.

　　추론 내용: 남자는 책을 좀 더 비싼 값에 팔고 싶어 한다.

③ 화자가 제시하는 결과를 재진술(Restate)하는 정도의 Infer문제가 있다. 화자가 원인과 결과를 말하거나, 결론을 내리는 부분을 특히 주의하여 듣는다.

　Ex) 강의 내용: A는 B가 아니었으면 C될 수 있었다.

　　추론 내용: A는 B때문에 C가 되지 못했다.

④ 문제를 풀고 나서는 추론의 근거가 되는 부분을 반드시 스크립에서 확인한다.

⊙ Example

Q. 화자들에 따르면, 갈색 왜성이 별이 되지 못한 이유는 무엇인가?

A 그들은 충분한 질량을 지니고 있지 않다.
B 그들은 불충분한 수소를 가지고 있다.
C 그들은 발생하고 있는 다른 별들과 경쟁한다.
D 그들은 너무 서늘하다.

Q According to the speakers, what is the reason that brown dwarfs fail to become stars?

A_ They don't have enough mass.

B_ They have insufficient hydrogen.

C_ They compete with other developing stars.

D_ They are too cool.

정답 A

해설 이 문제는 갈색 왜성이 별이 되지 못한 이유를 추론하는 문제입니다. 여자의 말에 의하면, 진짜 별과 갈색 왜성의 차이는 그 질량 때문이라고 했습니다. 핵융합을 통해 수소를 헬륨으로 바꿀 만큼 충분한 압력을 가할 수 있는 질량이 있어야만 진짜 별이 될 수 있으므로, 갈색 왜성은 질량이 적어서 진짜 별이 될 수 없다는 것을 추론할 수 있습니다. 그러므로 정답은 A입니다. B는 지문의 내용과 다른 오답 (type 1)이고, C와 D는 지문에 근거하지 않은 오답 (type 3)입니다.

Script

M _ I'll start off by defining what a brown dwarf is. Basically, a brown dwarf is a failed star. It's larger than a planet, but it is unable to convert hydrogen into helium through nuclear fusion.

W _ The difference between a successful star and a brown dwarf is that true stars have enough mass to compress their core until the increasing temperature and pressure ignites the hydrogen fusion reaction. But a brown dwarf has only a relatively short period of hydrogen burning before it starts to cool and fade.

M _ Although they likely exist in large numbers, brown dwarfs are difficult to detect using conventional techniques in astronomy because they are dim compared with true stars.

번역

M _ 갈색 왜성이 무엇인지를 정의함으로써 시작하겠어요. 근본적으로, 갈색 왜성은 실패한 별이에요. 그것은 행성보다는 크지만, 핵융합을 통해 수소를 헬륨으로 전환하지는 못하지요.

W _ 성공한 별과 갈색 왜성 간의 차이는, 실제 별들은 높아진 온도와 압력이 수소 융합 반응을 일으킬 때까지 중심부를 압착하기에 충분한 질량을 가지고 있다는 것입니다. 그러나 갈색 왜성은 상대적으로 수소 연소 시간이 짧아서 곧 식어져 사라진다는 것입니다.

M _ 비록 그들이 많은 수가 존재할 것 같음에도 불구하고, 갈색 왜성들은 진짜 별들과 비교하여 희미하기 때문에 천문학에서 전통적 기술을 이용하여 탐지하기는 어렵습니다.

단어 및 표현

define[difáin] 정의하다 **dwarf**[dwɔːrf] 난쟁이 **planet**[plǽnit] 행성 **convert**[kənvə́ːrt] 전환하다 **hydrogen**[háidrədʒən] 수소 **helium**[híːliəm] 헬륨 **nuclear fusion** 핵융합 **mass**[mæs] 크기, 질량 **compress**[kəmprés] 압축하다 **core**[kɔːr] 중심, 핵 **temperature**[témpərətʃər] 온도 **ignite**[ignáit] 발화시키다 **reaction**[riǽkʃən] 반응 **relatively**[rélətivli] 상대적으로 **period**[pí(ː)əriəd] 기간 **fade**[feid] 사라지다 **detect**[ditékt] 탐지하다 **conventional**[kənvénʃənəl] 전통적인 **astronomy**[əstránəmi] 천문학 **dim**[dim] 희미한

Daily Check-up

🎧 강의 또는 대화의 빈 칸을 받아쓰고, 추론할 수 있는 내용을 고르세요.

1. W: Hey I'm headed to the Central Museum. Do you want to go with me? The professor recommended that we check out the historical relics they have there.

   M: When did the professor say that? I don't remember him talking about a museum.

   W: (A) _____ .

   M: (B) _____ .

   W: Even more reason to come with me. I can catch you up on what you missed. Well, what do you say?

   Q 대화로부터 추론할 수 있는 사실은?

   Ⓐ 남자가 결석한 날에 교수가 박물관을 언급했다.

   Ⓑ 남자는 여자와 함께 박물관에 가기로 했었다.

   Ⓒ 지난 번 수업은 박물관에 관한 것이었다.

2. Okay, I have in my notes that the first tragedies were (A) _____ performed at festivals to honor the Greek god Dionysus. (B) _____

   _____ .

   As time passed, though, the pieces became more serious in nature.

   Q 초기 비극에 관해 추론할 수 있는 사실은?

   Ⓐ 초기의 비극은 흥겨운 부분이 많았다.

   Ⓑ 초기 비극의 형태는 슬픈 노래와 춤으로 이루어져 있었다.

   Ⓒ 초기 비극에는 음악적 요소가 없었다.

＊단어 및 표현

head (to) ~로 나아가다, 전진하다   recommend[rèkəménd] 권하다, 추천하다   relics[réliks] 유물   mention[ménʃən] 언급하다   tragedy[trǽdʒidi] 비극   perform[pərfɔ́ːrm] 행하다   performance[pərfɔ́ːrməns] 공연   festival[féstəvəl] 축제   honor[ánər] 공경하다   contrary to ~와 반대로   celebration[sèləbréiʃən] 축전   plenty of~ 수많은   pass[pæs] (시간이) 지나다   piece[piːs] 작품   in nature 사실상

3. Most Americans work in the heart of the city and live in the suburbs, usually using cars to get to work. (A) _____, environmental pollution is at a dangerous level in big cities like Atlanta. Research shows that it takes nearly 35 minutes longer for drivers to travel the same distance during rush hours. That's why "urban villages" have become

(B) _____ . In an urban villages,

(C) _____

_____ . This is the primary reason why urban villages were created.

Q 강의에서 추론할 수 있는 사실은?

Ⓐ urban village는 대도시 교통 혼잡의 주요 원인이다.

Ⓑ urban village가 많아지면 환경오염을 줄일 수 있다.

Ⓒ 자동차가 없는 사람들이 주로 urban village에 산다

4. Today I will be talking about a particle that has been described as (A) "_____." This tiny particle is known as the neutrino. A neutrino is one of the fundamental particles that make up the Universe. Neutrinos are very difficult to detect even though trillions of neutrinos are said to be passing through the Earth at any time. Why are neutrinos so hard to detect? (B) _____,

but these other particles are (C) _____. So scientists sometimes easily get distracted by the (D) _____ .

Q neutrino에 대해 추론할 수 있는 사실은?

Ⓐ neutrino는 크기가 너무 작아서 과학자들이 발견할 수 없다.

Ⓑ neutrino는 가장 작은 우주의 구성 요소이다.

Ⓒ neutrino는 전하(electrical charge)를 띠지 않는다.

정답 ▌p 313

＊**단어 및 표현**

suburb[sʌ́bəːrb] 교외　dangerous level 위험 수위　nearly[níərli] 거의　rush hours (출, 퇴근시) 혼잡한 시간　urban [ə́ːrbən] 도시의　heavy traffic 교통정체　primary[práimeri] 주요한　create[kriéit] 생겨나다　particle[pɑ́ːrtikl] 미립자　neutrino[njuːtríːnou] 중성미자　fundamental[fʌ̀ndəméntəl] 기초적인　make up 구성하다　detect[ditékt] 탐지하다　trillion[tríljən] 1조　pass through 통과하다　aside from ~이외에　electrically[iléktrikəli] 전기적으로　distract [distrǽkt] 혼란 시키다　pass by 지나가다

🎧 강의 또는 대화를 듣고 질문에 알맞은 답을 고르세요.

[1-2]

1 What is the talk mainly about?

A_The works of Pablo Picasso

B_The techniques of Cubist style

C_The influence of Cubism on other art forms

D_The subject matter of Cubist paintings

2 What can be inferred from the lecture?

A_Early cubists did not have access to colorful paints.

B_Cubists were ineffective at portraying reality.

C_Cubism created a radical shift in the norms of art in the 20th century.

D_Compared to other movements, cubism better captured the essence of its subjects.

[3-4]

3 What are the speakers mainly discussing?

A_The topic of the woman's honors thesis

B_Graduation requirements at their university

C_The math class they are taking

D_Changing the grading option for a class

단어 및 표현

---

emphasize[émfəsàiz] 강조하다　**flat**[flæt] 평평한　**dimensional**[diménʃənəl] ~차원의　**depict**[dipíkt] 묘사하다
geometric [dʒìːəmétrik] 기하학의　**subject**[sʌ́bdʒikt] (미술) 제재　**capture**[kǽptʃər] 잡다　**essence**[ésəns] 본질
multiple[mʌ́ltəpl] 다양한　**points of view** 관점　**accomplish**[əkámpliʃ] 성취하다　**break up** 해체하다　**reassemble**[rìːəsémbəl]
다시 조립하다　**abstract**[ǽbstrækt] 추상적인　**admire**[ədmáiər] 감탄하다　**simultaneously**[sàiməltéiniəsli] 동시에
variety[vəráiəti] 종류　**dull**[dʌl] 어두운, 탁한　**fragment**[frǽgmənt] 부분　**decorative**[dékərətiv] 장식적인, 화사한

4 What does the man imply about the Calculus class?

A_It will be easy as pie.

B_It will require a lot of work.

C_There are too many tests.

D_It can only be taken for a letter grade.

[5-7]

5 What is the lecture mainly about?

A_The principles of economic theory

B_The advantages of having a free trade market

C_Different types of government

D_The ways governments hinder free trade

6 What can be inferred from the lecture?

A_Subsidies are given only to key industries.

B_Technical barriers guard domestic industries from foreign competition.

C_Most countries export more products than they import.

D_Quotas increase the demand for foreign products.

7 What can be inferred about tariffs from the lecture?

A_They help keep the prices of products down.

B_They increase the prices of imported goods.

C_They are more effective than the other restrictions.

D_They are often used with a sales tax.

정답 ‖ p 314

단어 및 표현

understanding[ʌ̀ndərstǽndiŋ] 이해심 있는 honors thesis 학위 논문 restriction[ristríkʃən] 제한, 한정 block[blɑk] 막다, 저지하다 beneficial[bènəfíʃəl] 이로운 viewpoint[vjúːpɔint] 관점 comparative advantage 비교 우위 mutually [mjúːtʃuəli] 서로 interfere with 방해하다 enforce[infɔ́ːrs] 강화하다 tariff[tǽrif] 관세 duty[djúːti] 세금 place[pleis] 두다, 부과하다 assess[əsés] 매기다, 부과하다 declared value 신고 가격 quota[kwóutə] (수입) 할당제 technical barrier 기술 장벽 import[impɔ́ːrt] 수입하다 attach[ətǽtʃ] 덧붙이다 export[ekspɔ́ːrt] 수출하다 subsidy[sʌ́bsidi] 보조금

3일 Prediction Questions

01 Prediction 문제란?

Prediction 문제는 화자가 앞으로 할 행동이나 다음에 강의할 주제 등을 예상하는 문제입니다. 주로 대화나 강의의 끝 부분에서 다음에 할 행동이나 내용이 직접 언급되어서 비교적 쉬운 문제 유형에 속합니다. 하지만, 화자의 반응을 통해 간접적으로 답을 찾아야 하는 문제도 있으므로, 이에 대한 연습이 필요합니다.

02 질문 형태

다음 행동에 관한 질문

What will the man/woman/speakers probably do next?
남자/여자/화자들은 아마도 다음에 무엇을 할 것인가?

What is the man/woman going to do next?
남자/여자는 다음에 무엇을 하겠는가?

What will the man/woman probably do to avoid this problem in the future?
남자/여자는 앞으로는 이런 문제를 피하기 위해 아마도 무엇을 할 것인가?

다음 강의 주제에 관한 질문

What will the next lecture probably be about?
다음 강의는 아마도 무엇에 관한 것이겠는가?

What will the speaker probably discuss next?
화자는 다음에 무엇을 논의할 것인가?

03 핵심 전략

① Prediction 문제에 대한 답은 주로 대화나 강의의 마지막 부분에서 정확히 알 수 있으므로, 마지막까지 집중해야 한다.

② 문제에 대한 해결책이 제시되고 그것에 대해 긍정적인 반응을 보일 경우 그 해결책이 화자의 다음 행동이 된다.

③ 강의 초반부에 미리 강의 후 할 행동을 말하는 경우가 있다. 이 때 강의는 그 행동을 하기 위한 배경 지식을 설명하는 내용이 된다.

④ 다음과 같은 표현들 뒤에 오는 내용이 Prediction 문제에 대한 답이 될 수 있으므로 주의하여 듣는다.

- Let me pause here and ~ 여기서 멈추고
- Before we go on, 계속 진행하기 전에
- We are going to… 우리는 이제 …을 하겠습니다.
- In the next, 다음에는
- Is there something we missed? 우리가 놓친 것은 없나요?
- So, let's… 그래서, …합시다.

⑤ 주의할 오답 유형은 Type 4 (지문에 일부 언급된 단어나 구를 그대로 쓴 선택지)이다. 마지막까지 집중하지 못하여 끝부분의 의미를 정확히 파악하지 못하고 지문이 끝나게 되면, 어느 단어나 구만 기억에 남게 되고 그것을 포함한 선택지를 답으로 고르기 쉽다.

Q. 학생들은 다음에 무엇을 할 것
인가?

A 파푸아 뉴기니의 언어에 대해 토론한
다.
B 아프리카 언어와 파푸아 뉴기니의 언
어를 비교한다.
C 아프리카 어족의 특성에 대해 토론한
다.
D 왜 파푸아 뉴기니와 아프리카가 많은
언어를 가지고 있는지 조사한다.

Q What will the class probably do next?

A_ Discuss the languages of Papua New Guinea

B_ Compare the languages of Africa and Papua New Guinea

C_ Discuss the characteristics of language families in Africa

D_ Examine why Papua New Guinea and Africa have many
languages

정답 C

해설 이 문제는 학생들이 다음에 할 행동을 묻는 Prediction 문제입니다. 대화의 마
지막 부분에서 교수는 아프리카의 언어들이 서로 밀접하게 관련되어 있는지
를 알아보기 위해서 아프리카의 어족들(language families)을 더 살펴보아야
한다고 말합니다. 그러므로 정답은 C가 됩니다. 이와 같이 Prediction 문제에
대한 답은 주로 마지막 부분에 제시됩니다. D는 토론의 내용과 다른 오
답 (type 1)입니다.

P _ Papua New Guinea is mountainous, which makes it hard for different groups of people to maintain contact with each other. On the other hand, West Africa is mostly a flat region, but with tribes that are very traditional. Both the characteristics of the land and the culture of the people tend to make the tribes keep to themselves. This is why their languages are different.

W _ But shouldn't the languages of Africa be related to each other?

P _ Actually, only about 450 have some relation, but the remainder seem to be totally unrelated. Speaking of how closely related the languages are, let's look at the language families of Africa more closely, and see what characteristics each language family has.

번역

P _ 파푸아 뉴기니에는 산이 많아서 서로 다른 종족의 사람들이 지속적으로 교류하는 것을 어렵게 만듭니다. 반면 서아프리카는 대부분이 평지이긴 하나, 매우 전통적인 부족들이 살고 있지요. 지형의 특성과 사람들의 문화 모두가 이들 부족을 폐쇄적으로 만듭니다. 이런 이유로 그들의 언어가 다른 것입니다.

W _ 그렇지만 아프리카의 언어들은 서로 연관되어 있어야 하지 않나요?

P _ 사실, 단지 450개 정도만 관계가 있을 뿐, 나머지는 전혀 관계가 없어 보입니다. 언어들이 얼마나 밀접하게 연관되었는지를 이야기해 보기 위해, 아프리카의 어족을 좀더 자세히 살펴 보고, 각각의 어족들이 어떤 특성을 가지고 있는지를 알아봅시다.

단어 및 표현

mountainous[máuntənəs] 산지의　flat region 평지　sufficient[səfíʃənt] 충분한　tribe[traib] 종족, 부족　tend to ~하는 경향이 있다　keep to oneself 교제를 피하다　totally[tóutəli] 전적으로　language family 어족　deeply[díːpli] 깊이　examine[igzǽmin] 조사하다

Daily Check-up

🎧 강의 또는 대화의 빈 칸을 받아 적고, 질문에 대한 답을 고르세요.

1. W: Harry, what's going on? You seem really down.
   M: Actually, I'm a little worried and depressed. (A) _____
   _____.
   W: And what did he say?
   M: He told me I'm on academic probation!
   W: Academic probation! That's terrible! I had no idea you were having such a hard time.
   M: (B) _____ . I'm sure they're going to just
   flip out. What am I going to do?
   W: I don't know... but the sooner you tell them the better, right?
   M: I know you're right. (C) _____ . My dad's still at work
   and maybe she can help me break the news to him. I'll catch up with you later at the
   student center.

   Q 남자는 대화 후에 어떤 행동을 것인가?
   ⓐ 학생 회관에서 여학생을 만날 것이다.
   ⓑ 지도교수를 만나 성적에 관한 상담을 할 것이다.
   ⓒ 부모님께 자신의 문제를 말할 것이다.

2. When most people think of skyscrapers, they think of buildings that are tall. However in
   the 1850s, a four-story building was considered tall. Today, (A) _____
   _____ usually higher than 152 meters or about
   500 feet. With that standard, any building today (B) _____
   would not be considered a skyscraper. All right, let me just quickly summarize
   (C) _____ . We have Elisha Otis's elevator, Werner Von
   Siemens's electric elevator, Henry Bessemer's process for mass production of steel, and
   George Fuller's steel cage that allowed architects to design skyscrapers of breathtaking
   height and beauty. (D) _____ .

   Q 교수는 어떤 내용을 강의할 것인가?
   ⓐ 빌딩 건설에 필요한 기술들
   ⓑ 마천루를 발달시킨 여러 기술들
   ⓒ 세계에서 가장 높은 빌딩의 건축 원리

---

*단어 및 표현

go on (일이) 일어나다   down[daun] 기운 없는, 우울한   depressed[diprést] 우울한   academic probation 유급   flip out
정신을 잃다   the sooner~, the better ~ 빠를수록, 더 좋다   break the news 소식을 알리다, 전하다   skyscraper
[skáiskrèipər] 마천루   habitable[hǽbitəbl] 거주할 수 있는   standard[stǽndərd] 기준   summarize[sʌ́məràiz] 요약하다
mass production 대량생산   cage[keidʒ] (철근 등의) 골조   architect[á:rkitèkt] 건축가   breathtaking[bréθtèikiŋ] 놀랄만
한, 아슬아슬한   height[hait] 높이

3. Any fluctuations in temperature will cause artifacts to begin to deteriorate. (A) _____
_____ , which kept the air-conditioning
switched on seven hours a day when there were visitors, but after closing hours and on
holidays, (B) _____ . Also, deterioration
can take place when collections are exposed to two kinds of light: sunlight and spotlights.
Nothing can destroy a painting more quickly than sunlight. Next, I'll be discussing three
other enemies of museum collections. These include air pollutants, dirt, and pests. We'll
get to know more about these things (C) _____ .

Q 교수의 말이 끝난 후, 학생들은 무엇을 할 것인가?

ⓐ 짧은 휴식
ⓑ 좋은 작품 보관을 위한 방법 토의
ⓒ 태국 미술 작품 감상

4. M : (A) _____ ! I completely forgot because of my
new morning schedule!
W : Calm down. Just hurry and return them. Wait a second. These are reference books.
I thought you couldn't even check out these kinds of books.
M : That's the thing. I'm not supposed to, but a friend works at the library and she let me
do it because the library was about to close. (B) _____
_____ . She's going to kill me!
W : You'd better take them back as soon as possible. Hurry up!
M : (C) _____ .

Q 남자는 대화 후에 무엇을 할 것인가?

ⓐ 도서관에 갈 것이다.
ⓑ 실험실 문을 잠글 것이다.
ⓒ 친구를 만날 것이다.

정답 ▮ p 317

＊**단어 및 표현**

fluctuation[flʌ̀ktʃuéiʃən] 변동   artifact[ɑ́ːrtəfæ̀kt] 문화 유물   deteriorate[dití(:)əriərèit] 악화시키다   switch (on) 스위치를
켜다   expose[ikspóuz] 노출하다   sweltering[swéltəriŋ] 무더운   humidity[hjuːmídəti] 습기   take place (일이) 일어나다
collection[kəlékʃən] 소장품   spotlight[spátlàit] 집중 광선   pollutant[pəlúːtənt] 오염 물질   pest[pest] 해충
completely[kəmplíːtli] 완전히   calm down 진정하다   bring back 되돌리다   as soon as possible 가능한 한 빨리   lock up
잠그다

🎧 강의 또는 대화를 듣고 질문에 알맞은 답을 고르세요.

[1-3]

1 What is the professor mainly talking about?

A_The development of Italian opera

B_The verismo movement in opera

C_The writing of opera by ordinary people

D_The life and works of Puccini

2 What can be inferred about verismo opera?

A_The property on the stage was usually humble and simple.

B_It is more demanding on the voices of the actors.

C_It has a clear distinction between the narratives and the arias.

D_Most verismo composers produced only one opera.

3 What will the students probably do next?

A_Listen to a recording of popular traditional opera

B_Discuss the differences between verismo composers

C_Hear a few audio clips of verismo opera

D_Compare the singing in the dialogues to the arias

단어 및 표현

verismo 진실주의, 19세기 이탈리아 오페라의 한 형식 realism[rí(ː)əlìzəm] 사실주의 sweep[swiːp] 휩쓸다 call for 요구하다 naturalistic[nǽtʃərəlístik] 자연주의의 ordinary[ɔ́ːrdənèri] 평범한 explore[iksplɔ́ːr] 탐구하다, 조사하다 peasant[pézənt] 농부 reshape[riːʃéip] 재형성하다 arrangement[əréindʒmənt] 배열 musical score 음악 flow[flou] 흐르다 division[divíʒən] 분리 song-like 노래 같은 separation[sèpəréiʃən] 분리 narrative[nǽrətiv] 이야기하는 aria[áːriə] 아리아 distinct[distíŋkt] 명확한 reserve[rizɔ́ːrv] 남겨두다 intense[inténs] 강한 introspection[ìntrəspékʃən] 내성 leading[líːdiŋ] 뛰어난 composer[kəmpóuzər] 작곡가 selection[silékʃən] 선곡

[4-6]

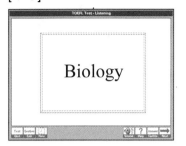

4 What is the lecture mainly about?

A_Different types of squirrels

B_The function of a squirrel's claws

C_The predators that hunt squirrels

D_Characteristics of squirrels

5 What can be inferred from the lecture?

A_Humans can also climb trees like a squirrel.

B_Cats don't have hind ankles that rotate 180 degrees.

C_There is an overpopulation of squirrels.

D_Squirrels make good pets.

6 What will the students most probably do next?

A_See some slides of a cat

B_Talk about flying squirrels

C_Look at examples of different squirrels

D_Examine a squirrel specimen

정답 ▌p 318

단어 및 표현

rodent[róudənt] 설치류 family[fǽməli] (동,식물)과 species[spíːʃiːz] 종류 organize[ɔ́ːrɡənàiz] 나누다 slender [sléndər] 가냘픈 sleek[sliːk] 매끄러운 fur[fəːr] 털 bushy[búʃi] (털이) 덥수룩한 weigh[wei] 무게가 나가다 approximately[əpráksəmitli] 대략 account for (~의 비율을) 차지하다 coat[kout] (동물) 외피 claw[klɔː] 발톱 hook [huk] 고리 astonish[əstániʃ] 놀라게 하다 midway[mídwéi] 중간 trunk[trʌŋk] 줄기 hind[haind] 뒤의 ankle[ǽŋkl] 발목 rotate[róuteit] 회전하다, 돌다 degree[diɡríː] (온도, 각도 등)도 wrist[rist] 손목 notice[nóutis] 목격하다 in essence 본질적으로 paw[pɔː] (갈고리 발톱이 있는)발

4일 Detail Questions (1)

01 Detail 문제란?

Detail 문제는 강의 또는 대화에서 언급된 구체적인 사실에 대해 묻는 문제 유형으로, Part B에서 출제 비중이 높고 다양한 형태로 출제됩니다. 그러므로, 이 유형을 이틀 동안 다루어 보도록 하겠습니다. 먼저, 4일에서는 긴 대화에서 출제되는 Detail 문제를 다루고, 5일에서는 강의와 토론에서 출제되는 Detail 문제를 다룰 것입니다. 긴 대화의 Detail 문제는 주로 대화를 통해 알 수 있는 중요한 정보들에 대해 묻습니다.

02 질문 형태

What did the man/woman say about...?
남자/여자는 …에 대해 무엇이라고 말하는가?

How does the man/woman describe...?
남자/여자는 …를 어떻게 묘사하고 있는가?

How does the man/woman feel about...?
남자/여자는 …에 대해 어떻게 느끼는가?

According to the conversation, what does... refer to?
대화에 의하면, …는 무엇을 말하는가?

What does the woman suggest that the man do?
여자는 남자에게 무엇을 하라고 제안하는가?

03 핵심 전략

1. 대화를 통해 화자가 알게 된 새로운 정보, 잘못 알고 있었던 정보를 묻는다.

   Ex) 여자: 신문사에서 기자를 더 뽑을 거라고 들었어.

   남자: 가서 지원해야지.

   질문: 남자는 어떤 일에 지원하게 될 것인가?

   답: 신문사 기자

2. 화자가 가진 문제와 관련한 문제가 자주 출제된다.

   Ex) 여자: 새로운 기숙사에서의 생활은 어떠니?

   남자: 옆방의 사람이 음악을 크게 틀어 놓아 잠자기 어려워.

   질문: 새로운 기숙사의 무엇이 남자를 성가시게 하는가?

   답: 이웃의 음악소리가 들린다.

3. 제안하는 내용이 무엇인지 묻는 문제가 출제된다.

   Ex) 여자: 그 책을 꼭 구해야만 하는데, 방법이 있나요?

   남자: 다른 도서관에서 책을 가져 올 수 있어요.

   질문: 남자는 여자를 위해 무엇을 제안하는가?

   답: 다른 도서관에서 책을 주문하는 것

4. 추론 문제가 아니므로, 화자가 직접적으로 언급한 사실에 근거하여 답을 선택해야 한다.

5. 주의할 오답 유형은 Type 2 (질문에 대해 상식적으로 그럴듯한 내용의 선택지)이다.

   대화에서 언급된 내용이 많아 질문에 대한 구체적인 내용을 기억하지 못할 수 있다. 이 때, 선택지의 내용이
   상식적으로 그럴듯하면 답으로 선택하기 쉽다. 오히려 이런 답을 피하고 대화에서 들었던 단어들을 기억하려
   고 노력해야 한다.

Q. 왜 남자는 저녁에 있는 사회학 수업을 신청하지 않았나?

A 그의 스케줄이 시간제 일로 차 있다.
B 그는 아침 수업의 교수를 더 좋아한다.
C 그는 인류학 수업을 듣기 원한다.
D 그는 저녁 수업이 있는지 몰랐다.

Q Why didn't the man sign up for the night class?

A_His schedule is taken up by a part-time work.

B_He prefers the professor of the morning class

C_He wants to take an anthropology class.

D_He didn't know there was an evening class.

정답 A

해설 이 문제는 왜 남자가 저녁에 개설된 사회학 수업에 등록하지 않았는지를 묻고 있습니다. 남자의 두 번째 대사에서 남자는 저녁 수업 시간에 시간제 일을 하고 있다고 말합니다. 그러므로 정답은 A입니다. B와 D는 대화와 관계 없이 질문에 대해 상식적으로 그럴듯한 내용이 오답 (type 2)으로 제시된 유형입니다.

Script

W _ I'm so excited about my anthropology class. Have you signed up for any interesting courses this semester?

M _ I tried to register for sociology 201, but I couldn't. All the sections are full.

W _ Maybe you didn't know, but that class has both morning and evening sessions. So, why don't you take the night class?

M _ I thought about that. But I have a part-time job in the evenings and the class times fall either just before my shift starts or in the middle of my shift.

W _ Well, you could always just go to the class section you want to add. You know during the drop/add period lots of students change classes. A slot will probably open up and if the professor knows you've been coming to the class from the beginning, he'll probably let you sign up.

M _ I never thought of that. Good idea. I'll go to Monday's class and talk to the professor about my situation.

번역

W _ 난 인류학 수업이 아주 기대돼. 너는 이번 학기에 흥미로운 수업 좀 신청했니?

M _ 사회학 201 수업 신청하려고 했는데 못했어. 모든 섹션이 꽉 차있어.

W _ 아마 네가 몰랐던 모양인데, 그 수업은 아침, 저녁에 모두 있어. 그러니까 저녁수업 듣는 것이 어떠니?

M _ 그것도 생각해 봤는데 저녁에는 아르바이트가 있고, 그 수업이 내 근무 시간 직전이나 근무 시간 중에 있거든.

W _ 음, 너는 네가 넣고 싶은 수업 섹션에 언제든 들어갈 수가 있어. 수강 정정 기간에 많은 학생들이 수업을 바꾼다는 거 너도 알잖아. 아마 빈 자리가 생길 것이고, 교수님이 네가 처음부터 수업에 들어 왔다는 것을 아시면 아마 수강 신청하게 해 주실 거야.

M _ 그건 전혀 생각 못했는데. 좋은 생각이다. 월요일 수업에 가서 내 상황에 대해 교수님께 말씀 드려야겠어.

단어 및 표현

anthropology[æ̀nθrəpálədʒi] 인류학 **sign up**(= register) 수강 신청하다 **sociology**[sòusiálədʒi] 사회학 **session**[séʃən] 수업 **fall**[fɔːl] (사건이) 일어나다 **shift**[ʃift] (근무)교대 **drop/add period** (수강신청) 정정기간 **slot**[slɑt] 장소

Daily Check-up

🎧 다음 대화의 빈 칸을 받아 적고, 질문에 대한 답을 고르세요.

1. M: Hey Mary, how was class today?

W: The same. Just another lecture about the history of art.

M: Did I miss anything important?

W: It was just a lecture on Cubist artists. (A) _____
_____ .

M: That's in two days! Why don't you come over so we can study together?

W: Well, I'll just let you borrow my notes. (B) _____
_____ .

Q 여자는 왜 남자와 함께 공부하지 못한다고 말하는가?

ⓐ 여자는 다른 과목 시험을 준비해야 한다.

ⓑ 여자도 이 과목에 취약해서 도움을 줄 수 없다.

ⓒ 화학 실험이 있어서 시간을 낼 수 없다.

2. W: Have you thought about studying in Egypt for the summer study abroad program? It's
supposed to last 8 weeks. (A) _____
_____ .

M: How much is it? I'm not sure if I can even afford a trip like that.

W: It's $5000. (B) _____
_____ . It even includes airfare.

M: O.K. I'll think about it.

Q 학생들은 이집트에서의 처음 4주 동안 무엇을 할 예정인가?

ⓐ 관광할 것이다.

ⓑ 이집트의 문화를 체험할 것이다.

ⓒ 수업을 들을 것이다.

＊단어 및 표현

miss[mis] 놓치다 come (over) 들르다, 오다 borrow[bárou] 빌리다 big[big] 중요한 abroad[əbrɔ́:d] 해외의 historical
landmark 역사적 건조물 afford[əfɔ́:rd] ~할 여유가 있다 pretty[príti] 꽤 steep[sti:p] (세금, 요구 등이) 엄청난 cover
[kʌ́vər] 포함하다 expense[ikspéns] 비용 housing[háuziŋ] 숙소 tuition[tju:íʃən] 수업료 airfare[έərfɛ̀ər] 항공료

3. M: Excuse me. Hi! Sorry to bother you, but I'm lost. I can't seem to find the science
    building.
   W: (A) _____ .
   M: Ok. (B) _____ ?
   W: Just wait for the shuttle at the bus stop.

   Q 여자에 의하면, Science building은 어디에 있는가?
     Ⓐ 다음 버스 정거장 근처
     Ⓑ 남쪽 캠퍼스 내
     Ⓒ 남쪽 캠퍼스와 북쪽 캠퍼스 사이

4. M: Don't you find rocks fascinating? I found a lot of these on the last field trip our geology
    club went on. Some of them are quite rare.
   W: You collected all of these rocks by yourself?
   M: (A) _____ . I just recently joined a
    few months ago.
   W: Actually, I've always had an interest in rocks.
   M: Then join our club. (B) _____ .
   W: I'd like to, but I don't think I have the time to go on all the field trips.
   M: You don't have to. (C) _____ .
   W: That would be great. I've been dying to join a new club anyway.

   Q 남자는 지질학 클럽에 대해 뭐라고 말하는가?
     Ⓐ 그들은 현장 답사를 자주 가지 않는다.
     Ⓑ 그들은 새로운 회원을 환영한다.
     Ⓒ 그들은 많은 회원 수를 자랑한다.

정답 ▮ p 320

* 단어 및 표현

bother[báðər] 귀찮게 하다   lost[lɔ(ː)st] 길을 잃은   shuttle[ʃʌtl] 셔틀 버스   fascinating[fǽsənèitiŋ] 멋진, 매혹적인
geology[dʒiɑ́lədʒi] 지질학   rare[rɛər] 귀한   by oneself 혼자서   make it (장소에) 나타나다, 제대로 수행하다   die to~ 몹시 ~
하고 싶어하다

🎧 대화를 듣고 질문에 알맞은 답을 고르세요.

[1-3]

1 What are the speakers mainly discussing?

A_Their schedules for the semester

B_Signing up for a chemistry elective

C_Registration procedures

D_Professors in the chemistry department

2 What can be inferred about the woman?

A_She originally wanted to take pharmacology.

B_She thinks pharmacology is too difficult.

C_She doesn't like the pharmacology teacher.

D_She is a freshman in college.

3 What is the woman probably going to do next?

A_Go for lunch with the man

B_Drop her chemical engineering 2 class

C_Check the course schedule for a required class

D_Enroll in food engineering

단어 및 표현

required subject 필수 과목 **elective**[iléktiv] 선택과목 **food engineering** 식품 공학 **bioorganic chemistry** 생물 유기 화학 **pharmacology**[fὰːrməkάlədʒi] 약리학 **enroll**[inróul] 등록하다 **slot**[slat] 지위, 장소 **available**[əvéiləbl] 이용할 수 있는 **reschedule**[rìːskédʒuːl] 예정을 다시 세우다 **procedure**[prəsíːdʒər] 절차

[4-7]

4 What are the speakers mainly discussing?

    A_The woman's medical insurance status

    B_The woman's course load for the semester

    C_The woman's medical condition

    D_The woman's inability to sleep

5 Why couldn't the woman sleep last night?

    A_She was cramming for an exam.

    B_She had a report to finish.

    C_She was feeling ill.

    D_Her roommate was noisy.

6 Why didn't the woman see a doctor for her medical problem?

    A_She thought she didn't need a doctor.

    B_She assumed she didn't have medical insurance.

    C_She is a part-time student.

    D_She thought over-the-counter medication could help her.

3주

1일

2일

3일

4일

5일

6일

단어 및 표현

be up 깨어 있다   cough[kɔ(ː)f] 기침   see a doctor 병원에 가다   insure[inʃúər] 보험에 들다   medical insurance 의료보험   enroll[inróul] 등록하다   clinic[klínik] 개인병원   wind up 끝을 맺다, 결말을 짓다   no wonder 당연하다, 이상할 것 없다   course load 학업량   charge[tʃɑːrʒi] 요구하다, 부과하다   full time student 12학점 이상을 듣는 학생   part time student 12학점 이하를 듣는 학생   valid[vǽlid] 유효한   over-the-counter 의사의 처방없이 팔 수 있는

7 What will the woman probably do next?

A_Verify if she has medical insurance

B_Apply for medical insurance

C_Go back to her dorm and rest

D_See a doctor for her illness

[8-11]

8 What is the woman's main problem?

A_She doesn't have time to finish her report.

B_She doesn't have a place to finish her report.

C_She is having trouble understanding the assignment.

D_She doesn't like her roommate.

9 Why can't the woman study in her room?

A_The room is too dirty.

B_Her roommate is too noisy.

C_She doesn't have a desk.

D_She needs to use the books at the library.

10 What can be inferred about the woman's roommate?

A_She goes to bed early.

B_She is not easy to talk to.

C_She likes the room very clean.

D_She does not get along with the woman.

11 What will the man and woman probably do next?

A_Go to a library which stays open later

B_Go to his room so she can finish the report

C_Help the woman's roommate clean the room

D_Look for a student center that is open

정답 ▍p 322

단어 및 표현

turn in 제출하다 comfortable [kʌ́mfərtəbl] 편안한, 안락한 thoroughly [θə́ːrouli] 완전히, 철저히 vacuum [vǽkjuəm] 진
공청소기로 청소하다 mop [mɑp] 자루걸레로 닦다 dust [dʌst] 먼지를 털다 spotless [spɑ́tlis] 티 하나 없는

5일 Detail Questions (2)

01 Detail 문제란?

5일에서는 강의와 토론에서 출제되는 Detail 문제를 다루겠습니다. 강의와 토론에서 출제되는 Detail 문제는 궁극적으로 강의나 토론의 중점적인 내용을 얼마나 이해하고 기억하는지를 묻는 문제들입니다. 그러므로 모든 세부적인 사항을 다 듣지 못한다 하더라도 어느 부분에서, 어떤 맥락에서 주로 출제되는지를 아는 것이 중요합니다.

02 질문 형태

Single answer형

What does the speaker say about...? 화자는 ⋯에 대해 무엇이라고 말하는가?

How does the speaker describe...? 화자는 ⋯을 어떻게 묘사하고 있는가?

How long/often/many/much...? 얼마나 오래/자주/많이 ⋯?

According to the discussion/professor, what type...? 토론/교수에 의하면, 어떤 종류의 ⋯?

When was/did...? 언제 ⋯였나/했나?

Two answers형

What two statements are true/ correct...? ⋯에 대해 바르게 말한 두 가지는?

Select the two ways that...? ⋯인 두 가지 방법을 고르시오.

According to the discussion/professor, which two statements can be true?

토론/교수에 의하면, 어느 두 진술이 사실이겠는가?

⇨ Two answers형에서는 두 개의 답을 선택해야 다음 문제로 넘어갈 수 있으며, 두 개의 답이 다 맞아야 정답으로 인정됩니다.

03 핵심 전략

① Detail 문제는 일차적으로 화자가 강조하는 부분에서 주로 출제되는데, 화자가 강조할 때는 천천히 말하거나 좀더 큰 소리로 또박또박 말하는 경향이 있다.

② 다음 단어나 구 뒤에 오는 내용을 주의하여 듣는다. 내용상 전환이나 청자의 주의를 집중시킬 때 주로 사용되는 어휘들이다.

- Actually 실제로
- In fact 사실은
- Furthermore 게다가
- Therefore 그러므로

③ 예시나 인용은 그 내용과 함께, 무엇을 설명하기 위해 예를 드는지, 화자가 왜 언급하는지를 묻는 문제가 출제된다.

    Ex) 강의 내용: '발명' 이라는 단어는 비행기나 전등처럼 중요한 물품에만 사용된다.
       질문: 교수는 왜 전등을 언급하는가?
       답: 중요한 발명품의 예시로서

④ 강의나 토론에서 소개하는 이론이나 용어에 대해 직접 묻거나, 해당하는 예를 찾는 문제가 출제된다.

    Ex) 강의 내용: '블루스' 라는 이름은 노래 가사에 표현되어 있는 외로움과 슬픔에서 나온 것이다.
       질문: 블루스는 어디서 그 이름을 얻게 되었는가?
       답: 가사에 의해 표현되는 느낌

⑤ 강의나 토론에서 설명하는 주요 현상의 원인과 결과를 묻는 문제가 출제된다.

    Ex) 토론 내용: 공룡을 비롯한 거의 모든 동물들이 사라졌는데도, 작은 포유동물처럼 지하에 사는 다른 동물들
             은 살아 남은 건지도 모르겠다.
       질문: 왜 일부 동물의 종은 공룡이 멸종된 후에도 살아 남았는가?
       답: 그것들은 지하에 살았기 때문이다.

⑥ 강의나 토론에서 설명하는 대상의 장점이나 단점의 내용을 묻는 문제가 출제된다.

    Ex) 토론 내용: 발이 몸의 측면에서 밖으로 뻗은 구조에는 아주 큰 단점이 있어. 파충류는 뛰고 숨쉬는 것을 동시에
             할 수 없거든.
       질문: 발이 몸의 측면에서 밖으로 뻗은 동물의 단점은 무엇인가?
       답: 뛰기와 숨쉬기를 동시에 할 수 없다.

Q. 흙댐은 어떻게 방공호보다 비용면에서 더 효율적인가?

A 흙댐이 방공호보다 더 오래 지속된다.
B 콘크리트는 댐의 중심에서 압축된다.
C 더 많은 물이 저장될 수 있다.
D 발굴에서 얻은 물질이 흙댐을 건설하는데 쓰인다.

Q How is an earth-fill dam more cost-effective than a dugout?

A_ Earth-fill dams last longer than dugouts.

B_ Concrete can be compacted in the core of the dam.

C_ More water can be stored.

D_ Material from an excavation is used to construct an earth-fill dam.

정답 C

해설 이 문제는 어떻게 흙댐(earth-fill dam)이 방공호(dugout)보다 비용면에서 더 효율적인지를 묻고 있습니다. 교수는 흙댐이 방공호보다 같은 양의 물을 저장하는데 있어 건설 비용이 더 적게 든다고 결과를 말한 후, 이어서 그 이유는 흙댐이 방공호보다 더 많은 양의 물을 저장할 수 있기 때문이라고 설명합니다. 그러므로 정답은 C가 됩니다. D는 "An earth-fill dam can store water both behind the dam as well as in the excavated portion of the reservoir where the earth fill was constructed." 부분을 일부 인용하여 혼동을 준 오답 유형 (type 4)입니다.

Script

An earth fill dam can store larger volumes of water for livestock or crops. A dugout is sometimes used for the same purpose. A dugout is simply a fortification of earth which is located underground. Compared to a dugout, the construction costs for an earth-fill dam can be much lower for every gallon of water stored. An earth-fill dam can store water both behind the dam as well as in the excavated portion of the reservoir where the earth fill was constructed. With dugouts, all the water is stored in the excavated area itself. On the other hand, the drawback of dams has to do with the much larger surface area, which results in higher evaporation losses and poorer water quality compared with dugouts.

번역

흙댐은 가축이나 곡물재배에 쓰이는 보다 많은 양의 물을 저장할 수 있습니다. 어떤 때에는 같은 목적으로 방공호가 이용되기도 합니다. 방공호는 바로 지하에 위치한 요새입니다. 방공호와 비교할 때, 흙댐은 갤론당 물을 저장하는데 그 건설 비용이 훨씬 낮습니다. 흙댐은 그것의 건설을 위해 파인 저수지의 일부분뿐만 아니라 댐의 후방에도 물을 저장할 수 있기 때문입니다. 방공호의 경우에는 모든 물이 구덩이 자체에만 저장이 됩니다. 반면, 댐의 단점은 방공호와 비교했을 때 더 높은 증발 손실을 야기하는 넓은 표면, 그리고 더 나쁜 수질과 관련이 있습니다.

단어 및 표현

earth-fill dam 흙댐(흙을 채워서 만드는 댐) livestock[láivstàk] 가축 dugout[dʌ́gàut] 방공호(땅을 판 구덩이) fortification[fɔ̀ːrtəfəkéiʃən] 요새 locate[lóukeit] 위치하다 underground[ʌ̀ndərgráund] 지하 gallon[gǽlən] 갤론 (용량의 단위) reservoir[rézərvwàːr] 저수지, 저장소 drawback[drɔ́ːbæ̀k] 단점 has to do with ~와 관련이 있다 surface[sə́ːrfis] 표면 area[ɛ́əriə] 지역 evaporation[ivæ̀pəréiʃən] 증발 loss[lɔ(ː)s] 손실 quality[kwáləti] 질

Daily Check-up

🎧 다음 강의의 빈 칸을 받아 적고, 질문에 대한 답을 고르세요.

1. Yesterday, we talked about how Greek and Roman plays are similar. But today, (A) _____. The Romans and Greeks were talented, and they knew how to make the people laugh or cry. (B) _____ _____. People today think of the Romans as courageous people who were very loyal and just. However, on stage, they were (C) _____ _____. Of course, this does not mean that the Romans never did anything creative in theater. But before I discuss that, I want to talk about one man named Thespis.

   Q 교수는 로마의 연극에 대해 무엇이라고 말하는가?
   Ⓐ 그리스 연극을 흉내낸 것이 많다.
   Ⓑ 그리스 연극보다 흥미롭지 못하다.
   Ⓒ 그리스 연극보다 훨씬 더 창의적이다.

2. The blowpipe was invented in the Eastern Mediterranean coast around 30 BC. (A) _____. People could now make glass more efficiently and cheaply. Glass was now available to the masses. Up to this time, only the wealthy could afford to buy glass. (B) _____ _____. By blowing through this pipe, the glass maker could make glass in many different shapes and sizes. (C) _____.

   Q 교수의 말에 의하면, 왜 부자들이 유리컵을 더 이상 사지 않았는가?
   Ⓐ 유리컵은 쉽게 깨지기 때문에
   Ⓑ 유리컵의 품질이 점점 나빠져서
   Ⓒ 유리컵은 누구나 쓰는 흔한 물건이라서

＊단어 및 표현

play[plei] 연극 talented[tǽləntid] 재능이 있는 copy[kápi] 베끼다 courageous[kəréidʒəs] 용기 있는 loyal[lɔ́iəl] 성실한, 충실한 just[dʒʌst] 올바른, 공정한 creative[kriéitiv] 창의적인 imagination[imædʒənéiʃən] 상상(력) blowpipe [blóupàip] 취관 eastern[íːstərn] 동쪽의 Mediterranean[mèditəréiniən] 지중해의 revolutionize[rèvəljúːʃənàiz] 혁명을 일으키다 efficiently[ifíʃəntli] 효율적으로 cheaply[tʃíːpli] 싸게 the masses 대중, 서민 the wealthy 부자들 common[kámən] 흔한, 평범한 melt[melt] 녹다 mold[mould] 틀, 거푸집

3. Most computers today use wire and chips. (A) _____
_____. If you try to do two things at the same
time on this type of computer, (B) _____
_____. This type of computing is called
parallel computing. The new, modern type is known as optical computing.
(C) _____. Because light moves very fast, the computer
also does things very quickly. Instead of wires, optical computing uses polymers.

Q 컴퓨터에 전선과 반도체 칩을 이용할 때의 단점은 무엇인가?
ⓐ 사진이 선명하지 못하다.
ⓑ 컴퓨터의 속도가 느리다.
ⓒ 전선이 쉽게 부식된다.

4. The dollar, also known as the greenback, has a long and tumultuous history. In colonial
America, early settlers used gold and silver coins. (A) _____
_____. They did this
because they feared America would become an independent country. This made it
difficult for the colonists to use gold and silver coins as a currency. People in America
began (B) _____.
(C) _____. So banks in America
began making paper money. But the banks circulated too much paper money. This caused
paper money to become virtually worthless.

Q 초기 미국인들은 금과 은이 없을 때, 물건값을 지불하기 위해 무엇을 사용했는가?
ⓐ 유럽의 동전　　　　　　　ⓑ 천 조각　　　　　　　ⓒ 다양한 종류의 음식

정답 ▮ p 324

*단어 및 표현

wire[waiər] 전선　move[muːv] (기계,기구 등을) 작동시키다　lag[læg] (속도 등이) 뒤떨어지다, 연기되다　crash[kræʃ] (컴퓨터의 시스템, 프로그램이) 갑자기 기능을 멈추다　parallel computing 병렬식 컴퓨터 사용　optical[áptikəl] 광학의　beam[biːm] 광선　greenback[gríːnbæk] 달러 지폐(뒷면이 녹색인 데서 유래)　tumultuous[tjumʌ́ltʃuəs] 떠들썩한, 다난한　colonial[kəlóuniəl] 식민(지)의　settler[sétlər] 정착민　importation[ìmpɔːrtéiʃən] 수입　independent[ìndipéndənt] 독립한　currency[kə́ːrənsi] 통화　pea[piː] 완두콩　payment[péimənt] 지불　inconvenient[ìnkənvíːnjənt] 불편한　circulate[sə́ːrkjəlèit] (화폐 등을) 유통하다　virtually [və́ːrtʃuəli] 실질적으로　worthless 가치 없는

Detail Questions (2)　203

🎧 짧은 대화를 듣고 질문에 알맞은 답을 고르세요.

[1-5]

1 What is the lecture mainly about?

A_The subjects of ancient cave art

B_How to properly mix paint

C_The type of paint used in cave paintings

D_The longevity of mineral oxide pigments

2 What can be inferred from the lecture?

A_Ancient people were less artistic than modern people.

B_Ancient peoples experimented with different types of pigment.

C_Ancient painters only painted on cave walls.

D_Ancient painters used a wide variety of paint colors.

3 According to the lecture, what did ancient people use as a binding medium for paint?

A_Water

B_Vegetable juices

C_Animal blood

D_Saliva

4 What was the main reason cave paintings did not disappear over time?

A_The environment remained the same.

B_The caves protected the paintings from fading.

C_The pigments had a foundation of mineral oxide.

D_A binding medium kept the paintings on the wall.

3주

1일

2일

3일

4일

5일

6일

5 What will the students do next?

A_Look at slides of cave art

B_Buy paint supplies for the class

C_Read directions for making paint

D_Make pigments for their paint

단어 및 표현

endure[indʒúər] 지속하다, 견디다   well-protected 보호가 잘 된   partly[pɑ́ːrtli] 부분적으로   consist of ~로 구성되다
ground[graund] 빻은 가루로 만든   pigment[pígmənt] 색소   suspend [səspénd] (가루나 먼지 등이) 떠있다   binding
[báindiŋ] 결합하는   liquid[líkwid] 액체   medium[míːdiəm] 매개체   carbon [kɑ́ːrbən] 탄소   mineral[mínərəl] 광물
oxide[ɑ́ksaid] 산화물   iron[áiərn] 철, 쇠   manganese[mǽŋgənìːz] 망간   limited[límitid] 얼마 안 되는   palette[pǽlit]
팔레트, 색조의 범위(종류)   fade[feid] 사라지다, (빛깔이)바래다   aside[əsáid] (본론에서 벗어난) 여담   saliva[səláivə] 침
trap[træp] 좁은 장소에 가두다   adhere[ædhíər] 달라붙다   properly[prɑ́pərli] 적절하게

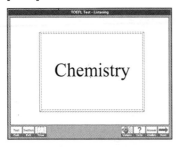

6 What is the speaker mainly talking about?

A_ Special characteristics of water

B_ The surface tension property of water

C_ How plants are able to draw water

D_ The freezing points of water

7 What can be inferred from the lecture?

A_ Cold water temperatures kill aquatic life.

B_ Water becomes less dense as it cools below 4°C.

C_ Ice forms from the edges of a body of water.

D_ Water inside trees freeze in the winter.

8 According to the lecture, why does ice form on the surface of water bodies?

A_ Lakes and seas are too big to freeze completely.

B_ Water does not have a maximum density.

C_ Cohesion properties keep the interior of water bodies from freezing.

D_ Ice has a density that is lower than water.

9 According to the lecture, why does water have such high cohesion properties?

A_Because of hydrogen bonding of water molecules

B_Because of size of water molecules compared to other liquids

C_Because of the attraction of water molecules to other molecules

D_Because of the formation of ice on the surface of water bodies

정답 ▌p 326

단어 및 표현

unique[juːníːk] 독특한 maximum[mǽksəməm] 최대의 density[dénsəti] 밀도 freezing point 어는점 liquid[líkwid] 액체 float[flout] (물위에) 떠다니다 top down 위에서 아래 bottom up 아래에서 위 a body of water 수역 eventually [ivéntʃuəli] 결국, 마침내 insulate[ínsjəlèit] 격리하다, 분리하다 aquatic life 수상생물 tension[ténʃn] 장력 property [prápərti] 특성 edge[edʒ] 가장자리 interior[intí(ː)əriər] 내부의 hydrogen bonding 수소결합 molecule[mάləkjùːl] 분자 aquatic[əkwǽtik] 물의, 물 속에 사는

01 Matching, Ordering, Pictorial이란?

6일에서 다룰 이 세가지 문제 유형은 Part B중에서도 강의와 토론 형태의 지문에만 출제되는 문제 유형입니다. 먼저, Matching(짝짓기) 문제는 주어진 2-4개의 단어, 구, 문장들을 각각에 맞는 범주와 연결하는 문제입니다. Ordering(순서 매기기) 문제는 선택지의 구나 문장을 시간 순서나 진행 순서대로 배열하는 문제입니다. Pictorial(그림) 문제는 선택지가 그림이나 사진으로 제시되는 문제입니다. 하나의 큰 그림에서 해당하는 부분을 찾는 형태이거나, 네 개의 다른 그림이 제시되는 형태입니다.

02 질문 형태

Matching형

Match each word/phrase/sentence with the appropriate ….
각 단어/구/문장을 적절한 …와 연결하시오.

Which… is associated with each ~?
어느 …이 각 ~와 관련되는가?

Classify the following ….
다음 …를 분류하시오.

Ordering형

Put the following words/phrases/events in the correct order.
다음 단어/구/사건들을 순서대로 바르게 배열하시오.

Summarize the process of … by putting the steps in the correct order.
각 단계를 바른 순서로 배열하여 …의 과정을 요약하시오.

Pictorial형

Identify the part of the diagram that represents ….

…를 나타내는 도표의 부분을 찾으시오.

Which area of the picture illustrates …?

그림의 어느 부분이 …를 나타내는가?

Which of the following pictures shows …?

다음 중 어느 그림이 …를 보여주는가?

Select the diagram that represents ….

…를 나타내는 도표를 고르시오.

03 핵심 전략

1 다음과 같은 내용은 Matching 문제로 출제될 수 있다.

• 두 개 이상의 대상을 크기, 색, 시기 등의 기준을 가지고 비교할 때

• 두 개 이상의 용어를 정의하거나 각각의 특징을 설명할 때

• 두 명 이상의 사람과 각 사람이 한 일을 설명할 때

2 다음과 같은 내용은 Ordering 문제로 출제될 수 있다.

• 실험 과정, 역사적 사건, 인물의 일대기와 같이 시간적 흐름이 중요한 설명 방법이 될 때

3 다음과 같은 내용은 Pictorial 문제로 출제될 수 있다.

• 어떤 대상의 외부적 특징을 주로 묘사할 때

• 식물이나 동물, 사건 발생의 위치를 설명할 때

• 특정 작가의 작품의 특징을 설명할 때

⊙ Example 1

Q. 눈을 측정하는 세 가지 방법이 강의에서 소개되었다. 각 유형과 사용된 방법을 연결하라.

구를 클릭하라. 그리고 나서 그것이 들어갈 칸을 클릭하라. 각 구는 한 번씩만 사용하라.

A 감마 탐지 시스템
B 특정한 위치의 표적
C 원격 감지기

Q Three ways to measure snow were mentioned in the lecture. Match each type with the method used.

> Click on a phrase. then click on a space where it belongs. Use each phrase only once.

A_Gamma detection system

B_Markers at specific location

C_Remote sensors

Ground teams	Satellite	Airplane

정답 Ground teams - B
Satellite - C
Airplane - A

해설 눈의 양을 측정하는 세 가지 방법과 각각의 특징을 설명하는 강의입니다. 그러므로, 각 방법과 특징을 연결하는 Matching 문제를 예상할 수 있습니다. 강의 내용에서 ground team은 markers at specific location을, Satellite은 remote sensors를, airplane은 gamma detection system을 이용한다고 말하고 있습니다.

There are three ways to measure amounts of snow. With a weather satellite, scientists use remote sensors to measure snow coverage and thickness. An airplane can gauge the snow water equivalent through a gamma detection system. This measures the amount of gamma radiation given off by the earth. Right now, ground teams are most commonly used to survey amounts of snowfalls. They place markers at specific locations giving accurate estimates on the amount of snow. Researchers are hoping that advances in technology will someday enable the measurement of snow and ground characteristics from space. This would make ground teams unnecessary and allow for measurement in inaccessible areas.

번역

눈의 양을 측정하는 방법에는 3가지가 있습니다. 기상 위성에서, 과학자들은 눈의 범위와 두께를 측정하기 위해 원격 감지기를 사용합니다. 비행기는 감마 탐지 시스템을 통해 눈이 녹은 물의 등가물을 측정합니다. 이것은 지구에 의해 방출된 감마 방사건의 양을 측정해요. 지금은, 지상팀(ground team)이 강설량을 조사하는데 가장 보편적으로 이용됩니다. 그들은 눈의 양을 정확하게 측정할 수 있게 하는 특정 위치에 표적을 둡니다. 조사자들은 기술의 진보가 언젠가는 우주에서 눈과 땅의 성질을 측정할 수 있도록 해주기를 바라고 있습니다. 이것은 지상 팀을 불필요하게 만들 것이며 도달할 수 없는 지역에서의 측정을 가능하게 할 것입니다.

단어 및 표현

measure[méʒər] 측정하다   weather satellite 기상 위성   remote sensor 원격 감지기   coverage[kʌ́vəridʒ] 범위   thickness [θíknis] 두께   gauge[ɡeidʒ] 측정하다   snow water 눈이 녹은 물   equivalent[ikwívələnt] 등가물   detection [ditékʃən] 탐지   radiation[rèidiéiʃən] 방사선   give off 발하다, 방출하다   marker[máːrkər] 표시, 표적   accurate[ǽkjərit] 정확한   estimate [éstəmèit] 측정   advancement[ədvǽnsmənt] 진보   inaccessible[ìnəksésəbl] 도달하기 어려운

⊙ Example 2

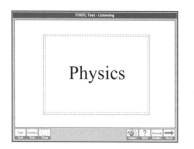

Q. 화자는 GPR의 사용 과정을 설명
했다. 다음 과정을 연대기 순으로 열
거하라.

문장을 클릭하라. 그리고 나서 그것
이 들어갈 칸을 클릭하라. 각 문장은
한 번씩만 사용하라.

A 라디오파가 땅속으로 보내진다.
B 안테나에 의해 반사가 감지된다.
C 안테나를 지표면에 가져 간다.
D 레이다 파동이 반사된다.

Q The speaker explained the process of ground penetrating radar. Place the following steps into chronological order.

> Click on a sentence. Then click on the space where it belongs. Use each sentence only once.

A_ Radio waves are sent into the ground.

B_ The reflection is detected by the antenna.

C_ An antenna is pulled along the ground surface.

D_ Radar pulses are reflected back.

1_ _____

2_ _____

3_ _____

4_ _____

정답 C–A–D–B

해설 GPR을 소개한 후 사용 방법을 설명하고 있으므로 Ordering 문제를 예상할 수 있습니다. "Well, first ~" 이하에서 그 방법을 설명하고 있습니다. 순서는 안테나를 지표면으로 가져간다 --〉 라디오파가 땅속으로 보내진다 --〉 레이다 파동이 반사된다 --〉 안테나에 의해 반사가 감지된다의 순서입니다.

Script

I'd now like to talk about a relatively new excavation method which is being used by archeologists. Ground penetrating radar, abbreviated GPR, uses radio waves to locate buried objects in any non-metallic material. It has become popular for its non-invasive nature and cost-effective price. So how does GPR work? Well, first, a radar antenna is dragged over the area being surveyed. The antenna sends electromagnetic radiation pulses into the ground. The waves are partially reflected back by changes in the electrical properties in the ground and the reflection is picked up by the antenna. To give you a better idea of how this technology is utilized, we'll be watching a short video from an actual dig site. Please direct your attention to the screen.

번역

나는 고고학자들에 의해 사용되고 있는 비교적 새로운 발굴 방식에 대해서 이야기 하겠어요. GPR로 줄여지는 땅을 관통하는 레이더는 비금속 물질 속에 묻혀있는 물체를 알아내기 위해 라디오 파장을 이용합니다. 그것은 비손상적인 성질과 비용 효율적인 가격 때문에 인기가 있습니다. 그런데 GPR은 어떻게 작동할까요? 음, 첫째, 레이더 안테나는 조사할 지역으로 끌고갑니다. 안테나는 전자기 방사 진동을 땅으로 보내지요. 전파는 땅 속에서 전기적 특성의 변화로 부분적으로 다시 반사되고, 그 반사는 안테나에 의해서 포착 됩니다. 이 기술이 어떻게 이용되는지를 여러분이 좀 더 잘 이해하도록 하기 위해 실제 발굴 장소에 대한 짧은 비디오를 볼 것입니다. 화면에 주의를 옮겨주세요.

단어 및 표현

archeologist[à:rkiɑ́ləʤist] 고고학자   penetrating[pénitrèitiŋ] 관통하는   wave[weiv] 전파   locate[lóukeit] 알아내다
bury[béri] 묻다   non-metallic material 비금속물질   invasive[invéisiv] 침해의, 손상을 입히는   drag[dræg] 끌다
electromagnetic[ilèktroʊmægnétik] 전자석의, 전자기의   radiation[rèidiéiʃən] 방사, 복사   pulse[pʌls] 파동, 진동
reflection[riflékʃən] 반사   pick up (무선 전신 등으로) 포착하다   utilize[jú:təlàiz] 이용하다

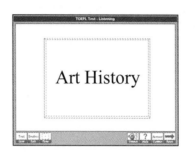

Q. *Impression Rising Sun*을 가장 잘 나타낸 그림을 골라라.

Q Choose the painting that best represents *Impression Rising Sun*.

A_

B_

C_

D_

정답 C

해설 작품의 특징을 설명할 경우, Pictorial 문제를 예상할 수 있습니다. "As you can see ~ through the mist and smoke." 부분에서 이 그림에 대한 특징이 잘 설명되어 있습니다. 지평선과 보트가 보이고 안개와 연기 속의 희미한 보트의 모습이 잘 나타나 있는 그림이 답이 되므로 정답은 C입니다.

Although Claude Monet is most famous for his masterpiece *Water-Lilies*, one of his earlier paintings may better demonstrate what was so radically different about the Impressionist style. Here we're looking at a painting called *Impression Rising Sun*. In fact, the term Impressionism was coined from this work. As you can see, this painting is of the sun rising over the horizon, overlooking the bay on which there are boats. Monet effectively captures the sunrise by using light to project everything in its path. Notice the vivid colors displayed in the painting and the lack of defining lines. You can barely make out the blurred images of the boats in the background through the mist and smoke. Both of these characteristics were common in Impressionistic paintings.

번역

비록 Claude Monet가 그의 걸작 Water-Lilies로 가장 유명함에도 불구하고, 그의 초기 그림들 중의 하나가 인상주의 양식이 매우 급진적으로 다른 것이 무엇인가를 더 잘 보여줄 것입니다. 여기 우리는 지금 Impression Rising Sun이라고 불리는 그림을 보고 있어요. 사실, 인상주의라는 용어는 이 작품에서 만들어졌답니다. 여러분이 보는 것처럼, 이 그림은 보트가 떠 있는 만을 내려다 보고 있으면서, 지평선 위의 일출을 그린 것입니다. Monet는 빛의 궤도에 있는 모든 사물을 투사하기 위해 빛을 이용함으로써 일출을 효과적으로 기록합니다. 그림에서 나타난 선명한 색깔들과 윤곽선의 절제를 보세요. 안개와 연기 속의 배경에서 흐린 보트의 이미지를 간신히 분간 할 수 있습니다. 이 특성들 모두는 인상파 그림에서 일반적인 것이었습니다.

단어 및 표현

masterpiece[mǽstərpìːs] 걸작   demonstrate[démənstrèit] 설명하다, 논증하다   radically[rǽdikəli] 급진적으로   Impressionism [impréʃənìzəm] 인상파(주의)   coin[kɔin] 만들다   horizon[həráizən] 지평선   bay[bei] 만   overlook [òuvərlúk] 내려다보다, 간과하다   capture[kǽptʃər] 포착하다, (사진 등으로)기록하다   project[prədʒékt] 투사하다, 비추다   path[pæθ] 궤도, 통로   vivid[vívid] 선명한, 밝은   display[displéi] 나타내다, 전시하다   make out 알아보다, 분간하다   blur[bləːr] 흐리게 하다   mist[mist] 안개

🎧 다음 강의의 빈 칸을 받아쓰고, 질문에 답하세요.

1. There are three general types of migrations. These are diurnal, nocturnal, and altitudinal. Birds (A) _____ are known as diurnal migrants. These would include geese and ducks, which are strong fliers and (B) _____. Birds that capture food in flight, such as swifts and swallows, also migrate during the day. (C) _____ _____. They feed and rest during the day. Birds such as sparrows and warblers are nocturnal migrants. Actually, (D) _____ _____. In the third type, altitudinal migration, birds which live high up on mountains (E) _____ _____. At lower altitudes, there is greater protection from winter storms. Also, more food is available.

Q 철새 이동의 세 가지 유형에 대한 설명과 각 유형을 연결하세요.

밤에 이동한다.	아래, 위로 이동한다.	낮에 이동한다.

Ⓐ Diurnal   Ⓑ Nocturnal   Ⓒ Altitudinal

2. Many environmentalists have joined in the fight against the use of snowmobiles in national parks, and for good reason. Snowmobiles destroy wilderness areas, pollute the air and water, shatter the natural peace and quiet of the parks and forests, disturb wildlife, and threaten public health and safety. (A) _____ _____. You may think that snowmobiles do not harm frozen lakes, but they do. What happens if (B) _____? This makes the ice layer thicker. (C) _____ _____. Plants won't get enough sunlight, which, of course, means that (D) _____. Without the oxygen that the plants produce, (E) _____.

Q 다음 사항들을 발생하는 순서대로 배열해 보세요.

Ⓐ 호수 아래의 식물들이 빛을 흡수하기 어렵다.
Ⓑ 스노우모빌이 눈을 압축해서 얼음을 두껍게 만든다.
Ⓒ 물고기들이 점점 죽어간다.
Ⓓ 호수 아래의 식물들이 죽어서 썩게 된다.

3. The Cape Cod is one of America's oldest and most popular types of houses.

(A) _____

_____ — looks

very much like the Cape Cod. If you take a look at the picture on the board, you will see

that (B) _____ . This style of roof was

originally designed by 17th-century settlers in Massachusetts. The weather in

Massachusetts was very stormy, so the settlers actually drew on the skills of shipbuilders

to build a tightly constructed house that was very much like a ship on land. Aside from the

roof with its sharp angle, (C) _____ .

Cape Cods have a large (D) _____ .

The roofs and walls are covered in wooden shingles or clapboards.

Q 다음중 "Cape Cod" 스타일의집을가장잘나타낸 그림을 고르세요.

Ⓐ

Ⓑ

Ⓒ

Ⓓ

정답┃p 328

＊단어 및 표현

diurnal[daiə́:rnəl] 주행성의   nocturnal[nɑktə́:rnəl] 야행성의   altitudinal[æ̀ltitjúːdənəl] 수직이동식의   migrate[máigreit] 이주하다   migrant[máigrənt] 이주자   capture[kǽptʃər] 포획하다   swift[swift] 칼새   swallow[swɑ́lou] 제비   sparrow[spǽrou] 참새   warbler[wɔ́:rblər] 명금(휘파람 새 과의 작은 새)   songbird[sɔ́(:)ŋbə:rd] 명금, 우는 새   environmentalist[invàirənméntəlist] 환경(보호)론자   snowmobile[snóuməbìːl] 설상차(雪上車)   destroy[distrɔ́i] 파괴하다   wilderness area 자연보호구역   shatter[ʃǽtər] 파괴하다, 산산이 부수다   disturb[distə́:rb] 훼손하다, 방해하다   wildlife[wáildlàif] 야생동물   threaten[θrétən] 위협하다   public health 공중 위생   trail[treil] 오솔길   pointed[pɔ́intid] 뾰족한   chimney[tʃímni] 굴뚝   slant[slænt] 기울게 하다   stormy[stɔ́:rmi] 폭풍우의   draw on ~에 의존하다   shipbuilder[ʃípbìldər] 조선가   tightly[táitli] 단단하게   aside from ~외에   angle[ǽŋgl] 각   scale[skeil] 규모, 크기   shingle[ʃíŋgl] 지붕널   clapboard[klǽpbɔ̀:rd] 물막이 판자

강의를 듣고 질문에 알맞은 답을 고르세요.

[1-5]

1 What is the talk mainly about?

A_ Selling salt in the cities

B_ Different types of salt

C_ The process of making salt

D_ How weather affects salt production

2 According to the professor, what is a disadvantage of boiling brine?

A_ It produces a strong smell.

B_ It needs materials and manpower.

C_ The water is not completely removed.

D_ The salt does not taste as good.

3 Put the following processes in chronological order.

> Click on a sentence. Then click on the space
> where it belongs. Use each sentence only once.

A_ Brine is placed in large iron sun pans.

B_ Water is pumped in from the sea into a salt pond or tank.

C_ The water is allowed to evaporate.

D_ The salt is cleaned and placed in bags.

1_
2_
3_
4_

4 Which of the following is an example of a weather condition that can decrease salt production?

A_ Sun

B_ Wind

C_ Flooding

D_ High temperature

5 What will the class probably do next?

A_ Experiment on boiling some brine

B_ Have a quiz

C_ Take a break

D_ Give class presentations

[6-10]

6 What is the talk mainly about?

A_Early American quilts

B_Quilt construction methods

C_Use of quilts in Siberia

D_The popularity of quilts in America

7 What purpose did quilts serve during the early 1800s?

Click on 2 answers.

A_They were given as gifts.

B_They were an outlet for creativity.

C_They were used as blankets and saddlecloths.

D_They were entered in quilt competitions.

8 Which of the pictures below shows a mosaic-type construction style?

A_ 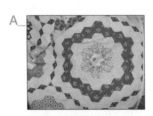 B_

C_ 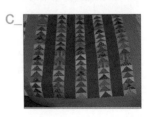 D_

9 What is a common characteristic of the signature and the crazy quilts?

A_They were more expensive than other types of quilts.

B_They were very colorful and unique.

C_They had hexagonal or diamond-shaped patterns.

D_They were usually made by more than one person.

10 What will the professor probably do next?

A_Discuss album and crazy quilts

B_Show some pictures of quilts

C_Give the class a quiz

D_Dismiss the class

정답 ‖ p 329

단어 및 표현

pioneer[pàiəníər] 개척자   stitch[stitʃ] 꿰매다, 바느질하다   patch[pætʃ] 헝겊조각   originate[ərídʒənèit] 시작하다, 유래하다   sew[sou] 바느질하다   coarse[kɔːrs] 결이 거친, 정확하지 않은   saddlecloth[sǽdlklɔ(ː)θ] (말의) 안장 천   textile industry 섬유산업   mature[mətjúər] 성숙하다, 발달시키다   value[vǽljuː] 가치를 두다   motif[moutíːf] (디자인 등의) 기조(基調), 문양   function[fʌ́ŋkʃən] 기능   serve[səːrv] (용도, 목적에) 알맞다, 공급하다   hang (on) 매달리다   convey[kənvéi] 나르다, 운반하다   distinctive[distíŋktiv] 구별되는   pastime[pǽstàim] 놀이, 오락   chore[tʃɔːr] (집안) 허드렛일   outlet[áutlet] 표현 수단   construction style 구조 양식   fabric[fǽbrik] 천   width[widθ] 너비   cut-out 도려내기, 꿰매 붙이기   floral[flɔ́ːrəl] 꽃의   format[fɔ́ːrmæt] 모양   uniformly[júːnəfɔ̀ːrmli] 한결같이, 균일하게   range[reindʒ] 늘어놓다, 배치하다   lay out 펼치다, 진열하다   hexagon[héksəgɑ̀n] 육각형   move on 계속 앞으로 나아가다   signature[sígnətʃər] 서명   crazy quilt 조각을 이어 만든 이불

4주 실전 대비하기

Hackers Listening Start

4주에서는 앞서 공부한 내용들을 토대로 실전에 가깝게 구성된 문제들을 풀어보도록 하겠습니다. 1일부터 5일까지는 실전보다 짧은 길이의 테스트로 연습을 하게 되고, 마지막 6일에서는 실전과 똑같은 길이의 테스트를 풀어보아 실전에 대한 감각을 익히게 됩니다.

1일 Progressive Test 1

Part A

1 What does the woman suggest the man do?

A_ Drop his calculus class

B_ Change to a science major

C_ Keep his math class

D_ Make his decision later

2 What does the woman imply?

A_ She wants to copy his homework answers.

B_ There isn't much time until the midterm exam.

C_ She can wait to borrow the book.

D_ The man should lend the book to Jason first.

3 What will the woman do next?

A_ Visit the man's house

B_ Take the bus to school

C_ Get a ride home with the man

D_ Wait for the bus to arrive

4 What can be inferred from the conversation?

    A_The man has injured his back before.

    B_The woman is a professional athlete.

    C_The man played softball yesterday.

    D_The woman needs to see a doctor.

5 What does the woman imply?

    A_She needs the man's help to finish her report.

    B_She doesn't have time for a break tomorrow.

    C_She can't afford the ticket.

    D_She will see the play with the man.

6 What can be inferred about the man?

    A_The man wants to pay for his tuition with a check.

    B_The man doesn't know how to register on the computer.

    C_His tuition has been paid already.

    D_His parents will send his tuition soon.

7 What does the woman imply?

    A_Her friend doesn't know how to play softball.

    B_She has already made plans.

    C_She will have to leave the game early.

    D_She doesn't enjoy watching softball games.

8 What does the woman mean?

A_ She cannot accept one of the forms.

B_ She does not have any drop forms left.

C_ The deadline for withdrawing from a class has passed.

D_ The man will not make it to his class on time.

9 What does the man say about the woman's book?

A_ The book is not on the reading list for next term.

B_ The book is not worth $ 15.

C_ The book has too many pages.

D_ The book is in excellent condition.

10 What will the man probably do?

A_ Get a ride with his neighbor

B_ Buy a new bicycle

C_ Leave his bicycle with the woman

D_ Ride his bike to school

Part B

[11-12]

11 Why won't the man go to the health center?

A_ He wants to go straight to bad.

B_ He does not have health insurance.

C_ His cough is not serious.

D_ He does not like the nurse.

12 What will the man probably do next?

A_ Ask the nurse for some advice

B_ Go to his dorm room

C_ Go to the drugstore

D_ Get some aspirin from his friend

[13-14]

13 What can be inferred from the conversation?

A_ The professor is usually not in his office.

B_ The woman will be able to help the man next week.

C_ The man has no choice but to take the basic course first.

D_ The man thinks a basic computer class would be too easy.

14 What will the man probably do?

A_ Talk to the professor next week

B_ Wait in the professor's office

C_ Sign up for the introductory course

D_ Attend to a family emergency

단어 및 표현

keep ~ up ~를 깨어 있게 하다   except that ~만 아니라면   health insurance 건강 보험   be in a good mood 기분이 좋다
fulfill[fulfíl] 이수하다   sufficient[səfíʃənt] 충분한   background knowledge 배경 지식   be in charge of ~를 책임지다, 맡다

[15-19]

15 What is the professor mostly talking about?

A_Influential poets of the 20th Century

B_The life and works of a famous poet

C_The development of a new literary style

D_The influence of poetry on young people

16 What is Brooks most known for?

A_She was the first African American to win a prestigious award.

B_She changed her writing style several times during her career.

C_She was the youngest person to write a poem.

D_She started a new literary movement.

17 Put the following events of Brooks' life into chronological order.

> Click on a sentence. Then click on the space where it belongs. Use each sentence only once.

A_Joined the Black Arts Movement

B_Won the Pulitzer Prize Award

C_Encouraged young students to write poetry

D_Promoted the use of everyday, black English in poetry

1_ [   ]

2_ [   ]

3_ [   ]

4_ [   ]

18 What is the "black aesthetic" mentioned in the lecture?

A_ An award for exceptional black writers in the US

B_ A book about the Black Arts Movement

C_ A form of decoration using African art

D_ A style of writing from the black point of view

19 What will the class most likely do next?

A_ Leave the classroom

B_ Begin group presentations

C_ Read some poems

D_ Write their own poems.

정답 ▌p 332

단어 및 표현

influential[influén∫əl] 영향력 있는 poetry[póuitri] 시, 운문 work[wəːrk] 작품 fame[feim] 명성 prestigious[prestídʒiəs] 유명한 span[spæn] 기간, 범위 career[kəríər] 생애, 직업 numerous[njúːmərəs] 수많은 literary[lítərèri] 문학의, 문어의 range[reindʒ] (~의 범위에) 이르다 unrestricted[ʌnristríktid] 제한 없는 free verse 자유시 turning point 전환점 advocate[ǽdvəkèit] 옹호하다 prominent[prámənənt] 저명한 spokesperson[spóukspə̀ːrsən] 대변인 aesthetic[esθétik] 미의 style[stail] 문체 sociopolitical awareness 사회 정치적 자각 Poet Laureate 계관 시인 (국왕이 임명하는 왕실 시인) post[poust] 지위 visible[vízəbl] 눈에 띄는 audience[ɔ́ːdiəns] 청중 exclude[iksklúːd] 배제하다 reach[riːtʃ] (미치는) 범위 exceptional[iksép∫ənl] 뛰어난

Part A

1 What will the man probably do next semester?

A_ Give his dorm room to his brother

B_ Move into an apartment

C_ Enroll in a new school

D_ Live in the dorms again

2 What does the woman mean?

A_ There is plenty of parking on the west side of campus.

B_ She doesn't have a parking permit for her car.

C_ The man should take a bus to class.

D_ She cannot lend her car to the man.

3 What does the man imply?

A_ He will borrow a jacket from someone else.

B_ The jacket is too small for him.

C_ He does not wear the same size as Mike.

D_ He goes skiing often.

4 What does the woman imply?

A_ She has not completed her application yet.

B_ The man should include a recommendation only if he has one.

C_ The man should ask his professor to review his application.

D_ An application without a recommendation will not be accepted.

5 What does the woman suggest the man do?

A_ Avoid the other sick students

B_ Get some rest in bed

C_ Speak less to save his voice

D_ Visit a physician

6 What can be inferred from the conversation?

A_ The man will move the heavy boxes earlier in the day.

B_ The man will not need any help in the afternoon.

C_ The man appreciates the woman's offer to help.

D_ The man doesn't think the woman should lift too much.

7 What does the man suggest the woman do?

A_ Pick up an application form

B_ Decide on the type of internship first

C_ Plan out her career early

D_ Get information from a school counselor

8 What does the man imply?

A_ He cannot give the woman an exemption.

B_ Some other students will also take a make-up exam.

C_ The woman cannot take the exam later.

D_ He does not believe the woman's excuse.

9 What does the woman imply?

A_ All journals are available for sale from the library.

B_ The library does not have any recent journal issues.

C_ The library collection is very limited.

D_ The man cannot check out the journals from the library.

10 What does the woman mean?

A_ She doesn't like going out during the day.

B_ She will have to join them next time.

C_ She will meet them for dinner instead.

D_ She has to finish her homework first.

단어 및 표현

term[təːrm] 학기 **enroll**[inróul] 등록하다 **mind**[maind] 꺼리다 **way over** 훨씬 멀리 **be better off** ~하는 것이 좋다 **cross-campus shuttle** 교내 셔틀버스 **recommendation**[rèkəməndéiʃən] 추천(서) **application**[æpləkéiʃən] 신청(서) **only if** 단지 ~하기만 하다면 **review**[rivjúː] 검토하다 **be off to** ~에 가다 **feel up to** ~을 해낼 수 있을 것 같다 **prescription** [priskrípʃən] 처방전 **stick**[stik] 붙어있다 **appreciate**[əpríːʃièit] 고마워하다 **lift**[lift] (물건 등을) 들다 **leave over** 남기다 **credit**[krédit] 학점 **qualify for** ~에 대한 자격이 있다 **application requirement** 지원자격 **counselor**[káunsələr] 상담자 **family emergency** 집 안의 급한 일 **exemption**[igzémpʃən] 면제, 공제 **excuse**[ikskjúːz] 변명, 이유 **locate**[lóukeit] 찾아내다 **collection** [kəlékʃən]소장품, 수집물 **bunch**[bʌntʃ] 무리, 다발 **get together** 모이다 **hang out** (여기저기 다니며) 놀다

Part B

[11-12]

11 Why did the student go to the professor?

A_He needed permission to visit the library.

B_He was applying for a research assistant's job.

C_He wanted to talk about the class readings.

D_He couldn't decide on a topic for his paper.

12 What will the professor do for the student?

A_Assign a paper for make-up credit

B_Read a draft of his paper

C_Give him some journals

D_Contact someone at the library

[13-14]

13 How does the woman get to school?

A_She gets a ride from a friend.

B_She walks.

C_She takes the bus.

D_She rides her bicycle.

14 What will the man probably do next?

A_Borrow a textbook

B_Go meet another friend

C_Get his bike from his home

D_Borrow a friend's car

단어 및 표현

term paper 기말 레포트 recommended book 참고 서적 course syllabus 강의 요강 skim[skim] 대충 읽다 carry[kǽri] 소지하다,옮기다 selection[silékʃən] 선집 browse[brauz] 쓱 훑어보다 class reading (수업 관련) 읽기 자료 assign[əsáin] 할당하다, 지정하다 nauseous[nɔ́ːʃəs] 욕지기 나는, 메스꺼운 on one's way~ ~로 가는 길에

[15-19]

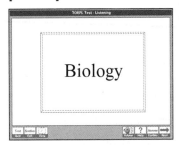

15 What is the professor mainly talking about?

A_Revolutionary changes in evolution

B_How microorganisms created a livable atmosphere

C_The biological origins of cyanobacteria

D_Fossil records in Western Australia and South Africa

16 According to the lecture, when did life first appear on the Earth?

A_Three and a half billion years ago

B_Two and a half billion years ago

C_Two billion years ago

D_One and a half billion years ago

17 According to the professor, what role did cyanobacteria play in the development of the Earth's ecology?

A_They developed an advanced form of photosynthesis.

B_They consumed the ammonia and methane gases in the atmosphere.

C_They became the dominant life form after beating out earlier life forms.

D_They released oxygen as a byproduct of photosynthesis.

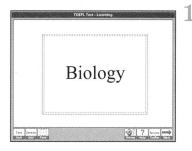

18 According to the lecture, which of the following gases were predominant in the Earth's atmosphere 3.5 billion years ago?

Click on two answers.

A_Oxygen

B_Methane

C_Ammonia

D_Nitrogen

19 What will the class most probably do next?

A_Look at some slides

B_Take a short break

C_Prepare for an experiment

D_Learn about plants and cyanobacteria

정답 ▮ p 337

단어 및 표현

take a look 살펴보다　cyanobacteria 시아노박테리아　stromatolite[stroumǽtəlàit] 스트로마똘라이트 (녹조류 활동에 의해 생긴 박편암 석회암)　ecology[ikáləʤi] 생태계　fossil[fásl] 화석　colony[káləni] 군생　essentially[əsénʃəli] 본래 layered[léiərd] 층이 있는　sediment[sédəmənt] 퇴적물　organic[ɔːrgǽnik] 유기의　trap[trǽp] 가두다　sticky[stíki] 끈 적거리는　microorganism[màikrouɔ́ːrgənìzəm] 미생물　date back ~에서부터 시작되다　billion[bíljən] 10억의 hostile[hástəl] 적대적인　atmosphere[ǽtməsfìər] 대기　toxic[táksik] 유해한　primitive[prímitiv] 원시의, 초기의 photosynthesis[fòutəsínθisis] 광합성　combine[kəmbáin] 결합시키다　release[riːlíːs] 방출하다　byproduct[báiprὰdəkt] 부산물　transform[trænsfɔ́ːrm] 변형시키다　nitrogen[náitrədʒən] 질소　dominant[dámənənt] 주된, 지배적인 diminish[dimíniʃ] 줄다, 감소하다　poisonous[pɔ́izənəs] 유독성의　abundance[əbʌ́ndəns] 풍부함　evolution[èvəlúːʃən] 진화　symbiotic[sìmbiátik] 공생의

3일 Progressive Test 3

Part A

1 What can be inferred from the conversation?

A_ There are two professors with the same name.

B_ The woman is in the same class as the man.

C_ The man is not interested in taking history.

D_ The school doesn't have many lecturers.

2 What does the woman mean?

A_ She needs to stay late at the library.

B_ She can't find a book that she needs.

C_ She has been studying too much.

D_ The library is about to close.

3 What does the woman imply?

A_ She is coming back from the computer lab.

B_ Her room comes with a computer.

C_ She wants to live with the man's sister.

D_ She will buy a computer soon.

4 What can be inferred from the conversation?

A_There is plenty of parking at school.

B_The man prefers riding a bus.

C_The school is new.

D_The man did not like his old school.

5 What does the man mean?

A_He won't have time to vote.

B_He hasn't decided who to vote for.

C_He doesn't like either candidate.

D_He is better friends with Peter.

6 What does the man assume?

A_The woman will get her money back.

B_The woman didn't get her money back.

C_The woman doesn't have enough cash for her books.

D_The woman already finished school.

7 What will the man probably do on New Year's Eve?

A_Stay at school

B_Take a trip with his family

C_Spend time with his friend's family

D_Go home

8 What does the man imply?

A_ He has to prepare for a presentation.

B_ He needs a ride home.

C_ Tony is also taking the bus home.

D_ Tony can take the woman home.

9 What does the woman suggest the man do?

A_ Start working on his report immediately

B_ Go to the second floor

C_ Check out some encyclopedias

D_ Choose a specific topic

10 What can be inferred from the conversation?

A_ The meeting was cancelled because of the woman.

B_ The man is upset with the woman.

C_ The woman will go to the next meeting.

D_ Yesterday's meeting was very important.

단어 및 표현

psychology[saikálədʒi] 심리학   lecturer[léktʃərər] 강사   definitely[défənitli] 물론   be about to~ 막 ~하려고 하다
head (off) ~로 가다   lab[læb] 실습실   afford to ~할 여유가 있다   come with ~부수되다   transfer[trænsfɔ́ːr] 전학하다
vote[vout] 투표하다   candidate[kǽndidèit] 후보자   new year's eve 새해 전날   take a trip 여행하다   on schedule 제시
간에   be done with 끝나다 마치다   reference book 참고 서적   biology[baiɑ́lədʒi] 생물학   encyclopedia[ensàikləpíːdiə]
백과 사전   reference desk 문의처   cancel[kǽnsəl] 취소하다   not bother to ~ 조차 하지 않다   upset[ʌpsét] 화난

Part B

[11-12]

11 What does the man say about the cafeteria in the other dorm?

A_It offers a better selection for lunch.

B_It is the same as their dorm.

C_The food is fresher.

D_It costs more for a meal there.

12 What will they do with their bags?

A_Leave them at the store

B_Carry them to lunch

C_Keep them in a locker

D_Store them in his dorm room

[13-15]

13 What are the speakers mainly talking about?

A_The media facilities on campus

B_A job opening at school

C_The man's class schedule

D_The man's current job

단어 및 표현

cafeteria[kæ̀fití(ː)əriə] (구내)식당 serve[sə:rv] (음식을) 내다 주다 how about ~ing ~하는 게 어때? variety[vəráiəti] 종류 A as well as B B뿐만 아니라 A도 store[stɔːr]보관하다 cost[kɔ(ː)st] (비용이) 들다 suit[sjuːt] (잘) 맞다 drop[drɑp] (물건을) 내리다 pick up 수거하다; (수입을) 얻다 equipment[ikwípmənt] 장비 work out (계획 등이) 잘 되다 fixed[fikst] 고정된 cover[kʌ́vər] 책임지다 facilities[fəsílətiz] 시설 paycheck[péitʃèk] 급료(지불 수표) survey[sə:rvéi] 조사하다 arrange[əréindʒ] 준비하다 off-campus 교외 deliver[dilívər] 배달하다 job opening 일자리

14 What kind of work is the man going to do?

A_Surveying the whole campus

B_Providing information at the campus employment center

C_Arranging off-campus meetings

D_Delivering and picking up equipment

15 Where does the man get his paycheck?

A_At the campus employment center

B_At the media center

C_At a meeting place off-campus

D_At different facilities around the campus

[16-20]

16 What is the lecture mainly about?

A_The development of the Cherokee syllabary

B_The history of the Cherokee language

C_The origins of phonetic writing systems

D_The military accomplishments of Sequoyah

17 According to the Professor, what was the result of the development of the syllabary?

A_The Cherokee could translate into English.

B_The first national Cherokee newspaper was founded.

C_The Cherokee were better able to fight wars.

D_Cherokee literature began to flourish.

18 What experience pushed Sequoyah to develop a writing system?

A_He served as a soldier in the United States army.

B_He learned to read and write English at an early age.

C_He had to translate the Bible into the Cherokee language.

D_He was asked to teach the tribal leaders to read.

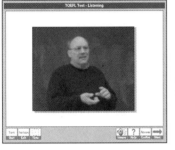

19 What was the main problem with developing a pictographic writing system for the Cherokee language?

A_It took too long to create the ideographs.

B_It couldn't represent the sounds accurately.

C_The tribal leaders would not approve it.

D_It required the use of too many symbols.

20 What will the class probably do next?

A_Look at slides of syllabary symbols

B_Listen to a tape of syllabary sounds

C_Read a short piece of Cherokee literature

D_Discuss the merits of the Cherokee syllabary

정답 ▌p 343

단어 및 표현

inhabit[inhǽbit] 거주하다 **present-day**[prézntdéi] 오늘날의 **observation**[àbzəːrvéiʃən] 관찰 **essential**[esénʃəl] 필수적인 **reinforce** [rìːinfɔ́ːrs] 강화하다 **literacy**[lítərəsi] 읽고 쓸 줄 앎 **lack**[læk] 부족하다, 결여되다 **illiterate**[ilítərit] 문맹의 **intensely**[inténsli] 집중적으로 **pictographic**[pìktəgrǽfik] 상형문자 **ideograph**[ídiəgræ̀f] 표의문자 **unmanageable**[ʌnmǽnidʒəbl] 관리할 수 없는 **phonetic**[fənétik] 음성의 **syllable**[síləbl] 음절 **vowel**[váuəl] 모음 **consonant**[kánsənənt] 자음 **syllabary**[síləbèri] 자음표, 음절표 **demonstrate**[démənstrèit] 나타내다, 보여주다 **hymn**[him] 찬송가 **refer to~** ~를 참고하다 **adopt**[ədápt] 채택하다, 도입하다 **handout**[hǽndàut] (수업)유인물 **short piece** 단편 작품 **merit** [mérit]장점

Part A

1 What does the woman imply?

A_ She plans to ask her roommate to study more.

B_ She will invite the man to a party.

C_ She will try to get a new roommate.

D_ She's thinking about graduate school.

2 What can be inferred from this conversation?

A_ The man did not set his alarm clock.

B_ The man missed his morning class.

C_ The man's clock is also battery powered.

D_ The man didn't have a power outage last night.

3 What does the woman mean?

A_ The professor will allow the man to take the test.

B_ She will talk to the professor for him.

C_ The professor seldom gives make up tests.

D_ The man has a good excuse for missing the exam.

4 Why can't the man see a movie?

A_ The man is afraid to watch a horror movie.

B_ The man only watches comedies.

C_ The man doesn't want to go with the woman.

D_ The man doesn't have time to go to the movies.

5 What will the man do?

A_ He will show the woman where the gym is.

B_ He will get someone to help her.

C_ He will give the woman directions to the gym.

D_ He will take the woman to the gym.

6 What can be inferred from the conversation?

A_ The woman can sleep even if the room is hot.

B_ The woman has a fan in her room.

C_ The man's air conditioner is broken.

D_ The man's room does not have air conditioner.

7 What does the man imply?

A_ The woman should not take summer classes.

B_ He has taken on too much this summer.

C_ The woman should quit her job.

D_ The woman needs to take a vacation.

8 What does the man imply?

A_The woman should talk to someone else.

B_The woman doesn't have to bring anything.

C_There will not be enough food for everyone.

D_Not that many people are coming to the party.

9 What will the woman do next?

A_She will use her own sleeping bag.

B_She will pick up the man's bag from the cleaners.

C_She will give the man's sleeping bag to Steve next.

D_She will ask Steve to lend her a sleeping bag.

10 What does the woman imply?

A_Sociology majors are exempt from the borrowing limit.

B_She usually needs more than 10 books to write papers.

C_Other students read more books than Sociology majors.

D_She is only required to write one paper for her class.

단어 및 표현

make a noise 떠들다   grad student 대학원생   mostly[móustli] 거의, 주로   all the time 항상   power[páuər] 전기 전력   thunderstorm[θándərstɔ̀ːrm] 뇌우   powered[páuərd] 동력(엔진)이 있는   run[rʌn] (기계 등이) 돌아가다, 움직이다   set[set] (자명종 시간을) 맞춰 놓다   outage[áutidʒ] 정전 시간   seldom[séldəm] 좀처럼~않다, 드물게   bend[bend] (의지를) 굽히다   policy[pálisi] 규칙, 규율   excuse[ikskjúːz] 변명, 이유   horror movie 공포영화   scary[skέ(:)əri] 무서운   if anything 오히려, 아무튼   under the pressure (of) 스트레스에 몰려서   feel like ~ing ~하고 싶다   gym[dʒim] 체육관   take a right 오른쪽으로 돌다   point (out) 가리키다, 지적하다   take A to~ A를 ~로 데려가다   not a wink 조금도~하지 않다   bother[báðər] 괴롭히다, 방해하다   come with~에 부수되다, 따르다   fan[fæn] 선풍기   in ages 오랫동안   take on (일을) 맡아서 하다   focus on 집중하다   dish[diʃ] 요리   sleeping bag 침낭   cleaner[klíːnər] 세탁소, 청소기   policy[pálisi] 방침, 규칙   limited borrowing 대출 제한   sociology major 사회학 전공자   extensive[iksténsiv] 광범위한

Part B

[11-12]

11 Why was the man complaining about the class?

A_ He thinks the class is too hard.

B_ The class involves being with children.

C_ The class takes too much time.

D_ He does not like sociology.

12 What does the woman say about the children?

A_ She thought they behaved badly.

B_ She did not like the children very much.

C_ She learned to be more honest from them.

D_ The children were hard to deal with.

[13-14]

13 What can be inferred about the woman?

A_ Her history presentation will take a week to finish.

B_ She didn't go to class yesterday.

C_ She prefers to do her work at the last minute.

D_ She doesn't like to go to the library alone.

14 What will the woman probably do next?

A_ Finish her sociology report

B_ Go to the library

C_ Work on her history presentation

D_ Watch a movie with the man

단어 및 표현

put up with 참다, 견디다 all the time 그동안 줄곧, 시종 cute[kjuːt] 귀여운 take a look 살펴보다 deal with 대하다, 다루다 besides[bisáidz] 게다가 impression[impréʃən] 인상 catch[kætʃ] (영화, TV프로 등을) 보다 잡다 due date 마감 날짜 push back: 뒤로 밀다 relief[rilíːf] 안심, 안도 be (stay) up all night 밤을 꼬박 새다 afterwards[ǽftərwərdz] 나중에 at the last minute 마지막 순간에 talk … into ~ing …를 설득하여 ~하게 하다

[15-19]

15 What is the talk mainly about?

A_The origins of the opera

B_Composers of the 17th and 18th Century

C_The significance of stringed instruments

D_The development of the orchestra

16 What were the main instruments in the earliest standardized orchestra?

A_Mixed

B_Cellos

C_Viols

D_Woodwinds

17 What were the contributions of the following composers?

Click on a phrase. Then click on the space where it belongs. Use each phrase only once.

A_Wrote music for specific instruments

B_Standardized the organization of orchestras

C_Elevated the string orchestra

Monteverdi	Vivaldi	Beethoven

18 Why did stringed instruments become more important in orchestras?

A_Stringed instruments suited the treble lines better.

B_Opera pieces required only string instruments.

C_Italian violinist-composers wrote the music.

D_The music was made richer by stringed instruments.

19 What will the students probably do next?

A_Look at some illustrations

B_Listen to some compositions

C_Play with some instruments

D_Arrange their chairs like an orchestra

정답 ▌p 348

단어 및 표현

be familiar with ~와 친숙하다   instrument[ínstrəmənt] 악기 도구   standard[stǽndərd] 기준 표준   organization [ɔ̀ːrgənizéiʃən] 구성   composer[kəmpóuzər] 작곡가   accompany[əkʌ́mpəni] 동행하다   a body of instrument 악단 stage[steidʒ] 시기, 단계   comprise[kəmpráiz] 구성되다   viol[váiəl] 비올   predecessor[prédisèsər] 전신, 선배 stringed instrument 현악기   prominent[prámənənt] 탁월한, 두드러진   concerto grosso 콘체르토 그로소 (합주 협주곡 tailer[téilər] 맞추어 만들다, 맞게 하다   line[lain] 방침, 선   relatively[rélətivli] 상대적으로   emphasize[émfəsàiz] 강조하다   treble[trébl] 소프라노의   bass[bæs] 베이스   woodwind[wúdwìnd] 목관악기   consolidate[kənsálidèit] 통합하다 section[sékʃən] 부문   horn[hɔːrn] 호른   replace[ripléis] 대신하다   continuo[kəntínjuòu] 통주저음 (화성은 변하지만 저음 은 일정한 것)   texture[tékstʃər] 구조   overhead[òuvərhéd] 머리 위   projector[prədʒéktər] 투사기   composition [kàmpəzíʃən] 악곡   arrangement[əréindʒmənt] 배치, 배열

Part A

1 What can be inferred about the woman?

A_ She doesn't like driving long distances.

B_ She was almost late to the show.

C_ She only attends local art performances.

D_ She traveled far to see the opera.

2 What will the woman do?

A_ Ask for directions

B_ Take the train

C_ Take the bus

D_ Go with the man

3 What does the man mean?

A_ He needs the woman to work for him.

B_ He needs the woman's help to study.

C_ He does not want to talk to the woman.

D_ He has to prepare for an exam.

4 What does the woman imply?

A_ She likes his idea.

B_ She hasn't had time to think about the presentation.

C_ They should get started earlier.

D_ There is plenty of time to do the research.

5 What does the man mean?

A_ He needs to practice more.

B_ He doesn't like playing so many games.

C_ He's looking forward to his games.

D_ He isn't expecting to win the tournament.

6 What does the woman mean?

A_ She only likes pizza during lunch.

B_ She doesn't want to eat pizza for dinner.

C_ She has already eaten dinner.

D_ The man should go buy the pizza.

7 What will the woman do?

A_ Go to the student union building

B_ Work at the campus job center

C_ Check out a job fair at school

D_ Ask some friends for help

8 What does the man suggest the woman do?

A_Check to make sure her address is correct

B_Notify the school about her change of address

C_Look for her registration at her old residence

D_Send her registration in the mail

9 What does the man mean?

A_His roommate doesn't have a computer.

B_He had to work in the computer lab all day.

C_He couldn't do the assignment because of his computer.

D_His computer is faster than the ones in the computer lab.

10 What can be inferred from the conversation?

A_The school can't afford to buy costumes.

B_The theater only puts on modern opera.

C_The performers wore ordinary clothes.

D_The woman doesn't appreciate the opera.

단어 및 표현

long distance 장거리 art performance 예술 공연 local[lóukəl] 지역의 City Hall 시청 a bit 다소 short on ~이 부족하여 direction[dirékʃən] 위치, 방향 cover[kʌ́vər] (떠)맡다, ~을 대신하다 shift[ʃift] 교대 시간 favor[féivər]호의, 부탁 due[dju:] ~ 하기로 되어 있는 plenty of 많은 tournament[túərnəmənt] 토너먼트, 선수권 쟁탈전 be over 끝나다 match[mætʃ] 경기, 성냥 anticipate[æntísəpèit] 기대하다 look forward to 기대하다 be (of) help 도움이 되다 a job fair 취업 설명회 confirmation[kànfərméiʃən] 확인 double check 재확인 notify[nóutəfài] 통보하다 residence[rézidəns] 주소, 거주 computer lab 컴퓨터실, 전산실 be stuck in ~에 틀어박혀 있다 costume[kástʃu:m] 복장 audience[ɔ́:diəns] 관객 appreciate[əprí:ʃièit] 감상하다, 감사하다 distract[distrǽkt] (주의를) 흩뜨리다 fancy[fǽnsi] 화려한 put on (연극을) 상연하다 plain[plein] 평범한, 밋밋한

Part B

[11-12]

11 What are the speakers mainly talking about?

A_The improvement of facilities at the student center

B_The location of a new school building

C_Construction along University Ave.

D_Plans for building a new student center

12 What can be inferred from the conversation?

A_The woman liked the old student center.

B_The new building will be bigger than the old one.

C_Many buildings along University Ave. are under construction.

D_The facilities in the old student center were adequate.

[13-14]

13 What is the woman's problem?

A_She is not doing well in her major.

B_She doesn't have enough letters of recommendation.

C_The professors in her department dislike her.

D_She has to take another math class this semester.

단어 및 표현

rebuild[rìːbíld] 다시 세우다 construct[kənstrʌ́kt] 세우다, 건설하다 story[stɔ́ːri] 층 tear[tɛər] 파괴하다
improvement[imprúːvmənt] 개선, 향상 location[loukéiʃən] 장소, 위치 under construction 공사중인
adequate[ǽdəkwit] 충분한, 적당한 matter[mǽtər] 문제가 되다, 중요하다 department[dipɑ́ːrtmənt] 학부, 학과
department chair 학과장 postpone[poustpóun] 연기하다, 미루다 submit[səbmít] 제출하다

14 What will the woman probably do?

A_Talk to her math professor about writing her a letter

B_Use just one letter of recommendation with her application

C_Ask the head of her department for a recommendation letter

D_Postpone submitting her application until next year

[15-19]

15 What is the main topic of the discussion?

A_Differences in birth rates between countries

B_The decline of death rates in the 20th century

C_The reason for the increase in world population

D_Changing behaviors in developing countries.

16 Which of the following is a cause for falling death rates?

A_More undeveloped countries

B_Poor sanitary conditions

C_Increased birth rates

D_Improved healthcare

17 Why is the world population still growing?

A_Birth rates have not fallen

B_The death rate is almost zero

C_A time lag in population rates currently exists

D_The world continues to develop economically

18 Put the following events in the correct order of cause and effect.

> Click on an event. Then click on a space where it belongs. Use each event only once.

A_The rate of birth begins to fall

B_Population increases dramatically

C_Death rates decline significantly

D_Growth of the population levels off

1_[   ]

2_[   ]

3_[   ]

4_[   ]

19 According to the professor, approximately when will world population stop growing?

A_2000

B_2050

C_2100

D_Undetermined

정답 ‖ p 353

단어 및 표현

draw conclusions 결론을 내리다   population growth 인구 증가   developing country 개발도상국   due to ~때문인 misperception 오해, 잘못된 인식   industrialized countries 산업화된 국가   population explosion 인구 폭발   in reference to ~와 관련하여   birth rate 출생률   time lag 시간의 지체   death rate 사망률   fall[fɔːl] 줄어들다, 떨어지다 dramatically[drəmǽtikəli] 급격하게   sanitation[sæ̀nitéiʃən] 위생 설비   healthcare 건강 관리   in the mean time 일시적으로   relative[rélətiv] 상대적인   planet[plǽnit] 행성   boom[buːm] 폭등하다   indefinitely[indéfənitli] 무기한으로   adjust[ədʒʌ́st] 조정되다   significantly[signífikəntli] 두드러지게   level off 수평이 되다   approximately[əpráksəmitli] 대략   undetermined 분명치 않은

Part A

1 What can be inferred from the conversation?

A_ The woman only buys used textbooks for class.

B_ The woman cares more about the book price than its condition.

C_ The man usually has trouble finding used books at the bookstore.

D_ The man will sell his books to the woman.

2 What can be inferred about the woman?

A_ She is interested in both professors' classes.

B_ She can't decide between math and physics class.

C_ She will have to graduate later than planned.

D_ She plans to take only one class this summer.

3 What does the woman mean?

A_ She can take him to the doctor.

B_ She has headache medicine.

C_ She can split the biology homework with him.

D_ She needs to go back to her room.

4 What does the man mean?

A_He will see the woman during lunch.

B_He will go to the library after class.

C_He prefers to work on the project later in the evening.

D_He can't meet today because of his other class.

5 What does the man imply?

A_He will walk to campus until he gets a new ID card.

B_He can't go to school without his ID card.

C_He will have to pay full fare for the bus.

D_He will not be inconvenienced without his ID card.

6 What did the man assume?

A_The midterm will cover half the book.

B_There is a make-up test next week for half credit.

C_The exam is scheduled for the end of the week.

D_The full book will be covered on the exam.

1일차
2일차
3일차
4일차
5일차
6일차

7 What does the woman mean?

A_ She will buy the book from the man next semester.

B_ The man can get a discount on the price.

C_ The man can sell his book back to the bookstore later.

D_ The man cannot return a damaged textbook.

8 What does the woman mean?

A_ The computer can only be used in the mornings.

B_ The library opens at 8 o'clock.

C_ The man will have difficulty finding an open terminal.

D_ The man will have to wait in the registration line.

9 What does the man imply?

A_ The professor ended class early today.

B_ He didn't want to disturb the class.

C_ He couldn't concentrate on the lecture.

D_ He is on his way to class now.

10 What does the woman mean?

A_ She doesn't know the date of the next track meet.

B_ She has to see a doctor before running again.

C_ It will take a long time for her ankle to heal properly.

D_ She isn't sure when her therapy will end.

11 What does the man imply?

A_ He wants to move out of the apartment.

B_ He has found somewhere else to live.

C_ He does not like his landlord.

D_ He cannot afford the increase in rent.

단어 및 표현

prefer not to ~하지 않는 것이 더 낫다   on time 제 때에, 시간에 맞게   It would make sense for me 나에게 좋다, 이익이다
cancel[kǽnsəl] 취소하다   finish up (일을) 끝마치다   splitting[splítiŋ] 머리가 쪼개질 것 같은   take[teik] 복용하다   put together 구성하다   entire[intáiər] 전체의   organic chemistry[ɔ:rgǽnik kémistri] 유기 화학   register[rédʒistər] 수강 신 청하다   look forward to ~을 바라다   break[breik] 고장 내다   old-fashioned[óuldfǽʃənd] 옛날의   terminal[tə́:rmənəl] 컴 퓨터(단말기)   in person 직접   sprain[sprein] (발목 등을) 삐다   undergo[ʌ̀ndərgóu] 겪다, (치료를) 받다   therapy[θérəpi] 치 료, 요법   track team 육상팀   physician[fizíʃən] 내과 의사   approval[əprú:vəl] 승인, 허락

Part B

[12-15]

Listen to part of a leature on Mayan civilization.

12 What is the main topic of the lecture?

A_Effects of global warming on agriculture

B_The characteristics of the Mayan civilization

C_Major drought in Central America

D_The reason for the disappearance of the Mayan civilization

13 According to the professor, how long did the Mayan civilization last?

A_On and off for 100 years

B_Around 700 years

C_Under 900 years

D_Over a 1000 years

14 According to the lecture, what did scientists analyze to determine the reason for the collapse of the Mayan civilization?

A_Sediment samples from the Cariaco Basin

B_Climate patterns in the Caribbean region

C_Irrigation systems of ancient civilizations

D_Ancient artifacts from the Yucatan Peninsula

단어 및 표현

come across 마주치다, 만나다　**briefly**[brí:fli] 간단히　**global warming** 지구 온난화　**article**[á:rtikl] 기사　**collapse**[kəlǽps] 붕괴, 몰락　**cite**[sait] 언급하다　**severe**[siviər] 극심한　**drought**[draut] 가뭄　**on and off** 때때로, 가끔씩　**analysis**[ənǽlisis] 분석　**lead to** ~하게 하다　**chronology**[krənálədʒi] 연대기　**downfall**[dáunfɔːl] 몰락, 멸망　**flourish**[flɔ́:riʃ] 번영하다　**irrigation**[ìrəgéiʃən] 관계　**elaborate**[ilǽbərit] 정교한　**consistent**[kənsístənt] 일관된　**agricultural**[æ̀grəkʌ́ltʃərəl] 농업의　**strained**[streind] 팽팽한, 긴축된　**abandon**[əbǽndən] 유기하다, 버리다　**apparently**[əpǽrəntli] 명백히　**sufficient**[səfíʃənt] 충분한

15 What will the students most probably do next?

A_ Read an article about the Mayan civilization

B_ Listen to a lecture about technology

C_ Analyze data about climate change

D_ Discuss the validity of a new theory

[16-17]

Listen to part of a conversation between two students.

16 What is the man's problem?

A_ He can't sing because he has a sore throat.

B_ He won't get a full refund for missing his lesson.

C_ His competition is on Friday.

D_ He is not allowed to reschedule his lesson.

17 What is the man going to do?

A_ Drop out of the competition

B_ Call the woman later in the week

C_ Postpone his lesson to next month

D_ Continue singing immediately

단어 및 표현

catch a cold 감기 걸리다   sore throat 인후염   risk[risk] 모험하다, (위험을)각오하다   feel well 건강 상태가 좋다
credit[krédit] 외상으로 하다 (수업을 다음으로 미뤄주다)   policy[pálisi] 방침   be concerned about 걱정하다
upcoming[ápkÀmiŋ] 다가오는   squeeze into ~에 밀어 넣다   opening[óupəniŋ] 빈자리, 공석 (=slot)   strain[strein] 상하게 하
다   competition[kÀmpitíʃən] 대회   full refund 전액 환불   reschedule[rìːskédʒuːl] 재조정하다   immediately[imíːdiətli] 즉시

Listen to a talk on the book of hours.

18 What is the main idea of the lecture?

A_A book that was popular in the Middle Ages

B_The scribes who made books of hours

C_The cost of making a book of hours

D_The religious inspiration of the book of hours

19 What was often found on the borders of a book of hour's pages?

A_Comments of the owner

B_Notations made by the scribe

C_Illustrations and other visual representations

D_Religious songs and proverbs

20 Why are books of hours collected today?

A_They are difficult to make today.

B_They are considered works of art.

C_They are encrusted with gold and pearls.

D_They were once owned by the rich and famous.

단어 및 표현

invent[invént] 고안하다, 발명하다　scribe[skraib] 사본 필경자 (책을 베껴쓰는 사람들)　unique[juːníːk] 독특한, 유일무이한
worship[wə́ːrʃip] 예배　contain[kəntéin] 포함하다　given[gívən] 정해진, 일정한　ornate[ɔːrnéit] 화려하게 장식한
status[stéitəs] 지위　ornamentation[ɔ̀ːrnəmentéiʃən] 장식　be bound in ~로 장정되다　vellum[véləm] 모조 피지
superbly[sjuː(ː)pə́ːrbli] 멋지게, 뛰어나게　margin[máːrdʒin] 여백　pattern[pǽtərn] 문양, 무늬　modest[mɑ́dist] 수수한,
평범한　in detail 자세히

21 Who was likely to own the book of hours shown in the picture below?

A_a wealthy noble

B_a farmer

C_a scribe

D_a religious servant

[22-23]

Listen to part of a conversation between two students.

22 What is the conversation mainly about?

A_The increase in student fees this term

B_The difficulty of a new class

C_The man's part-time job

D_The woman's study group

23 What does the man say about his job?

A_He is permitted to do dangerous work.

B_He only has administrative duties.

C_He earns enough to pay off his loans.

D_He is so busy he doesn't have time to study.

단어 및 표현

put together 모으다 not a big deal 대단치 않다, 별 일 아니다 administrative [ədmínistrèitiv] 사무의, 행정의
potentially [pəténʃəli] 잠재적으로, 어쩌면 patrol [pətróul] 순찰하다 supplement [sʌ́pləmènt] 보충하다, 메우다
loans [louns] 부채, 빚 student fees 학비 handle [hǽndl] 조절하다 load [loud] 작업량 incur [inkə́:r] (빚을) 지다, 초래하
다 stay on top of ~를 잘 따라잡다 in the long run 결국 pay off 전액을 지불하다

[24-27]

Listen to a lecture on planets.

24 What is the talk mainly about?

A_A description of the planets in the Solar System

B_A comparison between Saturn and Earth

C_The effects of Saturn's gases on the Solar System

D_The rotation of the planets in the Solar System

25 What unique characteristic does Earth have?

A_It has many satellites.

B_It is solid and dense.

C_It has an atmosphere that supports life.

D_It is made of rock and metal.

26 According to the professor, what makes Saturn different from other planets in the Solar System?

A_It is composed of helium and hydrogen.

B_It is furthest away from the Sun.

C_It has a highly visible ring system.

D_It is enormous in size.

27 Why is Saturn's bulge larger than that of Earth's?

A_Saturn's rotation is more than twice as fast.

B_Saturn's gravitational pull is weaker.

C_Saturn's rotation is weaker at the poles.

D_Saturn is made of light gases.

단어 및 표현

---

comparison[kəmpǽrisən] 비교   obviously[ábviəsli] 명확히, 분명히   spherical[sférikəl] 구형의   dense[dens] 밀도가 높은
terrestrial[təréstriəl] 지구의   Jovian planet 목성형 행성   spin[spin] 회전하다   liquid[líkwid] 액체   hydrogen[háidrədʒən]
수소   enormous[inɔ́ːrməs] 거대한   float[flout] 뜨다   visible[vízəbl] 눈에 띄는, 가시적인   have to do with 관련이 있다
rotation[routéiʃən] 자전   bulge[bʌldʒ] 부풀어 오른 것, 팽창   equator[ikwéitər] 적도   noticeable[nóutisəbl] 눈에 띄는
fling[fliŋ] 돌진하다   pole[poul] 극

[28-30]

Listen to part of a talk in a biology class.

28 What are the speakers mainly discussing?

A_The behavior of animals during rain storms

B_The ability of animals to anticipate weather changes

C_Measuring air pressure by watching birds flying

D_Types of animals that can predict earthquakes

29 What will the speakers do next?

A_Listen to a student talk about his paper topic

B_Conduct more research about animals and weather prediction

C_Listen to the professor's evaluation of the students' papers

D_Collect more supporting evidence for their paper topics

30 Why do birds fly at lower altitudes before a storm?

A_It is easier to find refuge.

B_They may lead to land quickly.

C_The lowered air pressure makes it harder to fly.

D_The air is denser when it rains.

정답 ▮ p 358

4주 · 1일 · 2일 · 3일 · 4일 · 5일 · 6일

단어 및 표현

come along 잘하다 be aware of 인식하다 surroundings[səráundiŋs] 환경 heightened[háitənd] 고조된 instinct [ínstiŋkt] 본능 perceptive[pərséptiv] 지각할 수 있는 subtle[sʌ́tl] 미세한, 미묘한 build up 쌓다, 형성하다 refuge[réfjuːdʒ] 피난처 down pour[dáunpɔ̀ːr] 억수 altitude[ǽltitjùːd] 고도 lift[lift] 상승력 anecdotal[æ̀nikdóutəl] 일화적인 elaborate[ilǽbərèit] 자세히 설명하다 approach[əpróutʃ] 접근하다

정답 · Script · 해석 · 해설

Hackers Listening Start

Hackers Listening

Start

Course 1

❶ Exercise ···················· p. 22

A
01 A. hegemony   06 D. massage
02 F. helicopter   07 B. Renaissance
03 J. counselor   08 C. canoe
04 I. symposium   09 H. repertory
05 G. buffet   10 E. Italy

B
01 calorie   04 coupon   07 aerobic
02 marathon   05 cocoa   08 missile
03 interior   06 career   09 bacteria

C
01 I had a **sandwich** for lunch.
나는 점심으로 샌드위치를 먹었다.

02 All you need is her **signature** to add the class.
수업을 추가 신청하는 데 있어서 필요한 것은 그녀의 서명뿐이다.

03 You should call everyone to collect the **data**.
너는 자료를 수집하기 위해 모든 사람들에게 전화를 해야 한다.

04 Check out the cost of renting **apartments** first.
아파트를 임대하는 비용을 먼저 확인해라.

05 She is a **counselor**.
그녀는 카운슬러이다.

❷ Exercise ···················· p. 24

A
01 veteran   04 sentiment   07 poem
02 opera   05 legitimate   08 elite
03 model   06 Athens   09 material

B
   01 A   02 B   03 A   04 A   05 B   06 B

01 I'm going to attend the meeting.
나는 모임에 참여할 것이다.

02 Are you sure?
정말이야?

03 Did you apply for that position?
그 직위에 지원했니?

04 He attempted to fix the machine.
그는 기계를 고치려고 시도했다.

05 What time shall we meet?
몇 시에 만날까?

06 They are sending up a balloon.
그들은 풍선을 날려보내고 있다.

C
01 Thanks for **reminding** me.
상기시켜줘서 고마워.

02 You can get the **ingredients** at any supermarket.
재료들을 어떤 가게에서라도 구입하실 수 있습니다.

03 Seven courses in one **semester** is just too much.
한 학기에 일곱 과목은 너무 많아.

04 My landlord just **announced** the rent increase for next year.
집 주인이 내년의 집세 인상을 지금 막 알려왔다.

05 She has been to **Rome** twice.
그녀는 로마에 두 번 가본 적이 있다.

Course 2

❶ Exercise ···················· p. 26

A
01 law   04 lock   07 bury
02 beat   05 rift   08 pair
03 vow   06 bought   09 leaves

B
   01 B   02 B   03 A   04 A   05 B   06 A

01 What a nice vest!
정말 멋진 조끼구나!

02 He is painting the walls green.
그는 벽을 초록색으로 페인트칠하고 있다.

03 Call me later.
나중에 나에게 전화 해.

04 We live largely on rice.
우리는 대개 쌀을 주식으로 한다.

05 I miss my hometown a bit.
나는 고향이 약간 그립다.

06 I heard a fly buzz in the middle of the night.
나는 한 밤중에 파리가 윙윙거리는 소리를 들었다.

C 01 He mowed his neighbor's **lawn** to pay for the interest on the **loan**.
그는 대출 이자를 지불하기 위해 이웃집의 잔디를 깎았다.

02 Do not **pile** your **files** up on my desk.
내 책상 위에 너의 파일들을 쌓아놓지 마라.

03 It will **cost** you lots of money to spend the holidays on the **coast**.
해변에서 휴가를 보내는 것은 많은 금액을 지불하게 할 것이다.

04 I **bet** that the **vet** can treat the parrot.
난 그 수의사가 앵무새를 치료할 수 있을 거라고 장담한다.

05 The **glass** was shining on the **grass**.
그 유리가 잔디 위에서 빛났다.

❷ Exercise ················· p. 29

A 01 dairy/ diary (x) **06** absorb/ observe (x)
02 threw/ through (o) **07** pants/ fans (x)
03 later/ ladder (x) **08** wait/ weight (o)
04 beard/ beer (x) **09** arise/ rise (x)
05 waste/ waist (o)

B | 01 B 02 B 03 A 04 A 05 A 06 B |

01 I finally finished my paper, and I'm printing it out as we speak!
난 마침내 리포트를 끝내고 우리가 이야기 하고 있는 지금 그것을 인쇄하고 있다.

02 She stated that farmers in one locality adopted technological innovations.
그녀는 한 지방의 농부들이 기술 혁신을 도입했다고 말했다.

03 The binding is very good and the paper quality is also excellent.
제본이 매우 좋고 종이의 질 역시 매우 뛰어나다.

04 For his first film, it was quite a feat.
그의 첫 번째 영화치고는 그것은 위업이었다.

05 As long as you're this tired, you're not going to get any real studying done.
네가 이렇게 피곤한 이상, 실제로 어떤 공부도 끝낼 수가 없겠다.

06 He tried to scare the cat away.
그는 고양이를 겁주어 쫓아버리려고 했다.

C 01 I had to cool my **heels** for about an hour.
나는 약 한 시간가량 기다려야 했다.

02 The coach **allowed** him to skip practice.
코치는 그가 연습을 빠지도록 허락해주었다.

03 How much is the shuttle bus **fare**?
순환 버스 요금이 얼마죠?

04 I should **warn** you about buying from the local electronics store.
지방의 전자 상가에서 물건을 구입하는 것에 대해 너에게 경고해주어야 할 것 같아.

05 I don't think **they're** high school students.
나는 그들이 고등학교 학생이라고 생각하지 않는다.

Course 3
❶ Exercise ················· p. 31

| 01 A 02 B 03 B 04 B 05 A |
| 06 B 07 B 08 A 09 A 10 B |

01 I saw Mary head over to the student center.
나는 Mary가 학생 회관으로 향하는 것을 보았다.

02 This branch of sociology emphasizes three main areas.
사회학 분과는 세 가지 주요한 영역을 강조한다.

03 I better go out and get the new edition.
난 가서 새로운 판을 구입하는 것이 낫겠다.

04 Your roommate's personality really counts.
네 룸메이트의 성격이 매우 중요하다.

05 Do you know when the new film is playing?
새로운 영화가 언제 상영되는지 아니?

06 I didn't study all that much but the test was a breeze.
난 그렇게 공부를 많이 하지 않았는데 시험이 쉬웠어.

07 Would you save some pizza for me?
날 위해 피자를 좀 남겨놓을래?

08 This clock runs on batteries.
이 시계는 배터리로 움직인다.

09 How many credits are you taking this semester?
너 이번 학기에 몇 학점이나 수강하니?

10 It will not be fair for all the students.
그것은 모든 학생들에게 공평한 것이 아니다.

❷ Exercise ·················· p. 33

A

| 01 D | 02 B | 03 A | 04 C | 05 E |
| 06 G | 07 J | 08 F | 09 H | 10 I |

01 I wasn't able to bring a copy of my original transcript today.
저는 오늘 성적 증명서를 가져오지 못했어요.

02 I really don't like my photo on this ID card.
난 이 신분증에 있는 내 사진이 정말 마음에 안 들어.

03 I have the 20-meal plan, but these days I can barely get to the cafeteria 10 times a week.
난 20회의 식권을 가지고 있는데, 요즘은 거의 일주일에 10번도 구내 식당에 가지를 못해.

04 What are you going to do with your books now that the semester is over?
이제 학기도 끝났는데 네 책들을 어떻게 할 생각이니?

05 Didn't you talk this over with your academic advisor?
학부 지도 교수님과 이것을 상담해보지 않니?

06 I studied everything on the syllabus for this month.
난 이번 달 강의 계획표에 있는 것을 전부 공부했어.

07 I spent all day at the botany lab yesterday.
난 어제 하루 종일 식물학 실험실에 있었어.

08 Mike got an acceptance letter from a graduate school.
Mike는 대학원으로부터 합격 통지서를 받았어.

09 You should go to the registration office in order to drop one of your classes.
수업 하나를 취소하려면 등록 사무실에 가야 해.

10 It is due tomorrow.
그건 내일이 마감이야.

B 01 Do you think you will take calculus this semester?
이번 학기에 미적분학 수업을 들을 생각이니?

02 Why don't you drop by the housing office this afternoon?
오늘 오후에 주거 관리소에 들러보지 그래?

03 You should turn in your paper by next class.
넌 다음 수업 시간까지 리포트를 제출해야 해.

04 How many books did you check out of the library yesterday?
어제 도서관에서 책을 몇 권이나 대출했니?

05 I'm signing up for an extra class.
난 추가 과목을 신청하려고 해.

06 I saw Mary in the study hall.
난 Mary가 열람실에 있는 것을 봤어.

07 I've already paid my tuition.
난 이미 나의 수업료를 납부했어.

08 As far as I know, she is an engineering student.
내가 알기로 그녀는 공학과 학생이야.

Daily Check-up ···················· p. 35
Drill A

01 Would you like to order?
주문하시겠습니까?

02 He didn't approve my plan.
그는 나의 계획에 찬성하지 않았다.

03 The teacher banned the students from drinking.
그 선생님은 학생들이 술 먹는 것을 금지했다.

04 The dam regulated the flow of the river.
그 댐은 강물의 흐름을 통제했다.

05 You need to keep a copy of this document.
너는 이 서류의 사본을 떠두어야만 한다.

06 This book covers the history of coal mining.
이 책은 탄광업의 역사를 다루고 있다.

Drill B

01 A 02 B 03 B 04 A

01 I saw a fly sitting on the glass.

02 I got a transcript for my final.

03 Kane's son is bold.

04 He bowed to his teacher.

Drill C

01 The alarm clock didn't go off this morning, so I missed my first class.
오늘 아침 자명종 시계가 울리지 않아서 나는 첫 수업을 놓쳤다.

02 The collar of his shirt had a stain on it.
그의 셔츠 깃에 얼룩이 묻었다.

03 The laboratory is in the annex to the science building.
그 실험실은 과학관의 별관에 있다.

04 I want to withdraw from one of my classes.
나는 수업 중 하나를 취소하려고 한다.

05 I took all my prerequisites this semester.
나는 이번 학기의 모든 선수 과목을 수강했다.

06 Please bring me that cassette player.
저 카세트 플레이어를 나에게 가져다 주겠니.

07 According to this book, the world economy is recovering right now.
이 책에 의하면 세계 경제는 지금 회복되고 있는 중이다.

Drill D

01 I'd like to request an extension for the project due next week.
저는 다음 주까지가 기한인 연구 과제에 대해 기한 연장을 부탁하려고 합니다.

02 I can't give you any credit for it.
나는 그것으로 네게 어떤 학점도 줄 수가 없다.

03 My brother heard it from him directly.
내 남동생이 그로부터 직접 그것을 들었다.

04 Mushrooms steal nutrients from some plants.
버섯은 몇몇 식물들에게서 영양분을 빼앗는다.

05 The application deadline has been extended a week.
신청 마감 기한은 일주일 연장되었다.

06 I think this computer's broken beyond repair this time.
이번에는 이 컴퓨터가 수리할 수 없을 정도로 고장 난 것 같다.

07 He bought a boat from his friend.
그는 그의 친구로부터 보트를 구입했다.

08 I like the interior design of this building.
나는 이 건물의 내부 디자인이 마음에 든다.

09 My parents allowed me to go out for dinner with a friend.
부모님께서는 나에게 친구와 함께 저녁을 먹으러 나가도 좋다고 허락하셨다.

10 Don't you think the train fare is a little expensive?
기차 요금이 좀 비싸다고 생각하지 않니?

1주 2일

Course 1

❶ Exercise ························· p. 38

A **01** nice shirts
02 bad timing
03 this supermarket
04 every fifth day
05 get through
06 this Saturday
07 best dresser
08 last November
09 field trip
10 last test
11 pass through
12 around the corner

B **01** I had trouble keeping up with all the reading material.
난 읽기 자료들을 따라가느라 매우 힘들다.

02 The doctor told me that I should just take it easy.
의사는 내가 휴식을 취해야 한다고 말했다.

03 I'm **glad that** you could make it.
와줘서 기쁘네요.

04 I **missed the** chance to study abroad.
나는 해외에서 유학할 기회를 놓쳤다.

05 I can't understand **this theory**.
나는 이 이론을 이해할 수 없다.

06 I had a **hard time** finishing my computer assignment.
나는 컴퓨터 과제를 끝내느라 고생했다.

❷ Exercise ···················· p. 39

01 I think **it'd be** good for you.
나는 그것이 너에게 좋을 거라고 생각한다.

02 It'll be easier for you to study in the library than in the dorm room.
기숙사보다 도서관에서 공부하는 것이 더 쉬울 것이다.

03 You **should've** told me about that.
넌 내게 그 이야기를 했어야만 했다.

04 That **won't** be necessary.
그것은 필요하지 않을 것이다.

05 I don't want to move out because the **rent's** not that bad.
집세가 그다지 비싸지 않기 때문에 나는 이사하고 싶지 않다.

Course 2

❶ Exercise ···················· p. 41

A **01** get around here
02 how to play
03 lit up
04 put it aside
05 part of it
06 got an idea
07 from start to finish
08 get here
09 right after
10 forget about it
11 set a price
12 meat and drink

B **01** I **wrote her** three days ago.
나는 3일 전에 그녀에게 편지를 썼다.

02 I couldn't **fit in** with other people.
나는 다른 사람들과 어울릴 수가 없었다.

03 She wouldn't **let him** in.
그녀는 그를 들여보내려 하지 않았다.

04 They **hit on** a solution after a long talk.
그들은 오랜 토론 끝에 해결책을 생각해냈다.

05 He **bought it** on the street.
그는 그것을 길거리에서 샀다.

06 Finishing the whole book in one day is **out of the question**.
하루 만에 책 전체를 끝내는 것은 불가능하다.

❷ Exercise ···················· p. 43

A **01** a group of entertainers
02 rent out
03 in urgent need of
04 an identification card
05 count on me
06 print on
07 went on the work
08 have an interview
09 recent invention
10 a faint hope
11 appoint a date
12 take for granted

B **01** Are you sure that you **sent her** the letter yesterday?
어제 확실히 그녀에게 편지를 보냈니?

02 We'll meet in **front of** the city museum.
우리는 시립 박물관 앞에서 만날 것이다.

03 I **lent him** my notes a few weeks ago.
나는 몇 주 전에 나의 노트를 그에게 빌려주었다.

04 Can you imagine what's **going to** happen in ten minutes?
10분 후에 무슨 일이 일어날 지 상상할 수 있겠니?

05 He is **bent on** studying abroad next semester.
그는 다음 학기에 해외에서 공부하려고 마음먹고 있다.

06 I **meant to** finish my assignment in time.
나는 제 시간에 나의 과제를 끝낼 생각이었다.

❸ Exercise ···················· p. 45

A **01** slightly injured
02 lighten up
03 flatten out
04 an enlightened person
07 the Fountain of Youth
08 work diligently
09 a cute kitten
10 brighten up

05 beaten badly

06 lift the curtain

11 certainly not

12 shorten a dress

B **01** I'd almost **forgotten** his birthday.
나는 그의 생일을 거의 잊을 뻔 했다.

02 He has been scared of dogs since he was **bitten** by one.
그는 개에게 물린 이후로 개를 무서워한다.

03 I walked out the door **quietly**.
나는 조용히 문 밖으로 걸어 나왔다.

04 Be sure to fasten your seat belt **tightly**.
안전 벨트를 단단히 매는 것을 잊지 마라.

05 Have you **eaten the dessert** at that restaurant?
저 식당에서 디저트를 먹어본 적이 있니?

06 All the sailors **were frightened** by the roaring waves.
사나운 파도에 모든 선원들이 두려움에 떨었다.

Course 3

❶ Exercise ·· p. 47

A **01** give him a chance

02 as a matter of fact

03 take it easy

04 a lot of people

05 get out of here

06 fill out the form

07 take your time

08 make it up

09 get along with

10 sick and tired of

11 take it away

12 as far as I know

B **01** I've been **interested in** that field for a long time.
나는 그 분야에 오랫동안 관심이 있었다.

02 I'm really **excited about it**.
나는 그것 때문에 매우 흥분된다.

03 If I **had enough** money, I would buy the shoes.
내게 충분한 돈이 있었다면 저 신발을 샀을 텐데.

04 Can you **ask your** brother to help me move these things?
남동생에게 내가 이 것들을 옮기도록 도와달라고 부탁해주겠니?

05 I'll **meet you** at the theater.
극장에서 만나자.

06 I don't think this is hard **work**.
난 이것이 힘든 일이라고 생각하지 않아.

❷ Exercise ·· p. 49

A **01** I could've been there.

02 your work

03 run around

04 get it straight

05 bathe in a bath

06 above all

07 more or less

08 half a loaf

09 fit it into

10 the second world war

11 short on cash

12 rewrite the report

B **01** It will take an **hour or so** to get to the museum.
박물관까지 도착하려면 약 한 시간 가량 걸릴 것이다.

02 I **have had it** with his pessimistic behavior.
나는 그의 비관적인 태도에 질렸다.

03 Many countries **were ruined** by the bloody war.
많은 국가들이 피 비린내 나는 전쟁에 의해 황폐화되었다.

04 We had a party last night to **reward ourselves**.
우리는 자축하기 위하여 어젯밤 파티를 열었다.

05 He is a **worse writer** than me.
그는 나보다 더 실력 없는 작가이다.

06 I **thought that they** would not go to the party.
나는 그들이 파티에 가지 않을 거라고 생각했다.

Daily Check-up ································ p. 50
Drill A

01 A	**02** A	**03** B	**04** B	**05** B
06 B	**07** A	**08** A	**09** B	

01 bought them

02 fit it

03 weren't in

04 I'd rather

05 I'll write

06 bet on

07 lit up

08 meet him

09 general reader

Drill B

01 A	**02** C	**03** B	**04** B

01 Why don't you **let him** in?
그를 들어오게 하지 그래?

02 He might not have **meant to** hurt you.
그가 너에게 상처를 주려고 했던 건 아닐 거야.

03 Please **hand it** over.
그것을 건네다오.

04 He will **take you** to the post office.
그가 너를 우체국으로 데려다 줄 것이다.

Drill C

01 **This sweater** looks so beautiful.
이 스웨터는 정말 아름다워 보인다.

02 Have you **asked your** professor?
네 교수님에게 물어봤니?

03 This map will **lead you** to the post office.
이 지도가 너를 우체국으로 안내해줄 것이다.

04 Spoken English is one thing, and the **written English**
is another thing altogether.
구어체 영어와 문어체 영어는 완전히 별개의 것이다.

05 How about going to see a movie **this weekend**?
이번 주말에 영화 보러 가는 게 어때?

06 As far as I know, **it's optional**.
내가 알기로 그것은 선택적이야.

07 I **want you** to study somewhere else.
나는 네가 다른 곳에서 공부하기를 바란다.

Drill D

01 I sent her the postcard last Tuesday.
나는 지난 주 화요일에 그녀에게 엽서를 보냈다.

02 Please fill in this application before you register.
등록하기 전에 이 신청서를 먼저 작성해라.

03 He is always on time to work.
그는 항상 직장에 제 시간에 도착한다.

04 I'm not good at painting.
나는 그림에 소질이 없다.

05 I was about to say that.
내가 그 말을 하려고 했다.

06 Has she decided on her major yet?
그녀는 벌써 전공을 결정했니?

07 When was the last time you saw him?
그를 마지막으로 본 게 언제였어?

08 The news was about the space shuttle.
그 뉴스는 우주 왕복선에 관한 것이었다.

09 You should take it easy and spend the day at home.
너는 쉬면서 하루를 집에서 보내야 한다.

10 You should not take advantage of your friend.
너는 친구를 이용해서는 안 된다.

Course 1

❶ **Exercise** .... p. 54

A **01** Henry **wanted to visit** his mother in **Paris**, but his
wife didn't **want to**.
Henry는 파리에 있는 어머니를 방문하기 원했으나, 그
의 아내는 그렇지 않았다.

02 I baby-sit for my **neighbor** on the weekends.
나는 주말에 이웃집 아기를 돌본다.

03 My **schedule** is really **packed** this **semester** with
school and a **part-time job**.
나의 이번 학기의 일정은 학업과 시간제 일 때문에 매
우 빠듯하다.

04 His **behavior** makes me very **uncomfortable**, so I
avoid him whenever **possible**.
그의 행동은 나를 매우 불편하게 하므로, 나는 가급적
그를 피한다.

05 A **friend** of mine from New York **made** a **surprise**
visit last month.
뉴욕에 있는 친구가 지난 달에 갑자기 나를 방문했다.

B **01** B **02** A **03** A **04** B **05** A

01 I'm going to Australia to visit my aunt and
cousins.

02 My father didn't want my older sister to marry
her boyfriend, John.

03 I'm really excited about meeting the author of this book tomorrow afternoon.

04 I had nothing to do other than clean the house.

05 My roommate, Mike, looks happy but I can't say the same for his girlfriend.

❷ Exercise ································· p. 56

A **01** give us a ride   **04** let them in

02 nuts and bolts   **05** pull it off

03 give it a shot

B **01** My father didn't allow me to go on the trip.
아버지는 내가 여행가는 것을 허락하지 않으셨다.

02 Please hand it to your roommate after class.
수업이 끝나면 그것을 네 룸메이트에게 전해주어라.

03 Are you making fun of me?
지금 날 놀리는 거니?

04 Can you start it right away?
지금 당장 그걸 시작할 수 있니?

05 Would you like to study with us for the final exam?
기말 고사를 대비해서 우리와 함께 공부할래?

06 I'd like to have a sandwich and some coffee.
난 샌드위치와 커피를 먹을래.

07 I've had an interest in environmental science for a long time.
나는 환경 과학에 오랫동안 관심이 있었다.

08 One of my friends is going to pick me up at the airport.
친구 중 한 명이 공항으로 나를 태우러 올 것이다.

09 I want her to finish as soon as possible.
나는 그녀가 최대한 빨리 끝내주기를 바란다.

10 Be sure to take your umbrella just in case.
만일의 경우를 대비해서 우산을 꼭 가지고 가라.

Course 2

❶ Exercise ································· p. 58

01 A **02** B **03** A **04** B **05** B **06** B

01 Mark skipped chemistry class this morning, didn't he?

02 Who is your roommate?

03 You don't like him.

04 He went abroad last month.

05 You live in the dorm now, don't you?

06 What is your name?

❷ Exercise ································· p. 61

01 B **02** B **03** B **04** A **05** A **06** A

01 M: Is your father a professor of our college?
W: No, he teaches at a high school.

M: 아버지께서 우리 대학의 교수시니?
W: 아니, 그는 고등학교에서 가르치셔.

02 W: Who are you voting for, Pamela or John?
M: I'd like to vote for Pamela and John.

W: Pamela와 John 중에서 누구에게 투표할 거니?
M: 난 Pamela와 John 모두에게 투표하고 싶어.

03 W: What are all these flowers for?
M: I brought them for you.

W: 웬 꽃들이지?
M: 난 너를 위해서 그걸 가지고 왔어.

04 M: We had a pop quiz in history class this morning.
W: Pop quiz? I missed class. What should I do?

M: 오늘 아침 역사 수업 시간에 돌발 퀴즈를 쳤어.
W: 돌발 퀴즈라고? 난 수업에 빠졌었는데. 어쩌면 좋지?

05 W: Are you here to eat dinner?
M: No, I work at this restaurant.

W: 너 여기 저녁 먹으러 온 거니?
M: 아니, 난 이 식당에서 일해.

06 M: Don't forget we have a student government meeting tonight.
W: Oh, great! I'll never be able to finish my paper.

M: 오늘 밤에 학생회 모임이 있다는 것 잊지 마.
W: 이런, 잘됐구나! 절대 리포트를 못 끝내겠군.

Daily Check-up ······················· p. 62

Drill A

01 B 02 A 03 A 04 A 05 B 06 B

01 The writer will speak during class today.
그 작가가 오늘 수업 시간에 강의를 할 것이다.

02 It took just half an hour.
그건 30분 밖에 안 걸린다.

03 Don't let him in.
그를 들여보내지 마라.

04 All of the students in the class like the teacher.
수업을 듣는 모든 학생들이 그 선생님을 좋아한다.

05 You'd better hurry for your class.
너 수업에 서둘러서 가는 게 좋겠다.

06 There are a lot of books in this bookstore.
이 서점에는 많은 책이 있다.

Drill B

01 A 02 B 03 A

01 The children are not allowed to be noisy in school.

02 I don't want to work, but I can't afford not to.

03 She has a particular interest in the field of environmental science.

Drill C

01 A 02 B 03 A 04 B

01 You thought the lecture was interesting?

02 Summer is my favorite season.

03 She is your roommate, isn't she?

04 You can turn in your lab report next week.

Drill D

01 Let's grab a bite before the class.
수업 전에 뭔가를 먹자.

02 I can't hand in my report on time.
난 리포트를 제시간에 제출할 수 없을 것 같아.

03 It is such a large part of your grade.
그건 너의 성적에서 매우 큰 부분을 차지해.

04 I want to call it a day, now.
난 이제 오늘 일을 끝내고 싶어.

05 She will leave on Saturday.
그녀는 토요일에 떠날 것이다.

06 It doesn't look like we'll make it on time.
우리가 제시간에 도착할 수 있을 것 같지가 않아.

07 The English literature professor made us read 10 books this semester.
교수님은 이번 학기에 우리에게 10권의 책을 읽게 하셨다.

Drill E

01 There was a fire at the theater last night.
어젯밤 극장에 화재가 있었다.

02 Please write it down in your notebook.
너의 노트에 그것을 받아 적어라.

03 Isn't he already behind in that class?
그는 이미 수업에 뒤처져 있는 것 아니야?

04 What is the answer again?
답이 뭐라고 하셨나요?

05 I'll spend this summer with my grandparents.
난 이번 여름을 조부모님과 보낼 것이다.

06 The professor said the quiz will be on Saturday morning, not today.
교수님께선 오늘이 아니라 토요일 아침에 퀴즈가 있다고 말씀하셨어.

07 You know how to play the guitar, don't you?
넌 기타를 어떻게 치는 지 알잖아, 그렇지?

08 What kind of experiment do you have?
어떤 종류의 실험을 하니?

09 She is working on her lab report.
그녀는 실험 리포트를 쓰고 있다.

10 The woman is not my sister, but my cousin.
그 여자는 내 여동생이 아니라 내 사촌이다.

1주 4일

Course 1

① Exercise ················· p. 66

01 He just wants to know / how you could finish your report / so quickly.
그는 네가 어떻게 그렇게 빨리 리포트를 끝낼 수 있었는지를 알고 싶어한다.

02 I can't tell / whether he is right or not.
나는 그가 옳은지 아닌지를 모르겠다.

03 It's been said / that Mr. Brown would not teach us anymore.
Brown 교수님께서 더 이상 우리를 가르치지 않을 것이라고들 한다.

04 What he meant / was just that your opinion is different with him.
그의 말이 의미하는 바는 단지 너의 의견이 그와 다르다는 것뿐이다.

05 You should explain / why you couldn't help her a few days ago.
너는 왜 몇 일 전에 그녀를 도울 수 없었는지 설명해야만 한다.

06 I don't care about / how you'll feel about my behavior.
나는 네가 나의 행동에 대해 어떻게 느끼던지 신경 쓰지 않는다.

② Exercise ················· p. 68

01 I'd like to go to the new restaurant / which serves great dessert for free.
나는 훌륭한 디저트를 무료로 제공하는 새로운 식당에 가고 싶다.

02 He is a writer / whose books are very popular.
그는 자신의 저서들이 매우 유명한 작가이다.

03 How do you feel about your dorm room / that is newly built?
새로 지어진 네 기숙사는 어때?

04 She gave all the money / she has / to the old woman.
그녀는 그 할머니에게 그녀가 가진 모든 돈을 주었다.

05 This is a great movie / that is worth watching two times.
이것은 두 번 볼 가치가 있는 훌륭한 영화이다.

06 The article is about the endangered animals / that should be protected by the law.
그 기사는 법에 의해 보호되어야 하는 멸종 위기의 동물들에 관한 내용이다.

③ Exercise ················· p. 70

01 I decided to live in the dorm this semester / even though it's a little noisy.
나는 비록 약간 시끄럽더라도 이번 학기에 기숙사에 살기로 결정했다.

02 I will go with you to see the concert tomorrow / unless it rains.
나는 비가 오지 않는다면 내일 너와 함께 콘서트를 보러 갈 것이다.

03 As soon as he came from France, / he went to Italy.
그는 프랑스에서 돌아오자마자 이탈리아로 갔다.

04 The professor would not give you an extension / unless you can give him a reasonable excuse.
네가 정당한 이유를 말하지 않는 한 교수님께서는 시간을 연장해주지 않을 것이다.

05 She ran all the way to the school / so that she could make it to the class.
그녀는 수업에 제시간에 도착하기 위해 학교로 가는 내내 뛰었다.

06 I helped you / just because I wanted to.
나는 단지 내가 원했기 때문에 너를 도운 것이다.

Course 2

① Exercise ················· p. 72

01 Looking at your blue shirt, / I am reminded of the day you bought it.
너의 푸른 셔츠를 보니 네가 그것을 샀던 날이 떠오른다.

02 Passing by the Art Museum, / Barbara saw a man walking into it.
Barbara는 미술 박물관을 지나며 한 남자가 그 곳으로 걸어 들어가고 있는 것을 보았다.

03 Talking to one of my friends, / I came to realize that

I've changed very much.
한 친구와 이야기 하던 와중에, 나는 내가 많이 변했다는 것을 깨닫게 되었다.

04 She went out for a walk / after finishing her math assignment.
그녀는 수학 과제를 끝낸 후 산책하러 나갔다.

05 When borrowing some books in the library, / you should present your student ID card.
너는 도서관에서 책을 빌릴 때 너의 학생증을 제시해야만 한다.

06 Laughing loudly, / he expressed his pleasure.
그는 크게 웃으며 자신의 기쁨을 표했다.

07 Taking the introductory course already, / I can take the advanced one.
나는 이미 기초 과정을 이수했기 때문에 고급 과정에 등록할 수 있다.

08 Looking outside the window, / I saw him getting off his car.
나는 창 밖을 내다보다가 그가 차에서 내리는 것을 보았다.

09 Although read by many people, / I don't think this book is interesting.
비록 많은 사람들이 읽긴 하지만, 나는 이 책이 흥미롭다고 생각하지 않는다.

❷ Exercise ································· p. 75

01 The exhibition, / now held in the trade center, / attracts many people.
지금 무역 센터에서 열리고 있는 그 박람회는 많은 사람들을 끌어들인다.

02 I've been reading several books / written by Hemingway.
나는 Hemingway가 쓴 몇 권의 책을 읽었다.

03 The man staring at the corner of the restaurant / makes me afraid.
레스토랑의 한 쪽을 응시하고 있는 사람이 나를 무섭게 한다.

04 Doctor Johns, / widely known for his famous book, / visited our campus.
자신의 유명한 저서로 널리 알려진 Johns 박사가 우리 학교를 방문했다.

05 She has to take a subway / crowded with people / in the morning.
그녀는 아침에 사람들로 붐비는 지하철을 타야만 한다.

06 I have lots of work to do / including the lab report and part-time job.
나는 실험 보고서와 시간제 일을 포함하여 할 일이 매우 많다.

Daily Check-up ···················· p. 76
Drill A

01 Students **having problems** should talk to a counselor.
문제가 있는 학생들은 카운슬러에게 상담을 해야 한다.

02 **Being a millionaire,** he never takes a subway to work.
그는 백만장자이기 때문에 결코 직장에 지하철을 타고 오는 법이 없다.

03 For me, this is a really precious necklace **given by my mother.**
이것은 나의 어머니께서 주신 나에게는 아주 귀중한 목걸이이다.

04 **Although laughed at by many people,** he was calm and steady.
비록 많은 사람들에 의해 비웃음을 당했지만 그는 묵묵하고 한결같았다.

05 **When coming home,** he found there was nobody in the house.
집에 왔을 때, 그는 아무도 없다는 것을 알게 되었다.

06 **Being new here,** I can't tell you the way to the post office either.
이곳이 낯설기 때문에, 나도 우체국으로 가는 길을 알려줄 수가 없다.

Drill B

01 A　02 A　03 B　04 B

01 I had dinner early so that I can go to bed early.
나는 일찍 잠자리에 들기 위해 일찍 저녁을 먹었다.

02 The problem is that you aren't a student of this university.
문제는 네가 이 대학의 학생이 아니라는 점이다.

03 You are the person I've been looking for.
너는 내가 찾아오던 사람이다.

04 If Roberts gives me a ride, I'll go to your house later.
만약 Roberts가 나를 태워준다면 나중에 너의 집으로 가겠다.

Drill C

01 My friend went to see a movie **even though he had a paper due tomorrow**.
내 친구는 내일까지 제출해야 하는 리포트가 있음에도 불구하고,영화를 보러 갔다.

02 Paul will fail the class **unless he does well on the test**.
Paul이 시험을 잘 치지 않는 한, 그는 수업에서 낙제할 것이다.

03 All the students **taking the professor's class** want to see him again.
그 교수님의 수업을 들은 학생들은 모두 그를 다시 보고 싶어한다.

04 Seeing me wearing the watch she gave me, she looked pleased.
그녀가 내게 준 시계를 차고 있는 것을 보고, 그녀는 기뻐하는 것 같았다.

05 I don't think he can make it in time.
나는 그가 제시간에 도착할 수 있을 거라고 생각하지 않는다.

06 Do you suppose **that the professor will give us a pop quiz tomorrow?**
넌 교수님께서 내일 우리에게 돌발 퀴즈를 내실 거라고 생각하니?

Drill D

01 I was wondering if you could work for me tonight.
네가 오늘 밤 내 대신 일해줄 수 있을지 알고 싶구나.

02 Walking home from school, I found some money.
학교에서 집으로 걸어가면서 나는 돈을 발견했다.

03 I can't believe what he said to me.
나는 그가 내게 한 말을 믿을 수가 없다.

04 She was the only student solving that problem in my class.
그녀는 우리 반에서 그 문제를 푸는 유일한 학생이다.

05 Waving to her family, Ann boarded the plane.
그녀의 가족에게 손을 흔들며 Ann은 비행기에 올라탔다.

06 It is you that I wanted to meet.
내가 만나고 싶었던 것은 너다.

07 That's why you studied all night yesterday.
그것이 네가 어젯밤 내내 공부한 이유였구나.

08 Living near the campus, I can save time in the morning.
나는 학교 근처에 살기 때문에 아침에 시간을 절약할 수 있다.

09 Whether he is rich or not doesn't matter to me.
그가 부자든 아니든 나는 신경 쓰지 않는다.

10 We'll not be on time unless we hurry.
우리가 서두르지 않으면 시간 내에 도착하지 못할 것이다.

Course 1

❶ Exercise ···························· p. 80

01 B	02 A	03 B	04 A	05 B
06 B	07 A	08 A	09 B	

01 I wouldn't have made it on time if you had not helped me.
네가 도와주지 않았다면 나는 그것을 제 시간에 끝낼 수 없었을 것이다.

02 If I were you, I wouldn't take Mr. Parker's class.
내가 너라면 Parker 교수님의 수업은 듣지 않을 텐데

03 If only I had not moved into the apartment.
내가 아파트로 이사하지만 않았더라면.

04 If he were my own son, I wouldn't let him make such noise.
만약 그가 나의 아들이었다면 그가 그렇게 떠들도록 내버려두지 않았을 것이다.

05 He talked as if he were the owner of this restaurant.
그는 자신이 마치 이 식당의 주인인 것처럼 말했다.

06 If she had been elected, she would've become a great representative.
만약 그녀가 뽑혔다면 그녀는 훌륭한 대표자가 되었을 것이다.

07 If it were not for her children, she could not have recovered from her illness.
만약 그녀의 아이들이 없었더라면, 그녀는 병에서 회복되지 못했을 것이다.

08 She couldn't be happier.
그녀는 그보다 더 행복할 수 없었다.

09 Had I finished the paper on time, I wouldn't have failed the class.
내가 제 시간에 리포트를 끝냈더라면 수업에서 낙제하지 않았을 텐데

❷ Exercise ················· p. 83

01 A 02 A 03 B 04 B 05 B 06 A

01 Mary had her sister Jessie wash the dishes.
Mary는 그녀의 여동생 Jessie에게 설거지를 하게 했다.

02 My mother made me get out of bed.
나의 어머니는 나를 침대에서 일어나게 하셨다.

03 I got a water pipe repaired by a plumber.
나는 수도관이 배관공에 의해 수리되도록 했다.

04 The police officer would not let the people through.
그 경관은 사람들이 지나가지 못하도록 했다.

05 James got his younger sister to help his grandparents.
James는 그의 여동생에게 조부모님을 도와드리게 했다.

06 The teacher made the boys apologize.
선생님은 그 소년들을 사과하게 했다.

Course 2
❶ Exercise ················· p. 85

01 B 02 B 03 A 04 B 05 B 06 A

01 He is not always that lazy.
그가 언제나 그렇게 게으른 것은 아니다.

02 He hardly keeps his promises.
그는 거의 약속을 지키지 않는다.

03 It's not rare for him to meet foreigners.
그에게는 외국인을 만나는 것이 드문 일이 아니다.

04 Not a single student passed the exam.
단 한 명의 학생도 시험을 통과하지 못했다.

05 It is needless to say that you're an excellent soccer player.
네가 뛰어난 축구 선수라는 것은 말할 필요도 없다.

06 I'm not disinterested in politics.
나는 정치에 무관심하지 않다.

❷ Exercise ················· p. 87

01 A 02 B 03 B 04 A 05 A 06 A

01 His computer is not as fast as mine.
그의 컴퓨터는 내 것만큼 빠르지 않다.

02 No one else can do the job as well as you.
그 누구도 너만큼 일을 잘할 수는 없다.

03 Annie is no less beautiful than her sister.
Annie는 그녀의 여동생 못지 않게 아름답다.

04 I prefer studying alone than with others.
나는 다른 사람과 함께 하는 것보다 혼자 공부하는 것을 선호한다.

05 I think an apartment is far more comfortable than a dorm room.
나는 기숙사보다 아파트가 훨씬 더 편안하다고 생각한다.

06 Life couldn't be better.
삶이 이보다 더 좋을 수는 없다.

Daily Check-up ················· p. 88
Drill A

01 A 02 B 03 B 04 A 05 A 06 B

01 Neither one of them want to go to the library.
그들 가운데 누구도 도서관에 가고 싶어하지 않았다.
A. 아무도 도서관에 가기를 원하지 않는다.
B. 그들 중 한 사람은 도서관에 가고 싶어하나, 다른 한 사람은 그렇지 않다.

02 If you had called me earlier, I could have given you my used books.
만약 네가 나에게 좀 더 빨리 전화했더라면 내가 사용하던 책을 너에게 줄 수 있었을 텐데.
　A. 네가 나에게 빨리 알려줬기 때문에 너는 내가 쓰던 책을 가질 수 있다.
　B. 내가 쓰던 책을 가지기엔 네가 너무 늦게 전화했다.

03 My roommate dragged me to a musical.
나의 룸메이트는 나를 뮤지컬에 끌고 갔다.
　A. 나는 내 룸메이트가 뮤지컬을 보게 했다.
　B. 내 룸메이트는 내가 뮤지컬을 보게 했다.

04 I am hardly the right person to give advice.
나는 충고를 하기에 적합한 사람이 아니다.
　A. 나는 충고를 하기에 적당한 사람이 아니다.
　B. 그 누구도 나 보다 더 나은 충고를 할 수 있는 사람은 없다.

05 Nothing makes her happier than reading.
독서만큼 그녀를 행복하게 만드는 것은 없다.
　A. 그녀는 독서하기를 좋아한다.
　B. 그녀는 독서하기를 싫어한다.

06 If he had scored, we could have won the game.
만약 그가 득점했더라면 우리는 그 경기에서 이겼을 것이다.
　A. 우리는 그가 득점한 후에 승리했다.
　B. 우리는 그가 득점하지 못했기 때문에 패배했다.

Drill B

01 If it were not for your help, I couldn't have finished my paper.
너의 도움이 아니었다면 나는 리포트를 끝내지 못했을 것이다.

02 It's not impossible to do it yourself.
그 일을 너 스스로 하는 것은 불가능하지 않다.

03 The ticket shouldn't cost you more than a few dollars.
그 표는 너에게 단지 몇 달러 정도의 비용만 들게 할 것이다.

04 Please let me know if you find my bag.
네가 내 가방을 찾으면 나에게 알려다오.

05 He could've had the job, if he had been on time for the interview.
그가 면접 시간에 맞춰서 갔더라면 그 일자리를 얻을 수 있었을 것이다.

06 No other student in Tom's class is as smart as he is.
Tom의 학급에 있는 어떤 학생도 Tom 만큼 똑똑하지는 않다.

07 I've barely talked to my roommate since we fought.
나는 우리가 싸운 이후로 나의 룸메이트에게 거의 말을 하지 않는다.

Drill C

01 I've never seen a woman as tall as Christine.
나는 Chris만큼 키가 큰 여자를 본 일이 없다.

02 Nothing seems to be impossible for him.
그에게는 불가능한 것이 없어 보였다.

03 I wish I could play a musical instrument.
내가 악기를 연주할 수 있었으면 좋겠다.

04 There is no doubt that Ross is the smartest student on this campus.
Ross가 이 학교에서 가장 똑똑한 학생이라는 데는 의심의 여지가 없다.

05 You're talking as if you were my father.
너는 마치 네가 나의 아버지라도 되는 것처럼 말한다.

06 He had his friend drop him off downtown.
그는 자신의 친구가 그를 시내에서 내려주도록 했다.

07 I hardly ever go to bed early.
나는 거의 일찍 잠자리에 들지 않는다.

08 You're making me embarrassed.
네가 나를 당황하게 하고 있다.

09 If I were Tom, I would not drop out of school.
내가 Tom이었다면 학교를 그만두지 않았을 것이다.

10 She seems to be happier than ever.
그녀는 그 어느 때보다도 행복해 보였다.

Course 1

❶ Exercise ·· p. 94

> 01 A　02 B　03 A　04 C　05 A　06 C

정답 · Script · 해석 · 해설

01 I'm **falling behind** in my math class.
난 수학 수업에서 뒤처져 있어.

02 The boy **is into** computer games.
그 소년은 컴퓨터 게임에 빠져있다.

03 I've been **swamped with** work for two months.
나는 두 달 동안 일 때문에 꼼짝 달싹 못했다.

04 I'd like you to **take** the circumstances **into account**.
나는 네가 상황을 고려해주었으면 한다.

05 I can't **put up with** this noise anymore.
나는 이 소음을 더 이상 견딜 수 없다.

06 **You'd better** ask for some help from your friends when you move out.
네가 이사할 때 친구들에게 도움을 요청하는 것이 좋을 것이다.

Course 2

❶ Exercise ················· p. 98

01 B	02 A	03 A	04 B	05 B	06 B

01 If you ask me, what the professor said is not necessarily true.
내 생각에는 교수님께서 말씀하신 것이 꼭 사실은 아니야.
A. 나는 교수님이 전적으로 옳다고 생각한다.
B. 나는 교수님이 틀렸을 수도 있다고 생각한다.

02 If I were you, I wouldn't skip class the first day of the semester.
내가 너라면 학기의 첫 날부터 수업을 빠지지는 않을 거야.
A. 나는 네가 학기 첫 날부터 수업에 빠져서는 안 된다고 생각한다.
B. 나는 이번 학기에 다시는 수업에 빠지지 않을 것이다.

03 Don't you think Mary is a smart girl?
Mary가 영리한 소녀라고 생각하지 않니?
A. 나는 Mary가 똑똑한 소녀라고 생각한다.
B. 나는 Mary가 똑똑한 소녀라고 생각하지 않는다.

04 Is Mike your brother? You've got to be kidding!
Mike가 네 형제라고? 농담이지!
A. Mike가 네 동생이라는 데 별로 놀라지 않았다.
B. Mike가 네 동생이라는 사실은 믿기 어렵다.

05 You don't want to see that movie.
그 영화를 보지 않는 것이 좋을 걸.
A. 너는 영화 보는 것을 좋아하지 않는다
B. 너는 영화를 봐서는 안 된다.

06 Why don't I lend you my notebook?
내가 노트를 빌려줄까?
A. 왜 내가 너에게 노트를 빌려줄 거라고 생각하니?
B. 내가 노트를 빌려줄까?

❷ Exercise ················· p. 101

01 A	02 A	03 B	04 B	05 A
06 A	07 B	08 A	09 A	10 A

01 M: Would you like to get some fresh air?
W: Why not?

M: 신선한 공기를 쐬러 갈래?
W: 왜 안 되겠어? (그래, 그러자)

02 W: The history class is killing me.
M: You can say that again.

W: 역사 수업은 날 정말 힘들게 해.
M: 네 말에 전적으로 동의해.

03 M: How about going to see the basketball game this weekend?
W: Can I take a rain check?

M: 이번 주말에 농구 경기를 보러 가는 게 어때?
W: 다음 기회에 가면 안 될까?

04 W: May I help you find something?
M: It's O.K., but thanks anyway.

W: 뭔가 찾으시는 걸 도와드릴까요?
M: 괜찮아요. 어쨌든 감사합니다.

05 M: Do you want to use my computer?
W: If you don't mind.

M: 내 컴퓨터를 쓰겠니?
W: 네가 꺼리지만 않는다면.

06 M: Would you mind if I smoke here?
W: Actually, a little bit.

M: 내가 여기서 담배 피우는 것이 꺼려지니?

W: 사실 조금 그래.

07 W: What do you say to Pizza?
M: That would be great.

W: Pizza 어떠니?
M: 그거 좋지.

08 W: I think Tony is too talkative.
M: No doubt about that.

W: 나는 Tony가 너무 수다스럽다고 생각해.
M: 거기에 대해선 의심의 여지가 없지.

09 M: Do you think Laura will lend me her notes?
W: I wouldn't bet on it.

M: Laura가 나에게 그녀의 노트를 빌려줄 거라고 생각하니?
W: 그럴 것 같지는 않은데.

10 W: I think the final was too difficult.
M: You aren't kidding.

W: 나는 기말 시험이 너무 어려웠다고 생각해.
M: 네 말이 맞아.

Daily Check-up ······························ p. 102
Drill A

| 01 B | 02 C | 03 A | 04 A | 05 B | 06 D |

01 It's late and we've been working really hard. **Let's call it a day**.
시간도 늦었고 우린 매우 열심히 일했으니 여기서 오늘 일을 끝내자.

02 I think Mark **came down with something**, because he hasn't shown up for class in a week.
나는 Mark가 병에 걸린 것 같아. 왜냐하면 그는 일주일 동안 수업에 나타나지 않았거든.

03 Mr. Hanson's pop quiz was **a breeze**.
Hanson 교수님의 돌발 퀴즈는 매우 쉬웠어.

04 The landlord doesn't seem to **have a heart** about his tenants at all.
그 주인은 세입자들에게 전혀 인정이 없는 것 같아.

05 Finally George **gave in** to his best friend's demand.
결국 George는 그와 가장 절친한 친구의 요구에 굴복했다.

06 I've had it with parties in the dorm.
나는 기숙사에서의 파티에 물렸다.

Drill B

| 01 B | 02 A | 03 B | 04 A | 05 A | 06 B |

01 W: It's a really lovely day, and I don't want to stay in the library.
M: I couldn't agree with you more.

W: 정말 멋진 날이어서 도서관에 있고 싶지 않구나.
M: 전적으로 동의해.

A. 나는 공부를 더 하고 싶다.
B. 나는 더 이상 공부하고 싶지 않다.

02 M: You do remember tomorrow is the day you're meeting my sister, right?
W: Of course I do. You may not know how much I've been looking forward to tomorrow.

M: 너 내일이 나의 여동생을 만나기로 한 날인 것 기억하고 있지, 그렇지?
W: 물론이지. 넌 내가 내일을 얼마나 기대해왔는지 모를 거야.

A. 나는 정말 네 여동생을 만나고 싶다.
B. 나는 네 여동생을 전혀 만나고 싶지 않다.

03 W: Why don't we go to the student theater to see an opera?
M: The last time I went to the opera, I kept looking at my watch.

W: 오페라 보러 학생 극장에 가는 게 어때?
M: 지난 번 오페라를 보러 갔을 때, 난 계속 시계만 봤어.

A. 나는 이미 그 오페라를 봤다.
B. 나는 오페라 관람을 즐기지 않는다.

04 M: Do you want me to give you a ride to your house?
W: I can't thank you enough.

M: 내가 널 집까지 태워줄까?
W: 그럼 더 없이 고마울 거야.

A. 나는 집까지 차를 태워줬으면 한다.
B. 나는 너의 도움이 필요하지 않다.

05 W: I think it will rain tomorrow.

M: I'm not sure about that. The weather man said the skies would be clear.

W: 내 생각에 내일 비가 올 것 같아.
M: 나는 잘 모르겠는데. 일기예보 아나운서가 하늘이 맑을 거라고 했거든.

A. 일기예보 아나운서가 내일 비가 올 거라고 말하지 않았다.
B. 나는 일기예보 아나운서의 말에 동의하지 않는다.

06 M: Are you coming to the football game with us?
W: You'll have to count me out.

M: 우리와 함께 축구 경기를 보러 가겠니?
W: 아마 나는 제외해야 할 거야.

A. 나는 축구를 좋아하지 않는다.
B. 나는 너와 함께 갈 수 없다.

Drill C

01 I don't think I can get along with my new roommate.
나는 새 룸메이트와 잘 지내지 못할 것 같아.

02 Have you ever thought about teaching in college?
대학에서 가르치는 걸 생각해본 적 있니?

03 That kind of work is easy as pie for me.
그런 일이라면 나에겐 식은죽 먹기지.

04 Why don't you drop by the student health center to see a doctor?
의사에게 진찰 받으러 학생 의료 센터에 들러보는 게 어때?

05 If you ask me, don't go out in the stormy weather.
내 생각을 말하자면, 폭풍우가 치는 날씨에는 밖에 나가지 않도록 해.

Drill D

01 I wouldn't say that you need a part time job this semester.
난 네가 이번 학기에 시간제 일을 해야 한다고 생각하지 않아.

02 I think you should give it a shot.
난 네가 그것을 시도해봐야 한다고 생각해.

03 I'd rather not go to the party tonight.
난 오늘 밤에 파티에 가지 않는 것이 좋을 것 같아.

04 You bet I did.
분명 내가 그랬다니까.

05 I don't think that will work.
난 그것이 잘 될 것 같지 않아.

06 It can't be better than now.
지금보다 더 좋을 수는 없어.

07 If I were you, I wouldn't drop the class.
내가 너라면 그 수업을 취소하지 않았을 거야.

08 Skipping psychology class is out of the question.
심리학 수업에 빠진다는 건 있을 수 없는 일이야.

09 You are supposed to be here at 8 AM.
너는 여기에 오전 8시까지 도착해야 한다.

10 Do you happen to know someone named John Parker?
혹시 John Parker라는 이름을 가진 사람을 알고 있니?

Daily Check-up ···························· p. 112

Drill A

01 M: Why don't we go out for dinner tonight?
W: I'm sorry, but I'm feeling under the weather right now.

M: 오늘 저녁 외식하러 가지 않을래?
W: 미안하지만 지금 몸이 좀 안 좋아.

02 W: I got a part time job at the coffee house near campus.
M: That doesn't sound like you. You aren't the type of person who enjoys hard work.
W: Well, you're right, but I don't really have a choice right now.

W: 학교 근처 커피숍에서 아르바이트를 하게 됐어.
M: 너답지 않은데. 네가 열심히 일하는 걸 즐기는 그런 사람은 아니잖아.
W: 그래, 네 말이 맞아. 하지만 지금은 어쩔 수가 없네.

03 M: Have you taken Professor Barron's class? I can't help but fall asleep during that class.
W: Yeah, I took that class last semester, and I barely

remember his face because my eyes were always closed.

M: Barron 교수님 수업 들어본 적 있니? 그 수업 시간에는 잠들지 않을 수가 없어.

W: 그래, 난 그 수업을 지난 학기에 들었는데 항상 눈을 감고 있어서 교수님의 얼굴이 거의 기억나지 않아.

04 M: Hey, I didn't expect to see you in the library.

W: I have a lot of material to go over for tomorrow's class.

M: 이봐, 널 도서관에서 보게 될 줄은 몰랐는걸.

W: 내일 수업 때문에 봐야 할 자료가 많거든.

05 W: Can I borrow your laptop for about an hour?

M: Be my guest.

W: 네 노트북을 한 시간만 빌릴 수 있을까?

M: 물론이야.

06 M: I can't believe I overslept for class this morning with midterms coming up.

W: If you want, you can take a look at my notes.

M: 중간고사가 다가오고 있는데 아침 수업에 늦잠을 자다니 믿을 수가 없어.

W: 원한다면 내 노트를 보도록 해.

Drill B

01 B 02 B 03 B 04 A 05 A 06 A

01 M: I've been really disappointed with dormitory facilities.

W: You can say that again.

M: 난 기숙사 시설에 정말 실망했어.

W: 네 말에 전적으로 동의해.

해설 'You can say that again.' 은 동의를 나타내는 표현입니다.

02 W: We are planning to go on a picnic next weekend. Can you join us?

M: I wish I could say yes.

W: 우린 다음 주에 소풍 갈 계획인데. 함께 갈 수 있니?

M: 그렇다고 말할 수 있었으면 좋을 텐데.

해설 'I wish I could say yes.' 는 가정법이므로 실제로는 그렇다고 말할 수 없다는 뜻입니다.

03 W: I think the movie we watched yesterday was quite boring.

M: I had a hard time sitting through it too.

W: 어제 우리가 본 영화는 꽤 지루했던 것 같아.

M: 나도 끝까지 앉아 있느라 꽤 힘들었어.

해설 영화가 지루하다는 여자의 말에, 남자는 자신도 그것을 '끝까지 보기가 힘들었다' 며 동의를 표하고 있습니다.

04 M: Why don't you go abroad to study art?

W: When I have the money, that's the first thing I'll do.

M: 미술 공부하러 유학을 가지 그러니?

W: 돈이 있다면 내가 첫 번째로 할 일이 그거야.

해설 돈이 있다면 유학을 가겠다는 여자의 말은 현재로서는 돈이 없어서 유학을 갈 수 없다는 것을 의미합니다.

05 W: I'm thinking about signing up for Psychology 202.

M: What made you consider taking such a difficult class?

W: 202 철학 수업에 등록할 생각이야.

M: 왜 그렇게 어려운 수업을 들으려고 하니?

해설 'such a difficult class' 라는 남자의 말에서, 남자가 그 수업을 어렵게 여긴다는 것을 알 수 있습니다.

06 M: How do you like your new part-time job?

W: New? It's been two months since I changed jobs.

M: 새 아르바이트 일은 어떠니?

W: 새 아르바이트라고? 내가 일자리를 옮긴 지가 두 달이나 됐어.

해설 두 달 전에 직장을 옮겼다는 말은 새 일을 시작한 지가 꽤 오래 되었다는 것을 의미합니다.

Drill C

01 A 02 B 03 A 04 B 05 A 06 B

01 M: Excuse me, Professor. Can you give me an

extension for the lab report?
W: I think I gave you enough time for that.

M: 실례합니다, 교수님. 실험 보고서의 제출 기한을 연장해주실 수 있나요?
W: 난 네게 그것을 위해 충분한 시간을 줬다고 생각하는데.

A. 교수는 학생에게 기한을 연장해주지 않을 것이다.
B. 교수는 그가 실험 보고서를 끝낼 시간이 없다는 데 놀랐다.

해설 보고서를 위한 시간을 충분히 줬다는 말은 더 이상 시간을 주지 않겠다는 뜻입니다.

02 W: Did you see Tom? I need to ask him about the physics assignment from yesterday's class.
M: He's in the cafeteria now, but he didn't go to class yesterday either.

W: Tom 봤니? 난 어제 물리학 수업의 과제에 대해 그에게 물어볼 것이 있거든.
M: 그는 지금 구내 식당에 있어. 하지만 어제 Tom도 수업에 가지 않았어.

A. 여자는 지금 당장 구내 식당으로 가야 한다.
B. 여자는 Tom에게 물리학 숙제에 대해 물어보지 말아야 한다.

해설 남자는 Tom도 수업에 가지 않았으므로 여자가 과제에 대해 물어볼 필요가 없다는 것을 말하고 있습니다.

03 M: I think I saw you yesterday downtown. What were you doing there?
W: You must be mistaken. I was there the day before yesterday.

M: 어제 시내에서 널 본 것 같아. 뭘 하고 있었니?
W: 네가 잘못 봤나 봐. 난 이틀 전에 그 곳에 갔었거든.

A. 남자가 어제 봤던 사람은 그녀가 아니었다.
B. 여자는 거의 매일 시내에 간다.

해설 어제 시내에 가지 않았다는 여자의 말은, 남자가 본 것이 자신이 아니라는 뜻입니다.

04 M: I saw you playing the piano the other day. Can you teach me how to play it? I really want to learn.

W: I'd like to, but I don't play well enough to teach anybody else.

M: 며칠 전에 네가 피아노 치는 걸 봤어. 치는 법을 나에게 가르쳐줄 수 있니? 정말 배워보고 싶어.
W: 나도 그러고 싶지만 내가 남을 가르칠 정도로 잘 치지는 못해.

A. 여자는 시간이 충분치 않아서 남자를 가르칠 수 없다.
B. 여자는 그다지 능숙하지 않아서 남자를 가르칠 수 없다.

해설 남을 가르칠 정도로 잘 치지 못한다는 것은, 자신의 실력이 부족하다는 뜻이 됩니다.

05 W: The chemistry lab reports always take so long. I'm lucky I still have two days to finish it.
M: What are you talking about? You need to turn it in tomorrow.

W: 화학 실험 보고서는 언제나 너무 오래 걸려. 아직 마무리 할 시간이 이틀이나 있어서 다행이야.
M: 무슨 말을 하는 거야? 넌 그걸 내일 제출해야 해.

A. 여자는 그녀가 생각했던 것보다 리포트를 끝낼 시간이 부족하다.
B. 여자는 실험 보고서를 끝내는데 더 많은 시간을 들여도 된다.

해설 여자가 이틀 더 시간이 있다고 생각했는데, 남자는 내일이 기한이라고 말하므로 여자의 예상보다 시간이 없다는 말을 하고 있음을 알 수 있습니다.

06 M: I met a movie star in person yesterday, for the first time in my life! I was really excited!
W: You're telling me this is your first time?

M: 어제 난생 처음으로 영화배우를 직접 만났어! 정말 흥분했었어!
W: 지금 그것이 처음이었다고 말하는 거야?

A. 여자는 직접 영화배우를 만나본 일이 없다.
B. 여자는 이전에 영화배우들을 만나본 적이 있다.

해설 여자가 매우 놀라며 남자에게 영화 배우를 직접 본 것이 처음이냐고 반문하므로, 여자는 이미 영화 배우를 만나본 적이 있음을 알 수 있습니다.

Daily Test

P. 115

정답 **01** A **02** D **03** C **04** B **05** B
　　　06 B **07** A **08** D **09** D **10** C

01 M: Are you going to be able to make the geology field trip next week?
W: You'll have to count me out. I'm scheduled to work that day.

M: 다음 주에 지질학 현장 답사에 참가할 수 있을 것 같니?
W: 나는 안 될 것 같아. 그 날은 일을 해야 하거든.

A. 그녀는 현장 답사를 갈 수 없다.
B. 그녀는 지질학 리포트를 써야 한다.
C. 남자는 일하러 가야 할 것이다.
D. 그녀는 수학 수업을 듣고 있다.

해설 'count me out' 은 "자신을 참가하는 사람들 중에서 제외해라" 라는 뜻이므로, 여자의 말은 현장 답사를 갈 수 없다는 뜻입니다. B는 대화에서 들린 'geology' 를 그대로 쓴 오답유형(Type1)이고, D는 'count' 의 의미를 변형하여 쓴 오답 유형(Type1)입니다.

02 W: Didn't you think the lecture the professor gave was interesting?
M: It gave me the chance to catch up on my sleep.

W: 교수님이 했던 강의가 흥미로웠다고 생각하지 않니?
M: 그 강의는 내게 잠을 보충할 시간을 주던데.

A. 그는 학업에 뒤처져 있다.
B. 그는 강의가 멋지다고 생각했다.
C. 그는 어젯밤에 충분히 자지 못했다.
D. 그는 강의가 지루했다.

해설 수업 시간에 잠을 보충했다는 말은 수업이 지루했다는 뜻이 됩니다. 'catch up' 이라는 단어 때문에 A를 답으로 혼동하거나, 'sleep' 때문에 C를 답으로 혼동하지 말아야 합니다.

03 M: I've been looking everywhere for my calculus book. Do you know where it is?
W: Your guess is as good as mine.

M: 난 미적분학 교재 때문에 모든 곳을 다 찾아봤어. 어디 있는지 아니?
W: 나도 너만큼이나 모르겠어.

A. 그녀는 남자가 책 찾는 것을 도와줄 것이다.
B. 남자는 수학 문제를 잘 푼다.
C. 그녀는 책이 어디 있는지 모른다.
D. 그녀는 수업에 필요한 책을 빌렸다.

해설 여자의 말을 직역해보면 "나도 네가 추측하는 정도 밖에 하지 못해." 라는 뜻이므로, 책이 어디 있는지를 모른다는 뜻이 됩니다.

04 M: Excuse me, I lost my ID card recently. Can you replace my card for me?
W: Yes, we can give you a new one, but there is a replacement fee.

M: 실례합니다. 전 최근에 학생증을 분실했어요. 카드를 재발급 해주실 수 있나요?
W: 네, 새 것을 만들어 드릴 수는 있는데, 재발급 요금이 있어요.

A. 남자는 전에 학생증을 잃어버린 적이 있다.
B. 남자는 새 카드에 돈을 지불해야 할 것이다.
C. 남자는 최근에 그의 카드를 교체했다.
D. 남자는 그녀에게 새 카드를 줄 것이다.

해설 여자의 카드 재발급 비용이 있다는 말은 남자가 카드에 대한 비용을 지불해야 한다는 뜻입니다. D의 경우 남,녀의 상황을 반대로 이해한 오답 유형 (Type 2)입니다.

05 W: I'm starving. Let's go to the cafeteria and grab some dinner before we study.
M: I have a better idea. Why don't we just order a pizza? It'll be my treat.

W: 너무 배가 고파. 공부하기 전에 구내 식당에 가서 저녁을 좀 먹자.
M: 더 좋은 생각이 있어. 그냥 피자를 주문하는 건 어때? 내가 살게.

A. 그는 공부하고 싶지 않다.
B. 그는 피자 값을 낼 것이다.
C. 그는 하루 종일 식사를 못했다.
D. 그는 구내 식당에서 피자를 먹기를 원한다.

해설 남자는 피자를 시켜먹자며, 자신이 돈을 내겠다고 하므로(It'll be my treat) 피자 값을 지불하겠다는 말을 하고 있습니다. 'pizza' 라는 단어만으로 D를 답으로 고르지 않도록 유의합니다.

06 W: Didn't you have a sociology test today? How was it?

M: It was a breeze.

W: 오늘 사회학 시험이 있다고 하지 않았니? 어땠어?
M: 무척 쉬웠어.

A. 그는 과학 시험을 쳤다.
B. 그는 시험이 쉬웠다고 생각했다.
C. 그는 날씨가 안 좋아서 시험을 치지 못했다.
D. 그는 시험이 꽤 어려웠다고 생각했다.

해설 'breeze' 는 '쉬운 일' 이라는 뜻을 지니므로, 남자는 시험이 쉬웠다는 말을 하고 있음을 알 수 있습니다. A와 C 는 'breeze' 의 뜻을 다르게 해석한 오답 유형 (Type 1)입니다.

07 M: Could you drop this book off at the library on your way to class?

W: No problem.

M: 수업 들으러 가는 길에 이 책을 도서관에 반납해 줄 수 있겠니?
W: 물론이야.

A. 그녀는 남자를 위해 책을 반납할 것이다.
B. 그녀는 도서관에 갈 시간이 없다.
C. 그녀는 수업에 가지 않을 것이다.
D. 그녀는 남자를 위해 도서관에서 책을 빌릴 것이다.

해설 'No problem'은 상대방의 요청에 대해 '물론'이라는 긍정의 응답이므로 여자는 남자를 위해 책을 반납해주겠다고 말하고 있습니다.

08 M: We're going to the movies tonight. Do you want to join us?

W: Sorry, I'm way behind on my reading assignments.

M: 오늘 밤에 영화 보러 갈 거야. 같이 갈래?
W: 미안해. 난 읽기 과제에 많이 뒤처져 있거든.

A. 그녀는 영화 보는 것을 좋아하지 않는다.
B. 그녀는 나중에 극장에서 남자를 만날 것이다.
C. 그녀는 이미 다른 약속이 있다.
D. 그녀는 해야 할 숙제가 너무 많다.

해설 'be behind on~' 이라는 말은 '~에 뒤처져 있다' 는 말이므로, 여자의 말은 따라잡아야 할 숙제가 많다는 뜻이

됩니다.

09 W: It looks cloudy outside. Do you think I need an umbrella?

M: That might be a good idea. Better safe than sorry.

W: 밖이 흐려 보이네. 우산이 필요할 거 같지?
M: 그게 좋은 생각인 것 같은데. 후회하는 것보다는 안전한 게 낫지.

A. 여자는 우산을 가져올 필요가 없다.
B. 여자는 남자의 우산을 사용할 수 있다.
C. 여자는 밖에 나가지 말아야 한다.
D. 여자는 만일을 대비해서 우산을 가져가야 한다.

해설 'better safe than sorry' 란 '나중을 위해 미리미리 대비하는 것이 낫다' 는 뜻이므로 남자는 여자에게 우산을 챙겨가라는 말을 하고 있는 것입니다.

10 W: Do you want to come to the beach with us during spring break?

M: I'm not sure yet. Let me get back to you.

W: 봄 방학 동안 우리와 함께 해변에 갈래?
M: 아직은 잘 모르겠어. 너에게 다시 말해줄게.

A. 그는 봄 방학 때 해변에 갈 수 없다.
B. 그는 해변에서 여자를 만날 것이다.
C. 그는 나중에 여자에게 갈 수 있을지를 말할 것이다.
D. 그는 여자와 함께 다른 곳에 가기를 원한다.

해설 'get back' 이란 '다시 말해주다' 라는 의미이므로 답은 C가 됩니다. A는 "I'm not so sure about that." 이라는 앞 부분의 대사로 성급한 결론을 내린 오답 유형(Type 6)입니다.

Daily Check-up ······························ p. 120
Drill A

01 W: Do you think you'll take part in the field trip next weekend?

M: You don't know how much I've been anticipating it!

W: 너 다음 주 현장 답사에 참여할 생각이니?
M: 내가 그걸 얼마나 기대했는지 모르나 보구나!

02 M: Can you give me a ride to the campus tomorrow morning?
W: I don't think I need to go as early as you do.

M: 내일 아침에 학교까지 나를 태워줄 수 있니?
W: 내가 너만큼 학교를 일찍 가야 할 필요는 없을 것 같은데.

03 W: I think I'll be studying all night for my final.
M: Don't you think it's a little early for that?

W: 아마 기말 고사 때문에 밤새 공부해야 할 것 같아.
M: 그러기에는 좀 이른 것 같지 않니?

04 M: Do you know how I can get to the TA's office?
W: I'm sorry, but I entered this college only a month ago.

M: 조교 사무실에 가려면 어떻게 가야 하는 지 아나요?
W: 죄송하지만 저도 학교에 입학한 지 한 달밖에 되지 않아서요.

05 W: I've heard that there will be a quiz tomorrow morning.
M: You've got to be kidding!

W: 내일 아침에 퀴즈가 있을 거라고 들었어.
M: 농담이지!

06 M: I was almost run over by a car. Luckily someone pushed me out of the way.
W: What a relief!

M: 나 거의 차에 치일 뻔 했어. 다행히 누군가가 길 밖으로 밀어내 주었지.
W: 정말 다행이다!

Drill B

01 B **02** A **03** A **04** B **05** B **06** A

01 W: You skipped class again this morning.

M: You know me. I couldn't get up early enough.

W: 너 오늘 아침에도 수업에 빠졌었지.
M: 너도 나 알잖아. 충분히 일찍 일어나지 못했거든.

해설 'You know me.' 라는 말은 남자가 수업에 늦는 일이 잦다는 것을 암시합니다.

02 W: I'm thinking about taking an extra course this semester.
M: If you want to keep your grades up, you'd better not.

W: 난 이번 학기에 추가 과목을 수강할 생각이야.
M: 만약 학점을 높게 유지하고 싶다면 그러지 않는 게 좋을 거야.

해설 학점을 높게 하려면 추가 과목을 듣지 말라는 남자의 말은, 추가 과목을 들으면 학점을 높이기 힘들다는 것을 암시합니다.

03 M: I don't want to live in the dorm anymore.
W: I really don't blame you for not wanting to live in those conditions.

M: 난 더 이상 기숙사에 살고 싶지 않아.
W: 그런 상태에서 살기를 원하지 않는 것에 대해 널 비난할 순 없겠지.

해설 여자는 남자가 기숙사에 살고 싶어하지 않는 것이 합당하다고 생각하므로 기숙사의 상태가 좋지 않다는 남자의 의견에 동의하고 있습니다.

04 M: I've lost my biochemistry text book.
W: That's too bad. I don't think you can afford another one.

M: 내 생화학 교재를 잃어버렸어.
W: 정말 안됐네. 네가 한 권을 더 살 비용을 감당할 순 없을 것 같은데.

해설 책을 한 권 더 살 비용을 감당할 수 없다는 말은 남자에게 있어 책 값이 비싸다는 것을 암시합니다.

05 W: I have an extra ticket for the musical. Would you like to go with me?
M: I don't see why not.

W: 뮤지컬 표가 한 장 남아. 나와 함께 가지 않을래?

M: 왜 안되겠어.

해설 남자의 말은 안 될 이유가 없다는 간접적인 긍정의 표현이므로, 여자와 함께 가겠다는 뜻을 암시하고 있습니다.

06 M: Would you help me type these documents?
W: I don't think I would be helpful.

M: 이 문서 타이핑 치는 것 좀 도와줄래?
W: 내가 그렇게 도움이 될 것 같지는 않은데.

해설 그다지 도움이 되지 않는다는 것은, 여자가 타이핑에 그다지 능숙하지 않다는 것을 암시합니다.

Drill C

01 B	02 B	03 A	04 A	05 B	06 A

01 W: Would you return this book to the library for me?
M: I'd like to, but I'm running late for my class.

W: 내 대신 이 책을 도서관에 반납해주겠니?
M: 나도 그러고 싶지만 지금 수업에 늦었어.

A. 남자는 수업이 끝난 후 책을 반납할 것이다.
B. 남자는 도서관에 들를 시간이 없다.

해설 수업에 늦었다는 것은 남자가 도서관에 갈 시간이 없다는 것을 암시합니다.

02 M: I think the Professor Carter should take into account my busy schedule, and give me an extension on the paper.
W: Don't you think that would be unfair to the other students?

M: 난 Carter 교수님이 나의 바쁜 일정을 참작하셔서 내게 리포트 기한을 연장해주셔야 한다고 생각해.
W: 그것이 다른 학생들에게 불공평하다고는 생각하지 않니?

A. 교수는 남자에게 기한을 연장해주지 않았으므로 불공평하다.
B. 교수는 남자에게 기한을 연장해주어서는 안 된다.

해설 여자는 교수가 남자에게만 기한을 연장해주는 것이 다른 학생들에게 불공평하다고 여기므로, 여기에 동의하지 않고 있음을 알 수 있습니다.

03 W: I feel gloomy whenever it rains.
M: Even on sunny days your mood doesn't seem any brighter.

W: 난 비가 오면 항상 우울해.
M: 맑은 날에 네 기분이 명랑해지는 것 같지는 않던데.

A. 여자는 날씨와 관계없이 항상 우울하다.
B. 여자는 맑은 날에 매우 행복해 보인다.

해설 비 오는 날 뿐만 아니라, 맑은 날에도 여자가 명랑해 보이지 않는다는 남자의 말은 여자가 날씨와 관계 없이 늘 우울해 보인다는 것을 암시합니다.

04 M: I think walking is really good exercise.
W: Is that why you drive to the school even though it's just 5 minutes distance from your house?

M: 난 걷는 것이 정말 좋은 운동이라고 생각해.
W: 그래서 넌 집에서 5분 거리 밖에 안 되는 학교까지 차를 타고 다니니?

A. 남자는 할 수 있는 만큼 걷지 않는다.
B. 남자는 적어도 하루에 5분 정도씩은 걷는다.

해설 5분이라는 짧은 거리를 차를 타고 이동한다는 여자의 말은, 남자가 평소에 잘 걷지 않는다는 것을 암시합니다.

05 W: Could you write a letter of recommendation for me, professor?
M: I think you'd be better off with someone else.

W: 교수님, 저를 위해 추천서를 써주실 수 있으신가요?
M: 내 생각엔 네가 다른 사람에게 부탁해보는 것이 훨씬 나을 것 같구나.

A. 교수는 추천장을 써주기에는 너무 바쁘다.
B. 교수는 학생이 다른 교수에게 요청해야 한다고 생각한다.

해설 다른 사람에게 가 보는 것이 훨씬 나을 거라는 교수의 말은, 추천서를 다른 교수에게 부탁하라는 것을 암시합니다.

06 M: What time do you want to meet tonight for the concert?
W: It isn't until tomorrow.

M: 오늘 밤 콘서트 때 몇 시에 만나기를 원하니?
W: 콘서트는 내일이야.

A. 남자는 콘서트 날짜를 혼동하고 있다.
B. 여자는 그들의 약속을 연기하기를 원한다.

해설 콘서트가 오늘이라고 알고 있는 남자에게, 여자는 공연이 내일이라고 말하므로 남자가 날짜를 혼동하고 있다는 것을 알 수 있습니다.

Daily Test
P. 123

01 B 02 A 03 A 04 D 05 B
06 C 07 D 08 B 09 B 10 A

01 W: I stayed up all night studying, and I still made a C on the midterm.
M: I wouldn't complain if I were you. At least you passed!

W: 난 공부하느라 밤을 샜는데도 중간 고사에서 C 밖에 못 받았어.
M: 내가 너라면 불평하지 않을 거야. 적어도 넌 패스했잖아!

A. 그는 시험 공부를 하지 않았다.
B. 그는 중간 시험에서 낙제했다.
C. 여자는 휴식을 취해야만 한다.
D. 그는 여자보다 더 높은 점수를 받았다.

해설 자신이 패스했더라면 불평하지 않았을 거라는 남자의 말은, 남자가 중간 고사에서 낙제 점수를 받았음을 암시합니다. A는 근거없는 추론을 한 오답 유형 (Type 4)입니다.

02 M: You're in class today. Did you finally get over your cold?
W: Yeah, I feel so much better. I can't say the same for my roommate though.

M: 오늘은 수업에 왔구나. 드디어 감기가 나은 거야?
W: 그래, 훨씬 나아졌어. 하지만 내 룸메이트도 그렇다고 말할 수는 없을 것 같아.

A. 그녀의 룸메이트는 아직 아프다.
B. 그녀는 감기약을 먹어오고 있다.
C. 남자는 수업을 놓쳤다.
D. 그녀는 룸메이트로부터 감기가 옮았다.

해설 자신은 나았는데 룸메이트에 대해서는 똑같이 말할

수 없다는 여자의 말은, 룸메이트가 아직 아프다는 것을 암시합니다. B는 근거 없는 추론을 한 오답 유형 (Type 4)이며, D는 'roommate' 라는 단어를 그대로 써 혼동을 준 오답 유형 (Type 1)입니다.

03 W: I'm not sure if I'll be able to finish my report on time. Do you think the professor will give me an extension?
M: Don't count on it. You know his policy on late papers.

W: 시간 내에 내 리포트를 완성할 수 있을 지 잘 모르겠어. 교수님께서 내게 기한을 연장해주실 거라고 생각하니?
M: 기대도 하지마. 너도 기한이 지난 리포트에 대한 교수님의 방침을 알잖아.

A. 여자는 기한을 연장 받지 못할 것이다.
B. 그는 이미 자신의 리포트를 제출했다.
C. 여자는 가서 교수에게 이야기해봐야 한다.
D. 교수는 기한이 지난 리포트에 대해 관대하다.

해설 남자는 기한 연장에 대해 기대하지 말라고 말하므로, 여자가 기한을 연장 받지 못할 것임을 알 수 있습니다. B는 근거 없는 추론을 한 오답 유형 (Type 4)입니다.

04 M: How was the concert last night? I heard it was sold out.
W: I wouldn't know. My boyfriend never reserved the tickets.

M: 어제 밤 콘서트는 어땠어? 표가 매진되었다고 들었는데.
W: 내가 알 리가 없지. 내 남자 친구가 표를 예약하지 못했거든.

A. 그녀는 도중에 떠나야 했다.
B. 그녀의 남자 친구는 그녀를 남겨놓고 콘서트를 보러 갔다.
C. 그녀는 표를 예매하는 것을 잊었다.
D. 그녀는 콘서트에 가지 않았다.

해설 표를 예약하지 못해서 공연이 어땠는지 알지 못한다는 여자의 말은, 여자가 공연에 가지 못했다는 것을 암시합니다. C는 "reserve" 라는 단어를 그대로 써서 혼동을 준 오답 유형 (Type 1)입니다.

05 W: My allergies are really acting up today. I've been sneezing all day.

M: My sister has the same problems during the spring. I'm thankful it doesn't run in the family.

W: 오늘 내 알레르기가 무척 심해졌어. 하루 종일 기침을 하고 있어.

M: 내 여동생도 봄이 되면 같은 어려움을 겪지. 가족에게 전해 내려오는 것이 아니라서 나에겐 다행이야.

A. 그는 하루 종일 콧물을 흘렸다.
B. 그는 알레르기에 시달리지 않는다.
C. 여자는 약을 먹어야만 한다.
D. 그와 그의 여동생은 같은 알레르기 문제를 가지고 있다.

해설 여동생에게 알레르기가 있는데, 그것이 가족에게 전해지지 않아 다행이라는 남자의 말은 자신에겐 알레르기 증상이 없음을 암시합니다. A는 남자와 여자의 상황을 혼동한 오답 유형 (Type 2)입니다.

06 M: I think I'm going to drop my 9 o'clock class. I can never seem to wake up in time.

W: Is that really a good reason to drop it?

M: 난 아무래도 9시 수업을 취소해야 할 것 같아. 시간 내에 결코 일어날 수가 없어.

W: 그게 정말 수업을 취소할 만한 적당한 이유니?

A. 남자는 수업을 바꿔야만 한다.
B. 남자는 일찍 잠자리에 들어야 한다.
C. 남자는 계속해서 수업을 들어야만 한다.
D. 남자는 등록 사무소에 들러야만 한다.

해설 '그것이 정말 적당한 이유냐?' 는 여자의 반문은 적당한 이유가 아님에 대한 강조이므로 여자는 남자가 수업을 계속 들어야 한다는 것을 암시합니다.

07 M: I still can't decide if I should live in the dorms next year.

W: Well, I was just at the housing office, and I don't think you even have a choice anymore.

M: 내년에도 기숙사에서 살아야 할 지 아직 결정하지 못했어.

W: 글쎄, 내가 지금 막 주거 사무실에 다녀왔는데 더 이상 네게 선택권조차 없을 것 같던데.

A. 기숙사는 살기에 좋은 장소가 아니다.
B. 남자는 기숙사에서 방을 얻기 위해 서둘러야 한다.
C. 남자는 어디서 살 지를 천천히 결정해야 한다.

D. 기숙사는 자리가 찼다.

해설 기숙사에서 살 지의 여부를 결정할 선택권이 남자에게 없다는 것은, 이미 기숙사가 다 찼음을 암시합니다.

08 W: Why don't we try that new pizza place that just opened?

M: I'd love to, but I don't have my wallet on me.

W: 얼마 전에 개업한 새 피자 가게에 가보는 게 어때?

M: 나도 그러고 싶지만 지금 지갑이 없어.

A. 그는 피자가 너무 비싸다고 생각한다.
B. 그는 돈이 없다.
C. 그는 피자를 좋아하지 않는다.
D. 그는 여자에게 피자를 사줄 것이다.

해설 지갑이 없어서 피자 가게에 갈 수 없다는 말은 남자에게 돈이 없다는 것을 암시합니다.

09 W: I didn't bring my car today. I was wondering if you could give me a ride home.

M: Actually, I wanted to ask you the same thing.

W: 난 오늘 내 차를 타고 오지 않았어. 네가 날 집까지 태워줄 수 있을 지 알고 싶어.

M: 사실은 나도 네게 똑 같은 것을 물어보고 싶었는데.

A. 그는 기꺼이 그녀를 태워줄 것이다.
B. 그는 오늘 차를 타고 오지 않았다.
C. 그의 차는 수리를 해야만 한다.
D. 그는 그녀를 태워주기를 원하지 않는다.

해설 남자도 여자에게 차를 태워달라는 부탁을 하려 했다는 말은, 남자도 차를 타고 오지 않았음을 암시합니다. C는 근거 없는 추론을 한 오답 유형 (Type 4)입니다.

10 M: I'd like to check these books out, but I left my ID card at home. Can I just give you my student ID number?

W: I'm sorry, but I'm afraid you're out of luck without some identification.

M: 이 책들을 대출하고 싶은데 제 학생증을 집에 놓고 왔어요. 그냥 학번을 불러드려도 될까요?

W: 죄송하지만 신분증이 없다면 운이 없으시군요.

A. 남자는 책을 빌릴 수 없다.
B. 남자는 학번으로 책을 대출할 수 있다.

C. 남자는 다른 도서관에서 책을 빌릴 수 있다.
D. 여자는 남자를 특별히 예외로 해줄 것이다.

해설 신분증이 없어서 운이 없다는 것은, 그것 때문에 책을 대출할 수 없다는 것을 암시합니다.

Daily Check-up ····························· p. 128

Drill A

01 W: I visited one of my friends in London last week.
M: You never told me you had a foreign friend.

W: 난 지난 주에 런던에 있는 친구를 방문했었어.
M: 너 한 번도 외국인 친구가 있다는 이야기는 안 했었잖아.

02 M: Do you know how to get to the campus bookstore?
W: I can tell you, but if you park at the bookstore you'll probably get a ticket.
M: They don't begin giving tickets until the beginning of the semester.

M: 구내 서점까지 어떻게 가야 하는지 아니?
W: 가르쳐줄 수는 있지만 서점 앞에 주차를 하면 딱지를 떼일지도 몰라.
M: 학기가 시작하기 전까지는 딱지를 끊지 않을 거야.

03 W: Do you know that Henry's birthday is this weekend?
M: Of course. He is my roommate after all.

W: Henry 생일이 이번 주말인 것 알고 있었니?
M: 물론이지. 그래도 그가 내 룸메이트잖아.

04 M: Do you think I need to bring my umbrella?
W: It's clear right now, but the weatherman said it might rain later tonight.
M: It's better to be safe than sorry.

M: 내가 우산을 가져가야 한다고 생각하니?

W: 지금은 맑지만 일기예보 아나운서가 오늘 밤 늦게 비가 올 지도 모른다고 했어.
M: 후회하는 것보단 안전한 것이 낫겠지.

05 M: I can't believe we're graduating next semester.
W: Have you fulfilled all of your required courses? I thought that you needed one more semester to graduate.
M: I managed to catch up during the summer.

M: 우리가 다음 학기에 졸업한다는 것이 믿어지지가 않아.
W: 너 필수 과목들을 모두 이수했니? 난 네가 졸업하려면 한 학기가 더 남은 걸로 알고 있었는데.
M: 여름 동안에 따라 잡을 수 있었어.

Drill B

01 B	02 A	03 B	04 A	05 B	06 B

01 W: The lecture about Indian culture was terrific.
M: But the professor's voice was so soft that I could hardly hear it.

W: 인디언 문화에 대한 강의는 멋졌어.
M: 하지만 교수님의 목소리가 너무 조용해서 거의 들을 수가 없었어.

해설 남자는 교수의 목소리가 너무 조용했다는 것이 단점이었다고 말하므로 여자만큼 강의가 훌륭하다고 생각하지 않음을 유추할 수 있습니다.

02 W: John, I was wondering if you could tell me why Laura didn't take the exam yesterday.
M: I only know as much as you do.

W: John, 어제 Laura가 왜 시험을 치지 않았는지 나에게 말해줄 수 있니?
M: 나도 네가 아는 정도 밖에 몰라.

해설 남자도 여자가 아는 것 밖에 모른다고 말하므로, Laura가 시험 치지 않은 이유를 모른다는 사실을 유추할 수 있습니다.

03 M: I have to work until closing tonight because we're really short on help.
W: That's too bad, but at least the tips are great at your restaurant.

M: 난 오늘 밤 폐점할 때까지 일해야 해. 일손이 무척 부족하거든.

W: 그것 참 안됐구나. 하지만 적어도 네가 일하는 레스토랑에서는 팁이 많잖아.

해설 여자는 남자의 직장에서 팁을 많이 준다고 생각하므로, 남자가 일한 만큼 보상을 받고 있다고 여김을 유추해볼 수 있습니다.

04 W: Why didn't you call me yesterday? I thought you said you wanted to study with me.

M: I did call you but no one picked up.

W: 어제 왜 전화하지 않았니? 네가 나와 함께 공부하고 싶다고 말했던 것 같은데.

M: 전화했는데 아무도 안 받던 걸.

해설 남자가 전화를 했지만 아무도 받지 않았다고 말하므로, 여자가 자리를 비운 사이에 남자가 전화했음을 유추할 수 있습니다.

05 M: Where are you heading to?

W: I'm going to the financial aid office. I need to pick up my scholarship check.

M: Really? I knew you would get it.

M: 어디 가는 길이니?

W: 재정 보조 사무실에 가는 길이야. 사실 장학금 지불 수표를 받으러 가야 하거든.

M: 정말? 난 네가 그걸 받을 줄 알고 있었어.

해설 여자가 장학금을 탈 것을 남자가 예상했다는 것은 여자가 장학금을 탈 만하다고 생각한다는 것임을 유추할 수 있습니다.

06 W: You look really fit. Have you been working out?

M: Yeah, and I've lost quite a bit of weight.

W: 너 무척 건강해 보인다. 계속 운동하고 있니?

M: 응. 그리고 몸무게가 꽤 많이 줄었어.

해설 남자는 몸무게가 많이 줄었다고 하므로, 운동을 해서 체중이 줄었다는 것을 유추할 수 있습니다.

Drill C

| 01 B | 02 A | 03 B | 04 A | 05 B | 06 A |

01 M: I've been looking for you everywhere. Where have you been?

W: I spent the morning studying at the library and then I had to go to work. I haven't had a moment's rest all day.

M: 널 계속 찾아 다녔었어. 어디 갔었니?

W: 아침은 공부하느라 도서관에서 보냈고, 그리고 나서는 일하러 가야 했어. 하루 종일 잠시도 쉴 시간이 없었지.

A. 여자는 잠자리에 들어야 한다.

B. 여자는 하루 종일 바빴다.

해설 "I haven't had a moment's rest all day." 라는 여자의 말에서 여자가 하루 종일 바빴음을 유추할 수 있습니다.

02 W: I had trouble following the lecture in class today. I didn't get it at all, did you?

M: It certainly wasn't a walk in the park.

W: 오늘 수업에서 강의를 따라가는 것이 어려웠어. 전혀 이해할 수가 없더라구. 그렇지 않아?

M: 확실히 식은 죽 먹기는 아니었지.

A. 남자는 강의가 이해하기 쉽지 않았다고 생각한다.

B. 남자는 그들이 휴식을 위해 걸어야 한다고 생각한다.

해설 'walk in the park'는 쉬운 일을 비유할 때 쓰이는 표현이므로, 남자가 수업이 쉽지 않았다고 생각함을 유추할 수 있습니다.

03 M: I'm thinking of switching professors for my psychology class. Professor Johnson assigns way too much homework.

W: I don't think you'll find anything different in another class.

M: 철학 수업의 교수님을 바꿀까 해. Johnson 교수님은 너무 많은 과제를 내주시거든.

W: 다른 수업에서도 차이점을 찾을 수 있을 것 같지는 않은데.

A. 여자는 남자가 수업을 취소해야 한다고 생각한다.

B. 여자는 남자가 수업을 계속 들어야 한다고 생각한다.

해설 다른 수업도 별로 차이점이 없을 거라는 말은 지금 듣고 있는 수업을 계속해서 듣는 것이 더 낫다는 의미가 됩니다.

04 W: I don't know what I was thinking when I registered for an 8 o'clock class.

M: You should take that into account next semester.

W: 내가 무슨 생각으로 8시 수업에 등록했는지 모르겠어.
M: 다음 학기에는 그 점을 고려하도록 해.

A. 여자는 그녀가 등록한 수업 중 하나에 대해 후회하고 있다.
B. 남자 역시 다음 학기에 다른 아침 수업을 들어야만 한다.

해설 여자는 자신이 무슨 생각으로 8시 수업에 등록했는지 모르겠다고 말하므로, 이것을 후회하고 있음을 유추할 수 있습니다.

05 M: Excuse me, professor. I wanted to double check my score. It's hard to believe I got an A on the quiz. I barely studied at all.
W: The quiz didn't measure your knowledge, but rather your ability to think and reason.

M: 실례합니다, 교수님. 저의 점수를 재확인 하고 싶은데요. 제가 퀴즈에서 A를 받았다는 것이 믿어지지가 않아요. 거의 공부도 못했거든요.
W: 그 퀴즈는 네 지식을 측정한다기 보다, 오히려 생각하고 논리적으로 사고하는 능력을 측정하는 것이었어.

A. 교수는 남자의 성적 상에 실수를 했다.
B. 남자는 그가 받은 점수를 받을 자격이 있다.

해설 퀴즈가 사고 능력을 측정했다는 것은 공부를 많이 하지 않아도 높은 점수를 받을 수 있다는 뜻이므로, 여자는 남자가 A를 받을만하다고 생각함을 유추할 수 있습니다.

06 W: Could you help me solve this calculus problem? Math really isn't my strong suit.
M: I'd like to, but I haven't taken a math class in years.

W: 이 미적분학 문제 푸는 것을 좀 도와주겠니? 수학은 정말 내가 잘하는 과목이 아니야.
M: 나도 그러고 싶지만 수학 수업을 들은 지가 몇 년이 지났거든.

A. 남자는 여자에게 큰 도움이 되지 못할 것이다.
B. 남자는 여자에게 도움을 주기에는 너무 바쁘다.

해설 수업을 들은 지가 오래되었다는 것은 내용을 잊어버렸기 때문에 여자에게 많은 도움을 주지 못할 것이라는 의미가 됩니다.

Daily Test

01 C 02 B 03 B 04 D 05 B
06 A 07 A 08 C 09 A 10 C

01 M: I'm sorry professor, but I wasn't able to buy the book we need for class. It was sold out at the bookstore.
W: I know, I realized I didn't order enough books in the first shipment, but you should be able to get a copy by tomorrow.

M: 교수님, 죄송하지만 수업에 필요한 책을 사지 못했어요. 서점에서 그 책이 매진되었거든요.
W: 나도 알아. 내가 첫 번째 선적 때 책을 충분히 주문하지 못했더구나. 하지만 내일쯤이면 책을 구입할 수 있을 거야.

A. 남자는 다른 서점에서 책을 구입할 것이다.
B. 서점에는 책의 재고가 있다.
C. 교수는 추가로 책을 주문했다.
D. 남자는 그의 책을 되팔았다.

해설 내일쯤 책을 구입할 수 있다는 것은 책을 추가로 주문했다는 뜻이므로 답은 C가 됩니다.

02 M: I hate making presentations. I always get so nervous when I speak in front of crowds.
W: I used to have the same problem, but I took a public speaking course last semester that really helped me out.
M: That sounds like something I could definitely use.

M: 난 발표하는 것이 싫어. 언제나 사람들 앞에 서서 말할 때면 너무 긴장이 돼.
W: 나도 그런 문제가 있었는데 지난 학기에 무척 도움이 될 만한 화술 강좌를 들었어.
M: 그건 확실히 내가 이용할 수 있는 방법인 것 같은데.

A. 여자는 대중 앞에 서면 긴장한다.
B. 남자는 화술 수업에서 도움을 얻을 것이다.
C. 여자는 수업 시간에 발표를 할 것이다.
D. 여자는 연설 과정을 수강하고 있다.

해설 남자는 여자가 말한 방법을 이용해보겠다고 말하므로, 화술 강의를 이용하리라고 추론할 수 있습니다. A와 C는 남자와 여자의 상황을 혼동한 오답 유형 (Type 2)이며, D는 시제를 잘못 이해한 오답 유형 (Type 5) 입니다.

03 M: Are you ready to go to the movies?

W: Yeah, but I need to drop by the ATM first. I don't have any cash on me.

M: Don't worry about it. It's on me this time.

M: 영화 보러 갈 준비가 되었니?

W: 되긴 했는데 자동 현금 인출기에 먼저 들러야 할 것 같아. 지금 현금이 하나도 없거든.

M: 그건 걱정 마. 이번엔 내가 낼게.

A. 남자는 무료 영화표를 받았다.
B. 남자는 여자의 표 값을 지불할 것이다.
C. 여자는 파산했다.
D. 남자는 현금 인출기에 가야 한다.

해설 "It's on me."란 "내가 사겠다"라는 뜻이 되므로, 남자가 여자의 영화표까지 사 주리라는 것을 유추할 수 있습니다. A와 C는 근거 없는 추론을 한 오답 유형 (Type 4)입니다.

04 W: Hey John. I never see you in the library. What's the occasion?

M: I realized I hadn't opened a book all semester. From now on, I plan on spending a lot more time here.

W: 이봐, John. 널 도서관에서 본 적이 없는 것 같은데. 웬일이야?

M: 난 이번 학기 내내 책을 한 번도 펴보지 않았다는 걸 깨달았어. 지금부터는 여기서 시간을 더 많이 보낼 생각이야.

A. 그는 여자를 자주 보지 못한다.
B. 그는 도서관에서 많은 시간을 보낸다.
C. 그는 도서관에 책을 몇 권 반납해야 한다.
D. 그는 수업을 위한 공부를 하지 못했다.

해설 책을 한 번도 펴보지 않았다는 것은 전혀 공부를 하지 않았다는 뜻이므로 답은 D가 됩니다. B는 시제를 잘못 이해한 오답 유형 (Type 5)입니다.

05 M: I'm sorry I couldn't make it to the study group yesterday. I felt fine the day before.

W: It's too bad you missed it. You must have caught the bug that's been going around.

M: 어제 스터디 모임에 못 가서 미안해. 그 전날에는 몸이 괜찮았는데.

W: 네가 그걸 놓치다니 무척 안타까워. 넌 아마도 요즘 유행하는 병에 걸린 것 같아.

A. 남자는 혼자 공부했다.
B. 남자는 아팠다.
C. 남자는 곤충에 관심이 많다.
D. 여자는 스터디 모임에 가지 않았다.

해설 'catch a bug'란 '병에 걸리다'라는 뜻이므로, 남자가 어제 오지 못한 이유가 몸이 아파서였음을 유추할 수 있습니다. C는 'bug'의 뜻을 변형하여 혼동을 준 오답 유형 (Type 1)입니다.

06 M: I just got done with my paper. That's a load off my mind.

W: I'd sure like to be in your position. I've been working extra shifts at the restaurant so I'm behind in all my classes.

M: 난 지금 막 리포트를 끝냈어. 마음의 짐을 벗은 기분이야.

W: 내가 네 입장이었으면 정말 좋겠다. 난 레스토랑에서 내 시간대 이외에 추가로 일하느라 모든 수업에 뒤처져 있어.

A. 그녀는 리포트를 끝내지 못했다.
B. 그녀는 수업에 가는 길이다.
C. 그녀는 일에 지쳤다.
D. 그녀는 생각이 무척 많다.

해설 "내가 네 입장이었더라면"하고 가정법을 쓴 것을 보아, 여자는 남자와 달리 리포트를 끝내지 못했다는 걸 유추할 수 있습니다. C는 근거 없는 추론을 한 오답 유형 (Type 4)입니다.

07 M: Professor, I missed the test yesterday because I was sick. I was wondering if I could make it up right now.

W: I'm afraid I have another appointment, but the TA will be here to take care of it.

M: 교수님, 제가 어제 아파서 시험을 놓쳤습니다. 지금 그걸 보충할 수 있을지 알고 싶어서요.

W: 나는 다른 약속이 있어서 안 되겠지만 조교가 그것을 담당하기 위해 이 곳에 있을 거야.

A. 남자는 조교의 감독 하에 시험을 칠 것이다.
B. 남자는 아직 아프다.

C. 교수는 보충 시험을 허락하지 않았다.

D. 남자는 보충 시험을 다른 날에 치르게 될 것이다.

해설 자신은 약속이 있지만 조교가 와 있을 거라는 교수의 말에서 학생이 조교의 감독 하에 시험을 치르리란 걸 유추할 수 있습니다. C와 D는 다른 약속이 있다는 교수의 말만으로 성급한 결론을 내린 오답 유형 (Type 6)입니다.

08 M: You should find another parking spot. Only faculty is allowed to park here.

W: Take a closer look at the sign. That rule only applies during the week.

M: 넌 다른 주차 공간을 찾아야만 해. 교직원들만 여기 주차하도록 허용이 돼.

W: 표지판을 자세히 봐. 그 규칙은 평일에만 적용이 된다구.

A. 주차장이 가득 찼다.

B. 여자는 다른 주차 공간을 찾아볼 것이다.

C. 학생들은 주말에 주차장을 이용할 수 있다.

D. 표지판이 읽기 어렵다.

해설 교직원만 주차할 수 있다는 규칙이 평일에만 적용되므로, 주말에는 학생들도 주차할 수 있다는 사실이 유추됩니다.

09 W: Do you want to have dinner in the cafeteria before we go to the review session tonight?

M: Is that today? I was really looking forward to meeting my friends, but I can't afford another bad grade.

W: 오늘 밤 복습 수업에 가기 전에 구내 식당에서 저녁 먹을까?

M: 그 수업이 오늘이었어? 난 내 친구를 만나려고 무척 기대하고 있었는데. 하지만 또 안 좋은 성적을 받을 수는 없지.

A. 남자는 복습 수업에 갈 것이다.

B. 남자는 재정적 곤란에 처해있다.

C. 여자는 그녀의 친구를 만날 계획이었다.

D. 여자는 복습 수업 후에 먹기를 원한다.

해설 "but I can't afford another bad grade." 라는 남자의 말에서, 남자가 성적을 생각해서 복습 수업에 갈 것임을 유추할 수 있습니다. B는 "can't afford" 라는 남자의 대사를 다른 뜻으로 변형하여 혼동을 준 오답 유형 (Type 1)입니다.

10 W: Let's meet in the common area tonight to practice for our presentation tomorrow.

M: You didn't hear? Professor Roberts is going to be at a seminar for the rest of the week.

W: That's news to me.

W: 내일 발표 연습을 위해서 오늘 밤에 공공 장소에서 만나자.

M: 못 들었니? Robert 교수님은 이번 주 내내 세미나에 가계실 거야.

W: 나는 전혀 듣지 못했어.

A. 여자는 청력이 좋지 못하다.

B. 남자는 오늘 밤 발표 연습을 할 것이다.

C. 발표는 연기되었다.

D. 교수는 내일 수업 시간에 있을 것이다.

해설 교수님이 이번 주에 다른 곳에 있을 것이므로 발표가 연기되었다는 것을 유추해볼 수 있습니다. "You didn't hear?" 이라는 대사만으로 A (오답 Type 1)를 정답으로 고르지 않도록 유의해야 합니다.

Daily Check-up ································· p. 136

Drill A

01 W: I'm not sure if I'll be able to graduate this semester. I found out I haven't met all the requirements.

M: Why don't you go see your advisor?

W: 난 이번 학기에 졸업할 수 있을지 잘 모르겠어. 필수 학점을 모두 채우지 못했다는 걸 알게 됐거든.

M: 네 지도 교수님을 찾아가보지 그러니?

02 M: I don't think I'm getting along with my new roommate.

W: Have you tried to find something in common? I think it'll help a lot.

M: 난 새로운 룸메이트와 잘 지내지 못할 것 같아.

W: 뭔가 공동의 관심사를 찾아보지 그러니? 무척 도움이 될 거야.

03 W: How did you do so well in Professor Peterson's class?

M: The research papers are a major part of the grade.

W: 어떻게 Peterson 교수님 수업에서 그렇게 성적이 좋을 수 있었어?

M: 연구 리포트가 성적에서 주요한 부분이었어.

04 M: I can't keep up with my sociology class, and it isn't even my major.

W: How about asking the teaching assistant for some help?

M: 난 사회학 수업을 잘 못 따라 가겠어. 게다가 그건 내 전공도 아니라구.

W: 조교에게 도움을 청해보는 건 어때?

05 W: I really want to go abroad for a trip this summer, but I'm on a tight budget.

M: Then, why don't you look for a part time job?

W: 난 이번 여름에 정말 해외 여행을 하고 싶은데, 예산이 빠듯해.

M: 시간제 일을 찾아보지 그러니?

06 M: I can't possibly go over all this material before tomorrow's quiz.

W: Maybe, you should just skim each chapter and get the main idea.

M: 내일 퀴즈 전에 이 자료들을 모두 복습할 수 없을 것 같아.

W: 아마 그냥 각 단원을 훑어 보고 주제만 이해하면 될 거야.

Drill B

01 A 02 B 03 B 04 A 05 B 06 A

01 W: Something's wrong with my laptop, and I have to finish a paper today. I don't know what to do.

M: Feel free to use mine if you like.

W: 노트북이 고장 난 것 같은데 오늘 끝내야 할 리포트가 있어. 어떻게 해야 좋을지 모르겠네.

M: 원한다면 내 것을 얼마든지 써도 좋아.

해설 'feel free to use mine' 이라는 남자의 말에서, 남자가 자신의 랩탑을 여자에게 빌려주겠다고 제안하고 있음을 알 수 있습니다.

02 M: I feel bad that I didn't invite Jane to my birthday party. I totally forgot to call her.

W: If you tell her it was just a mistake, I'm sure she will understand.

M: 내 생일 파티에 Jane을 초대하지 않은 것 때문에 무척 마음이 무거워. 그녀에게 전화하는 것을 완전히 잊어버렸지, 뭐야.

W: 단지 실수였다고 그녀에게 말한다면 그녀가 분명히 이해해줄 거라고 믿어.

해설 여자는 Laura에게 실수였다고 말하라고 충고하므로, 남자의 사정을 이야기하라고 제안하고 있음을 알 수 있습니다.

03 W: I don't have anything to wear for my friend's wedding tomorrow. I don't usually have to dress up.

M: I think my sister has something that you can borrow.

W: 내일 친구 결혼식에 입고 갈 옷이 없어. 난 평소에 옷을 차려 입을 필요가 없거든.

M: 내 생각엔 내 여동생에게 네가 빌릴 만한 것이 있을 것 같아.

해설 자신의 여동생에게 여자가 빌릴 만한 옷이 있다는 것은, 여동생에게 옷을 빌리라고 제안하고 있는 것입니다.

04 M: I have a job interview tomorrow, and I've never been so nervous.

W: I think you are sure to get the job. Be more confident in yourself.

M: 난 내일 취업 면접이 있는데, 이렇게 긴장해보긴 처음이야.

W: 난 네가 분명히 일자리를 구할 거라고 생각해. 스스로에게 좀 더 자신감을 가지라구.

해설 여자는 남자에게 스스로에게 좀 더 자신감을 가지라고 제안하고 있습니다.

05 W: I don't understand the economic theory we went over in class today. It was just way over my head.
M: Why don't you read the reference material the professor recommended?

W: 오늘 수업 시간에 봤던 경제학 이론이 이해가 안 돼. 그건 내가 이해하기엔 너무 어려워.
M: 교수님이 추천해주셨던 참고 자료를 읽어보지 그래?

해설 'Why don't you read the reference material?' 에서 남자가 여자에게 참고 자료를 읽으라고 제안하는 것을 알 수 있습니다.

06 W: I think I need to start working out, but I don't ever seem to have the time.
M: I usually get up early in the morning to exercise.

W: 아무래도 운동을 시작해야 할 것 같은데, 전혀 시간을 낼 수 없을 것 같아.
M: 난 운동하려고 대개 아침 일찍 일어나.

해설 남자는 아침 일찍 일어나 운동한다고 말하므로, 여자에게도 아침 일찍 시간을 내어 운동하라고 제안하는 것을 알 수 있습니다.

Drill C

01 B 02 B 03 A 04 A 05 A 06 B

01 M: I got a really bad grade on the philosophy exam.
W: You can make up for it with the next paper.

M: 철학 시험에서 정말 나쁜 성적을 받았어.
W: 다음 리포트에서 그걸 만회할 수 있어.

해설 리포트에서 성적을 만회하라는 건, 리포트를 잘 써서 성적을 올리라는 제안임을 알 수 있습니다.

02 W: I've had a headache since last week. The pain is killing me.
M: Why don't you get it checked out at the student health center?

W: 지난 주부터 계속 두통이 있었어. 통증이 너무 심해.

M: 학생 건강 센터에서 진찰을 받아보지 그러니?

A. 아스피린을 먹는다.
B. 학생 의료 센터에 의사에게 진찰을 받는다.

해설 'get it checked out' 은 '(증세를) 진찰 받다' 라는 뜻이므로 남자가 여자에게 의사에게 진찰을 받아보라고 제안함을 알 수 있습니다.

03 M: I have to be downtown in 10 minutes. I didn't expect the professor to end the class so late.
W: If you're in a hurry, I can drop you off on my way home.

M: 난 10분 이내에 시내에 도착해야 해. 교수님이 수업을 이렇게 늦게 마칠 거라고는 생각 못했어.
W: 바쁘다면 내가 집에 가는 길에 태워줄 수 있어.

A. 여자는 남자를 시내까지 태워줄 것이다.
B. 여자는 남자가 차를 가지고 올 수 있도록 집까지 그를 태워줄 것이다.

해설 여자는 자신이 집에 가면서 남자를 시내까지 태워주겠다고 제안하고 있습니다.

04 W: I'm the worst player in my tennis class and I have a test next week. What am I going to do?
M: The only thing that I can tell you is that practice makes perfect.

W: 난 테니스 수업에서 가장 형편 없는 선수인데, 다음 주에 시험이 있어. 어떻게 해야 하지?
M: 연습이 완벽을 이루어낸다는 말 밖에 해줄 말이 없구나.

A. 여자는 가능한 많이 연습해야 한다.
B. 여자는 테니스를 잘 치는 사람에게 도움을 청해야만 한다.

해설 'practice makes perfect' 라는 남자의 말은 열심히 연습해야 실력이 좋아진다는 뜻이므로, 되도록 연습을 많이 하라는 제안이 됩니다.

05 M: I can't decide whether to take physics or art history.
W: Don't you want to work in a museum after you finish school?

M: 물리학 수업을 들어야 할지, 미술사를 들어야 할지 결정할 수가 없어.

W: 넌 졸업하면 박물관에서 일하기를 원하잖아?

A. 남자는 미술사 수업을 들어야 한다.
B. 남자는 물리학 수업을 들어야 한다.

해설 박물관에서 일하는 것과 관련된 과목은 미술사이므로, 여자가 남자에게 미술사 수업을 들으라고 제안함을 알 수 있습니다.

06 W: I can't concentrate on studying anymore.
M: Why don't you go out and get some fresh air?

W: 더 이상 공부에 집중할 수가 없어.
M: 나가서 신선한 공기를 마시고 오는 건 어때?

A. 뭔가를 먹는다.
B. 잠시 쉰다.

해설 나가서 신선한 공기를 마신다는 것은 휴식을 취한다는 뜻이므로 남자가 잠깐 쉬자고 제안함을 알 수 있습니다.

Daily Test

P. 139

| 01 C | 02 D | 03 C | 04 C | 05 B |
| 06 A | 07 D | 08 C | 09 C | 10 A |

01 W: Do you know how long it takes to walk to the chemistry lab from the dorm?
M: I have no clue. Why don't you talk to John? He has a few classes there.

W: 기숙사에서 화학 실험실까지 걸어가면 얼마나 걸리는지 아니?
M: 난 모르겠어. John에게 물어보지 그래? 그는 거기서 수업을 몇 개 듣거든.

A. 화학을 전공한 사람을 찾는다.
B. 화학 실험실까지 그와 함께 걸어간다.
C. 실험실에 종종 가는 친구에게 물어본다.
D. 기숙사에서 더 빨리 갈 수 있는 길을 찾아본다.

해설 남자는 John이 화학 실험실에서 수업을 들으니까 그에게 물어보라고 하는데, 이는 화학 실험실에 자주 가는 친구에게 물어보라는 제안임을 알 수 있습니다.

02 W: I need to get one more reference for my graduate school applications.

M: Didn't you do well in Professor Wilson's class? He might be a good choice.

W: 대학원 지원서에 추천서가 하나 더 필요해.
M: 너 Wilson 교수님 수업을 잘 듣지 않았니? 그분을 선택하는 게 좋겠다.

A. 도서관에서 참고 도서를 찾아본다.
B. Wilson 교수님의 수업 시간에 더 열심히 공부한다.
C. 보다 많은 대학원에 지원한다.
D. 이전에 수업을 들었던 교수님에게서 추천서를 받는다.

해설 남자는 이전에 수업을 열심히 들었던 교수님께 추천장을 부탁하라고 제안하므로 답은 D입니다.

03 W: I need to finish this paper tonight, even though I'm so tired. I can barely keep my eyes open.
M: It's not due till tomorrow afternoon. Why don't you call it a day and wake up early to finish it?

W: 난 오늘 밤에 무척 피곤해도 이 리포트를 끝내야만 해. 거의 눈을 뜨고 있을 수가 없네.
M: 내일 오후 전까지는 마감이 아니잖아. 오늘은 그쯤 하고 일찍 일어나서 마무리 짓는 게 어때?

A. 공부를 멈추고 잠시 쉰다.
B. 잠자리에 들기 전에 리포트를 끝낸다.
C. 지금 잠자리에 든다.
D. 리포트를 내일 오후에 쓴다.

해설 'call it a day' 란 '하루(일)를 끝내다' 라는 뜻이므로, 남자가 여자에게 리포트 쓰는 것을 끝내고 가서 자라고 제안함을 알 수 있습니다. A는 남자의 문제에 대해 제시될 법한 해결책이 오답으로 제시된 유형 (Type 7)입니다.

04 W: I'm signing up for Latin next semester. Can you recommend a teacher?
M: I listened in on Professor Johns' Latin class once and it was quite interesting, but I'd go with Professor Wilson because he's an easy grader.

W: 난 다음 학기에 라틴어 수업에 등록할 거야. 교수님을 추천해줄 수 있니?
M: 난 Johns 교수님의 라틴어 수업을 들었었는데 무척 재미있었어. 하지만 나라면 Wilson 교수님의 수업을 들을 거야. 그는 성적을 잘 주는 분이니까.

A. Johns 교수님의 강의를 듣는다.

B. 수강하기 쉬운 수업을 찾아본다.

C. Wilson 교수님의 수업에 등록한다.

D. 다음 해에 라틴어 수업에 등록한다.

해설 남자는 Wilson 교수님이 성적을 좋게 주므로, 그 교수님의 수업을 듣는 것이 낫겠다고 제안하고 있습니다. A는 Johnson 교수의 수업이 재미있다고 한 남자 대사의 앞부분 만으로 성급한 결론을 내린 오답 유형 (Type 6)입니다.

05 M: Can you tell me how to get to the archeology office?

W: I think it's located in the Smith Building. Once you're there you should be able to get better directions from someone.

M: 고고학과 사무실에 가는 길을 알려줄 수 있니?

W: 내 생각에 그건 Smith 빌딩에 있을 거야. 일단 그곳에 가면 누군가가 더 자세한 방향을 알려줄 거야.

A. 캠퍼스 안내도에서 방향을 알아본다.

B. 건물에 도착하면 도움을 청한다.

C. 고고학과에 전화한다.

D. 위치를 알고 있는 친구를 찾아본다.

해설 여자는 일단 Smith 빌딩에 가면 누군가가 더 자세히 알려줄 거라고 말하므로 건물에 도착해서 도움을 청하라고 제안하고 있습니다.

06 M: Do you want to go to the coffee shop with me? I'll be up late tonight studying and I need something to keep me awake.

W: Sure that sounds good, but I might be a little while. I have to run an errand first. Can you wait?

M: Why don't I just see you there then? I'll save you a seat.

M: 나와 같이 커피숍에 갈래? 오늘 밤에 공부하느라 늦게까지 자지 않을 거라서 날 깨어있게 해 줄 뭔가가 필요해.

W: 물론이야. 좋은 생각이네. 그런데 시간이 좀 걸릴 거야. 먼저 심부름을 하나 해야 하거든. 기다려줄 수 있니?

M: 그럼 그냥 거기서 만나는 건 어때? 내가 자리를 잡아 놓을게.

A. 커피숍에서 그를 만난다.

B. 그녀가 나중에 심부름을 할 수 있는지 알아본다.

C. 깨어있기 위해 커피를 마신다.

D. 커피숍에서 그를 기다린다.

해설 남자는 여자가 시간이 걸린다고 하자 커피숍에서 만나자고 (Why don't I just see you there) 제안하고 있습니다. C와 D는 남자의 상황에 해당하는 내용이므로 오답 (Type 2)이 됩니다.

07 M: I left my book in the library last night, but when I went back it was gone. I'm going to check the lost and found right now.

W: You should also ask the front desk. Things get returned there all the time.

M: 내가 어제 밤에 도서관에 책을 놔두고 왔는데 다시 가보니 없었어. 지금 당장 분실물 보관소를 확인해볼 생각이야.

W: 안내 데스크에도 문의해 봐야 해. 물건들이 항상 그곳으로 돌아오곤 하니까.

A. 책을 안내 데스크에 반납한다.

B. 분실물 보관소를 찾아본다.

C. 그의 물건에 좀 더 주의를 기울인다.

D. 책이 안내 데스크에 있는지 확인한다.

해설 여자는 안내 데스크에 물건이 돌아올 경우가 많다며, 그곳에 알아보라고 제안합니다. B는 남자의 대사를 그대로 인용하여 혼동을 준 오답 유형 (Type 1)입니다.

08 W: I want to find a place off-campus with my roommate next fall, but I don't know where to start looking.

M: Have you looked on the student center website? They have tons of information on housing, including off-campus dorms and apartments.

W: 난 내년 가을에 내 룸메이트와 함께 교외에 있는 장소를 찾아볼 생각이야. 그런데 어디서부터 찾아봐야 할지 모르겠어.

M: 학생 회관 웹사이트를 찾아 봤니? 거기에는 교외 기숙사와 아파트를 포함한 숙소에 관한 정보가 정말 많아.

A. 교외에 있는 기숙사에 거주한다.

B. 온라인 상에서 숙소를 찾아달라고 룸메이트에게 부탁한다.

C. 학교 웹사이트에서 정보를 찾아본다.

D. 부동산에 가본다.

해설 남자는 학생 회관 웹사이트에 정보가 매우 많다며 그

곳을 찾아보라고 제안하고 있습니다. A는 'off-campus dorms'를 그대로 인용하여 혼동을 준 오답 유형 (Type 1) 입니다.

09 W: There's still so much research I have to do, and the library is closing in 30 minutes. What should I do? I really wanted to get this done by tonight.
M: Well, I'm doing as much as I can right now and coming back in the morning. Maybe you should do the same.

W: 아직 조사해야 할 것이 너무 많은데 도서관은 30분 후면 문을 닫을 거야. 어떻게 하지? 난 정말 이것을 오늘 밤에 끝내고 싶은데.
M: 음, 난 지금 할 수 있는 만큼만 하고 아침에 다시 올 거야. 너도 그렇게 해.

A. 도서관이 문을 닫기 전에 끝낸다.
B. 함께 조사를 한다.
C. 내일 아침 일찍 다시 도서관으로 온다.
D. 그녀가 필요한 책을 대출한다.

해설 남자는 오늘 할 만큼만 하고 내일 아침에 다시 올 거라며 여자에게도 그렇게 하라고 제안하고 있습니다. A와 D는 여자의 문제에 대해 제시될 법한 해결책이 오답으로 제시된 유형 (Type 7)입니다.

10 W: Waiting for the bus is such a pain. I'm always late for class. I wish I could just drive my car to school, but getting a permit is nearly impossible.
M: Why don't we just carpool? The school would give us priority and we'd save money on gas.

W: 버스를 기다리는 건 정말 괴로워. 난 항상 수업에 늦어. 학교에 내 차를 타고 올 수 있다면 좋겠지만 허가를 얻는 건 거의 불가능 하니까 말이야.
M: 나와 합승을 하는 건 어때? 학교에서도 우리에게 우선권을 줄 거고, 가스비도 절약할 수 있잖아.

A. 함께 학교로 차를 타고 간다.
B. 그녀의 차를 캠퍼스 근처에 주차한다.
C. 버스를 타서 돈을 절약한다.
D. 수업을 위해 더 일찍 일어난다.

해설 "Why don't we just carpool?" 라는 말에서 남자가 함께 차를 타고 오자고 제안하고 있음을 알 수 있습니다.

Daily Check-up──────────── p. 144
Drill A

01 W: Where can I find out when my add/drop period is?
M: Why don't you stop by the registration office in the main building?

W: 수강 정정 기간이 언제인지를 어디서 알아볼 수 있지?
M: 본관에 있는 등록 사무실에 들러보지 그래?

02 M: I can't believe how much the biochemistry book costs.
W: I bought a used copy through the internet. You should try there.
M: Thanks. You've been a big help.

M: 생화학 교재는 믿을 수 없을 만치 비싸.
W: 난 인터넷을 통해서 사용하던 책을 구입했어. 너도 거기서 알아봐.
M: 고마워. 네가 정말 큰 도움을 준 거야.

03 W: You look a little depressed. What's the matter?
M: Well, I've been studying so hard that I'm burnt out completely.
W: Tomorrow you will feel as good as new.

W: 너 약간 기운 없어 보인다. 무슨 일이야?
M: 음, 난 너무 열심히 공부해서 완전히 지쳤어.
W: 내일이면 몸이 새로워진 것처럼 기분이 좋아질 거야.

04 M: Would you like to go see an opera on Saturday?
W: I'd love to, but I promised my parents I'd go home this weekend.

M: 토요일에 오페라 보러 가지 않을래?
W: 나도 그러고 싶지만 이번 주말에는 집에 가겠다고 부모님께 약속을 드렸어.

05 W: Could you drop these books off at the library on your way home?
M: Sure. Give them to me.

W: 집에 가는 길에 이 책들을 도서관에 갖다 놔 주겠니?
M: 물론이지. 그 책들 이리 줘.

06 M: I think we need to decide on a topic for our research paper.
W: Sorry, but I'm already late for work.

M: 난 우리의 연구 리포트 주제를 정해야 한다고 생각해.
W: 미안하지만 난 이미 일하러 가는데 늦었어.

Drill B

01 B 02 A 03 B 04 A 05 A 06 B

01 M: Excuse me. I couldn't register for Psychology 202 in time. Is there any way I can add it?
W: You need to get the professor's signature on a late add form first. If you want this done today, don't forget we close at 5.

M: 실례합니다. 전 202 철학 수업에 제때 등록하지 못했어요. 제가 그 수업을 추가할 수 있는 방법이 있나요?
W: 먼저 기간 외 추가 신청서에 교수님의 서명을 받아와야 해요. 오늘까지 이것을 마무리하고 싶다면 우리가 5시에 마친다는 것을 잊지 마세요.

해설 교수님의 서명을 받아야 한다는 여자의 말에서, 남자가 교수님께 갈 것임을 알 수 있습니다.

02 W: Could you give me a ride to my house? I didn't bring my car, and it's starting to rain.
M: Oh, I didn't bring mine either. How about taking the bus with me? I have an umbrella, and I can walk you to your house.

W: 우리 집까지 나를 좀 태워줄 수 있니? 내 차를 타고 오지 않았는데 비가 오기 시작하네.
M: 내 것도 가져 오지 않았어. 나와 같이 버스를 타는 건 어때? 내가 걸어서 너를 집까지 데려다 줄 수 있어.

해설 남자도 차가 없어서 함께 버스를 타고 가자고 하므로, 화자들이 함께 버스를 탈 것임을 알 수 있습니다.

03 M: I lost my ID card somewhere in the library. I searched everywhere, too.
W: Why don't you try the lost and found? My roommate said that she found her wallet there last time.
M: I checked there yesterday, but I guess it wouldn't hurt to look again.

M: 난 학생증을 도서관 어디에선가 잃어버렸어. 모든 곳을 다 찾아보기도 했고.
W: 분실물 보관소에서 찾아보지 그러니? 내 룸메이트가 지난 번에 그녀의 지갑을 거기서 찾았다고 말하더라.
M: 난 어제 그 곳을 찾아봤어. 하지만 다시 살펴보는 것도 나쁠 건 없겠지.

해설 'it wouldn't hurt' 라는 말은 '나쁠 것 없다' 라는 뜻이므로, 남자가 다시 한 번 분실물 보관소 (lost and found)를 살펴볼 것임을 알 수 있습니다.

04 W: Look at the line! It doesn't look like we'll be getting a table anytime soon.
M: Maybe it won't be so busy tomorrow.

W: 저 줄을 좀 봐! 우리가 가까운 시간 내에 자리를 잡을 수 있을 것 같지는 않네.
M: 내일은 그렇게 붐비지 않겠지.

해설 남자가 내일은 붐비지 않을 거라고 말하므로, 오늘은 다른 곳에서 식사할 것임을 알 수 있습니다.

05 M: I was going to apply for financial aid next semester, but my roommate said that the deadline was yesterday.
W: No, that was for graduate students. We have until tomorrow to turn in our applications.

M: 난 다음 학기에 재정 보조금을 신청하려고 했는데, 내 룸메이트가 신청 기한이 어제까지였다고 하더라.
W: 아니야, 그건 대학원생들에게 해당하는 거야. 우린 내일까지 신청서를 제출할 수 있어.

해설 여자의 말에서 학부생들의 신청 기간은 아직 끝나지 않았음을 알 수 있으므로, 남자가 다음 학기에 재정 보조금을 신청할 것을 예상할 수 있습니다.

06 W: Can you let me know what happens at tonight's meeting? Today is my friend's birthday, so we're throwing a surprise party for him.
M: Actually I'm not feeling well right now, so I don't think I can make it.
W: Alright, maybe I'll go to the meeting first and show up to the party a little late.

W: 오늘 밤 모임에서 일어난 일을 나에게 말해줄 수 있니? 오늘이 내 친구의 생일이라서 우린 그를 위해 깜짝 파

티를 열어주기로 했거든.

M: 사실 난 지금 몸이 좀 안 좋아서 거기에 못 갈 것 같아.

W: 알겠어. 아무래도 모임에 먼저 갔다가 파티에는 조금 늦게 가야 할 것 같아.

해설 여자는 모임에 먼저 갔다가 파티에 늦게 가겠다고 말하므로, 다음에 할 행동은 모임에 가는 것임을 알 수 있습니다.

Drill C

01 A 02 A 03 B 04 B 05 B 06 B

01 W: I have to mail off my applications by today, but I'll be in class until six. I don't know what to do.

M: Don't worry. I'll take care of it for you.

W: 나의 신청서를 오늘까지 발송해야 하는데, 난 6시까지 수업이 있어. 어떻게 해야 좋을지 모르겠다.

M: 걱정 마. 내가 널 위해 그걸 처리해줄게.

A. 남자는 우체국에 갈 것이다.

B. 남자는 수업에 갈 것이다.

해설 여기서 'take care of'는 '처리하다'라는 뜻으로, 남자가 여자 대신 신청서를 처리해주기 위해 우체국에 갈 것임을 알 수 있습니다.

02 M: Didn't you say that you wanted to find a part time job this summer?

W: I decided to take summer school to catch up on my credits.

M: 너 이번 여름에 시간제 일을 구하고 싶다고 하지 않았니?

W: 난 뒤처진 학점을 따라잡기 위해서 여름 계절 학기 수업을 듣기로 했어.

A. 여자는 이번 여름에 수업을 들을 것이다.

B. 여자는 계속해서 일자리를 찾아볼 것이다.

해설 여자는 여름 계절 학기 수업을 듣겠다고 하므로, 여름에 수업을 들을 것임을 알 수 있습니다.

03 M: I was hoping you could help me with my chemistry homework right now.

W: I'm supposed to meet my friend for lunch but I'll help you for a moment.

M: 지금 네가 나의 화학 숙제를 도와줄 수 있었으면 하는데.

W: 친구와 점심 먹기 위해 만나기로 되어있지만, 널 잠시만 도와줄게.

A. 여자는 우선 친구와 점심을 먹을 것이다.

B. 여자는 지금 남자를 도와줄 것이다.

해설 "but I'll help you for a moment"라는 여자의 말에서 여자가 지금 남자를 도와줄 것임을 알 수 있습니다.

04 W: How would you like to go to the beach with us tomorrow?

M: That sounds great but isn't it supposed to rain tomorrow? Why don't we just catch a movie instead?

W: Oh, then an indoor activity would be better.

W: 내일 우리와 함께 해변에 가는 게 어때?

M: 재미있긴 하겠지만 내일 비가 올 예정이라고 하지 않았니? 대신 영화나 보러 가는 건 어떨까?

W: 그렇다면 실내 활동을 하는 것이 더 낫겠구나.

A. 여자는 다른 친구들과 함께 해변에 갈 것이다.

B. 여자는 남자와 함께 영화를 보러 갈 것이다.

해설 여자는 실내에 있는 것이 낫겠다고 말하므로, 해변에 가지 않고 남자와 함께 영화를 보러 갈 것임을 알 수 있습니다.

05 M: I don't understand why I got such a low grade on the philosophy paper.

W: I know how hard you've been trying in that class. Maybe you should try talking to the professor.

M: Actually, I'm on my way to the professor's office now.

M: 철학 리포트에서 내가 왜 그렇게 낮은 점수를 받았는지 이해할 수 없어.

W: 나도 네가 그 수업에서 얼마나 노력해왔는지 알아. 아마 교수님께 이야기를 해봐야 할 거야.

M: 사실 난 지금 교수님의 사무실로 가는 길이야.

A. 남자는 다음 시험을 위해 좀 더 열심히 공부할 것이다.

B. 남자는 그의 성적에 대해 교수님에게 상담해볼 것이다.

해설 남자는 교수님의 사무실로 향하는 길이므로, 교수님을 만나서 자신의 성적에 대해 이야기해볼 것임을 알 수 있습니다.

06 W: I'm really hungry. I haven't eaten all day.

M: Do you want to grab something from the snack bar?

W: I wish I could say yes, but I have to prepare for a physics quiz this afternoon.

W: 정말 배가 고파. 하루 종일 전혀 먹지를 않았거든.

M: 간이 식당에서 뭔가를 먹을래?

W: 그러겠다고 말할 수 있으면 좋겠지만, 난 오늘 오후에 있을 물리학 퀴즈를 준비해야 해.

A. 여자는 다른 곳에서 뭔가를 먹을 것이다.

B. 여자는 공부를 할 것이다.

해설 'I wish I could say yes'는 부정의 응답을 나타내는 가정 표현으로, 여자는 식당에 가지 않고 퀴즈 준비를 위해 공부할 것임을 알 수 있습니다.

Daily Test

P. 147

01 C 02 C 03 B 04 A 05 D
06 C 07 D 08 A 09 D 10 B

01 W: Hi, I have an appointment to meet the dean at 2 o'clock.

M: She's running late because of a meeting. If you come back in half an hour she'll be ready for you then. Or we can reschedule for another day.

W: If you don't mind, I'll just take a seat right here. I'm not in a rush.

W: 안녕하세요, 전 2시에 학장님을 만나기로 약속이 되어 있어요.

M: 학장님은 모임 때문에 늦으실 겁니다. 30분 후에 다시 오면 학장님께서 학생을 기다리고 있을 거에요. 아니면 다른 날로 조정할 수도 있습니다.

W: 신경 쓰지 않으신다면 전 그냥 여기 앉아 있을게요. 전 그렇게 바쁘지 않거든요.

A. 다른 약속을 정한다.

B. 30분 후에 다시 돌아온다.

C. 학장이 모임을 끝낼 때까지 기다린다.

D. 다음 수업에 가기 위해 서두른다.

해설 여자는 그 자리에 앉아있겠다고 말하므로, 학장을 기다릴 것임을 알 수 있습니다. B는 30분 후에 오라는 남자

의 말 만으로 성급한 결론을 내린 오답 유형 (Type 6)입니다.

02 M: I can't seem to find the October issue of this magazine. Where can I find it?

W: We've placed back issues in the archive room. You should be able to find it by doing a search on the computer.

M: Thanks for the help.

M: 이 잡지의 10월호를 못 찾겠어요. 어디서 찾을 수 있죠?

W: 저희는 지난 발행물들을 문서 보관실에 둡니다. 컴퓨터로 검색해보시면 그것을 찾을 수 있을 거에요.

M: 도와주셔서 감사해요.

A. 잡지의 최근 판을 찾는다.

B. 자료실의 위치를 안내 받는다.

C. 지난 호를 컴퓨터로 검색한다.

D. 잡지 한 권을 온라인 상에서 주문한다.

해설 컴퓨터로 검색해보라는 여자의 말에 남자가 감사하다고 응답하므로, 남자가 다음에 할 일은 컴퓨터로 지난 판을 검색하는 것임을 알 수 있습니다.

03 W: I think I've misplaced my ID card. Is it hard to get a replacement?

M: No, it's a simple process, but you should know that a replacement card will cost you twenty dollars.

W: Wow, that's really expensive. I'll be back in a few hours if I can't find my card.

W: 제 학생증을 분실한 것 같아요. 재발급을 받는 것이 어렵나요?

M: 아니요, 절차는 간단합니다. 하지만 새로운 카드에 20달러가 든다는 점을 알아두셔야 해요.

W: 와, 그건 정말 엄청난데요. 만약 카드를 못 찾으면 몇 시간 후에 다시 올게요.

A. 돈을 가져오기 위해 그녀의 방으로 달려간다.

B. 잃어버린 카드를 찾아본다.

C. 몇 시간 후에 카드를 찾아 간다.

D. 지금 그녀의 카드를 재발급 받는다.

해설 여자는 카드 재발급 비용이 너무 비싸다며 카드를 못 찾으면 다시 오겠다고 말하므로, 다시 카드를 찾으러 갈 것

을 예측할 수 있습니다. A는 카드 재발급 비용이 비싸다는 여자 대사의 앞부분에서 성급한 결론을 내린 오답 유형 (Type 6)입니다.

04 M: Excuse me, professor. I know the paper is due on Friday, but I was wondering if I could get an extension. I have three midterms on that day.

W: I think that's a reasonable excuse. I'll give you until Monday to hand it in.

M: 실례합니다, 교수님. 리포트가 금요일까지인 건 알지만, 기한을 좀 연장해주실 수 있을지 알고 싶어서요. 전 그날 중간 고사 시험이 세 과목이나 있거든요.

W: 그건 합당한 이유인 것 같구나. 월요일까지 그것을 제출할 시간을 주마.

A. 주말 동안 리포트를 쓴다.
B. 중간 고사를 다른 날 친다.
C. 금요일에 리포트를 제출한다.
D. 중간 고사 전에 리포트를 끝낸다.

해설 교수가 월요일까지 기간을 연장해주었으므로, 남자가 주말 동안 리포트를 쓸 것을 예측할 수 있습니다.

05 M: Living in an apartment isn't everything I thought it would be. It's such a pain getting to school everyday and I hate cooking for myself.

W: So what are you going to do about your housing next year then? Don't tell me you're thinking about living on-campus again?

M: Well, I never minded having a roommate and the cafeteria food wasn't that bad.

M: 아파트에서 생활하는 건 내가 예상했던 것과 달라. 매일 학교까지 가는 건 정말 골칫거리인데다가, 난 직접 요리하는 걸 싫어하거든.

W: 그럼 넌 내년에 숙소를 어떻게 할 생각이야? 다시 교내에서 살 거라는 말은 아니겠지?

M: 음, 난 한 번도 룸메이트가 있는 걸 싫어해본 적은 없으니까. 그리고 구내 식당의 음식이 그렇게 나쁘지는 않아.

A. 구내 식당의 식단제를 구입한다.
B. 캠퍼스에서 가까운 아파트를 찾아본다.
C. 다음 해에는 학교까지 차를 타고 온다.
D. 다시 기숙사로 이사한다.

해설 남자의 마지막 말에서 남자가 기숙사 생활이 그렇게

나쁘다고 생각하지 않음을 알 수 있으므로, 남자가 기숙사로 다시 들어갈 것을 예측할 수 있습니다. 대화의 마지막에 등장한 'cafeteria food' 로 인해 A를 답으로 혼동하는 일이 없도록 해야 합니다.

06 W: Henry, could you turn down the music please? I still have one more exam to study for.

M: Sorry about that. I don't mind turning down the volume, but shouldn't you go someplace else to concentrate? Finals are almost over and everyone's celebrating.

W: Henry, 음악 소리를 좀 줄여줄 수 있니? 난 아직 공부해야 할 시험이 하나 더 남았어.

M: 그건 미안해. 소리를 줄이는 건 괜찮지만 네가 집중하려면 다른 곳으로 가야하지 않을까? 기말 고사가 거의 끝나서 모두 축하하고 있으니 말이야.

A. 기말 시험이 끝났기 때문에 지금 파티에 간다.
B. 전축의 소리를 줄인다.
C. 공부하기에 더 조용한 장소를 찾아본다.
D. 그녀를 집중하게 해줄 음악을 듣는다.

해설 모든 사람들이 축하하느라 현재 있는 곳이 소란하다는 남자의 말에서, 여자가 더 조용한 곳을 찾아갈 것임을 알 수 있습니다.

07 M: Professor, I have a problem with my grade. I checked online and it says that I have a C in your class. I'm positive I had a B average after the last test. Can you make sure there hasn't been a mistake?

W: Sure. I have a lecture right now but drop by during my office hours today.

M: 교수님, 전 성적에 문제가 있어요. 온라인 상으로 확인했는데, 제가 교수님 수업에서 C를 받았다고 되어있었어요. 전 지난 번 시험 이후에 평균 B를 받을 거라고 확신했거든요. 실수가 없었는지 확인해주실 수 있나요?

W: 물론이지. 지금은 강의가 있지만, 오늘 내가 사무실에 있는 시간에 찾아오거라.

A. 실수가 없는지 그의 시험을 확인한다.
B. 교수의 강의를 듣는다.
C. 다음 시험을 위해 더 열심히 공부한다.
D. 나중에 교수의 사무실로 간다.

해설 교수는 성적 확인을 위해 강의가 없는 시간에 다시 오라고 말하므로, 남자가 나중에 교수의 방에 올 것을 예측할 수 있습니다. A는 대화의 "make sure there hasn't been a mistake" 이라는 구문을 인용하여 혼동을 준 오답 유형 (Type 1)입니다.

08 W: We're about to go rent a video right now. Do you want to join us?

M: It's a tempting offer, but I need to catch up on some homework.

W: Come on. It'll only be a few hours and I'll even go to the library with you afterwards.

M: Alright, but I'm going to hold you to your promise.

W: 우린 지금 비디오 테이프를 빌리러 갈 거야. 같이 갈래?

M: 마음이 끌리는 제안이지만, 난 뒤처져 있는 숙제를 빨리 따라잡아야 해.

W: 그러지 말고 가자. 그건 단지 몇 시간 밖에 안 걸릴 테고, 게다가 끝난 후에는 나도 너와 함께 도서관에 갈 거야.

M: 알았어, 하지만 네가 꼭 약속을 지키게 할 거야.

A. 그의 친구들과 함께 영화를 본다.
B. 몇 시간 동안 도서관에 가 있는다.
C. 친구들과 어울리기 전에 숙제를 끝낸다.
D. 비디오 테잎을 다시 가게에 반납한다.

해설 남자는 여자의 청에 알겠다며 나중에 꼭 도서관에 함께 갈 것을 다짐 받으므로, 지금은 여자와 함께 영화를 볼 것임을 알 수 있습니다.

09 M: Hey Jane, you don't happen to still have your economics book, do you?

W: I'm sorry, but I sold it back to the bookstore a few days ago.

M: That's too bad. I guess I'll be paying full price. All the used copies are already sold out.

M: 이봐 Jane, 혹시 아직 경제학 책을 가지고 있진 않지, 그렇지?

W: 미안해. 몇 일 전에 그걸 서점에 되팔았어.

M: 안타깝군. 아마도 전액을 지불해야 할 것 같다. 사용했던 책들은 이미 다 팔렸어.

A. 서점에 그의 책을 되판다.

B. 책을 가진 다른 친구를 찾아본다.
C. 중고 책을 구입하기 위해 기다린다.
D. 서점에서 새 책을 구입한다.

해설 남자는 헌 책이 모두 팔려서 전액을 지불하고 책을 사야겠다고 말하므로, 새 책을 살 것임을 알 수 있습니다. A는 '책을 되팔았다' 는 여자의 대사를 그대로 인용하여 혼동을 준 오답 유형 (Type 1)입니다.

10 M: Hey Jenny, are you coming to the study group for our biology final?

W: I don't think so. I found that I can get more done when I'm by myself.

M: 이봐, Jenny, 너 생물학 기말 고사를 대비한 스터디 모임에 올 거니?

W: 못 갈 것 같아. 난 혼자일 때 더 많은 양을 끝낸다는 걸 알게 됐거든.

A. 다른 시험을 준비한다.
B. 혼자서 시험 공부를 한다.
C. 남자와 함께 공부한다.
D. 다른 스터디 그룹을 만난다.

해설 여자는 혼자서 공부할 때 더 많은 양을 한다고 말하므로, 시험 공부를 혼자 할 것을 예측할 수 있습니다.

Daily Check-up ························· p. 154

Drill A

01 W: I can't decide on a major.

M: What did your advisor say?

W: 난 전공을 결정할 수가 없어.

M: 지도 교수님은 뭐라고 하셨니?

02 M: I'm free for about an hour. What do you want to do?

W: Let's have lunch at the cafeteria.

정답·Script·해석·해설

M: 난 한 시간 정도 여유가 있어. 뭘 하고 싶니?
W: 구내 식당에서 점심을 먹자.

03 M: Have you finished the readings for Professor Jenkins' class?
W: I'm taking Professor Becker's class, not Professor Jenkins' class.

M: Jenkins 교수님 수업의 읽기 과제를 끝냈니?
W: 난 Jenkins 교수님 수업이 아니라 Becker 교수님의 수업을 들어.

04 M: Can we postpone our date until this weekend? I have a big test tomorrow.
W: But we were supposed to meet next Wednes-day.

M: 우리 데이트를 이번 주말로 미룰 수 있을까? 난 내일 중요한 시험이 있거든.
W: 하지만 우린 다음 주 수요일에 만나기로 했었잖아.

05 W: I saw your older brother yesterday downtown.
M: I only have two sisters.

W: 어제 시내에서 네 형을 봤어.
M: 나에겐 여자 형제만 둘이 있어.

06 M: How do you like your speech class?
W: I think it'll come in handy after I graduate.

M: 연설 수업은 어때?
W: 졸업하고 나면 그 수업이 매우 유용하게 쓰일 것 같아.

Drill B

`01 A 02 B 03 B 04 A 05 A 06 B`

01 M: I'm taking Mr. Becker's class.
W: You'll spend the whole semester doing home-work for his class.

M: 난 Becker 교수님의 수업을 들 거야.
W: 넌 그 교수님 수업의 숙제를 하느라 한 학기를 다 보내게 될 거야.

해설 숙제하느라 한 학기를 다 보내야 한다는 것은, 그 교수님이 숙제를 많이 내준다는 것을 가정하고 하는 말입니다.

02 W: I have a quiz tomorrow.
M: Then you probably don't have time to see a movie tonight.

W: 나 내일 퀴즈가 있어.
M: 그럼 오늘 밤에 영화 보러 갈 시간이 없겠구나.

해설 남자는 여자가 퀴즈 때문에 공부하느라 영화 보러 갈 시간이 없을 거라고 가정하고 있습니다.

03 W: Shouldn't you leave now if you want to catch your train?
M: I don't have to. I'm taking a plane.

W: 기차를 타려면 지금 출발해야 하지 않니?
M: 그럴 필요 없어. 난 비행기를 탈 거거든.

해설 여자는 남자가 기차를 타야 한다고 가정하여, 빨리 출발해야 하지 않느냐고 묻고 있습니다.

04 M: I think I may withdraw from my morning class. It's really hard for me to get up so early.
W: I know what you mean.

M: 난 아무래도 아침 수업을 취소해야 할 것 같아. 그렇게 일찍 일어나는 것이 나에겐 무척 힘들어.
W: 나도 이해해.

해설 아침에 일찍 일어나는 것이 힘들다는 남자의 말을 이해한다는 것은, 자신도 그것이 힘들다고 여긴다는 의미가 됩니다.

05 W: How do you like your new apartment?
M: I wish I hadn't moved out of the dormitory.

W: 새 아파트는 어떠니?
M: 내가 기숙사에서 이사 나오지 않았더라면 좋았을 거야.

해설 "기숙사에서 이사 나오지 않았더라면" 이라는 가정법 표현에서 남자가 새로운 아파트를 좋아하지 않는다는 사실을 알 수 있습니다.

06 W: Where are you heading to with all those books?
M: I have to return these books by today or I'll be charged a huge late fee.

W: 그 책들을 다 들고 어디로 가는 길이야?
M: 난 오늘까지 이 책들을 반납해야 해. 그렇지 않으면 엄청난 연체료를 지불해야만 할 거야.

해설 남자는 오늘까지 반납하지 않으면 안 되는 책들이 있어서 도서관에 간다는 것을 알 수 있습니다.

Drill C

01 A **02** A **03** B **04** A **05** B **06** A

01 M: Did you know that our paper is due next week?
W: You can't be serious! I haven't even started it yet.

M: 리포트 기한이 다음 주인 것을 알고 있었니?
W: 농담이지! 난 아직 시작도 안했는데.

A. 여자는 자신의 숙제를 끝낼 시간이 더 있다고 가정하고 있다.
B. 여자는 남자가 리포트를 끝냈다고 가정하고 있다.

해설 리포트를 아직 시작도 하지 않았다는 여자의 말에서 여자는 리포트를 끝낼 시간이 더 있으리라고 가정했음을 알 수 있습니다.

02 M: Can you see if there are any openings at your work? I'm looking for a part time job right now.
W: I quit last month.

M: 네 직장에 일 자리가 있는지 알아봐주겠니? 난 지금 시간제 일을 구하고 있거든.
W: 나 지난 달에 그만뒀어.

A. 남자는 여자가 아직도 일한다고 가정한다.
B. 남자는 여자의 직장에 일자리가 있다고 가정한다.

해설 남자가 여자의 직장에 일 자리가 있는지 알아봐달라고 하는 것으로 보아, 아직 여자가 일을 하고 있다고 가정함을 알 수 있습니다.

03 M: Can I get my notebook back? I need it for a quiz tomorrow.
W: Don't you remember? I gave it back to you after I copied your notes.

M: 내 노트를 돌려받을 수 있을까? 내일 퀴즈 때문에 그것이 필요해.
W: 기억 안나? 내가 노트를 복사하고는 그것을 너에게 돌려줬잖아.

A. 남자는 여자가 그의 노트의 복사본을 가지고 있다고 가정한다.
B. 남자는 여자가 그의 노트를 가지고 있다고 가정한다.

해설 남자가 여자에게 노트를 돌려달라고 말하는 것으로 보아, 여자가 자신의 노트를 가지고 있다고 가정하는 것을 알 수 있습니다.

04 W: What is the matter with Judy? She doesn't look like herself today.
M: You're right. I've never seen her so blue.

W: Judy에게 무슨 일이 있는 거지? 오늘은 그녀답지 않아 보였어.
M: 맞아. 난 그녀가 그렇게 우울한 걸 한 번도 본 적이 없어.

A. 남자는 Judy가 매우 슬퍼 보인다고 생각한다.
B. 남자는 Judy가 파란 색 옷을 입는 것을 본 적이 없다.

해설 이 대화에서 'blue'는 '우울한'이라는 뜻이므로 남자의 말은 Judy가 매우 슬퍼 보였다는 뜻임을 알 수 있습니다.

05 M: Professor Johnson's class is better than I expected.
W: Better? I think his lecture is the most interesting thing on the campus.

M: Johnson 교수님의 수업은 내가 기대한 것보다는 더 나은 것 같아.
W: 더 낫다고? 난 그 분의 강의가 이 학교에서 가장 흥미롭다고 생각해.

A. 여자는 Johnson 교수의 수업을 남자만큼 좋아하지 않는다.
B. 여자는 Johnson 교수의 수업을 남자보다 더 좋아한다.

해설 여자는 Johnson 교수님의 강의가 '더 나은' 정도가 아니라, 학교에서 가장 흥미롭다고 말하므로 남자보다 그 강의를 더 좋아한다는 것을 알 수 있습니다.

06 W: Will you join us for camping to the mountain this weekend?
M: I'd love to, but I already have another appointment.

W: 이번 주말에 산으로 캠핑하러 우리와 함께 갈래?
M: 나도 그러고 싶지만 이미 다른 약속이 있어.

A. 남자는 다른 할 일이 있기 때문에 캠핑을 갈 수 없다.
B. 남자는 캠핑 가는 것을 원치 않기 때문에 캠핑에 가지

정답·Script·해석·해설

않을 것이다.

해설 남자가 캠핑을 갈 수 없는 이유는 다른 약속이 있어서, 즉 다른 일이 있어서임을 알 수 있습니다.

Daily Test

P. 157

01 C 02 C 03 D 04 B 05 A
06 A 07 C 08 B 09 B 10 D

01 M: How's that archeology class you were so enthusiastic about?
W: Not as well as I hoped. In fact, I regret signing up for the class.
M: That's surprising.

M: 네가 무척 열성적이었던 고고학 수업은 어떠니?
W: 내가 바랬던 것 보다는 안 좋아. 사실 난 그 수업을 신청한 것을 후회해.
M: 놀라운데.

A. 여자는 고고학자가 되기를 원한다.
B. 수업이 여자에게는 쉬울 것이다.
C. 여자는 고고학 수업을 즐길 것이다.
D. 여자는 수업을 수강한 것을 후회할 것이다.

해설 남자는 여자가 열성적이었던 고고학 수업을 좋아하지 않는다는데 놀랐다고 말하므로, 그녀가 고고학 수업을 좋아한다고 가정했음을 알 수 있습니다.

02 W: I'm going to the museum with my cousin. Do you want to come with us?
M: I don't think I can make it today. I have a project to finish in my management class.
W: Actually, we were planning to go this weekend.

W: 난 내 사촌과 함께 박물관에 갈 거야. 너도 함께 갈래?
M: 오늘은 안 될 것 같아. 경영학 수업에서 끝내야 할 연구 과제가 있거든.
W: 사실 우린 이번 주말에 갈 생각이었어.

A. 여자는 이번 주말에 박물관에 갈 것이다.
B. 여자의 사촌은 그가 그들과 함께 가기를 원하지 않을 것이다.
C. 여자는 오늘 박물관을 방문할 것이다.
D. 그는 연구 과제를 끝낼 것이다.

해설 남자가 오늘은 여자와 함께 박물관에 갈 수 없다고 하므로, 여자가 오늘 박물관에 갈 거라고 가정했음을 알 수 있습니다.

03 W: Professor, I can't seem to find enough material for my paper.
M: The paper isn't due for two more weeks, why don't you find another topic?
W: We can still do that? I thought it was already too late to switch.

W: 교수님, 제 리포트를 쓰는데 충분한 자료를 찾을 수가 없어요.
M: 그 리포트는 마감까지 앞으로 2가 남았으니 다른 주제를 찾아보지 그래?
W: 아직 그렇게 할 수 있나요? 전 변경하기에는 너무 늦었다고 생각했거든요.

A. 그녀는 리포트 완성에 늦었다.
B. 그녀는 더 이상 조사를 하지 않을 것이다.
C. 교수는 기한을 늦출 것이다.
D. 주제는 변경될 수 없다.

해설 "it was already too late to switch" 라는 말에서, 여자가 리포트의 주제를 바꿀 수 없다고 가정했음을 알 수 있습니다. 이처럼 마지막 화자가 특정 사실을 전제하고 질문을 할 때는 Assumption 문제가 나올 것을 예상합니다.

04 M: How do you like working at the coffee house? It looks like it'd be fun working there, and the tips must be great too.
W: To be honest, I'm hardly making anything. Most people don't leave a penny.

M: 커피 숍에서 일하는 건 어때? 거기서 일하는 건 재미있어 보여. 그리고 팁도 분명히 많을 거야.
W: 솔직히 말하자면 난 거의 아무런 수입도 얻지 못하고 있어. 대부분의 사람들이 푼돈 하나 남기지 않아.

A. 여자는 주말에만 일을 한다.
B. 여자의 직장은 보수가 좋다.
C. 여자는 커피 마시는 것을 즐긴다.
D. 여자는 그녀의 직업을 좋아하지 않는다.

해설 "the tips must be great too" 라는 말에서, 남자는 여자가 직장에서 얻는 수입이 많다고 가정했음을 알 수 있습니다.

05 W: Hey, could you lend me your camera this weekend? I'm going camping and I wanted to take some pictures.

M: I'm sorry, but John borrowed it a few weeks ago and I still haven't gotten it back yet. Anyway, what's wrong with yours? Did it break?

W: You mean the one I brought to your birthday party? That belongs to my roommate.

W: 이봐, 이번 주말에 네 카메라를 좀 빌려줄 수 있니? 난 캠핑을 갈 텐데, 사진을 좀 찍고 싶어서.

M: 미안하지만 John이 몇 주 전에 그걸 빌려갔는데 아직 돌려받지를 못했어. 그건 그렇고 네 것은 뭐가 문제야? 고장 났어?

W: 내가 네 생일 파티에 가져갔던 것 말하는 거니? 그건 내 룸메이트 거야.

A. 여자는 자신의 카메라를 가지고 있다.
B. 여자는 그녀의 룸메이트에게서 카메라를 빌릴 수 있다.
C. 그는 더 빨리 카메라를 돌려받게 될 것이다.
D. 여자가 그의 카메라를 망가뜨릴 수도 있다.

해설 남자는 여자가 예전에 가지고 있던 카메라가 그녀의 것인 줄로 알고, 그녀에게 카메라가 있다고 가정하고 있습니다.

06 M: Cathy, did you find out how to get to the concert?

W: No, I didn't, but my friend knows the way there and I'm sure she'd be willing to give us a ride.

M: That's a relief. I was worried that we might not be able to go.

M: Cathy, 콘서트 장에 어떻게 가는지 알아냈니?

W: 아니. 하지만 내 친구가 그 쪽의 길을 아는데, 난 그녀가 우리를 기꺼이 태워줄 거라고 생각해.

M: 다행이구나. 우리가 못 가게 될까봐 걱정했거든.

A. 그녀의 친구가 그들을 콘서트 장까지 태워줄 것이다.
B. 그녀는 남자가 갈 수 있는 것에 안도했다.
C. 그녀의 친구는 그들에게 방향을 가르쳐줄 것이다.
D. 그녀는 참석할 수 없을 것이다.

해설 "she'd be willing to give us a ride" 라는 여자의 말에서 그녀의 친구가 콘서트장까지 그들을 태워줄 것을 알 수 있습니다.

07 W: Professor Robinson's marketing class is a breeze! I aced the first test even though I barely studied.

M: I wouldn't be so confident. I'm not sure you'll be saying that after you take the midterm exam.

W: Robinson 교수님의 마케팅 수업은 정말 쉬워. 난 거의 공부를 안 했는데도 불구하고 첫 번째 시험에서 평점 A를 받았어.

M: 나라면 그렇게 자신만만하지 않을 거야. 네가 중간 고사를 치고 나서도 그렇게 말할 지는 의문인 걸.

A. 그 수업은 거의 공부를 하지 않아도 된다.
B. 그는 성적에 대해 자신이 없다.
C. 중간 시험이 어렵다.
D. 교수는 성적을 후하게 준다.

해설 여자가 시험이 쉬웠다고 하자, 남자는 중간 고사 이후에는 그렇게 말할 수 없을 것이라고 하여 중간 고사가 어려울 거라고 말해주고 있습니다.

08 M: Would you like to go out for dinner with me and Cindy?

W: I'll have to pass. I'm so broke right now that I might even have to ask for a loan from my parents.

M: 나랑 Cindy랑 같이 저녁 먹으러 나가지 않을래?

W: 난 빠질게. 지금 돈이 너무 없어서 부모님에게서 대출을 부탁해야 할 지경이야.

A. 그녀는 수업에 패스하는 것이 걱정이다.
B. 그녀는 가진 돈이 없다.
C. 그녀는 다리가 부러졌다.
D. 그녀는 최근에 일자리를 잃었다.

해설 이 대화에서 'broke' 은 '파산한, 무일푼의' 라는 뜻이므로, 여자의 문제는 돈이 없다는 것임을 알 수 있습니다. C는 'broke' 의 의미를 변형하여 혼동을 준 오답 유형 (type 1)입니다.

09 W: There was a blackout in my dorm last night during the storm, and the power didn't come back on. I'm supposed to turn in my report in a few hours and I don't know what to do. The professor doesn't accept late papers.

M: Why don't you talk to the professor and explain

정답·Script·해석·해설

the situation? I'm sure he'll understand.

W: 어제 밤 폭풍우가 칠 때 기숙사가 정전되었는데, 전기가 다시 들어오지 않았어. 난 몇 시간 후면 리포트를 제출해야 하는데 어떻게 해야 할 지 모르겠어. 교수님께서는 기한이 지난 리포트를 받아주시지 않거든.

M: 교수님께 상황을 설명해드리지 그러니? 분명히 이해해 주실 거야.

A. 그녀는 비 때문에 감기가 걸렸다.
B. 그녀는 전기를 이용할 수 없다.
C. 그녀는 정전 때문에 늦잠을 잤다.
D. 그녀는 리포트를 써야 한다는 사실을 몰랐다.

해설 "the power didn't come back on" 이라는 여자의 말에서, 여자가 리포트를 쓰지 못한 이유는 전기가 나가서임을 알 수 있습니다.

10 M: Were you able to register for the classes you wanted?

W: Yeah, luckily I did, but it still looks like I won't graduate on time. I need another semester of a foreign language.

M: 네가 원하는 수업에 등록할 수 있었니?

W: 응, 다행히도 그럴 수 있었어. 하지만 그래도 난 제 때 졸업할 수 없을 것 같아. 외국어 수업을 한 학기 더 들어야 하거든.

A. 그녀는 등록 기간을 놓쳤다.
B. 그녀는 타 언어에 유창하지 못하다.
C. 그녀는 필요한 수업을 수강하지 못했다.
D. 그녀는 예상했던 것보다 늦게 졸업할 것이다.

해설 "I won't graduate on time" 이라는 여자의 말에서, 여자가 예정보다 늦게 졸업해야 하는 것이 문제임을 알 수 있습니다.

Daily Check-up
P. 168

01 C **02** B **03** A **04** B

01 Let's pick up where we left off from the last class. Previously, we talked about **(A)** the origins of animal and plant life on oceanic islands. **(B)** Why don't we take a closer look at the development of life on continental islands? As you know, continental islands form as a result of the ocean dividing a large landmass.

지난 시간에 어디까지 진도가 나갔는지 봅시다. 이전에 우리는 양도의 동식물의 기원에 대해 이야기를 나누었습니다. 이제 육도 생물의 발달에 대해 좀 더 자세히 살펴보면 어떨까요? 여러분도 알다시피, 육도는 커다란 땅 덩어리가 바다에 의해 나누어져서 생겨난 것입니다.

해설 지난 강의의 요약과 함께 본 강의에서 주로 다룰 내용을 말하고 있는 강의의 앞부분입니다. 지난 강의에서는 oceanic islands의 생물의 기원에 대해서 알아 봤으므로, 이번 강의에서는 continental islands의 생물의 기원에 대해 자세히 알아 보겠다고 말합니다.

02 In today's class we'll be focusing on **(A)** the different types of muscle tissue-namely red muscles and white muscles. Red muscle fibers contain a substance known as hemoglobin, which help bring oxygen to the capillaries. **(B)** These muscles are resistant to fatigue and are used primarily during activities that require endurance.

오늘 강의에서 우리는 서로 다른 근육 조직, 즉 적근과 백근에 초점을 맞춰 볼 것입니다. 적색 근섬유는 헤모글로빈 이라고 알려진 물질을 포함하고 있는데, 이 물질은 모세 혈관에 산소 공급을 돕습니다. 이 적근은 피로에 잘 견디므로 끈기를 요하는 활동에 주로 사용됩니다.

해설 강의의 첫 부분으로, 본 강의가 두 종류의 다른 근육 조직에 초점을 두고 전개될 것임을 밝히고 있습니다.

03 W: Hi, I was wondering **(A)** if the psychology book I had on reserve has been returned yet.

M: (B) If you can hold on a second I'll check the records. Hmm···It looks like it's still checked out.

W: Do you know when it might be available? I've been waiting for two weeks now and I really need the book to finish my research project.

M: Have you tried looking for it at another library? You might have more luck somewhere else.

W: 안녕하세요. 제가 예약해 둔 심리학 책이 반납되었는지 궁금해서요.

M: 잠시만 기다리시면, 기록을 확인해 보겠습니다. 음… 아직 대출 상태인 것 같군요.

W: 언제쯤 제가 볼 수 있는지 아시나요? 전 지금까지 이주를 기다려 왔는데, 연구 과제를 끝내려면 정말 이 책이 필요하거든요.

M: 다른 도서관에서 혹시 찾아 보셨습니까? 다른 곳에서 구하기가 더 쉬울 수도 있어요.

해설 대화의 앞 부분으로, 여자는 심리학 책을 찾고 있고 남자는 거기에 대한 정보를 알려주므로 이 대화는 심리학 책 대출에 관한 것임을 알 수 있습니다.

04 M: I thought this week would never end. I'm just glad midterms are finally over. Why don't we go to the beach this weekend to celebrate?

W: I don't think I can. (A) I have an interview on Monday for an internship, so I should probably spend the weekend preparing.

M: (B) Really? I've been searching for an internship all semester. How did you find out about it?

W: Well, one of my professors knew about the opening and he recommended me to the company.

M: Wow. That sounds like a great opportunity. It'll look good on your resume. Is it a paid internship?

M: 이번 주가 절대 끝나지 않을 것 같았는데. 마침내 중간고사가 끝나서 정말 기분이 좋아. 이번 주말엔 바닷가에 가서 신나게 놀지 않을래?

W: 난 그럴 수가 없을 것 같아. 월요일에 인턴십 면접이 있어서 주말 동안 준비해야만 해.

M: 정말? 나는 학기 내내 인턴십을 구하려고 했었는데. 넌 그걸 어떻게 알게 된 거야?

W: 음, 교수님 한 분이 자리가 있는 걸 아시고는 그 회사에

나를 추천해 주셨어.

M: 와, 정말 좋은 기회인 것 같구나. 이력서에 써 넣으면 무척 도움이 될 거야. 보수가 있는 인턴십이니?

해설 남자가 주말에 놀러 가자고 제안하자 여자는 인턴십 준비를 해야 한다고 말하고, 대화는 자연스럽게 여자의 인턴십에 대해 구체적으로 전개됩니다. 그러므로 이 대화의 main topic은 여자의 인턴십입니다.

Daily Test
P. 170

01 C 02 D 03 C 04 C

01 When a honeybee returns to the beehive from a successful foraging trip it communicates with other honeybees. It does this to give detailed information about the location of the new food source so that other worker honeybees can go gather the food. The honeybee goes through a set of movements, called a dance, that describe the details of her trip. The type of dance depends on the distance of the food source from the hive. When a honeybee locates a nearby food source it just moves around in circles. However, if the food source is more distant from the hive, the honeybee will move in a more complex figure eight pattern, called a waggle dance.

먹이를 성공적으로 찾고 벌집으로 돌아 온 꿀벌은 다른 꿀벌들과 의사 소통을 합니다. 꿀벌은 새로운 먹이 자원의 위치에 대한 자세한 정보를 줘서 다른 일벌들이 먹이를 모으러 갈 수 있도록 하기 위해 이런 의사소통을 하죠. 꿀벌들은 일종의 춤이라 불리는 일련의 동작을 통해 여행의 자세한 내용을 묘사합니다. 춤의 형태는 벌통에서 먹이까지의 거리에 따라 다릅니다. 꿀벌이 가까운 곳의 먹이를 발견했을 때는 단지 원을 그리며 돕니다. 그러나, 먹이가 벌통에서 보다 먼 곳에 있다면, 8자 모양의 소위 흔들기 춤이라고 불리는 좀 더 복잡한 모양으로 움직일 것입니다.

1. 강의는 주로 무엇에 관한 것인가?
A. 꿀벌이 새로운 먹이를 찾아 여행하는 방법
B. 꿀벌의 짝짓기 춤
C. 꿀벌 간의 먹이에 대한 의사 소통
D. 꿀벌이 찾는 먹이의 종류

해설 첫 문장에서 이 강의가 꿀벌이 먹이를 찾은 후 의사

소통을 한다고 소개합니다. 이어지는 내용이 꿀벌과 먹이의 위치, 위치를 알리기 위한 춤에 대한 설명이므로 이 강의는 꿀벌의 먹이에 관한 의사 소통에 대해 주로 이야기하고 있습니다.

02 It was widely believed that the diet of North American songbirds consisted mostly of insects. In order to prove this claim, scientists conducted an intensive research experiment. The results of the experiment were very striking. It showed that songbirds do eat mostly insects during the spring and summer. However, the majority of songbird species switch from an insect-rich diet to a fruit-based diet in the autumn. This happens during their annual migrations to southern wintering habitats. Fruit plays a more important role in the diet of these birds during migration because it provides the energy that they need for their long journey.

북아메리카 명금들의 주식이 곤충이라는 것은 널리 알려져 왔습니다. 이 주장을 증명하기 위해서 과학자들이 광범위한 연구 조사를 했습니다. 그 조사의 결과는 매우 충격적이었습니다. 그 결과에 의하면 명금들은 주로 봄철과 여름철에 곤충을 먹습니다. 하지만 많은 명금류들은 가을이 되면 곤충을 먹는 대신 과일 위주로 먹이를 바꿉니다. 이런 현상은 새들이 해마다 남쪽의 겨울 서식지로 이동하는 철이 되면 발생합니다. 과일은 이동 철에 이 새들에게 있어서 먹이로서 보다 중요한 역할을 하는데, 그 이유는 새들이 긴 여행을 하는데 필요한 영양분을 과일이 제공하기 때문이지요.

2. 교수는 주로 무엇에 대해 말하고 있는가?
A. 명금에 관해 행해진 다른 연구들
B. 북아메리카 명금의 이동 경로
C. 명금류가 선호하는 겨울 서식지
D. 철새 명금의 먹이

해설 첫 문장에서 songbirds의 먹이가 주로 곤충이라고 믿는 통념을 소개한 후, 이에 대한 다른 연구 결과를 말하고, 실제 계절에 따라 먹이가 달라진다는 내용을 말하고 있습니다. 그러므로 이 강의의 main topic은 철새 명금의 먹이가 됩니다.

03 W: It's been a long time since I saw you last. How have you been?

M: Busy. I've been taking a lot of credits this semester in order to graduate a little earlier.

W: Then you must have been living in the library. Are you still working part-time at the grocery store?

M: Yeah, I'm working nights and weekends. I can't remember the last time I had a day off.

W: That sounds really tough. I have a hard time keeping up with my classes as it is.

M: Actually, I've been feeling stressed out lately. I'm falling behind in my classes and when I do study I can barely keep my eyes open.

W: Maybe you should cut back on your work hours so that you can get some rest.

W: 지난 번에 본 이후로 오랜만이구나. 어떻게 지내니?
M: 바빠. 이번 학기에 조금 일찍 졸업하려고 학점을 많이 들었거든.
W: 그럼 거의 도서관에서 살다시피 했겠네. 아직도 식료품점에서 시간제로 일하고 있니?
M: 야간과 주말에 일하고 있어. 마지막으로 쉰 것이 언제였는지 기억도 안나.
W: 정말 힘들 것 같구나. 나는 수업만 따라 가기에도 아주 힘들거든.
M: 실은 요즘 스트레스를 느끼고 있어. 수업에서 조금씩 뒤쳐지고 있고 공부할 때도 간신히 눈을 뜨고 있을 정도야.
W: 아무래도 네가 쉴 수 있도록 일하는 시간을 줄여야 할 것 같아.

3. 대화는 주로 무엇에 관한 것인가?
A. 남자의 새로운 시간제 일
B. 여자의 힘든 수업들
C. 남자의 바쁜 생활
D. 남자의 졸업

해설 대화의 첫 부분에서 남자는 학점을 많이 신청했다고 했고, 이어서 파트타임 일도 여전히 하고 있어서 쉴 시간이 거의 없다는 내용입니다. 그러므로 이 대화는 주로 남자의 바쁜 생활에 관한 것임을 알 수 있습니다.

04 Well, generally speaking, we could say that there are four stages to culture shock. First of all, the "honeymoon" stage. To the visitor, everything seems new, quaint and novel. The food, the surroundings, the buildings. And it produces a desire to look around, to experiment, to explore. The next stage is the "horror" stage, where the newness wears off, and the visitor sees the country from a different light, and often begins to criticize the country, the life, and the values of the people. The next stage, we could say, is the "humor" stage, where people begin to reflect back and laugh at their mistakes in the earlier stages. And the final stage, we could say, is the "home" stage where people begin to feel at home, and enjoy living in that foreign country.

음, 일반적으로 문화 충격에는 네 단계가 있다고 말할 수 있습니다. 첫 번 째 단계는 "신혼기" 입니다. 방문객에게 모든 것이 새롭고, 흥미롭고, 신기해 보입니다. 음식, 주변 환경, 건물들이 다 그렇습니다. 그리고 이 단계는 주위를 둘러 보고, 체험하고, 답사하고자 하는 욕망을 일으킵니다. 다음 단계는 "공포" 단계인데, 이 단계에서는 새로움은 없어지고, 방문객은 그 나라를 다른 시각에서 보게 되며 종종 그 나라와 생활, 사람들의 가치관을 비판하기 시작합니다. 다음 단계는 "유머" 단계라고 할 수 있습니다. 이 단계에서 사람들은 초기의 실수들을 회상하며 웃기 시작합니다. "자기의 집" 단계라고 하는 마지막 네 번째 단계에서는 자기 집에 있는 것처럼 편안하게 느끼고, 외국에서의 생활을 즐기게 됩니다.

4. 강의는 주로 무엇에 관한 것인가?
A. 새로운 문화에 적응하는 법
B. 문화 충격의 어려움
C. 문화 충격의 단계
D. 외국에서 사는 최선의 방법

해설 강의 첫 부분에서 문화 충격에는 네 단계가 있다고 말한 후, 각 단계별 특징을 설명하고 있습니다. 그러므로 이 강의의 주된 내용은 문화 충격의 단계에 관한 것입니다.

Daily Check-up
P. 176

01 A 02 A 03 B 04 C

01 W: Hey I'm headed to the Central Museum. Do you want to go with me? The professor recommended that we check out the historical relics they have there.

M: When did the professor say that? I don't remember him talking about a museum.

W: (A) Weren't you in class last week? He mentioned it during one of his lectures.

M: (B) Actually, I skipped class to meet up with some friends.

W: Even more reason to come with me. I can catch you up on what you missed. Well, what do you say?

W: 안녕, 난 중앙 박물관으로 가는 길이야. 같이 갈래? 교수님께서 박물관에서 소장하고 있는 역사 유물들을 조사해보라고 권하셨어.

M: 교수님이 언제 그렇게 말씀하셨니? 교수님께서 박물관에 대해 이야기 했던 것은 기억나지 않는데.

W: 너 지난 주 수업에 참석하지 않았니? 교수님이 그것을 강의 중에 한 번 언급하셨어.

M: 사실, 나는 친구들 만나느라 결석했어.

W: 그럼 나랑 같이 갈 이유가 더 생긴 거네. 네가 놓친 것을 따라잡도록 해 줄게. 자, 어때?

해설 교수님은 지난 주 수업에 박물관에 대해 언급하셨고, 남자는 지난 주 수업에 결석했으므로, 남자가 결석한 날 교수님이 박물관에 대해 언급하셨다는 것을 추론할 수 있습니다.

02 Okay, I have in my notes that the first tragedies were (A) songs and dances performed at festivals to honor the Greek god Dionysus. (B) What's unusual is, contrary to their name, these performances were actually celebrations with plenty of singing, drinking, and dancing. As time passed, though, the pieces became more serious in nature.

좋아, 내 노트에는 최초의 비극이 그리스의 신 디오니소스를 기리기 위한 축제에서 행해진 노래와 춤들이었다고 되어 있어. 특이한 것은, 그들의 이름과는 반대로 이 공연들이 사실 수많은 노래와 음주, 춤들로 된 축전이었다는 거야. 그러나 시간이 지남에 따라 작품들은 사실상 더욱 진지해졌지.

해설 초기 비극에서 특이한 점이 비극 즉, 슬픈 극이라는 이름과는 반대로 노래, 음주, 춤들로 이루어졌다는 말에서 초기 비극이 흥겨운 부분이 많았다는 것을 추론할 수 있습니다.

03 Most Americans work in the heart of the city and live in the suburbs, usually using cars to get to work. **(A) As a result,** environmental pollution is at a dangerous level in big cities like Atlanta. Research shows that it takes nearly 35 minutes longer for drivers to travel the same distance during rush hours. That's why "urban villages" have become **(B) so popular these days in cities with heavy traffic.** In an urban village, **(C) the office, house and shopping center are all within walking distance so a car is not needed.** This is the primary reason why urban villages were created.

대부분의 미국인들은 도시의 중심부에서 일하고 교외에서 거주하면서, 보통 승용차를 이용해서 출근합니다. 그 결과, 아틀란타와 같은 대도시에서 환경오염은 위험 수위에 도달했습니다. 조사에 의하면 출퇴근 시 혼잡한 시간 동안에는 운전자들이 같은 거리를 이동해도 약 35분이 더 소요된다고 합니다. 그것이 요즘 교통이 혼잡한 도시에서 "도시형 마을들" 이 인기가 많아진 이유이지요. 도시형 마을에는 사무실, 집, 쇼핑 센터가 모두 걸을 수 있는 거리 내에 있어서 자동차가 필요 없죠. 이것이 도시형 마을이 생겨난 주요 원인입니다.

해설 교외에서 도심으로 출퇴근을 하기 위해 이용하는 승용차가 환경 오염을 일으키는데, 도시형 마을이 많아지면, 그런 이동이 줄어 들고 승용차를 적게 이용하게 되므로, 환경 오염이 줄 것이라고 추론할 수 있습니다.

04 Today I will be talking about a particle that has been described as **(A)** "almost nothing." This tiny particle is known as the neutrino. A neutrino is one of the fundamental particles that make up the Universe. Neutrinos are very difficult to detect even though trillions of neutrinos are said to be passing through the Earth at any time. Why are neutrinos so hard to detect? **(B) That's because there are trillions of other particles aside from neutrinos,** but these other particles are **(C) electrically charged.** So scientists sometimes easily get distracted by the **(D) electrically charged particles passing by.**

오늘은 "거의 무(無)와 같은 존재"로 묘사되어 왔던 미립자에 대해서 이야기 하겠어요. 이 작은 미립자는 중성 미자(neutrino)로 알려져 있어요. 중성 미자는 우주를 구성하는 기초적인 미립자들 중에 하나입니다. 수 조의 중성 미자들이 늘 지구를 관통하고 있다고 하지만, 이것을 탐지하기는 매우 어렵습니다. 왜 중성 미자는 탐지되기가 그렇게 어려울까요? 그것은 중성 미자 이외에 수 조의 다른 미립자들이 있고, 그 다른 미립자들은 전하를 띠고 있기 때문입니다. 그래서 때로로 과학자들은 스쳐 지나가는 전하를 띤 미립자들 때문에 혼란스러워집니다.

해설 neutrino를 탐지하기 어려운 이유가 주변의 다른 미립자들이 전하를 띄고 있기 때문이라고 했으므로 neutrino는 전하를 띄지 않기 때문에 탐지하기가 어렵다고 추론할 수 있습니다.

Daily Test
P. 178

| 01 B | 02 C | 03 C | 04 B | 05 D | 06 B | 07 B |

[1~2]

Cubism was an artistic movement that developed in the early 20th century. The style of Cubism was created mainly by the two most well known Cubists, Pablo Picasso and Georges Braque. Cubism emphasized the flat, two-dimensional surface of the picture canvas. The Cubists did not wish to just copy the images of reality; they worked to present a new reality in their paintings by depicting the base geometric forms of the subject matter. This was the key to Cubism—capturing the essence of an object by showing it from multiple points of view at the same time. The artist accomplished this by breaking up the subject and reassembling it in an abstract form. The Cubist style is much admired for the revolutionary technique of depicting both the front and the back of the object simultaneously. In order to emphasize the structure and shape of the subject matter, Cubist painters in the early years of the movement used only a limited variety of dull colors, such as green, brown and gray. Later, brighter colors took on a more important role as colors were used to make the fragmented shapes more decorative.

Cubism은 20세기 초기에 발전한 예술 동향이었습니다. Cubism의 양식은 주로 두 명의 가장 유명한 입체파 예술가(Cubists)인 Pablo Picasso와 Georges Braque에 의해서 창조되었습니다. Cubism은 그림 캔버스의 평평한 2차원의 표면을 강조했습니다. 입체파 예술가들은 현실의 이미지들을 단순히 모방하는 것만을 바라지 않았습니다; 그들은 제재의 기본적인 기하학적 형상을 그림으로써 그들의 그림에서 새로운 현실을 나타내기 위해 작품을 만들었죠. 이것이 Cubism의 핵심입니다. -- 동시에 다양한 관점에서 물체를 보여줌으로써 물체의 본질을 포착하는 것 말이죠. 예술가는 제재를 해체해서 추상적인 형태로 재구성함으로써 이것을 성취했습니다. 입체파 양식은 물체의 앞과 뒤를 동시에 묘사하는 혁신적인 기술 때문에 아주 찬사를 받았습니다. 제재의 구조와 모양을 강조하기 위해, 초기 몇 년 동안 입체파 화가들은 초록색, 갈색, 회색과 같이 제한된 종류의 둔탁한 색깔만을 사용했지요. 후에 밝은 색상은 조각난 형태를 좀 더 화사해 보이도록 하는 데 색이 이용되면서 더욱 중요한 역할을 하게 되었습니다.

1. 이 강의는 주로 무엇에 대한 것인가?
A. Pablo Picasso의 작품
B. 입체파 양식의 기법
C. 다른 예술 양식에 대한 Cubism의 영향
D. 입체파 그림의 제재

해설 첫 부분에 Cubism을 소개한 후 이어서 일관되게 말하고 있는 것이 이들 Cubism화가들이 사물을 어떤 식으로 표현했는지, 무슨 색을 주로 썼는지 등의 자세한 기법들에 대한 것이므로 답은 입체파 양식의 기법이 됩니다.

2. 이 강의에서 추론할 수 있는 것은 무엇인가?
A. 초기 Cubist들은 다양한 색의 물감을 접하지 못했다.
B. Cubist들은 사실을 효과적으로 묘사하지 못했다.
C. Cubism은 20세기의 회화 표준에 급진적인 변화를 가져왔다.
D. 다른 운동들에 비해, cubism은 제재의 본질을 더 잘 찾아냈다.

해설 강의 전체에서 설명하고 있는 Cubism의 여러 특성이 이전의 그림들과 다르고, 그 기술이 혁신적(revolutionary)이었다는 것은 이전의 회화의 기본 형과는 다른 급진적인 변화를 가져왔음을 추론할 수 있습니다.

[3~4]

W: This is awful. My first day of classes and I missed my morning calculus class because I overslept. Can you believe that my alarm clock died in the middle of the night?

M: Bad luck seems to be your specialty. You missed a final exam last term because the same thing happened.

W: Yeah. But, I was lucky because my English professor was very understanding. He gave me a make up final. By the way, did the professor talk about the course load?

M: It's not going to be a cake walk. We have a short quiz and problem sets due every week, two midterms, and a final exam.

W: You must be joking! I can't possibly do all that work and find time to write my honors thesis.

M: What about taking the class for a pass / fail grade? It would make it much easier for you.

W: But this is my last requirement for graduation, so I have to take it for a letter grade.

W: 이건 정말 엉망이야. 수업 첫 날에 늦잠을 자서 아침 미적분 수업을 놓쳤어. 자명종 시계가 밤 중에 멈춰 버렸다면 믿을 수 있겠니?

M: 운이 나쁜 건 네 전문인가 보구나. 지난 학기에는 같은 이유로 기말 고사를 못 치지 않았니?

W: 그래. 하지만 그 영어 교수님이 이해심이 많으셔서 다행이었지. 보충 시험을 허락해 주셨거든. 그런데, 교수님이 수업 과제에 대해 말씀하셨니?

M: 만만치 않을 것 같아. 매주 간단한 시험과 문제 풀이를 해야 하고, 중간고사가 두 번, 그리고 기말 고사가 한 번 있어.

W: 농담이지! 난 도저히 그 과제들을 다 하면서 학위 논문을 쓸 시간을 낼 수는 없을 것 같아.

M: 그 수업을 통과 / 낙제 수업으로만 듣는 건 어때? 그럼 훨씬 쉬울 거야.

W: 하지만, 이건 마지막 졸업 필수 과목이라서 학점을 받을 수 있는 수업으로 들어야만 해.

3. 화자들은 주로 무엇에 관해 대화하고 있는가?
A. 여자의 학위 논문 주제
B. 대학의 졸업 필수 과목들
C. 그들이 수강하는 수학 수업

D. 수업의 채점 방법 선택의 변경

해설 여자가 놓친 미적분 수업에 대해 남자와 나누는 대화
이므로 대화의 주제는 화자들이 수강하는 수학 수업임을
알 수 있습니다.

4. 남자는 미적분 수업에 대해 무엇을 암시하는가?
A. 식은 죽 먹기처럼 쉬울 것이다.
B. 공부를 많이 해야 할 것이다.
C. 시험이 너무 많다.
D. 학점제 수업으로만 수강할 수 있다.

해설 여자가 수업 과제에 대해 묻자, 남자는 매주 시험과
문제 풀이, 두 번의 중간고사, 그리고 기말 고사가 있다고
말합니다. 그 말은 과제가 많으므로 수행 해야 할 학업량이
많다는 것을 의미합니다.

[5~7]

So now I'd like to talk about some of the restrictions
governments set up to block free trade. Generally,
free trade is encouraged in the global market and
very beneficial for a country from an economic
viewpoint. If you remember from the last lecture I
mentioned something called the principle of
comparative advantage. It states that nations can
mutually benefit from trade when they produce and
export goods that they can produce more efficiently
than other countries. This means that consumers
can buy products at the lowest price, while
companies have a broad market for their products.
Sometimes, though, governments will interfere with
the free trade market by enforcing a tariff. A tariff is
simply a tax or duty placed on an imported good by
a government. Tariffs are usually assessed as a
percentage of the declared value of the good, similar
to a sales tax. There are other measures that
governments can take besides tariffs- namely
quotas and technical barriers. When a government
sets a quota it limits the amount of a foreign good
that can be imported. Technical barriers attach
requirements to a product, making it difficult for a
foreign company to export. Governments can also
directly help their domestic industries by giving them
subsidies. So why would a government take such

measures? Well, it's to protect new industries that
have not been established yet, key industries that
are vital to the country, and the jobs of domestic
workers.

그럼 이제 정부가 자유 무역을 통제하기 위해 세우는 몇 가
지 제재 조치에 대해 이야기해보고자 합니다. 일반적으로
자유 무역은 세계 시장에서 장려되며 경제적 관점에서 볼
때 한 국가에게 매우 이익이 됩니다. 여러분이 지난 강의에
서 내가 언급했던 비교 우위라 불리는 원리를 기억한다면
말이죠. 그것은 국가들이 다른 국가들보다 효율적으로 생
산할 수 있는 상품들을 생산하고 수출할 때 상호간에 무역
을 통해 이익을 얻을 수 있다는 것을 명시했습니다. 이것은
소비자들이 가장 저렴한 가격으로 물품을 구입할 수 있음
과 동시에 기업들은 그들의 생산품을 위한 보다 큰 시장을
가지게 됨을 의미합니다. 하지만 때로 정부는 관세를 강화
함으로써 자유 무역 시장을 방해하게 됩니다. 관세는 단순
히 정부에 의해 수입품에 부과되는 세금입니다. 관세는 주
로 판매 세금과 유사하게, 물품 신고 가격의 이율로서 부과
됩니다. 관세 이외에도 정부가 취할 수 있는 조치들이 있는
데, 이를테면 수입 할당제나 기술 장벽과 같은 것이죠. 정
부가 수입 할당제를 정하면 그것은 수입될 수 있는 외국 상
품의 양을 제한합니다. 기술 장벽은 상품에 요구 조건을 더
하여 외국 회사가 수출하는 것이 어렵도록 하는 것입니다.
정부는 보조금을 제공함으로써 국내 기업에게 직접적으로
도움을 줄 수도 있습니다. 그렇다면 왜 정부는 그러한 조치
들을 취하는 걸까요? 음, 그것은 아직 안정되지 않은 신종
산업들과 국가에 필수 불가결한 주요 산업, 그리고 국내 노
동자들의 일자리를 보호하기 위해서입니다.

5. 이 강의는 주로 무엇에 관한 것인가?
A. 경제 이론의 원리들
B. 자유 무역 시장 보유의 이점들
C. 다양한 형태의 정부
D. 정부가 자유무역을 방해하는 방법들

해설 강의 첫 부분에서 강의가 자유 무역을 방해하기 위해
정부가 취하는 규제들에 대한 것임을 밝히고 있습니다.

6. 이 강의에서 추론할 수 있는 것은 무엇인가?
A. 보조금은 핵심 산업에만 제공된다.
B. 기술 장벽은 외국 경쟁 산업으로부터 국내 산업을 지켜
   준다.
C. 대부분 국가들은 수입량보다 많은 상품을 수출한다.
D. 수입 할당제는 외국 상품에 대한 수요를 증가시킨다.

해설 "So why would ~ domestic workers." 에서 정부가 자유 무역에 제재를 가하고, 기술 장벽과 같은 방법을 쓰는 목적이 국내 산업을 보호하기 위한 것이라고 말하고 있습니다. 그러므로, 기술 장벽은 외국 경쟁 산업으로부터 국내 산업을 지켜 준다고 추론할 수 있습니다.

7. 이 강의에서 관세에 대해 추론할 수 있는 것은 무엇인가?
A. 관세는 상품 가격을 낮게 유지시켜 준다.
B. 관세는 수입품의 가격을 상승시킨다.
C. 관세는 다른 규제들보다 더 효과적이다.
D. 관세는 종종 판매 세금과 함께 사용된다.

해설 "A tariff is ~ a domestic government." 에서 알 수 있듯이 관세는 수입품에 부과되는 세금이므로 수입품의 가격을 상승시킬 것이라는 것을 추론할 수 있습니다.

Daily Check-up
P. 184

01 C 02 B 03 A 04 A

01 W: Harry, what's going on? You seem really down.
M: Actually, I'm a little worried and depressed. **(A)** I talked with my advisor a few days ago.
W: And what did he say?
M: He told me I'm on academic probation!
W: Academic probation! That's terrible! I had no idea you were having such a hard time.
M: **(B)** I haven't told my parents yet either. I'm sure they're going to just flip out. What am I going to do?
W: I don't know, but the sooner you tell them the better, right?
M: I know you're right. **(C)** Maybe I'll go call my mom. My dad's still at work and maybe she can help me break the news to him. I'll catch up with you later at the student center.

W: Harry, 무슨 일이야? 너 정말 기운이 없어 보여.

M: 사실, 나 조금 걱정되고 우울해. 지도 교수님과 몇 일 전에 이야기를 나눴거든.
W: 교수님이 뭐라고 하셨는데?
M: 그는 내가 학사 유급이라고 말씀하셨어!
W: 유급! 끔찍하다! 나 네가 그렇게 힘든 시간을 보낸 줄은 몰랐어.
M: 아직 부모님께도 말씀 안 드렸어. 분명히 부모님은 까무러치실 거야. 내가 뭘 해야 하지?
W: 모르겠다… 그렇지만 그 분들께 빨리 말씀드릴수록 좋을 거야, 그렇지?
M: 그래, 네 말이 옳아. 어머니께 전화하러 가야겠다. 아버지는 아직 일하는 중이시고, 아마 어머니는 아버지께 그 소식 알리는 것을 도와 주실 거야. 나중에 학생 센터로 따라 갈게.

해설 부모님께 빨리 말씀 드리라는 여자의 제안에 남자가 긍정적인 반응을 보였으므로, 남자가 부모님께 자신의 문제를 말씀 드릴 것을 예측할 수 있습니다.

02 When most people think of skyscrapers, they think of buildings that are tall. However in the 1850s, a four-story building was considered tall. Today, **(A)** the term skyscraper is used to refer to any tall, habitable building usually higher than 152 meters or about 500 feet. With that standard, any building today **(B)** that is below 40 stories would not be considered a skyscraper. All right, let me just quickly summarize **(C)** the technology that made the skyscraper possible. We have Elisha Otis's elevator, Werner Von Siemens's electric elevator, Henry Bessemer's process for mass production of steel, and George Fuller's steel cage that allowed architects to design skyscrapers of breathtaking height and beauty. **(D)** Let's examine each technology more closely.

대부분의 사람들이 마천루를 생각할 때, 높은 건물을 생각하지만, 1850년대에는 4층짜리 건물도 높다고 간주되었습니다. 오늘날, 마천루는 보통 152미터보다 높거나 500피트 정도 되면서 거주가 가능한 높은 건물을 언급할 때 사용되지요. 그 기준으로, 40층 아래인 어떤 건물도 마천루라고 간주되지 않습니다. 자, 그럼 마천루를 가능하게 만들었던 기술을 요약해 봅시다. Elisha Otis'의 엘리베이터, Werner Von Siemens의 전기 엘리베이터, Henry Bessemer's 철강 대량생산 과정, 그리고 George Fuller의 철근 골조는 건

축가들이 놀랄만한 높이와 아름다운 마천루를 디자인하는 것을 허용했습니다. 각 기술들을 좀더 자세히 살펴 볼까요.

해설 교수는 마천루를 가능하게 했던 기술들을 요약한 후 마지막 부분에서 각 기술들을 좀더 자세히 살펴보자고 했으므로, 여기서의 각 기술은 마천루를 발달시킨 기술들을 말합니다.

03 Any fluctuations in temperature will cause artifacts to begin to deteriorate. **(A) The example I gave was a museum in Thailand,** which kept the air-conditioning switched on seven hours a day when there were visitors, but after closing hours and on holidays, **(B) the artifacts were exposed to sweltering heat and humidity.** Also, deterioration can take place when collections are exposed to two kinds of light: sunlight and spotlights. Nothing can destroy a painting more quickly than sunlight. Next, I'll be discussing three other enemies of museum collections. These include air pollutants, dirt, and pests. We'll get to know more about these things **(C) after we take a five-minute break.**

어떠한 온도 변동이든 문화 유물의 질이 떨어 지게 만들 것입니다. 태국의 한 박물관을 예로 들자면, 그 곳에선 방문객이 있는 하루에 7시간 동안 에어컨의 스위치를 켜두고, 폐장 시간과 휴일에는 유물들이 무더운 더위와 습기에 노출되었습니다. 또한, 유물의 가치 저하는 소장품들이 햇볕과 집중광선, 두 종류의 빛에 노출될 때 일어날 수 있습니다. 햇볕보다 그림을 더 빨리 손상시키는 것은 없어요. 다음은 박물관 소장품들의 3가지 다른 적들에 대해서 논의하겠고, 이것들은 공기 오염물질, 먼지, 그리고 해충입니다. 우리는 5분 휴식 후에 이것에 대해 좀더 알아보겠어요.

해설 학생들은 교수의 마지막 말에 따라, 5분간의 짧은 휴식을 취할 것입니다.

04 M: **(A) I was supposed to return these books two days ago!** I completely forgot because of my new morning schedule!
W: Calm down. Just hurry and return them. Wait a second. These are reference books. I thought you couldn't even check out these kinds of books.

M: That's the thing. I'm not supposed to, but a friend works at the library and she let me do it because the library was about to close. **(B) I was going to bring it back the next morning.** She's going to kill me!
W: You'd better take them back as soon as possible. Hurry up!
M: **(C) I'm on my way now!** Can you lock up for me when you leave?

M: 나는 이 책들을 이틀 전에 반납 했어야 했어! 새 오전 시간표 때문에 완전히 그것을 잊고 있었어.
W: 진정해. 그냥 서둘러서 그것들을 반납해. 잠깐, 이것들은 참고 도서들이잖아. 이런 종류의 책은 대출할 수도 없었을 텐데.
M: 바로 그거야. 못하게 되어 있지, 하지만 친구 하나가 도서관에서 일해서 그녀가 대출하도록 해 줬어. 왜냐하면 도서관이 막 문을 닫으려고 했거든. 나는 다음 날 아침에 그 책을 돌려 주기로 했었어. 그 앤 날 그냥 안 둘거야.
W: 가능한 한 빨리 반납하는 게 좋겠구나! 서둘러!
M: 지금 가는 길이야! 네가 나갈 때 문을 잠궈 줄래?

해설 여자가 빨리 책을 돌려 주라고 말하자, 남자는 지금 가는 길이라고 말합니다. 그러므로, 남자는 대화 후에 책을 반납하기 위해 도서관으로 갈 것임을 알 수 있습니다.

Daily Test
P. 186

01 B 02 A 03 C 04 D 05 B 06 C

[1~3]

Today, I'd like to take a closer look at the verismo movement in Italian opera. Verismo is an Italian word meaning realism. As a movement, it began in the late 19th century from the influences of the Romantic period then sweeping through Europe and called for operas with naturalistic and realistic drama. Its focus was on ordinary life. Whereas traditional opera used to tell the story of gods and kings and heroes, verismo explores the lives of peasants, and other ordinary people. Verismo also reshapes the arrangement of the musical score. The music flows continuously and there are only a few divisions between the major acts. With verismo, the dialogues between the actors sound more song-like, and indeed the old separation between the narratives and the arias are less distinct. In fact, verismo reserves the arias only for those very emotionally intense moments of introspection. The leading composers of the verismo movement were Puccini, Mascagni, and Leoncavallo, although only Puccini was successful in producing a series of popular operas. I'd like to use the rest of the time to play some selections from each composer for you to compare.

오늘은 이탈리아 오페라에서 베리즈모 운동에 대해 좀더 자세히 살펴보겠어요. 베리즈모는 사실주의를 의미하는 이탈리아 말입니다. 하나의 동향으로서, 그것은 당시 유럽을 휩쓸었던 낭만주의의 영향으로 19세기 후반에 시작했고, 오페라가 자연적, 현실적 드라마가 되도록 요구했습니다. 그것의 초점은 평범한 삶에 있었습니다. 전통적인 오페라가 신과 왕과 영웅들을 이야기 하곤 했던 반면, 베리즈모 오페라는 농부들과 다른 평범한 사람들의 삶을 다룹니다. 베리즈모 오페라는 또한 음악 보표의 배열을 다시 형성합니다. 음악은 계속적으로 흐르고, 주요 막 사이에 단지 몇 개의 분할만이 있습니다. 베리즈모로, 배우들 간의 대화는 더욱 노래처럼 들리고, 실제로 대사와 아리아 사이의 오래된 분리는 덜 명확해 집니다. 사실, 베리즈모는 아주 감정적으로 강한 내성의 순간을 위해서만 아리아를 남겨둡니다. 베리즈모 운동의 뛰어난 작곡가들은 Puccini, Mascagni, 그리고 Leoncavallo였는데, 그 중 인기 있는 오페라 시리즈들을 만드는 데 성공적이었던 사람은 Puccini 뿐이었습니다. 나머지 시간에는 여러분들이 비교할 수 있도록 작곡가 별로 몇 곡을 들려드리도록 하겠어요.

1. 교수는 주로 무엇에 대해 이야기하고 있는가?
A. 이탈리아 오페라의 발달
B. 오페라에서의 베리즈모 운동
C. 평범한 사람들에 의한 오페라 습작
D. Puccini의 삶과 작품들

해설 교수는 강의의 첫 부분에서 이탈리아 오페라의 베리즈모 운동에 대해 살펴보겠다고 밝히고 있습니다.

2. 베리즈모 오페라에 대해 추론할 수 있는 것은 무엇인가?
A. 무대 소품은 주로 초라하고 간단했다.
B. 베리즈모는 배우들의 목소리에 더 큰 노력을 요한다.
C. 대사와 아리아 사이의 구분이 명확했다.
D. 대부분의 베리즈모 작곡가들은 단 하나의 오페라만을 작곡했다.

해설 베리즈모 오페라는 왕과 영웅이 아닌 농부들과 평범한 사람들의 삶을 다루므로 무대에서 사용했던 소품들이 초라하고 간단했을 것으로 추론할 수 있습니다.

3. 학생들은 아마 다음에 무엇을 할 것인가?
A. 인기 있는 전통 오페라 레코드를 듣는다.
B. 베리즈모 작곡가들 사이에 차이점들을 토론한다.
C. 베리즈모 오페라의 오디오 클립 몇 개를 듣는다.
D. 대화에서 노래를 아리아와 비교한다.

해설 강의의 마지막 부분에서 베리즈모 작곡가들의 곡 중 몇 곡을 선곡해서 듣기로 한다고 말하고 있습니다. B는 먼저 곡을 들은 후에 토론할 수도 있으나, 직접적으로 언급되지 않았으므로 답이 될 수 없습니다.

[4~6]

Today we will take a closer look at one of the cutest members of the rodent family—the squirrel. Although there are hundreds of species of squirrels, we can generally categorize them into three types— ground squirrels, flying squirrels and tree squirrels. Squirrels have slender bodies with sleek, thick fur and bushy tails. The average ground squirrel is about ten to fifteen inches long and weighs approximately one pound. For most squirrels, the tail accounts for almost half its body length. Their coats vary greatly in color, but the most common are black, gray, brown or red. An interesting fact about squirrels is the way in which they can climb trees. The squirrel is able to climb well because it has claws that are like hooks. Of course, this may not be astonishing, since we know that cats are also able to climb trees with their claws. However, when climbing down a tree, a squirrel, unlike a cat, is able to stop midway down the tree trunk. It is able to do this because its hind ankles can rotate 180 degrees, similar to the way human wrists rotate. Take a look at your hands and notice how they can rotate around. So, in essence a squirrel is hanging on a tree by the claws on its hind paws when climbing down. Once a cat starts climbing down a tree, it must come all the way down. I'd like to show you some slides of some common squirrels.

오늘 우리는 설치류과의 가장 귀여운 동물 중 하나인 다람쥐에 대해 더 자세하게 살펴 보겠어요. 백 여종의 다람쥐들이 있지만, 우리는 일반적으로 그들을 땅 다람쥐, 날다람쥐, 나무 다람쥐의 세가지 종류로 나눌 수 있어요. 다람쥐는 매끄럽고, 두꺼운 털과 덥수룩한 꼬리로 된 가냘픈 몸을 가지고 있어요. 보통의 땅 다람쥐는 약 10에서 15인치 길이이고, 1파운드 정도의 무게가 나갑니다. 대부분의 다람쥐에게 꼬리는 몸의 길이에서 거의 반을 차지합니다. 그들의 외피는 색깔이 매우 다양하지만, 가장 흔한 것들은 검정, 회색, 갈색, 혹은 빨강입니다. 다람쥐에 대한 흥미로운 사실 하나는 그들이 나무를 타는 방법입니다. 다람쥐는 고리 같은 발톱을 가지고 있기 때문에 잘 올라갈 수 있어요. 물론, 고양이도 발톱으로 나무를 탈 수 있다는 것을 우리가 알기 때문에, 이것은 놀랍지 않을 수도 있습니다. 그러나, 나무를 내려올 때 고양이와 달리 다람쥐는 내려오는 나무 줄기 중간에서 멈출 수 있습니다. 그것은 사람의 손목이 도는 것과 비슷한 방식으로 다람쥐의 뒷발목이 180도 회전할 수 있기 때문에 그것이 가능합니다. 여러분의 손을 보고 그것들이 어떻게 주위를 도는지 보세요. 그래서 본질적으로, 다람쥐는 내려올 때 뒷발의 발톱에 의해 나무에 매달려 있는 거예요. 일단 고양이가 나무를 내려오기 시작하면, 그것은 아래로 무조건 내려옵니다. 잠깐 쉬고 여러분들에게 슬라이드 몇 개를 보여 주겠어요.

4. 강의는 주로 무엇에 대한 것인가?
A. 다양한 종류의 다람쥐
B. 다람쥐 발톱의 기능
C. 다람쥐를 사냥하는 포식자들
D. 다람쥐의 특성

해설 이 강의는 다람쥐의 종류, 크기, 겉모습, 나무 타기의 특징 등 다람쥐에 관한 다양한 면을 다루고 있습니다. 이러한 내용을 다 포괄할 수 있는 main topic은 D, 다람쥐의 특성이 됩니다.

5. 강의에서 무엇을 추론할 수 있는가?
A. 사람도 다람쥐처럼 나무를 탈 수 있다.
B. 고양이는 180도 회전하는 뒷발목을 가지고 있지 않다.
C. 다람쥐 수가 과잉이다.
D. 다람쥐는 좋은 애완 동물이다.

해설 고양이는 나무를 내려오다가 멈출 수 없지만, 다람쥐는 멈출 수 있는 데 그 이유가 다람쥐에게는 180도 회전하는 뒷발목을 가지고 있기 때문이라고 했습니다. 그러므로 고양이는 그러한 뒷발목이 없다는 것을 추론할 수 있습니다.

6. 학생들은 아마 다음에 무엇을 할 것인가?
A. 고양이에 대한 슬라이드 몇 개를 본다.
B. 날다람쥐에 대해 이야기 한다.
C. 다양한 다람쥐의 예들을 본다
D. 다람쥐 표본을 조사한다.

해설 본 강의가 다람쥐에 관한 것이었고, 교수가 슬라이드를 보자고 한 것은 다람쥐에 관한 사진 또는 그림을 볼 것이라고 추론할 수 있습니다.

3주 4일

Daily Check-up
P. 192

01 A 02 C 03 B 04 B

01 M: Hey Mary, how was class today?
W: The same. Just another lecture about the history of art.
M: Did I miss anything important?
W: It was just a lecture on Cubist artists. (A) Oh, and we have a quiz on Friday.
M: That's in two days! Why don't you come over so we can study together?
W: Well, I'll just let you borrow my notes. (B) I have to study for a big chemistry exam on the same day, and you know I'm not good at chemistry.

M: 야 Mary, 오늘 수업 어땠니?
W: 똑같아. 그냥 다른 예술사 강의처럼.
M: 내가 뭐 중요한 거 놓친 거 없니?
W: 그냥 Cubist 예술가들에 대한 강의였어. 아, 그리고 금요일에 퀴즈가 있대.

M: 이틀 후에 시험이라고! 너 나한테 와서 우리 함께 공부하는 게 어때?

W: 음, 내가 그냥 내 노트 빌려줄게. 난 같은 날에 보는 중요한 화학시험 공부해야 하거든. 너도 알다시피 내가 화학에 약하거든.

해설 남자가 함께 공부하자고 제안하자, 여자는 같은 날에 있는 화학 시험을 위해 준비해야 하기 때문에 함께 공부하는 대신 그냥 노트만 빌려 주겠다고 합니다.

02 W: Have you thought about studying in Egypt for the summer study abroad program? It's supposed to last 8 weeks. (A) We'll be in the classroom the first 4 weeks and the rest of the time will be spent visiting historical landmarks and experiencing the culture.

M: How much is it? I'm not sure if I can even afford a trip like that.

W: It's $5000. (B) It's pretty steep but it covers all the expenses like housing, food, and tuition. It even includes airfare.

M: O.K. I'll think about it.

W: 너 여름 해외 프로그램으로 이집트에서 공부하는 거 생각해 본적 있니? 그 프로그램은 8주간 지속하기로 되어 있어. 첫 4주 동안은 교실에서 수업을 들을 것이고, 나머지 시간은 역사적 건조물들을 방문하고, 문화를 경험하는데 보내게 될 거야.

M: 그거 얼마니? 나 이런 여행할 여유가 있는지 모르겠다.

W: 5000달러야. 꽤 비싸긴 하지만 숙소, 음식, 그리고 수업료 같은 모든 비용을 포함하는 거야. 심지어 항공료도 포함되어 있어.

M: 알았어. 생각해 볼게.

해설 여자의 첫 번째 대사에서, 8주간의 프로그램 중 처음 4주동안 교실에 있을 것이라고 말하고 있습니다.

03 M: Excuse me. Hi! Sorry to bother you, but I'm lost. I can't seem to find the science building.

W: (A) The science building is on south campus. This is north campus.

M: Ok. (B) How can I get to south campus?

W: Just wait for the shuttle at the bus stop.

M: 실례합니다. 안녕하세요! 귀찮게 해서 죄송합니다만 길

을 잃었어요. 제가 과학관을 찾을 수가 없네요.

W: 과학관은 남쪽 캠퍼스에 있어요. 여기는 북쪽 캠퍼스입니다.

M: 그렇군요. 남쪽 캠퍼스는 어떻게 가요?

W: 다음 버스 정류장에서 셔틀버스를 기다려 보세요.

해설 여자는 과학관이 남쪽 캠퍼스 내에 위치한다고 말하고 있습니다.

04 M: Don't you find rocks fascinating? I found a lot of these on the last field trip our geology club went on. Some of them are quite rare.

W: You collected all of these rocks by yourself?

M: (A) Most of the rocks were collected by the other members. I just recently joined a few months ago.

W: Actually, I've always had an interest in rocks.

M: Then join our club. (B) We're always looking for new members.

W: I'd like to, but I don't think I have the time to go on all the field trips.

M: You don't have to. (C) Just make it to the ones you can.

W: That would be great. I've been dying to join a new club anyway.

M: 암석들이 멋지다고 생각하지 않니? 나는 지질학 클럽에서 갔던 지난 현장학습에서 이 많은 것들을 발견했지. 그 중 몇 개는 꽤 희귀한 것들이야.

W: 이 암석들 다 네 혼자서 모았단 말이야?

M: 대부분의 암석은 다른 회원들이 수집한 거야. 나는 최근 몇 달 전에 가입했어.

W: 사실, 나는 늘 암석에 흥미를 가져왔었는데.

M: 그럼, 우리 클럽에 들어와. 우리는 항상 새로운 회원을 찾고 있단다.

W: 나도 그러고 싶지만 그 모든 현장학습에 갈 시간이 없을 것 같아.

M: 그럴 필요 없어. 네가 갈 수 있는 것만 가면 돼.

W: 그거 멋진데. 새로운 클럽에 너무 가입하고 싶었는데.

해설 남자는 자신의 클럽이 항상 새로운 회원을 찾고 있다며, 새로운 회원을 늘 환영한다는 것을 의미하고 있습니다.

Daily Test

P. 194

01 B	02 A	03 C	04 A	05 C	06 B
07 D	08 B	09 B	10 C	11 A	

[1~3]

M: Hey, Jill. I just got back from the registrar's office. Did you finish registering?

W: No, not yet. I got all of my required Chemistry subjects, but I'm still thinking about what elective to take.

M: Are you talking about a Chemistry elective or just any elective?

W: Chemistry elective. I'm trying to decide between Food Engineering and Bioorganic Chemistry.

M: Why don't you take Pharmacology? That's what I enrolled in. I'm sure it's going to be an interesting class.

W: But the only slot available is at a time when I have Chemical Engineering 2. That's on Tuesdays and Thursdays at 11. And since that's a required class, I can't drop it to enroll in Pharmacology.

M: Why don't you try rescheduling the Chemical Engineering class? Maybe there's a slot open at another time.

W: I didn't think about that. Let me check the course schedule.

M: 야, Jill. 나 지금 등록 사무실에서 오는 길이야. 넌 수강신청 끝냈니?

W: 아니, 아직. 화학 필수과목은 다 했는데, 어떤 선택과목을 들어야 할지는 아직 생각 중이야.

M: 화학 선택과목 말이니, 그냥 다른 선택과목 말하는 거니?

W: 화학 선택과목. 식품공학과 생물유기화학 중에서 결정하려고 하고 있어.

M: 약리학 듣는 것은 어때? 내가 신청한 것이거든. 난 재미있는 수업이 될 것이라고 확신하는데

W: 그렇지만 유일하게 내가 들을 수 있는 자리가 있는 약리학 수업이 내가 화공학 2 수업을 듣는 시간에 있어. 그 수업이 화요일과 목요일 11시에 있거든. 그리고 그것이 필수과목이기 때문에 난 약리학을 신청할 수 없었어.

M: 화공학 수업을 다시 조정해보는 게 어때? 아마 다른 시간대에 빈 자리가 있을 거야.

W: 그건 생각해 보지 않았네. 수업 시간표 다시 확인해야겠다.

1. 화자들은 주로 무엇을 토론하는가?
A. 그들의 학기 계획
B. 화학 선택과목 신청
C. 수강신청 절차
D. 화학과 교수들

해설 여자가 화학 선택 과목을 선택하지 못했다고 하자 남자가 적당한 과목을 추천하므로, 대화는 화학 선택 과목에 관한 것임을 알 수 있습니다.

2. 여자에 대해서 무엇을 추론할 수 있는가?
A. 그녀는 원래 약리학을 듣고 싶어했다.
B. 그녀는 약리학이 너무 어렵다고 생각한다.
C. 그녀는 약리학 선생님을 좋아하지 않는다.
D. 그녀는 대학의 신입생이다.

해설 남자가 여자에게 약리학 수업을 들으라고 하자, 여자는 약리학 수업이 필수 과목인 화공학 2 수업 시간과 겹치기 때문에 들을 수 없다고 합니다. 이 말은 여자가 원래 약리학 수업을 수강하려고 시도했었다는 뜻이 됩니다.

3. 여자는 아마 다음에 무엇을 할 것인가?
A. 남자와 점심 먹으러 간다.
B. 화공학 2 수업을 그만둔다.
C. 필수 수업의 수업 시간을 확인한다.
D. 식품 공학을 신청한다.

해설 남자가 화공학 수업 시간을 다시 조정해 보라고 제안하자, 여자는 긍정적 반응을 보입니다. 그러므로 여자는 필수과목인 화공학 수업 시간을 확인할 것입니다.

[4~7]

M: Maureen! You're looking pale. What's the matter?

W: Hi, Jack. I'm not really feeling well today. Actually, I was up all night coughing.

M: That's too bad. Maybe you should go see a doctor.

W: I can't. I'm not insured.

M: What do you mean, you're not insured? Every student gets medical insurance when he or she enrolls in school.

W: Maybe that's not true in my case. The last time I got sick, the nurse at the clinic told me I wasn't insured, so I wound up paying a lot of money for that visit.

M: Was that recently?

W: Uh, no. That was sometime last year.

M: Oh, no wonder! You didn't take a full course load last year. That's why you weren't covered by the insurance. But you're a full time student this year, so that means you have valid medical insurance.

W: Is that right? In that case, I'd better go see the doctor now.

M: Maureen! 창백해 보여. 무슨 일이니?

W: 안녕 Jack. 나 오늘 몸이 아주 좋지 않아. 사실 밤새 기침하느라 깨어 있었어.

M: 안됐구나. 너 병원에 가 봐야겠다.

W: 그럴 수 없어. 보험에 가입이 안되어 있어.

M: 무슨 소리야, 보험에 들어 있지 않다고? 모든 학생은 등록할 때 의료보험 혜택을 받게 돼.

W: 아마 내 경우에는 그게 아닌가 봐. 지난 번 내가 아팠을 때, 병원 간호사가 내가 보험에 가입되지 않았다고 말해서 결국 나는 그 일로 인해 돈을 정말 많이 써야 했어.

M: 최근 일이니?

W: 아니. 작년 언제쯤이었어.

M: 아, 그건 당연하네! 너 작년에는 수업을 다 듣는 정규 학생이 아니었잖니? 그것이 네가 보험을 요구할 수 없었던 이유야. 그러나 네가 올해는 수업을 다 듣는 정규 학생이니까 너의 의료보험이 유효할 거야.

W: 정말이니? 그렇다면, 나는 지금 병원에 가봐야겠다.

4. 화자들은 주로 무엇을 이야기하고 있는가?
A. 여자의 의료보험 상태
B. 여자의 그 학기 수업량
C. 여자의 건강 상태
D. 여자의 불면

해설 여자가 아파도 병원에 갈 수 없는 이유가 의료보험에 가입되지 않았기 때문이라고 하자, 남자는 지난 학기와는 달리 이번 학기에는 보험에 가입되어 있다는 정보를 주고 있습니다.

5. 왜 여자는 지난밤에 잠을 자지 못했나?
A. 그녀는 시험 때문에 벼락공부를 했었다.

B. 그녀는 끝내야 할 보고서가 있었다.
C. 그녀는 아팠다.
D. 그녀의 룸메이트가 시끄러웠다.

해설 여자의 첫 번째 대사에서 밤새 기침하느라 깨어 있었다 즉, 아파서 잘 수가 없었다고 말합니다.

6. 왜 여자는 건강 문제를 진찰 받지 않았나?
A. 그녀는 의사가 필요 없다고 생각했다.
B. 그녀는 자신이 의료보험을 가지고 있지 않다고 가정했다.
C. 그녀는 12학점 미만을 듣는 학생이다.
D. 그녀는 처방전 없는 약도 자신을 도울 수 있다고 생각했다.

해설 여자의 두 번째 대사에서 여자는 보험에 가입되어 있지 않아서 병원에 갈 수 없다고 말합니다.

7. 여자는 아마 다음에 무엇을 할 것인가?
A. 그녀가 의료보험이 있는지 확인한다.
B. 의료 보험을 신청한다.
C. 기숙사로 돌아가서 쉰다.
D. 병 때문에 진찰 받으러 간다.

해설 남자가 여자가 이번 학기에는 정규학생이 되어서 의료보험에 가입되어 있다는 정보를 주자 여자는 병원에 가봐야겠다고 말합니다.

[8~11]

M: Hey, Pam, where are you off to?

W: I have to go to the library and work on my report. I need to turn it in by 9:00 tomorrow. But I'm a little worried that I won't be able to finish the report. The library closes at 10 tonight and that won't give me enough time to do the report.

M: Why don't you just do it in your dorm room? Don't you think you'd be more comfortable doing the report in your own room?

W: Yeah, I would, but the problem is that my roommate has this habit of thoroughly cleaning the room before turning in. She vacuums and mops the floor, dusts the place, and then she takes a long bath with the radio on. So it's impossible for me to work at my desk.

M: Oh. Why don't you talk to her about it?

정답·Script·해석·해설

W: I did, but she told me she couldn't help it. She says she can't go to bed until everything's spotless.

M: Then, I know where you can go. There's a library over by the east side that's open until 12 Come on, I'll take you there.

W: That's great!

M: 야, Pam, 너 어디 가니?

W: 나 도서관에 가서 리포트 써야 해. 내일 9시까지 제출 해야 하거든. 하지만 오늘 밤에 리포트를 끝내지 못할 꺼 같아서 조금 걱정돼. 왜냐하면 도서관은 10시에 문 을 닫아서 내가 리포트를 끝낼 수 있는 충분한 시간이 안돼.

M: 기숙사 방에서 하는 건 어떠니? 네 방에서 쓰면 더 편할 것이라고 생각하지 않니?

W: 응, 나도 그렇게 생각하지만, 문제는 내 룸메이트가 잠 자리에 들기 전에 방을 철저히 청소하는 습관이 있다는 것이지. 그녀는 진공청소기로 청소하고 바닥을 밀대로 닦고, 먼지를 털고 나서는 라디오 켜놓고 오래 목욕을 해. 그래서 책상에서 공부하는 것은 불가능해.

M: 오, 그녀와 그 문제에 대해 이야기 해보지 그래?

W: 이야기 했지만 그녀도 어쩔 수 없다고 말했어. 모든 게 티 하나 없을 정도로 깨끗할 때까지는 잠들 수가 없대.

M: 그렇다면, 네가 어디로 가야 할지를 알겠다. 12시까지 여는 동편 도서관이 있어. 자. 내가 거기까지 데려다 줄 게.

W: 좋아!

8. 여자는 주된 문제는 무엇인가?
A. 그녀는 리포트를 끝낼 시간이 없다.
B. 그녀는 리포트를 끝낼 장소가 없다.
C. 그녀는 과제를 이해하는데 어려움이 있다.
D. 그녀는 룸메이트를 좋아하지 않는다.

해설 여자가 가고 있는 도서관은 10시까지만 문을 열고, 그 이후에는 리포트를 쓸 장소가 없다는 것이 문제입니다. 이 에 대해 남자와의 대화를 통해 문제를 해결합니다.

9. 그녀는 왜 방에서 공부할 수 없는가?
A. 방이 너무 더럽다.
B. 그녀의 룸메이트가 너무 시끄럽다.
C. 그녀는 책상이 없다.
D. 그녀는 도서관에서 책을 사용할 필요가 있다.

해설 여자는 방에서 공부할 수 없는 이유가 자신의 룸메이 트가 밤마다 청소하고 목욕을 하기 때문이라고 말합니다. 그 말은 룸메이트가 소란하게 한다는 것을 의미합니다.

10. 여자의 룸메이트에 대해 무엇을 추론할 수 있는가?
A. 그녀는 일찍 잠자리에 든다.
B. 그녀는 이야기를 하기에 쉽지 않다.
C. 그녀는 방이 아주 깨끗한 것을 좋아한다.
D. 그녀는 여자와 잘 지내지 못한다.

해설 여자의 룸메이트는 방을 깨끗이 청소한 후에야 잠자 리에 든다는 것으로 보아, 방이 아주 깨끗한 것을 좋아한다 고 추론할 수 있습니다.

11. 남자와 여자는 아마 다음에 무엇을 할 것인가?
A. 늦게까지 문을 여는 도서관에 간다.
B. 남자의 방에 가서 숙제를 끝낸다.
C. 여자의 룸메이트가 방을 청소하는 것을 돕는다.
D. 열려있는 학생 회관을 찾는다.

해설 여자의 상황을 들은 남자가 12시까지 문을 여는 도서 관이 있다고 말하고, 여자가 긍정적인 반응을 보이는 것으 로 보아, 이들은 그 도서관으로 갈 것이라는 것을 알 수 있 습니다.

Daily Check-up
P. 202

> 01 A 02 C 03 B 04 C

01 Yesterday, we talked about how Greek and Roman plays are similar. But today, **(A) I'd like to talk about how they are different.** The Romans and Greeks were talented, and they knew how to make the people laugh or cry. **(B) But the Romans just copied everything the Greeks did.** People today think of the Romans as courageous people who were very loyal and just. However, on stage, they were **(C) not creative and they had no imagination.** Of course, this does not mean that the Romans never did anything creative in theater. But before I discuss that, I want to talk about one man named Thespis.

어제 우리는 그리스와 로마 연극이 어떻게 서로 비슷한지를 이야기했습니다. 그러나 오늘은 그들이 어떻게 다른지를 이야기 하고자 합니다. 로마인과 그리스인들은 재능이 있었고, 그들은 사람들을 웃고 울게 만드는 방법을 알았습니다. 그러나 로마인들은 그리스인들이 하는 모든 것을 베끼기만 했지요. 오늘날 사람들은 로마인을 매우 충성스럽고 공명정대한 용감한 사람들로 생각합니다. 그러나 무대위에서 그들은 창의적이지 않았고, 상상력도 없었어요. 물론, 이것은 로마인들이 극장에서 창조적인 어떠한 일도 하지 않았다는 것을 의미하는 것은 아닙니다. 그러나 내가 그것을 논의하기 전에 Thespis라는 이름의 한 사람에 대해 이야기하고자 합니다.

해설 이 강의에서 교수가 로마 연극에 대해 지적하는 부분은 "But the Romans just copied everything the Greeks did." 에 잘 나타나 있습니다. 즉, 로마의 연극이 그리스 연극을 흉내낸 것이 많다는 것입니다.

02 The blowpipe was invented in the Eastern Mediterranean coast around 30 BC. (A) It revolutionized the way people made glass. People could now make glass more efficiently and cheaply. Glass was now available to the masses. Up to this time, only the wealthy could afford to buy glass. (B) They stopped using glass cups because it had become too common. By blowing through this pipe, the glass maker could make glass in many different shapes and sizes. (C) The glassmaker could also blow melted glass into a mold.

취관은 BC 30년경 동쪽 지중해에서 발명되었습니다. 그것은 사람들이 유리를 만드는 방식에 혁명을 일으켰어요. 사람들은 유리를 더 효율적이고 싸게 만들 수 있었지요. 이제 유리는 대중들에게도 이용이 가능해졌죠. 그 이전까지는 오직 부유층만이 유리를 구입할 수 있었습니다. 그들은 유리 컵이 너무 흔해지자 그것을 사용하지 않았습니다. 이 파이프를 통해 붊으로써 유리를 만드는 사람들은 그것을 여러 다른 모양과 크기로 만들 수 있었어요. 또한 유리 만드는 사람들은 녹은 유리를 틀에 불어서 만들기도 했습니다.

해설 "They stopped using glass cups because it had become too common." 부분이 문제에 대한 답이 됩니다.

즉, 부자들은 취관의 발달로 유리컵이 너무 흔해졌기 때문에 사용하지 않게 되었습니다.

03 Most computers today use wire and chips. (A) These components make computers move very slowly. If you try to do two things at the same time on this type of computer, (B) it will cause the computer to lag. Sometimes, it may even crash. This type of computing is called parallel computing. The new, modern type is known as optical computing. (C) It uses a light beam. Because light moves very fast, the computer also does things very quickly. Instead of wires, optical computing uses polymers.

오늘날 대부분의 컴퓨터는 전선과 반도체 칩을 사용합니다. 이 구성 요소들은 컴퓨터를 더 느리게 작동하게끔 하지요. 이런 종류의 컴퓨터에 동시에 두 가지를 시도하면, 컴퓨터의 속도가 떨어지게 됩니다. 심지어는 때때로 컴퓨터가 갑자기 기능을 멈출 수도 있습니다. 이런 종류의 컴퓨터 사용을 병렬식 사용이라고 해요. 새롭고, 현대적인 방법은 광학 컴퓨터 사용으로 알려졌습니다. 그것은 빛 광선을 이용해요. 빛이 아주 빠르게 움직이기 때문에, 컴퓨터도 일을 매우 빨리 처리한답니다. 케이블 대신에 광학 컴퓨터는 중합체(polymer)를 이용합니다.

해설 "These make the computer move very slowly." 부분이 문제에 대한 답이 됩니다. 즉, 전선과 반도체 칩을 사용하면 속도가 느리다는 단점이 있다는 것입니다.

04 The dollar, also known as the greenback, has a long and tumultuous history. In colonial America, early settlers used gold and silver coins. (A) The British government stopped the importation of gold and silver to America. They did this because they feared America would become an independent country. This made it difficult for the colonists to use gold and silver coins as a currency. People in America began (B) using food, such as beef, rice, and peas for payment. (C) But it was very inconvenient to pay with food. So banks in America began making paper money. But the banks circulated too much paper money. This caused paper money to become virtually worthless.

greenback(지폐라는 뜻의 속어)으로도 알려진 달러는 길고도 다난한 역사를 가지고 있습니다. 식민지 시대의 미국에서는 초기 정착민들이 금,은화를 사용했어요. 영국 정부는 미국으로 금, 은화가 유입되는 것을 금지시켰습니다. 그들은 미국이 독립국가가 되는 것을 두려워했기 때문에 이렇게 한 것이지요. 이 때문에 식민지 주민들이 통화로서 금, 은화를 사용하기 어렵게 되었지요. 미국인들은 대가를 지불하기 위해 소고기, 쌀, 그리고 완두콩 같은 음식을 사용하기 시작했어요. 그러나 음식으로 대가를 지불하는 것은 너무나 불편했지요. 그래서 미국 은행은 지폐를 만들기 시작했습니다. 그러나 은행들은 너무나 많은 화폐를 유통시켰어요. 이것은 실질적으로 화폐를 무가치하게 만드는 일을 초래했습니다.

해설 "People in America began using food, such as beef, rice, and peas as a form of payment." 부분에서 금화나 은화의 사용이 힘들게 되자, 여러 종류의 음식들을 지불 수단으로 사용했음을 알 수 있습니다.

Daily Test

P. 204

01 C 02 B 03 D 04 C 05 C
06 A 07 B 08 D 09 A

[1~5]

Before we begin ancient cave painting, I'd like to talk about paint itself. What is it that has made these paintings last for thousands and thousands of years? If your first guess is that the paintings were made in well-protected caves, then you are partly right. But, the main reason is because of the materials from which the paint was made. As you know, paint consists of a ground-up pigment, which provides the coloring for the paint, suspended in different types of binding, liquid medium. Ancient people used paint made from a carbon pigment or mineral oxide pigment, such as iron or manganese, mixed with saliva or animal fat. The basic colors available from mineral oxide pigments were red, black and yellow. Other colors could be produced from this limited palette. These mineral oxide pigments lasted much longer than pigments made from vegetable or animal sources. For this reason,

the ancient paintings in caves did not fade with the changing environment. As an aside, I'd like to add that the pigments used by ancient people were well suited to cave art because the dried saliva or fat adhered them to the wall. Now, let's begin making our paints by following the directions that I've written on the board and using the pigments that you see before you.

고대 동굴 벽화들에 대한 강의를 시작하기 전에 물감 그 자체에 대해 먼저 이야기하고자 합니다. 이 그림들을 수 백만년 동안 지속시켜 온 것은 무엇일까요? 여러분의 첫 번째 추측이 그림들은 잘 보호된 동굴에서 만들어졌다는 사실 때문이라고 한다면, 부분적으로는 맞아요. 그러나 주된 이유는 물감이 만들어진 재료 때문입니다. 여러분도 알다시피, 물감은 다양한 접착성 액체의 매개물에 떠있는 곱게 갈려진 색소로 이루어져 있는데, 이 색소가 물감에 색을 제공하는 것이죠. 고대 사람들은 침이나 동물의 지방과 섞인, 쇠나 망간 같은 탄소 색소나 광산화 색소로 만들어진 물감을 사용하곤 했습니다. 광산화색소로부터 얻을 수 있는 기본색상은 빨강, 검정, 그리고 노랑이에요. 다른 색상들은 이 얼마 안 되는 색상들에서 만들어졌던 거죠. 이 광산화색소는 채소나 동물원료로 만들어진 색소보다 훨씬 오래 지속됩니다. 이런 이유로, 동굴의 고대 그림들은 변하는 환경과 함께 사라지지 않는 것이죠. 여담으로, 고대 사람들이 사용한 색소는 건조한 침이나 지방이 그 색소들을 벽에 잘 붙어 있도록 했기 때문에 동굴 예술에 잘 맞았다는 사실을 더하고 싶어요. 자, 내가 칠판에 써 놓은 지시를 따라 여러분 앞에 보이는 색소를 사용해서 물감을 만들어 봅시다.

1. 강의는 주로 무엇에 대한 것인가?
A. 고대 동굴 예술의 주제
B. 물감을 적절하게 섞는 방법
C. 동굴 그림에 사용된 물감의 유형
D. 광산화색소의 수명

해설 강의 첫 부분에서 교수는 이 강의가 고대 동굴 벽화에 사용된 물감에 관한 것임을 밝히고 있습니다. 이어지는 내용이 벽화에 사용된 물감의 다양한 재질에 따른 유형을 소개하고 있습니다.

2. 강의에서 추론할 수 있는 것은?
A. 고대 사람들은 현대 사람들보다 덜 예술적이었다.
B. 고대 사람들은 서로 다른 종류의 물감을 시험해 보았다.
C. 고대 화가들은 동굴 벽에만 그림을 그렸다.

D. 고대 화가들은 매우 다양한 물감 색깔을 사용했다.

해설 "Ancient people used paint made from a carbon pigment ~or animal fat." 에서 고대 사람들이 다양한 재료로 만들어진 물감을 시험 삼아 써보았다는 것을 유추할 수 있습니다.

3. 강의에 따르면, 고대 사람들은 물감을 섞는 매개체로 무엇을 사용하였나?
A. 물
B. 야채 주스
C. 동물의 피
D. 침

해설 "As you know, ~ mixed with saliva or animal fat." 의 두 문장은 대구를 이루어 설명하고 있습니다. 앞문장의 binding, liquid medium에 해당하는 것이 뒷문장의 saliva or animal fat입니다.

4. 시간이 흘러도 동굴의 그림이 사라지지 않은 주요한 이유는 무엇인가?
A. 환경이 똑같이 유지되었다.
B. 동굴이 그림을 바래지 않도록 보호하였다.
C. 물감은 광산화 색소를 기본으로 만들어졌다.
D. 접착 매개물이 그림을 벽에 존재하도록 했다.

해설 "These mineral oxide pigments lasted much longer ~ did not fade with the changing environment." 에서 그림이 사라지지 않은 주요 원인은 그것의 주재료가 광산화 색소였기 때문임을 알 수 있습니다.

5. 학생들은 다음에 무엇을 할 것인가?
A. 동굴 예술의 슬라이드를 본다
B. 학급에 물감 비품을 산다.
C. 물감 만드는 지시를 읽는다.
D. 물감을 위한 색소를 만든다.

해설 강의 마지막 부분에서 교수는 학생들에게 칠판에 적힌 지시대로 물감을 만들라고 했으므로 학생들은 그 지시를 읽을 것입니다.

[6~9]

Water is all around us. We use it everyday for daily activities like cooking and bathing. But, have you thought about unique characteristics of water?

Water doesn't reach maximum density at its freezing point like most other liquids. Instead, it does so at 4°C above its freezing point. Thus ice is less dense than water and can float on the surface of water. Water, therefore, freezes from the top down and not from bottom up. In large bodies of water, surface ice eventually becomes thick enough to insulate warmer water below from colder temperatures above. Most ponds, lakes and seas do not freeze completely during the winter. That's how aquatic life can survive in the water during winter. Another interesting fact about water is that it has strong cohesive properties. This is due to the strong hydrogen bonds in water molecules.

물은 우리의 모든 주변에 있어요. 우리는 요리나 목욕 같은 일상의 활동에서 매일 물을 사용하지요. 그러나 물의 독특한 특성 몇 가지에 대해서 생각해 본 적이 있나요? 우선 물은 대부분의 다른 액체처럼 어는 점에서 최대 밀도에 도달하지 못합니다. 대신에, 어는점보다 4°C 위에서 그렇게 됩니다. 그래서 얼음은 물보다 밀도가 낮고, 물 위에 떠있게 됩니다. 그러므로 물은 위에서부터 아래로 어는 것이지, 밑에서부터 위로 어는 것이 아니지요. 큰 수역에서 표면의 얼음은 결과적으로 아래의 따뜻한 물을 위 쪽의 차가운 물과 격리시킬 정도로 두꺼워집니다. 대부분의 연못, 강, 바다는 겨울 동안 완전히 얼지는 않습니다. 그런 이유로 수상 생물들이 겨울 동안 여전히 물에서 살 수 있는 것입니다. 또 다른 물에 관한 흥미로운 사실은 그것이 강력한 응집성을 가진다는 것입니다. 이것은 물 분자내에서의 강력한 수소 결합 때문입니다.

6. 화자는 주로 무엇에 관해 말하고 있는가?
A. 물의 특별한 성질
B. 물 표면 장력 특성
C. 식물이 어떻게 물을 끌어 올리는가
D. 물의 어는 점

해설 교수는 강의 첫 부분에서 물의 독특한 특성에 대해 생각해 본 적이 있느냐는 질문을 던진 후, 이에 대한 답의 형태로 물의 특별한 특성에 대해 설명하고 있습니다.

7. 이 강의에서 무엇을 추론할 수 있는가?
A. 찬 물의 온도는 수상생물을 죽인다.
B. 물은 4°C 이하로 차가워질 때 밀도가 낮아지게 된다.
C. 얼음은 수역의 가장자리에서부터 생성된다.

D. 겨울에 나무 속의 물은 언다.

해설 "Instead, it does so ~ float on the surface of water." 에서 물은 섭씨 4도에서 최대 밀도에 도달하므로 온도가 그 이하일 때는 밀도가 낮아진다는 것을 추론할 수 있습니다.

8. 강의에 따르면, 얼음은 왜 수역의 표면에서 형성되는가?
A. 강과 바다는 완전히 얼기에는 너무 크다.
B. 물은 최대 밀도를 가지지 않는다.
C. 응집성은 수역의 내부가 어는 것을 막는다.
D. 얼음은 물보다 낮은 밀도를 가지고 있다.

해설 "Thus ice is less dense ~ and not from bottom up." 에서 얼음이 물보다 낮은 밀도를 가지고 있어서 그 결과, 물은 위에서 아래로 언다 즉, 물의 표면에서 얼음이 형성되는 것이라고 말하고 있습니다.

9. 강의에 따르면 왜 물은 그렇게 높은 응집성을 가지고 있는가?
A. 물 분자에 결합되어 있는 수소
B. 다른 액체와 비교한 물 분자의 크기
C. 물 분자에 대한 다른 분자의 유인
D. 수역 표면 얼음의 형성

해설 "This is due to ~ bonding of water." 에서 물이 높은 결합 특성을 가지는 것은 물 분자의 강력한 수소결합 때문이라고 말하고 있습니다.

Daily Check-up
P. 216

정답 01 밤에 이동한다-B, 아래, 위로 이동한다-C, 낮에 이동한다-A 02 B-A-D-C 03 B

01 There are three general types of migrations. These are diurnal, nocturnal, and altitudinal. Birds **(A) that migrate during the day** are known as diurnal migrants. These include geese and ducks, which are strong fliers and **(B) can travel long distances each day.** Birds that capture food in flight, such as swifts and swallows, also migrate during the day. **(C) Nocturnal migrants travel at night.** They feed and rest during the day. Birds such as sparrows and warblers are nocturnal migrants. Actually, **(D) only about half of these small songbirds survive migration.** In the third type, altitudinal migration, birds which live high up on mountains **(E) during the warm summer weather travel down the mountain in the fall.** At lower altitudes, there is greater protection from winter storms. Also, more food is available.

철새의 이동에는 세가지 일반적인 유형이 있습니다. 이들은 주행성, 야행성, 수직 이동식입니다. 낮 동안 이주하는 새들은 주행성 철새로 알려져 있어요. 이들은 튼튼한 비행자들이고, 매일 장거리를 여행할 수 있는 거위나 오리를 포함합니다. 칼새나 제비처럼 날아서 식량을 획득하는 새들 또한 낮 동안 이주합니다. 야행성 철새들은 밤에 이동을 해요. 그들은 낮 동안 먹고 쉬지요. 참새나 명금 같은 새들이 야행성 철새입니다. 사실, 이 작은 명금들 중에 약 반 정도만이 이주 과정에서 살아납니다. 세 번째 유형인 수직이동식 이주에서는, 따뜻한 여름 기후 동안 산 위 높은 곳에서 사는 새들이, 가을에는 산 아래로 이동합니다. 낮은 고도에서는 겨울 폭풍으로부터 훨씬 안전합니다. 또한 더 많은 식량도 획득이 가능합니다.

해설 Diurnal, Nocturnal, Altitudinal이라는 철새의 세 종류와 각각의 특징을 설명하고 있는 강의입니다. 용어와 해당하는 특징을 연결시키며 듣는 것이 중요합니다.

02 Many environmentalists have joined in the fight against the use of snowmobiles in national parks, and for good reason. Snowmobiles destroy wilderness areas, pollute the air and water, shatter the natural peace and quiet of the parks and forests, disturb wildlife, and threaten public health and safety. **(A) Snowmobiles have been allowed to run on paths, frozen lakes and trails.** You may think that snowmobiles do not harm frozen lakes, but they do. What happens if **(B) these vehicles press snow into the ice?** This makes the ice layer thicker. **(C) The thicker this ice layer gets, the less light can go through.** Plants won't get enough sunlight, which, of course, means that (D) they will begin to die off. Without the oxygen that the plants produce, (E) the fish in these lakes will begin to die as well.

많은 환경 운동가들이 국립공원 내에서 설상차 사용에 반대하는 시위에 참가해 왔는데, 거기에는 그럴만한 이유가 있습니다. 설상차는 야생동물 구역을 파괴하고, 공기와 물을 오염시키고, 자연의 평화와 공원과 숲의 고요함을 파괴하며, 야생 동물들을 혼란 시키고, 대중의 건강과 안전을 위협합니다. 설상차는 보도, 언 호수, 그리고 오솔길을 달리는 것이 허락되어 왔어요. 여러분들은 설상차가 얼어있는 호수를 훼손하지 않는다고 생각할지 모르겠지만 그들은 그렇답니다. 이 기구들이 얼음 위의 눈을 누른다면 무슨 일이 일어날까요? 이것은 얼음 층을 더 두껍게 만듭니다. 그러니까 얼음 층이 더 두꺼워 질수록, 그만큼 빛이 통과하지 못하게 되는 것이죠. 식물들은 충분한 햇볕을 받지 못할 것이고, 물론 그것은 이 식물들이 시들기 시작할 것이라는 것을 의미하지요. 식물이 생산하는 산소가 없으면, 이 호수들에서 물고기들 역시 죽기 시작할 겁니다.

해설 snowmobile이 어떻게 호수를 오염시키는지를 설명하기 위해, snowmobile이 얼어 있는 호수 위를 지날 때 일어나는 문제를 순서대로 설명하고 있습니다.

03 The Cape Cod is one of America's oldest and most popular types of houses. (A) The type of house that little children frequently draw?—with the pointed roof, chimney on top, door in the middle, and windows at either side of the door—looks very much like the Cape Cod. If you take a look at the picture on the board, you will see that (B) the roof is slanted at eight to twelve feet. This style of roof was originally designed by 17th-century settlers in Massachusetts. The weather in Massachusetts was very stormy, so the settlers actually drew on the skills of shipbuilders to build a tightly constructed house that was very much like a ship on land. Aside from the roof with its sharp angle, (C) the Cape Cod is small in scale and low to the ground. Cape Cods have a large (D) chimney that is either centered over the front door or off to one side of the house. The roofs and walls are covered in wooden shingles or clapboards.

Cape Cod는 미국의 가장 오래되고 흔한 주택 유형 중 하나입니다. 어린 아이들이 자주 그리는 뾰족한 지붕, 그 위에 굴뚝, 중간에 문, 그리고 문의 양 옆에 창문들이 있는 그런 집의 형태가 Cape Cod와 아주 흡사합니다. 칠판에 있는 그림을 보면 여러분들은 지붕이 8에서 12피트 정도 기울어진 것을 볼 수 있을 거에요. 이 지붕 모양은 17세기 Massachusetts의 정착민들에 의해 처음으로 설계되었습니다. Massachusetts의 날씨는 심한 폭풍우가 몰아쳐서, 정착민들은 마치 땅 위의 배처럼 단단한 집을 짓기 위해 실제로 조선기사들의 기술에 의존했습니다. 날카로운 각을 이루는 지붕 외에, Cape Cod는 크기가 작고 지면과 가까울 정도로 높이가 낮습니다. 앞문 위쪽이나 집의 한쪽 측면 중앙에 오는 큰 굴뚝이 있습니다. 지붕과 벽들은 나무로 된 지붕널이나 물막이 판자로 덮여 있어요.

해설 Cape cod 양식의 집 모양을 묘사하고 있습니다. 뾰족한 지붕과 굴뚝, 중앙에 문, 그리고 문 양 옆으로 난 창문의 특징이 잘 나타난 그림을 선택합니다.

Daily Test
P. 218

01 C　02 B　03 B—C—A—D　04 C　05 B
06 A　07 A, B　08 A　09 D　10 B

[1~5]

Today, I will talk about the process by which salt is made on salt farms. Of course, a salt farm must be near the sea. First, salt water from the sea or bay is pumped into a large tank or salt pond. The pump is usually powered by a windmill. When there is enough salt water to fill the tank, a regulator closes the pump. The water is then allowed to evaporate naturally. Brine results from this process. Brine is heavily salted water. The brine is placed in large iron sun pans. These sun pans are exposed to wind and sun to dry out the brine. In other salt farms, the brine is boiled. But the disadvantage of this method is that it requires a lot of wood. Also, more men must be hired to tend the boiling brine. When the water has evaporated, the salt is cleaned and placed in bags. Sometimes, farmers add iodine before they sell the salt to markets in the cities. It is more profitable for these farmers if the salt farms are near the cities. Salt can only be produced during the dry season. Thus, climate is very important in the production of salt. Bad weather or climate can reduce the production of salt by as much as half. Does anyone have any questions before we have a quiz?

오늘, 나는 염전에서 소금이 만들어지는 과정에 대해서 이야기해 보겠어요. 물론, 염전은 바다에서 가까워야 합니다. 먼저, 바다나 만에 있는 소금물이 큰 물통이나 소금 연못으로 퍼 올려 집니다. 펌프는 보통 풍차에 의해 동력이 공급되지요. 물통을 채울 만큼 소금물이 충분해지면 조절기가 펌프를 잠급니다. 그 다음에 물은 자연스럽게 증발이 되죠. 이 과정의 결과로 함수가 생겨납니다. 함수는 매우 염도가 높은 물입니다. 함수는 쇠로 된 커다란 태양 증발접시에 놓입니다. 이 태양증발 접시들은 함수를 완전히 건조시키기 위해 바람과 태양에 노출됩니다. 또 다른 염전에서는 함수를 끓이기도 합니다. 하지만, 이 방법의 단점은 나무가 많이 든다는 것입니다. 또한, 끓인 함수를 관리하기 위해 더 많은 사람이 고용되어야 해요. 물이 증발할 때 소금은 정제되어 자루 속에 넣어집니다. 때때로 농부들은 도시의 시장에 그것을 팔기 전에 요오드를 넣습니다. 염전이 도시와 가깝다면 이 농부들한테는 더 이익입니다. 소금은 건조한 계절 동안에만 생산이 됩니다. 그래서 날씨는 소금의 생산에 아주 중요하지요. 나쁜 날씨나 기후가 소금 생산량을 반만큼이나 줄일 수 있습니다. 퀴즈를 치기 전에 누가 질문이 있나요?

1. 강의는 주로 무엇에 대한 것인가?
A. 도시에서의 소금 판매
B. 소금의 여러 종류
C. 소금을 만드는 과정
D. 날씨가 소금 생산에 어떻게 영향을 끼치는가

해설 강의 첫 부분의 "Today, I ~ salt farms." 문장에서 이 강의가 주로 소금을 만드는 과정에 관한 것임을 밝히고 있습니다.

2. 교수에 따르면 함수를 끓이는 것의 단점은 무엇인가?
A. 그것은 강한 냄새를 만들어낸다.
B. 그것은 재료와 노동력을 요한다.
C. 물이 완전히 제거되지 않는다.
D. 소금 맛이 좋지 않다.

해설 "the disadvantage of ~ the boiling brine." 부분에서 함수를 끓이는데 많은 나무와 노동력이 필요한 것이 단점

이라고 말하고 있습니다.

3. 다음의 일들을 연대순으로 배열하라.
A. 함수가 큰 쇠로 만든 태양 증발 접시에 놓인다.
B. 물은 바다로부터 소금 연못이나 통으로 펌프질 된다.
C. 물이 증발된다.
D. 소금은 정제되어 자루에 넣어진다.

해설 소금 생성의 과정은 바닷물이 퍼올려지면(B) 물이 증발되고(C), 그 결과로 생긴 함수가 증발 접시에 놓여진 후(A), 소금이 정제된다고(D) 설명하고 있습니다.

4. 소금 생산을 감소시키는 날씨 상태의 예는 무엇인가?
A. 태양
B. 바람
C. 홍수
D. 고온

해설 소금을 생산하는 과정에서 물을 증발시키고, 함수를 태양과 바람에 노출시켜야 하므로, 태양, 바람, 고온은 좋은 날씨 상태입니다. 홍수가 나면, 물이 증발되지 않고, 따라서 소금 생산이 감소할 것이라고 추론할 수 있습니다.

5. 이 학급은 다음에 아마 무엇을 할 것인가?
A. 함수를 끓이는 실험을 한다.
B. 간단한 시험을 친다
C. 쉬는 시간을 갖는다.
D. 발표를 한다.

해설 강의 마지막 부분에서 교수는 간단한 시험(quiz)을 볼 것이라고 말하고 있습니다.

[6~10]

I'm fairly certain that if I mention the word "quilt" to you, the picture that would come to your minds is of colonial housewives stitching together patches of cloth. Actually, quilting did not originate in the United States. It began in Asia before the first century AD. The earliest known quilted object was discovered in a cave in Siberia. It had a diamond pattern sewn on with coarse running stitches. We don't know whether the Siberians developed quilting or learned it from others, but we do know that they must have needed the quilts because they were warm, strong, and useful for virtually everything from clothing to blankets to saddlecloths. Only after the textile industry developed in America in the early 1800s, did quilting become a tradition for American women. During that time, quilts were valued more for their patterns and motifs than for any practical function. Hence, they were usually hung on walls for decoration or given as gifts on very special occasions to convey a particular message. Quilting was more of an enjoyable pastime for American women than a chore, so it served as an outlet for their creative abilities. They made quilts with several different construction methods. The earliest was probably the whole cloth quilt, which was made of several lengths of two or more fabrics that alternated across the width of the top of the quilt. Applique quilts had cut-out motifs, which were usually floral in design. The block quilt was constructed in a block to block format. Uniform-sized blocks that ranged in size from 1-inch squares to 18- to 24-inch blocks were stitched together. Finally, we have the mosaic quilt, which was composed of small patches laid out in an overall pattern to form designs. The patches were usually hexagonal or diamond in shape. I'd like to show you some examples of these four construction styles. Then we'll move on to the album or signature quilt and the crazy quilt, both of which were usually made by more than one person and which had a special significance to those who worked together to make them.

내가 여러분에게 "퀼트" 라는 단어를 언급한다면, 분명히 여러분들에게 떠오르는 그림이 옷감 헝겊 조각들을 모아 바느질 했던 식민지 시대의 주부들일 텐데요. 사실, 퀼트는 미국에서 시작한 것이 아닙니다. 그것은 AD 1세기 전에 아시아에서 시작되었습니다. 가장 초기의 것으로 알려진 누빈 물체는 시베리아의 한 동굴 안에서 발견되었습니다. 그것은 조잡한 땀으로 바느질 된 다이아몬드 무늬였어요. 우리는 시베리아인들이 퀼트를 개발했는지, 그들이 다른 사람들로부터 배웠는지는 모르지만 퀼트가 따뜻하고 질기고 모든 면에서 정말 유용하기 때문에 의복에서부터 담요, 말안장 천에 이르기까지 그들이 퀼트를 필요로 했다는 것을 알 수 있습니다. 퀼트는 섬유산업이 1800년 대 초기에 미국에서 발달한 후에야 미국 여성들의 전통이 되었어요. 그시기 동안 퀼트는 그들의 어떤 실질적인 기능보다는 무늬

와 문양으로 더 많은 가치가 매겨졌습니다. 그래서 퀼트는 주로 장식을 위해서 벽에 걸려 있거나 특별한 메시지를 전달하기 위한 아주 특별한 때에 선물로 주어졌습니다. 퀼트는 미국 여성들에게 허드렛일 이라기보다 여가 시간을 즐기기 위한 것이었으므로, 그것은 그들에게 창조적인 능력의 표현 수단이 되었습니다. 그들은 퀼트를 몇 가지 다른 구조양식으로 만들었습니다. 가장 초기의 것은 아마 퀼트의 윗부분 너비를 가로질러 교차하는 두 개 이상의 천 길이로 만들어진 전체 옷감 퀼트였을 겁니다. 아플리케 퀼트는 디자인이 꽃무늬인 도려낸 문양을 가지고 있었어요. 블록 퀼트는 블록 대 블록 모양으로 만들어졌어요. 1인치 사각형에서부터 18에서 24인치 범위의 똑 같은 크기의 블록들이 함께 바느질이 됩니다. 마지막으로, 디자인을 형성하기 위해 전체 무늬에 놓여진 작은 헝겊 조각들로 이루어진 모자이크 퀼트가 있습니다. 헝겊조각들은 보통 육각형이나 다이아몬드 모양이었어요. 이 4가지 구조양식의 예를 몇 가지 보여주고 나서 앨범, 혹은 서명이 있는 퀼트와 조각을 이어 만든 이불 퀼트로 옮겨갈 텐데 양 쪽 모두 한 사람 이상에 의해서 만들어졌고, 그것을 만든 사람들 사이에 어떤 특별한 의미를 가지고 있었어요.

6. 강의는 주로 무엇에 관한 것인가?
A. 초기 미국 퀼트
B. 퀼트 구조양식
C. Siberia에서 퀼트의 용도
D. 미국에서 퀼트의 인기

해설 첫 문단에서 퀼트의 기원을 설명하고, 두 번째 문단에서는 초기 미국 퀼트의 시작과 의미 등을 설명합니다. 세 번째 문단에서는 초기 미국 퀼트의 양식들을 소개합니다. 따라서 이 강의의 주된 내용은 초기 미국 퀼트입니다.

7. 1800년대 초 동안 퀼트는 어떠한 목적으로 쓰였나?
2가지 답에 클릭하시오.
A. 선물로 주어졌다.
B. 창의력의 표현수단이었다.
C. 담요나 안장 천으로 쓰였다.
D. 퀼트 대회의 종목이 되었다.

해설 "Hence, they were ~ their creative abilities." 부분에서 1800년대에는 퀼트가 장식용이나 특별한 경우에 주는 선물과 창의력을 표현하는 수단으로 사용되었다고 말하고 있습니다.

정답·Script·해석·해설

8. 아래의 그림들 중 어떤 것이 모자이크 퀼트의 구조양식을 보이는가?

해설 "Finally, we have ~ hexagon or diamond in shape." 에서 모자이크 퀼트의 특징이 작은 헝겊조각들로 이루어져 있고, 각 조각들이 주로 오각형이나 육각형으로 되어 있다고 말하고 있습니다. 참고로 B는 Applique quit, C는 the block quit, D는 the whole cloth quilt입니다.

9. 서명된 퀼트와 이불 퀼트의 공통된 특징은 무엇인가?
A. 다른 종류의 퀼트보다 더 비쌌다.
B. 색채가 풍부하고 독특하였다.
C. 6각형이나 다이아몬드 모양의 무늬를 가졌다.
D. 그것들은 보통 한 사람 이상에 의해 만들어 졌다.

해설 "then we"ll move on to the album ~ who shared in their making." 에서 서명된 퀼트와 이불 퀼트의 공통된 특징이 한 사람 이상이 만든다는 것임을 말하고 있습니다.

10. 교수는 아마 다음에 무엇을 할 것인가?
A. 앨범과 이불 퀼트에 대해 논의한다.
B. 몇 개의 퀼트 사진을 본다.
C. 학생들에게 퀴즈를 보게 한다.
E. 수업을 파한다.

해설 강의 마지막 부분에서 교수는 이미 언급한 네 가지 스타일의 퀼트를 사진으로 보여 줄 것이라고 말하고 있습니다. 그 후에 앨범 퀼트나 이불 퀼트에 대해 설명할 것입니다. Prediction 문제에서는 가장 가까운 미래의 일이 정답이 됩니다.

4주 1일

Progressive Test 1

P. 224

01 C	02 C	03 D	04 A	05 D
06 C	07 B	08 A	09 B	10 D
11 D	12 C	13 D	14 A	15 B
16 A	17 B–A–D–C	18 D	19 C	

01 M: My calculus class is killing me. I think I had better drop it before it's too late.
W: It's up to you to decide, but I think you had better stick with it since it's a prerequisite for all your science classes.

M: 나 미적분 수업 때문에 너무 힘들어. 너무 늦기 전에 수강을 포기하는 게 나을 것 같아.
W: 결정은 너한테 달린 것이지만, 그 수업은 모든 과학 수업의 선수 과목이니까 끝까지 충실히 하는 게 나을 거야.

1. 여자는 남자에게 무엇을 하라고 제안하는가?
A. 미적분 수업을 포기한다.
B. 과학전공으로 바꾼다.
C. 수학수업을 그대로 듣는다.
D. 나중에 결정한다.

해설 여자가 제안하는 내용은 미적분 수업을 포기하지 말고 끝까지 들으라는 것입니다.

02 W: Do you mind lending me your textbook? I bought a used one and the answer key is missing a few pages.
M: Oh, actually, I just lent it to Jason.
W: That's OK. We still have over two weeks before the midterm.

W: 네 교과서 좀 빌려줄래? 나 헌 교과서를 샀는데 정답 몇 페이지가 없어.
M: 어, 사실, 나 Jason 에게 방금 빌려줬는데.
W: 괜찮아. 중간고사까지 아직 2주 넘게 남았는데 뭐.

2. 여자가 암시하는 것은?
A. 그녀는 그의 숙제 정답을 베끼길 원한다.

B. 중간고사까지 시간이 많지 않다.
C. 그녀는 그 책을 빌리기 위해 기다릴 수 있다.
D. 그 남자는 Jason 에게 먼저 책을 빌려줘야 한다.

해설 여자가 암시하는 바는 중간고사까지는 아직 시간이
넉넉하므로 그 전에만 책을 빌리면 된다는 것입니다. 즉,
남자의 책을 빌리기 위해 기다릴 수 있다는 것이죠.

03 M: Are you finished with classes today? I can give
you a ride home if you want.
W: Thanks, but I don't want to be a bother. The bus
should be here any minute now.

M: 오늘 수업은 끝났니? 원한다면 내가 집까지 데려다 줄
게.
W: 고마워. 하지만 귀찮게 하고 싶지 않아. 곧 버스가 이쪽
으로 올 거야.

3. 여자는 무엇을 할 것인가?
A. 남자의 집을 방문한다.
B. 학교로 버스를 타고 간다.
C. 남자의 차를 타고 집에 간다.
D. 버스가 오기를 기다린다.

해설 남자가 여자를 집에 데려다 주겠다고 제안했으나, 여
자는 버스를 타겠다고 말했으므로, 여자는 버스가 오기를
기다릴 것임을 알 수 있습니다.

04 W: My back is really bothering me today. It hurts so
much I can hardly move at all.
M: You probably threw it out playing softball
yesterday. The last time something like that
happened to me I was laid up for a month.

W: 오늘 허리가 너무 아파. 너무 아파서 전혀 움직일 수가
없어.
M: 너 아마 어제 소프트볼 하다가 허리를 무리해서 썼나
봐. 나도 전에 그런 일이 있었을 때 한 달이나 누워있었
잖아.

4. 이 대화에서 무엇을 추론할 수 있나?
A. 남자는 전에 허리를 다친 적이 있다.
B. 여자는 프로 운동선수이다.
C. 남자는 어제 소프트볼을 했다.
D. 여자는 병원에 가볼 필요가 있다.

해설 여자가 허리가 몹시 아프다고 했는데, 남자가 자신도
전에 그런 일이 있었다고 한 것은, 남자도 전에 허리를 다
쳐서 아픈 적이 있었다는 것을 추론할 수 있습니다.

05 M: How about going with me to a play tomorrow? I
have an extra ticket.
W: I should spend tomorrow finishing up a report I'm
writing. But I can probably afford to take some
time out for a break.

M: 내일 나랑 연극 보러 가는 게 어때? 여분의 티켓이 한
장 있거든.
W: 내일은 지금 쓰고 있는 리포트를 끝내야 해. 하지만 아
마 휴식 삼아 잠깐 밖에서 시간 보낼 여유는 있을 거야.

5. 여자가 암시하는 것은?
A. 그녀는 리포트를 끝내는데 남자의 도움이 필요하다.
B. 그녀는 내일 쉴 시간이 없다.
C. 그녀는 티켓을 살 여유가 없다.
D. 그녀는 남자와 연극을 보러 갈 것이다.

해설 함께 연극을 보러 가자는 남자의 제안에 여자는 리포
트를 써야 하지만 잠깐 시간을 낼 수 있다고 하므로, 함께
연극을 보러 가겠다는 것을 암시하고 있습니다.

06 M: Excuse me. My parents called me yesterday and
confirmed that they had taken care of my tuition,
but the computer says I'm still not registered.
Can you check it out for me?
W: OK, I see. Can I have your name and student ID
number, please?

M: 실례합니다. 저의 부모님께서 어제 저에게 수업료를 내
셨다고 전화로 확인하셨는데, 컴퓨터에는 제가 아직 등
록이 안 되어 있어요. 확인 좀 해 주실래요?
W: 네. 알겠습니다. 이름과 학번을 불러주시겠어요?

6. 남자에 대해 추론할 수 있는 것은?
A. 남자는 수표로 수업료를 지불하기를 원한다.
B. 남자는 컴퓨터로 어떻게 등록하는지 모른다.
C. 그의 수업료는 이미 지불되었다.
D. 그의 부모님이 곧 그의 수업료를 보낼 것이다.

해설 남자의 부모님이 전화하셔서 수업료를 냈다고 하신
것으로 보아 남자의 수업료는 이미 지불되었음을 추론할 수
있습니다.

정답·Script·해석·해설

07 M: Would you like to go catch the softball game this Saturday?

W: I promised my friend I would tutor him on Saturday.

M: 이번 토요일에 소프트볼 경기를 보러 가겠니?

W: 난 친구에게 토요일에 개인 교습을 해주겠다고 약속을 했어.

7. 여자는 무엇을 암시하는가?

A. 그녀의 친구는 소프트볼을 어떻게 경기하는 지 모른다.

B. 그녀는 이미 계획이 있다.

C. 그녀는 경기 중간에 떠나야 한다.

D. 그녀는 소프트볼 경기 관람을 즐기지 않는다.

해설 소프트볼 경기를 함께 보러 가자는 남자의 제안에 대해 여자가 친구에게 개인 교습을 해 주기로 약속했다는 것은 이미 다른 계획이 있다는 것을 암시합니다.

08 M: I'd like to withdraw from one of my classes and replace it with another. Can I just give you both forms now?

W: Actually your add form for the new class needs to go to room 101.

M: 저는 수업 중에 하나를 취소하고 다른 것으로 대체하고 싶어요. 지금 두 가지 신청서를 모두 제출해도 되나요?

W: 사실 새로운 수업에 대한 추가 신청서를 받으려면 101 호로 가야 합니다.

8. 여자가 의미하는 것은?

A. 그녀는 신청서 중 하나를 받을 수 없다.

B. 그녀는 여분의 수강 취소 신청서를 가지고 있지 않다.

C. 수업 취소 기간이 끝났다.

D. 그 남자는 수업에 제 시간에 갈 수 없을 것이다.

해설 추가 신청을 다른 곳에서 해야 한다는 여자의 말은 추가 신청서를 받아줄 수 없다는 의미입니다.

09 W: I'd like to sell back my book. I heard that you are offering $15 for these textbooks.

M: Well, let me see… I'm afraid I can't give you $15 for this book. There are too many underline marks and other notations in it.

W: 책을 되 팔고 싶은데 여기서 이 교과서들을 15달러에

산다고 들었어요.

M: 음… 어디 보자… 이 책은 15달러를 못 주겠군요. 밑줄 과 다른 표시들이 너무 많아요.

9. 남자는 여자의 책에 대해 뭐라고 말하는가?

A. 그 책은 다음 학기 읽기 목록에 올라있지 않다.

B. 그 책은 15$의 가치가 없다.

C. 그 책은 페이지 수가 너무 많다.

D. 책의 상태가 매우 좋다.

해설 남자가 여자의 책에 대해 15달러를 줄 수 없다고 하는 것은 그 책이 15달러의 가치가 안된다는 의미입니다.

10 M: I was late for class again today. I wish I could ride my bike to school, but I'm afraid that it'll be stolen.

W: In that case, you should leave it with campus security while you're in class.

M: You can do that? I should try that out then.

M: 나는 오늘 또 수업에 늦었어. 학교에 자전거를 타고 오고 싶은데, 도둑맞을까 봐 겁나.

W: 그러면, 수업 중에는 자전거를 학내 경비실에 둬.

M: 그렇게 할 수 있어? 그럼 한번 시도해 봐야겠다.

10. 남자는 무엇을 할 것인가?

A. 이웃과 함께 탄다.

B. 새 자전거를 산다.

C. 자전거를 여자에게 맡겨둔다.

D. 학교에 자전거를 타고 간다.

해설 남자가 학교에 자전거를 타고 오지 않는 이유가 도난에 대한 염려 때문인데, 자전거를 학내 경비실에 두면 도난 당하지 않는다는 제안에 대해 긍정적 반응을 보였으므로, 남자가 학교에 자전거를 타고 올 것이라는 것을 유추할 수 있습니다.

[11~12]

W: You're not looking like your usual self today.

M: I don't feel like myself. I caught a cold and my cough has been so bad that it keeps me up all night.

W: You need to get some rest if you want to recover. Why don't you go to the health center to get something for your cough?

M: That would be a good idea except that I don't like going there.

W: Why not? Since you have student health insurance, medicine shouldn't be that expensive.

M: I have a problem with the nurse there. She's never in a good mood. I'd rather just take some aspirin at home or something.

W: Then at least drop by the drug store and get some cough medicine.

M: That makes sense.

W: 너 오늘 평소 같지가 않아 보여.

M: 몸이 좀 이상한 것 같아. 감기에 걸렸는데, 기침이 너무 심해서 밤새 깨어 있었어.

W: 네가 낫기를 원한다면 휴식을 좀 취할 필요가 있어. 의료 센터에 가서 기침에 좋은 것을 좀 구해보지 그래?

M: 내가 그 곳에 가고 싶지 않다는 것만 제외하면 좋은 생각이구나.

W: 왜 싫어? 네가 학생 의료 보험에 들어있기 때문에 약이 그렇게 비싸지 않을 텐데.

M: 난 거기 있는 간호사가 마음에 들지 않아. 그녀는 기분이 좋았던 적이 없었던 것 같아. 차라리 집에 가서 아스피린 같은 것을 먹는 게 낫겠어.

W: 그럼 최소한 약국에라도 들러서 기침 약을 사도록 해.

M: 좋은 생각이구나.

11. 남자는 왜 의료 센터에 가지 않을 것인가?
A. 그는 곧바로 침대에 눕기를 원한다.
B. 그는 건강 보험에 들어있지 않다.
C. 그의 기침은 심각한 것이 아니다.
D. 그는 간호사를 좋아하지 않는다.

해설 남자는 의료 센터에 가기 싫은 이유가 거기 있는 간호사가 마음에 들지 않기 때문이라고 직접적으로 말하고 있습니다.

12. 남자는 아마도 무엇을 할 것인가?
A. 간호사에게 조언을 구한다.
B. 기숙사로 간다.
C. 약국에 간다.
D. 친구에게서 아스피린을 얻는다.

해설 남자가 의료 센터에 가고 싶어 하지 않자, 여자는 약국에 가서 약을 사라고 권합니다. 남자가 그것이 좋은 생각이라고 말했으므로 남자는 약국에 갈 것임을 알 수 있습니다.

[13~14]

M: Excuse me, I need to fulfill my computer class requirement, but I'd like to take a more advanced course instead of an introductory course.

W: Why? The introductory course is sufficient for fulfilling that requirement.

M: I already have some background knowledge in computers. I think I'd be bored if I took the basic class. Can you help me out?

W: I see. Well, you'll need to talk to Professor Wellstone. He's in charge of those matters.

M: Okay. Can you tell me where I can find him?

W: He's actually not on campus today. He had to leave due to a family emergency. But he'll be back next week. His office is down the hall.

M: I hope I can still register for the course when he gets back.

M: 실례합니다. 제가 컴퓨터 필수 과목을 이수해야 하는데요, 입문 과정 대신 보다 고급 과정을 들었으면 하구요.

W: 왜죠? 입문 과정도 필수 과목을 이수하는 데는 충분할 텐데요.

M: 전 이미 컴퓨터에 대한 기본 지식이 있어요. 만약 제가 기초 수업을 들으면 무척 지루할 것 같아요. 도와주실 수 있나요?

W: 알겠어요. 음, Wellstone 교수님께 말씀 드려야겠군요. 그가 그런 일을 담당하고 있거든요.

M: 알겠습니다. 그 분을 어디서 찾을 수 있는지 알려주실 수 있나요?

W: 사실 그분은 오늘 학교에 안 계세요. 가정에 급한 일 때문에 가보셔야 해서요. 하지만 다음 주에는 돌아오실 거에요. 그의 사무실은 본부 아래쪽에 있어요.

M: 그 분이 돌아 올 때쯤에도 제가 그 과정을 등록할 수 있다면 좋겠네요.

13. 대화에서 추론할 수 있는 것은?
A. 교수님은 대체로 사무실에 계시지 않는다.
B. 여자는 다음 주에 남자를 도와줄 수 있을 것이다.
C. 남자에게는 우선 기초 과정을 듣는 것 외에 다른 방도가 없다.
D. 남자는 기초 컴퓨터 수업이 너무 쉬울 거라고 생각한다.

해설 "I already have ~ the basic class."에서 남자가 수업이 지루할 것으로 예상하는 이유는 기초 수업이 너무 쉽기 때문일 것이라는 것을 추론할 수 있습니다.

정답·Script·해석·해설

14. 남자는 아마도 무엇을 할 것인가?
A. 다음 주에 교수님께 말해본다.
B. 교수님의 사무실에서 기다린다.
C. 입문 과정에 등록한다.
D. 가정의 긴급한 일에 참석한다.

해설 수업 변경을 위해 만나야 할 교수님이 다음 주에 오시므로, 남자는 다음 주에 교수님을 만나 상의할 것이라는 것을 알 수 있습니다.

[15~19]

Let's look at some other influential poets of the 20th century, today. Has anyone here read any of Gwendolyn Brooks' works before taking this class? She is an American poet who was born in 1917 and began writing at the age of seven. In 1950, Brooks gained fame by becoming the first African American to win the prestigious Pulitzer Prize Award for her second book of poems, Annie Allen. Over the span of her career, she wrote hundreds of poems that were published in more than 20 books and received numerous major literary awards. Brooks' literary style ranged from the more traditional forms of ballads and sonnets in her early works of poetry to unrestricted free verse. The turning point in Brooks' career occurred in 1967 after she became more involved with the Black Arts Movement, a literary movement that advocated the independent publishing of African American literature. From that point on, she became a prominent spokesperson for "the black aesthetic," a style of writing that used everyday black English and focused on raising the sociopolitical awareness of blacks in the US and conveying the importance of African history and culture. In 1968, Brooks was appointed Poet Laureate of Illinois. She used the prestige of her post as Poet Laureate, which she held for 30 years, to promote poetry to young writers. She established the Illinois Poet Laureate awards in 1969 to encourage elementary and high school students to write. Brooks was one of America's most visible poets and was very active in the poetry workshop movement. She wanted to convey to audiences that poetry is not some formal activity that excludes normal people. Rather, it is art that is within the reach of everyone. I'd like for us now to break into groups and read some of her most well known poems. Each group should be prepared to give a brief presentation at the end of class.

오늘은 다른 몇몇 영향력 있는 20세기 시인들에 대해서 살펴봅시다. 누가 이 수업 듣기 전에 Gwendolyn Brooks의 작품을 읽어 본 사람이 있나요? 그녀는 1917년에 태어난 미국 시인으로, 7살에 글쓰기를 시작 했습니다. Brooks는 1950년에 Annie Allen 이라는 두 번째 시집으로 명망 있는 퓰리처상을 수상한 최초의 미국 흑인이 됨으로써 명성을 얻게 됩니다. 그녀는 일생에 걸쳐 20권 이상의 책으로 출판된 수 백편의 시를 써서, 많은 주요 문학상을 수상했습니다. Brooks의 문체는 초기 시 작품들에서의 전통적인 형식의 발라드와 소네트로부터 제한 없는 자유시에까지 이르렀습니다. Brooks의 생애에서 전환점은 그녀가 미국 흑인 문학의 독립적 출판을 옹호했던 문학 운동인 흑인 예술 운동(Black Art Movement)에 더 깊이 관여한 후인 1967년에 일어났지요. 그 시점부터 그녀는 흑인들의 일상적인 영어를 사용한 문체인 "흑인 미학"을 위한 뛰어난 대변인이 되었고, 미국 흑인의 사회 정치적 자각을 일깨우고, 흑인의 역사와 문화의 중요성을 전달하는데 중점을 두었습니다. 1968년, Brooks는 Illinois의 계관시인으로 임명되었죠. 그녀는 30년 동안 차지하고 있었던 계관시인 직위의 위신을 젊은 시인들에게 시를 장려하기 위해 이용했습니다. 그녀는 초등 학생과 고등 학생의 글쓰기를 고양시키기 위해 Illinois 계관시인상을 설립했습니다. Brooks은 미국의 가장 두드러진 시인 중 하나였고, 시 연수회 활동에도 매우 활동적이었답니다. 그녀는 시가 평범한 사람들을 배제시키는 어떤 격식 있는 활동이 아니라는 것을 청중에게 전달하기를 원했어요. 오히려, 모든 이들이 쉽게 접근할 수 있는 예술이라는 것을 말이에요. 그룹을 나누어서 그녀의 가장 잘 알려진 시 몇 편을 읽어보고자 합니다. 각 조는 수업 마지막에 간단한 발표를 할 준비를 해야 합니다.

15. 교수는 주로 무엇에 대해 이야기 하고 있나?
A. 20세기의 영향력 있는 시인들
B. 한 유명한 시인의 삶과 작품들
C. 새로운 문체의 발달
D. 젊은이들에 대한 시의 영향

해설 강의 첫 부분에서 교수는 20세기의 영향력 있는 시인들에 대해 알아 보자고 말한 후, Gwendolyn Brooks을 먼저 언급합니다. 이어서 그녀의 삶과 작품, 영향력 등에 대해 강의하고 있습니다. 그러므로, 본 강의는 Brooks라는 한 시인의 삶과 작품들에 관한 것입니다.

16. Brooks는 무엇으로 가장 잘 알려졌나?
A. 그녀는 명망 있는 상을 수상한 최초의 미국 흑인이었다.
B. 그녀는 일생 동안 그녀의 문체를 몇 차례 바꾸었다.
C. 그녀는 시를 쓴 가장 젊은 사람이었다.
D. 그녀는 새로운 문예 운동을 시작하였다.

해설 강의 중 "In 1950, Brooks gained fame ~ of poems, Annie Allen." 에서 Brooks가 명성을 얻게 된 이유가 퓰리처 상을 수상한 최초의 미국 흑인이었기 때문이라고 말하고 있습니다.

17. Brooks의 생애 가운데 일어난 일을 시간 순서대로 배열하라.
문장을 클릭하라. 그리고 나서 그것이 들어갈 칸을 클릭하라. 각 문장은 한 번씩만 사용하라.
A. 흑인 예술 운동에 참여했다
B. 퓰리처 상을 수상했다.
C. 젊은 학생들이 시를 쓰도록 장려했다.
D. 시에서 흑인 일상 영어의 사용을 활성화시켰다.

해설 Brooks는 1950년에 퓰리처 상을 수상하였고(B), 1967년에 흑인 예술 운동에 참여했으며(A), 이를 계기로 일상 흑인 영어를 시에 사용하게 하였으며(D), 이후 30년간을 젊은 학생들에게 시작을 장려하는 데 보냈습니다.(C)

18. 강의에서 "black aesthetic" 는 무엇이라고 언급되었나?
A. 미국의 뛰어난 흑인 작가를 위한 상
B. 흑인 예술 운동에 대한 책
C. 흑인 예술을 이용한 기교 형식
D. 흑인의 관점에서 쓰여진 하나의 문체

해설 "the black aesthetic을 a style of writing that used everyday black English." 라고 표현하고 있습니다. 즉, Brooks와 같은 흑인들에 의해 사용되는 문체였다는 것입니다.

19. 이 학급은 다음에 무엇을 할 것 같은가?
A. 교실을 떠난다.
B. 조 발표를 시작한다.
C. 시를 몇 편 읽는다.
D. 그들만의 시를 쓴다.

해설 강의 마지막 부분에서 교수는 학생들을 그룹으로 나누어 Brooks의 시를 읽고 난 후, 발표하게 하겠다고 말하고 있습니다. 그러므로 학생들은 시를 읽을 것임을 알 수 있습니다.

Progressive Test 2
P. 230

01 B 02 C 03 C 04 D 05 D
06 A 07 D 08 C 09 B 10 D
11 D 12 D 13 D 14 B 15 B
16 A 17 D 18 B, C 19 A

01 W: Do you plan on living in the dorms again next semester?
M: No, my brother will be enrolling in our school next term and we'll probably get an apartment together. It will be cheaper than living in the dorms.

W: 너 다음 학기에도 기숙사에서 살 계획이니?
M: 아니. 내 남동생이 다음 학기에 우리 학교에 등록할 거라서 아마 함께 아파트를 구할 거야. 그것이 기숙사에서 사는 것보다 더 쌀 걸.

1. 남자는 다음 학기에 무엇을 할 것인가?
A. 남동생에게 그의 기숙사 방을 준다.
B. 아파트로 이사한다.
C. 새 학교에 등록한다.
D. 다시 기숙사에 산다.

해설 남자는 다음 학기에 동생과 함께 아파트로 이사할 것이라고 말하고 있습니다.

02 M: Do you mind lending me your car? I'd like to drive to my class and it's way over on the west side of campus.
W: You realize it won't be easy parking there. There aren't many parking spaces available on that side

of campus. You'd be better off just taking the cross-campus shuttle instead.

M: 네 차 좀 빌려 줄 수 있어? 수업에 차를 운전해서 가고 싶은데, 수업이 멀리 떨어진 서쪽 캠퍼스에서 있거든.

W: 너 거기 주차하기 쉽지 않다는 거 알지. 그 쪽 캠퍼스에는 주차할 수 있는 공간이 많이 없어. 대신에 교내 셔틀버스 타는 게 훨씬 더 나을 거야.

2. 여자는 무엇을 의미하는가?
A. 서쪽 캠퍼스에 주차장이 많다.
B. 그녀는 주차 허가증을 가지고 있지 않다.
C. 남자는 수업에 가는데 버스를 타야 한다.
D. 그녀는 남자에게 차를 빌려줄 수 없다.

해설 여자는 서쪽 캠퍼스에 주차할 공간이 적으므로 차를 가져 가기 보다는 교내 셔틀버스를 타는 게 더 낫다고 남자에게 말합니다. 그 말은 여자가 남자에게 차를 빌려 줄 수 없다기보다는, 남자가 수업을 가는 데 버스를 타야 한다는 것을 의미합니다.

03 M: I need a jacket to go skiing next week, but I can't afford to buy one right now.

W: Mike goes skiing every chance he gets. I'm sure he wouldn't mind letting you borrow his.

M: I thought about that, but he's much bigger than I am.

M: 난 다음 주에 스키를 타러 가서 상의가 필요한데 지금 당장은 그것을 살 여유가 없어.

W: Mike가 기회가 닿을 때마다 스키를 타러 가잖아. 그가 너에게 기꺼이 상의를 빌려주리라고 생각해.

M: 나도 그걸 생각해봤는데 그는 나보다 몸집이 훨씬 커.

3. 남자는 무엇을 암시하는가?
A. 그는 다른 사람으로부터 상의를 빌릴 것이다.
B. 상의는 그에게 너무 작다.
C. 그는 Mike와 같은 크기의 옷을 입지 않는다.
D. 그는 종종 스키를 타러 간다.

해설 남자는 Mike의 몸집이 자신보다 더 크다고 말하고 있으므로, Mike와 자신이 같은 크기의 옷을 입지 않는다는 것을 암시하고 있습니다.

04 M: Do I have to get a professor's recommendation for this application?

W: Yes. If you don't have one, your application will be incomplete.

M: 이것 신청하려면 교수님의 추천서를 받아야 하나요?

W: 예. 만약 그것이 없으면, 신청서가 완성되지 못할 겁니다.

4. 여자는 무엇을 암시하는가?
A. 그녀는 아직 신청서를 완성하지 않았다.
B. 남자는 추천서가 있으면 그것을 함께 넣을 수 있다.
C. 남자는 교수에게 신청서를 검토해 달라고 부탁해야 한다.
D. 추천서가 없는 신청서는 받아들여지지 않을 것이다.

해설 여자는 추천서가 없으면, 남자의 신청이 불완전하다고 말했으므로, 추천서가 없는 신청서를 받을 수 없다는 것을 암시합니다.

05 W: Hey, where are you off to now?

M: I'm headed to the library. I have to study for an exam tomorrow. I really don't feel up to it, though. I caught that bad cold that has been going around.

W: Yeah, I can hear it in your voice. You should probably get a prescription from a doctor. Half of campus seems to be stuck in bed because of this cold.

W: 야. 너 지금 어디 가니?

M: 나 도서관 가고 있어. 내일 있을 시험 공부해야 하거든. 근데 나 해낼 수 있을 것 같지 않아. 요즘 돌고 있는 독감에 걸렸어.

W: 그래. 네 목소리 들으니까 알겠다. 의사선생님께 처방전 받아야 되겠네. 이번 감기 때문에 학생들 절반이 침대에서 꼼짝 못하는 것 같더라.

5. 여자는 남자에게 무엇을 하라고 제안하는가?
A. 다른 아픈 학생들을 피하라
B. 침대에서 좀 쉬어라
C. 목소리를 아끼기 위해 적게 말해라
D. 의사를 찾아가라.

해설 여자의 마지막 말에서 여자는 의사의 처방전을 받으라고 남자에게 제안하고 있습니다.

06 M: Can you help me with some boxes when I move out?

W: I can't be there until the afternoon.

M: Well, if you're going to come later in the day, then I guess you'll only have to help me move whatever light boxes are left over.

M: 나 이사 나갈 때 상자 옮기는 것 좀 도와줄 수 있어?

W: 오후쯤 되서야 갈 수 있을 것 같은데.

M: 음. 그날 나중에 올 거라면 남아있는 가벼운 상자 같은 것을 옮기는 것만 도와주면 되겠다.

6. 이 대화에서 무엇을 추론할 수 있나?

A. 남자는 그날 일찍 무거운 상자들을 옮길 것이다.

B. 남자는 오후에 아무런 도움도 필요 없다.

C. 남자는 도와주겠다는 여자의 제안을 고마워한다.

D. 남자는 여자가 너무 많은 것을 들어야 한다고 생각하지 않는다.

해설 오후에야 올 수 있다는 여자의 말에, 남자는 남아 있는 가벼운 상자를 옮겨 달라고 말합니다. 그 말로 비추어, 남자는 무거운 상자들을 오전에 먼저 옮길 것임을 추론할 수 있습니다.

---

07 W: I'm not sure about the number of credits I need to qualify for an internship.

M: Why don't you talk to someone in the career center about the application requirements?

W: 인턴십 자격을 얻는 데 몇 학점이 필요한지 잘 모르겠어.

M: 취업 센터의 누군가에게 지원 자격에 대해 한번 문의해 보는 게 어때?

7. 남자는 여자에게 무엇을 제안하는가?

A. 지원서를 가져와라

B. 먼저 인턴십 종류부터 결정하라

C. 일찍 직업을 계획하라

D. 학교 상담자에게 정보를 구하라

해설 남자는 여자에게 career center에 가서 문의를 하라고 말합니다. 즉, 학교에서 근무하는 상담자에게 필요한 정보를 얻으라고 제안하는 것입니다.

---

08 W: Is it possible for me to take next week's exam later? I have a family emergency that I have to attend to.

M: I'm sorry, but there are no make-up exams. I

can't make any exceptions out of fairness to the other students.

W: 제가 다음 주 시험을 더 늦게 치는 것이 가능할까요? 제가 꼭 가봐야 할 집안의 급한 일이 있어서요.

M: 미안하지만, 재시험은 없단다. 다른 학생들에게 공정하게 하기 위해서 예외를 둘 수는 없어.

8. 남자가 암시하는 것은?

A. 남자는 여자에게 시험을 면제 해 줄 수 없다.

B. 다른 몇몇 학생들도 재시험을 볼 것이다.

C. 여자는 나중에 시험을 칠 수 없다.

D. 그는 여자의 변명을 믿지 않는다.

해설 남자는 다른 학생들에게 공평하게 하기 위해서 재시험을 허락할 수 없다고 말했으므로, 여자가 나중에 재시험을 칠 수 없다는 것을 암시합니다.

---

09 M: Excuse me. I'm having trouble locating some of these journals. Can you help me?

W: All the journals we have are located on the shelf near the window. Unfortunately, all our journal collections are a few months behind. If you need something more recent, I recommend that you buy it yourself.

M: 실례합니다. 이 잡지들 몇 권을 찾는 데 문제가 있어요. 좀 도와 주시겠어요?

W: 우리가 갖고 있는 모든 잡지는 창문 근처의 책꽂이 위에 있어요. 불행히도 우리가 소장하고 있는 잡지들은 모두 몇 달 지난 거예요. 좀 더 최근의 것을 원하신다면 개인적으로 구입하셔야 할 거예요.

9. 여자는 무엇을 암시하는가?

A. 모든 잡지들은 도서관에서 구입 가능하다.

B. 도서관은 최근 잡지 발행물을 전혀 소장하고 있지 않다.

C. 도서관의 소장 도서들이 매우 한정되어 있다.

D. 남자는 도서관에서 잡지를 대출할 수 없다.

해설 여자는 도서관에 소장된 잡지들이 모두 몇 달 지난 것이라고 말합니다. 즉, 도서관에는 최근 발행된 잡지가 전혀 없다는 것을 암시합니다.

---

10 M: Hey, Mary. Are you still here in the library? A bunch of us have decided to get together today and hang out. Do you want to join us?

정답·Script·해석·해설

W: Not now. I'm working on a problem set. Can I catch up with you later tonight?

M: 야, Mary. 너 아직 도서관에 있니? 우리 무리들이 오늘 모여서 놀기로 했어. 같이 갈래?

W: 지금은 안돼. 문제집 풀고 있거든. 나중에 밤에 뒤따라가도 될까?

10. 여자는 무엇을 의미하는가?
A. 그녀는 낮 시간 동안 외출하는 것을 좋아하지 않는다.
B. 그녀는 다음 번에 그들과 어울릴 것이다.
C. 그녀는 대신에 그들과 저녁 먹으러 만날 것이다.
D. 그녀는 먼저 숙제를 끝내야 한다.

해설 여자가 지금은 친구들과 놀 수 없고, 문제집을 푼 후, 밤이 되어서야 합류하겠다고 말하는 것은 먼저 숙제를 끝내야 한다는 것을 의미합니다.

[11~12]

M: I started thinking about my term paper, but I'm having a difficult time choosing a topic.

W: Have you referred to the recommended books and journals I listed on the course syllabus?

M: I skimmed through some of those books, but I didn't find anything that interested me.

W: If you need more ideas you could try the Internet.

M: There's too much information on the Internet to research and besides, much of it isn't very useful.

W: Well, then maybe you should just start at the library. They carry a wide selection of journals. You could browse through those to see what new ideas are developing. Let me call them and see if there is someone who can help you out.

M: Thank you very much, Professor.

M: 제가 기말 리포트에 대해서 생각하기 시작했는데 주제를 정하는 것이 어려워요.

W: 내가 강의 요강에 올려 놓은 참고 서적과 잡지들을 참고해 봤니?

M: 그 중에 몇 권은 훑어 봤는데, 제 흥미를 끄는 것은 하나도 발견하지 못했어요.

W: 아이디어가 더 필요하면 인터넷을 이용해봐.

M: 인터넷에는 조사해야 할 정보가 너무 많은 데다가 대부분이 그다지 유용하지 않아요.

W: 음. 그럼 도서관에서 시작해봐. 폭넓은 잡지 선집들이

많거든. 어떤 새로운 아이디어들이 전개되는지 훑어 볼 수 있단다. 내가 전화해서 너를 도와줄 수 있는 누군가가 있는지 한번 알아볼게.

M: 너무 감사합니다. 교수님

11. 왜 학생은 교수에게 갔나?
A. 그는 도서관 가는데 허락이 필요했다.
B. 그는 연구 보조 일을 지원하려 했다.
C. 그는 수업 시간의 읽기 자료에 대해 이야기하기를 원했다.
D. 그는 리포트 주제를 결정하지 못했다.

해설 남자의 첫 대사에서 기말 리포트 주제를 정하는 것이 어렵다고 말합니다. 그리고 이어지는 대화에서 교수의 도움을 얻는 것으로 보아, 남자가 교수를 찾아 온 이유가 리포트 주제를 결정하지 못했기 때문임을 알 수 있습니다.

12. 교수는 학생을 위해서 무엇을 할 것인가?
A. 학점을 채우게 하기 위해 리포트를 내준다.
B. 그의 리포트 초안을 읽는다.
C. 그에게 잡지를 준다.
D. 도서관에 있는 누군가와 연락을 취한다.

해설 교수는 마지막에 도서관에 전화에서 남자를 도와 줄 사람이 있는 지 알아 보겠다고 말합니다. 그러므로, 도서관에 있는 누군가와 연락을 취할 것임을 알 수 있습니다.

[13~14]

W: Let's go to my house and study for tomorrow's quiz.

M: That's a good idea. But how are we going to get there? Your place is far from campus.

W: You know I ride my bike to school everyday. I'm planning on riding home. Do you have your bike with you?

M: No, I didn't bring my bike to school today.

W: We can just ride the bus then. I can put my bike on the bus so it won't be a problem.

M: I'm sorry, but I can't take the bus. I always get nauseous when I ride the bus.

W: Then what should we do? It's too far to walk.

M: Oh! I'm meeting Marge later in the afternoon to return a book I borrowed from her. She has a car. Maybe she wouldn't mind giving us a ride to your place on her way home.

W: 우리 집에 가서 내일 있을 퀴즈 공부하자.
M: 좋은 생각이야. 그런데 거기까지 어떻게 가지? 너의 집이 학교에서 멀잖아.
W: 나는 매일 학교에 자전거 타고 오잖아. 난 집에 갈 때 자전거를 탈 생각이야. 넌 자전거 있니?
M: 아니. 오늘은 학교에 자전거 가지고 오지 않았는데.
W: 그럼 우리 그냥 버스 타고 가자. 내 자전거는 버스에다 실으면 되니까, 문제 없을 거야.
M: 미안하지만 난 버스를 못 타. 버스를 타면 항상 메스껍거든.
W: 그럼 우리 어떻게 해야 해? 걷기는 너무 멀어.
M: 오! 나 오늘 오후에 빌린 책을 돌려주려고 Marge를 만날 거야. 그녀는 차가 있어. 아마 Marge는 집에 가는 길에 기꺼이 너의 집까지 우리를 태워줄 거야.

13. 여자는 어떻게 학교에 가나?
A. 그녀는 친구에게서 차를 얻어 탄다.
B. 그녀는 걷는다.
C. 그녀는 버스를 타고 간다.
D. 그녀는 자전거를 타고 간다.

해설 여자의 두 번째 대사에서 여자는 학교에 자전거를 타고 다닌다고 말하고 있습니다.

14. 남자는 다음에 무엇을 할 것인가?
A. 교과서를 빌린다.
B. 다른 친구를 만나러 간다.
C. 그의 집에서 자전거를 가져온다.
D. 친구의 차를 빌린다.

해설 남자는 여자의 집에 가기 전에 먼저 Marge를 만나 책을 돌려 줄 것이므로, 다른 친구를 만나러 갈 것임을 알 수 있습니다.

[15~19]

In today's lecture, we are going to take a look at the earliest life form on the Earth, a group of bacteria called cyanobacteria, and the role it played in shaping the ecology of the planet. We have information about cyanobacteria because of the fossil remains of their colony structure, called stromatolite. A stromatolite is essentially a layered, rock-like formation of sediment and organic material.

The stromatolite is formed by the activity of the cyanobacteria, which traps sediment with its sticky cell coating. Then the microorganism migrates out of the sediment layer and the process of trapping sediment begins again. Fossils of stromatolite have been found in Western Australia and South Africa. The oldest ones date back nearly 3.5 billion years. At that time, the Earth was a very hostile environment. The planet's atmosphere contained very little oxygen and was composed mostly of ammonia, methane, and other gases toxic to present day life. Cyanobacteria played a revolutionary role in the history of the Earth because they developed a primitive form of photosynthesis. They were able to get their food by combining carbon dioxide and water and releasing oxygen as a byproduct. After one and a half billion years of photosynthesis by cyanobacteria, the Earth's atmosphere was transformed into what it is today— approximately 70% nitrogen, 20% oxygen and the remainder composed of tiny amounts of other gases. After being the dominant form of life on the planet for over 2 billion years, cyanobacteria began to diminish because the oxygen in the atmosphere was poisonous to them. But the abundance of oxygen laid the foundation for the evolution of all other life on the planet. Let's look at some images of cyanobacteria as captured by an electron microscope. And then I'd like to talk about the development of the symbiotic relationship between cyanobacteria and plants.

오늘 강의에서 우리는 지구 상의 가장 초기 생명체이자 시아노박테리아라고 불리는 박테리아군과 지구의 생태계 형성에 그들이 한 역할을 살펴보도록 하겠습니다. 우리는 스트로마톨라이트라 불리는 군집 구조의 화석 잔해 때문에 시아노 박테리아에 대한 정보를 얻게 됩니다. 스트로마톨라이트는 본래 층으로 되어 있는 퇴적물로, 유기물의 암석과 같은 형성체입니다. 스트로마톨라이트는 시아노박테리아의 활동에 의해 형성되는데, 이것은 자신의 끈적거리는 세포막으로 퇴적물을 감쌉니다. 그리고 나서 그 미생물은 퇴적물의 층에서 이동해 나오며, 퇴적물을 감싸는 과정은 또 다시 시작되는 것이죠. 스트로마톨라이트 화석은 서부 오스트레일리아와 남아프리카에서 발견되어 왔습니다. 가장 오래된 것은 거의 35억년 전으로 거슬러 올라갑니다. 그 당시 지구는 매우 적대적인 환경이었습니다. 지구의 대기는 매우 희박한 산소를 지니고 있었으며 주로 암모니아, 메탄 그리고 오늘날의 생명체에게 유해한 또 다른 가스들로 이루어져 있었습니다. 시아노박테리아는 지구의 역사에서 매우 혁명적인 역할을 수행했는데, 이것은 그들이 광합성의 원시 형태를 발달시켰기 때문입니다. 그들은 이산화탄소와 물을 결합시키고 산소를 부산물로 방출함으로써 스스로의 양분을 얻었죠. 시아노박테리아가 대략 15억년간 광합성을 한 이후, 지구의 대기는 오늘날과 같은 상태로 바뀌었습니다. 이는 대략 70%의 질소와 20%의 산소, 그리고 소량의 다른 기체들로 구성된 잔류 기체들입니다. 20억년이 넘도록 지구상의 주된 생명체 형태로 존재했던 시아노박테리아는 대기에 있는 산소가 그들에게 유해했기 때문에 감소하기 시작했습니다. 하지만 풍부한 산소는 지구상의 다른 모든 생명체들의 진화를 위한 기반을 닦았습니다. 전자 현미경에 의해 포착된 시아노박테리아의 이미지를 살펴보도록 합시다. 그리고 나서 시아노박테리아와 식물들의 공생 관계에 대해 이야기하도록 하죠.

15. 교수는 주로 무엇에 관해 이야기하는가?
A. 진화에 있어서의 혁명적 변화
B. 미생물이 어떻게 살기에 좋은 대기를 생성했는가
C. 시아노박테리아의 생물학적 기원
D. 서부 오스트레일리아와 남아프리카의 화석 기록

해설 강의의 첫 부분인 "we are going to take a look at the earliest ~ shaping the ecology of the planet." 에서 강의의 주된 내용이 시아노박테리아와 그것이 지구생태계 형성에 대해 한 역할임을 알 수 있는데, 강의 전체에서 그 역할이 산소의 생성이라고 말하고 있습니다.

16. 강의에 따르면 지구상에 처음 생명체가 나타난 것은 언제인가?
A. 35억년 전
B. 25억년 전
C. 20억년 전
D. 15억년 전

해설 교수는 첫 부분에서 시아노박테리아가 가장 초기 형태의 생명체라고 언급하면서 그것의 화석 중 가장 오래된 것이 35억년 전으로 거슬러올라간다고 말하고 있으므로 지구상에 처음 생명체가 나타난 것이 35억년 전이라는 것을 알 수 있습니다.

17. 교수에 의하면 시아노박테리아는 지구 생태계 발달에서 어떤 역할을 수행했는가?
A. 그들은 진보된 형태의 광합성을 발달시켰다.
B. 그들은 대기에 있는 암모니아와 메탄 가스를 소비했다.
C. 그들은 더 초기 생명체를 누르고 주된 생명체가 되었다.
D. 그들은 광합성의 부산물로 산소를 방출했다.

해설 시아노박테리아가 생태계 발달에 있어서 한 역할은 생명체가 살기 좋은 대기를 만든 것인데, "After one and a half billion years of photosynthesis ~ what it is today." 에서 이 역할이 광합성의 결과인 산소 방출을 통해 이루어졌음을 알 수 있습니다.

18. 강의에 따르면 다음 기체들 중 3.5억년 전에 지배적이었던 기체는 무엇인가? 두 가지 답을 골라라.
A. 산소
B. 메탄
C. 암모니아
D. 질소

해설 "The planet's atmosphere contained ~ mostly of ammonia, methane, and other gases…" 에서 35억년 전에 대기 중에 주로 존재한 기체가 암모니아와 메탄임을 알 수 있습니다.

19. 학생들이 다음에 할 것으로 가장 알맞은 것은?
A. 슬라이드를 본다
B. 잠깐 쉰다
C. 실험을 준비한다
D. 식물과 시아노박테리아에 대해 배운다

해설 강의의 끝부분 "Let's look at some images of cyanobacteria as captured by an electron microscope." 에서 학생들은 다음에 시아노박테리아의 이미지를 담은 슬라이드를 볼 것임을 알 수 있습니다.

Progressive Test 3

P. 236

01 A 02 C 03 C 04 B 05 B
06 B 07 C 08 D 09 B 10 B
11 A 12 C 13 B 14 D 15 A
16 A 17 B 18 A 19 D 20 B

01 M: I'm going to sign up for Professor Johnson's class this semester.

W: You mean you're planning to take history?

M: No, I'm talking about the one who teaches psychology.

M: 나 이번 학기에 Johnson 교수님 수업 신청할 거야.

W: 너 역사 수업들을 거란 말이니?

M: 아니 난 심리학 가르치는 교수님을 말하고 있는 거야.

1. 이 대화에서 무엇을 추론할 수 있나?

A. 같은 이름을 가진 교수님이 두분 계신다.

B. 여자는 남자와 같은 수업을 듣는다.

C. 남자는 역사 수업 듣는 것에 흥미가 없다.

D. 학교에는 강사가 많지 않다.

해설 남자가 말하는 Johnson 교수님은 심리학을, 여자가 말하는 Johnson 교수님은 역사를 가르치므로, 같은 이름을 가진 교수님이 두분 계시다는 것을 추론할 수 있습니다.

02 M: I'm planning on seeing a concert tonight downtown. Want to come with me?

W: Definitely. It feels like I've been living in the library lately.

M: 나 오늘 밤 시내에 콘서트 보러 갈 계획이야. 나랑 같이 갈래?

W: 물론. 나 요즘 도서관에서 사는 것 같은 느낌이야.

2. 여자는 무엇을 의미하는가?

A. 그녀는 도서관에서 늦게까지 있어야 한다.

B. 그녀는 필요한 책을 찾을 수가 없다.

C. 그녀는 공부를 너무 많이 했다.

D. 도서관은 지금 막 문을 닫으려고 한다.

해설 여자가 도서관에서 사는 것 같다는 것은 도서관에서 보낸 시간이 많았다는 것이고, 그 말은 곧 공부를 너무 많

이 했다는 것을 의미합니다.

03 M: Where are you headed to?

W: I'm going to the computer lab again. I wish I could afford a computer right now. The lines are always so long.

M: You should move into my sister's dorm. All the rooms come with computers.

W: Didn't your sister say that she needed a roommate?

M: 너 어디 가니?

W: 다시 컴퓨터실로 가는 길이야. 지금 당장 컴퓨터 하나 살 여유가 있었으면 좋겠다. 줄이 항상 너무 길어.

M: 너 내 여동생 기숙사로 이사 가야겠다. 모든 방에 컴퓨터가 갖추어져 있어.

W: 네 여동생이 룸메이트가 필요하다고 말하지 않았니?

3. 여자는 무엇을 암시하는가?

A. 그녀는 컴퓨터실에서 돌아오는 길이다.

B. 그녀의 방에는 컴퓨터가 갖추어져 있다.

C. 그녀는 남자의 여동생과 같이 살기를 원한다.

D. 그녀는 컴퓨터를 곧 살 것이다.

해설 남자의 여동생이 사는 기숙사에는 방마다 컴퓨터가 있다는 말을 듣고, 여자는 남자에게 여동생이 룸메이트를 필요로 하지 않냐고 묻습니다. 그 말은 자신이 남자의 여동생과 룸메이트가 되기를 원한다는 것을 암시합니다.

04 W: How do you like being at a new school? You just transferred here, right?

M: Yeah. I just got here a week ago and I like it a lot. I used to drive to school, but now I can take a bus, so I don't have to worry about parking.

W: 새 학교 어때? 넌 얼마 전에 이 곳으로 편입했잖아, 그렇지?

M: 응. 일주일 전에 이 학교에 왔는데 무척 좋아. 학교에 차를 몰고 오곤 했었는데 지금은 버스를 탈 수 있어서 주차 걱정은 안 해도 돼.

4. 이 대화에서 무엇을 추론할 수 있는가?

A. 학교에 주차공간이 많다.

B. 남자는 버스 타는 것을 더 좋아한다.

C. 학교는 새로 생겼다.

정답·Script·해석·해설

D. 남자는 그의 이전 학교를 좋아하지 않았다.

해설 남자는 새 학교가 좋다고 말하며 버스를 탈 수 있어서 좋다고 한 것으로 보아, 남자는 버스 타는 것을 더 선호한 다는 것을 추론할 수 있습니다.

05 W: Who is getting your vote for class president? Peter or Rhonda?

M: Rhonda is my lab partner. But Peter is also a good friend of mine from high school. I probably won't choose until the last minute.

W: 학급 대표 선거에서 누구에게 투표할 거니? Peter? 아니면 Rhonda?

M: Rhonda는 내 실험 파트너야. 그런데 Peter는 내 친한 고등학교 친구지. 나는 아마 마지막까지 선택을 못할 것 같다.

5. 남자는 무엇을 의미하는가?
A. 그는 투표할 시간이 없을 것이다.
B. 그는 누구에게 투표할지 결정하지 못했다.
C. 그는 두 후보 중 어느 쪽도 좋아하지 않는다.
D. 그는 Peter와 더 친하다.

해설 남자는 두 후보와 다 친하기 때문에 마지막까지 선택할 수 없다고 합니다. 그 말은 누구에게 투표할지 결정하지 못했다는 것을 의미합니다.

06 M: What are you doing here at the bookstore? Didn't you already buy all the books you need for this semester?

W: I switched a class, so I need a different book.

M: What are you doing with the books you already bought? They usually don't give cash refunds for textbooks.

M: 서점에서 뭐하고 있니? 이번 학기에 필요한 책을 모두 구입한 것 아니었어?

W: 한 수업을 바꿨거든. 그래서 다른 책이 필요해.

M: 이미 산 책들은 어떻게 할 거야? 서점에서는 대개 책을 현금으로 환불해주지 않거든.

6. 남자는 무엇을 가정하는가?
A. 여자는 돈을 돌려받을 것이다.
B. 여자는 돈을 돌려받지 못했다.
C. 여자는 책을 살 만한 충분한 돈이 없다.

D. 여자는 이미 학업을 끝냈다.

해설 서점에서 환불을 해주지 않는데 구입한 책을 어떻게 할 거냐는 말에서, 남자는 여자가 아직 돈을 환불 받지 않았다는 것을 가정하고 있음을 알 수 있습니다.

07 M: I wish airplane tickets weren't so expensive. I really wanted to spend New Year's Eve with my family.

W: Then what about going with me to my parent's home in New York? It'll be lots of fun.

M: If you're sure they won't mind.

M: 비행기 표가 너무 비싸지 않았더라면 좋았을 텐데. 나는 정말 새해 전날을 가족과 보내고 싶었거든.

W: 그럼 나와 뉴욕에 있는 우리 부모님 집에 가는 게 어때? 재미있을 거야.

M: 그 분들이 싫어하시지만 않는다면.

7. 남자는 새해 전날에 아마도 무엇을 할 것인가?
A. 학교에 머문다.
B. 가족과 여행한다.
C. 친구의 가족과 보낸다.
D. 집에 간다.

해설 여자의 부모님 집에 가자는 제안에 대해 남자가 긍정적인 반응을 보였으므로, 남자는 새해 전날을 여자의 가족과 함께 보낼 것임을 예측할 수 있습니다.

08 W: I hate taking the bus home. It never seems to be on schedule.

M: If you want, I can give you a ride home. But, you'll have to wait a few hours.

W: No, I can't wait that long. I have to prepare for a presentation tomorrow.

M: Maybe you should find Tony. He's already done with classes for today.

W: 나는 집에 버스 타고 가는 게 너무 싫어. 버스는 결코 제시간에 오는 법이 없는 것 같아.

M: 네가 원한다면 집에 태워다 줄게. 그런데 몇 시간 기다려야 할 거야.

W: 아니, 그렇게 오래 기다릴 수는 없어. 내일 발표를 준비해야 하거든.

M: Tony 한번 찾아봐. 오늘 수업 다 끝났을 거야.

8. 남자는 무엇을 암시하는가?
A. 그는 발표 준비를 해야 한다.
B. 그는 그를 집에 데려다 줄 차가 필요하다.
C. Tony도 집에 버스를 타고 간다.
D. Tony는 여자를 집에 데려다 줄 수 있다.

해설 여자는 버스를 타기 싫어하지만, 남자의 차를 기다릴 시간도 없다고 합니다. 그러자, 남자는 Tony에게 찾아가 보라고 합니다. 그 말은 Tony가 여자를 집에 태워 줄 수 있을 것임을 암시합니다.

09 M: I need to refer to some reference books in order to write a biology report.
W: In that case, you should probably start with the encyclopedia. They are located on the second floor. You should go up there and ask for them at the reference desk.

M: 생물 리포트를 쓰는데 참고서적을 좀 봐야 할 것 같아요.
W: 그렇다면, 백과사전을 먼저 보도록 하세요. 그건 2층에 있어요. 올라가서 문의처에 알아보세요.

9. 여자는 남자에게 무엇을 하라고 제안하는가?
A. 즉시 리포트 쓰기를 시작해라.
B. 2층으로 올라 가라.
C. 백과 사전을 대출해라.
D. 구체적인 주제를 선택해라.

해설 여자는 백과사전을 보기 위해 2층으로 가라고 제안하고 있습니다. 백과 사전은 참고 서적이므로 대출할 수 없기 때문에 C는 오답이 됩니다.

10 W: I'm sorry that I couldn't make it to yesterday's meeting.
M: Well, why didn't you bother to call?

W: 어제 모임에 참석 못해서 미안해.
M: 음, 왜 전화조차 하지 않았니?

10. 이 대화에서 무엇을 추론할 수 있는가?
A. 모임은 여자 때문에 취소되었다.
B. 남자는 여자 때문에 화가 났다.
C. 여자는 다음 모임에 갈 것이다.
D. 어제 모임은 아주 중요했다.

해설 왜 전화조차 하지 못했냐는 남자의 어조에서, 남자가 여자에게 화가 났음을 알 수 있습니다.

[11-12]

M: Let's have lunch. I think we've studied long enough.
W: Okay. The cafeteria in the dorm is serving spaghetti for lunch today. Does that sound good to you?
M: No, I don't like spaghetti. How about going to the cafeteria at the other dorm? I heard they have more variety on their menu as well as a fresh salad bar.
W: That sounds good. But what should we do with our bags?
M: We can store them in my locker.
W: Perfect. Now we can go for lunch.

M: 점심 먹자. 우린 충분히 오래 공부했다고 생각해.
W: 좋아. 오늘 기숙사 식당의 점심으로 스파게티가 나와. 좋은 것 같니?
M: 아니. 나 스파게티 좋아하지 않아. 다른 기숙사 식당에 가는 게 어때? 신선한 샐러드 바가 있을 뿐만 아니라 식단도 더 다양하다고 들었어.
W: 좋아. 그런데 우리 가방은 어떻게 하지?
M: 내 사물함에 보관해 두자.
W: 좋아. 이제 점심 먹으러 가면 되겠다.

11. 남자는 다른 기숙사 식당에 대해서 무엇이라고 말하는 가?
A. 그곳은 점심때 더 나은 식단을 제공한다.
B. 그곳은 그들의 기숙사와 같다.
C. 음식이 더 신선하다.
D. 그곳의 식사가 더 비싸다.

해설 남자는 다른 기숙사 식당의 식단이 더 다양하다고 말합니다. 신선한 샐러드를 제공한다는 것이 그 곳의 음식이 모두 더 신선하다는 의미로 볼 수는 없습니다.

12. 그들은 가방을 어떻게 할 것인가?
A. 상점에 둔다.
B. 점심 먹을 때 가져간다.
C. 사물함에 둔다.
D. 남자의 기숙사 방에 보관해 둔다.

해설 남자가 자신의 사물함에 가방을 두자고 하고, 여자도 동의하므로, 그들은 가방을 사물함에 둘 것이라고 예측할 수 있습니다.

[13~15]

W: I think I found a job that is perfectly suited to you.
M: What is it?
W: It's a job at the media center. It requires you to drop off and pick up media equipment. But, you have to work in the afternoons.
M: That's fine, actually. I have all my classes in the morning, so it should work out great. Where will I be working?
W: You don't have a fixed place. You will probably have to cover facilities around the whole campus. I'm not sure about school meeting sites that are off-campus.
M: Do you know how much the work pays?
W: I don't know. You'll have to get that information from the campus employment center. That's also the place where you pick up your paycheck.

W: 내가 너에게 꼭 맞는 직업을 찾은 것 같아.
M: 그게 뭐야?
W: 미디어 센터에서 하는 일이야. 미디어 장비를 들고 내리는 일이거든. 그런데 오후에 일해야만 해.
M: 괜찮아. 사실 수업이 모두 오전에 있어서 잘 된 셈이야. 어디서 일하게 되는 거니?
W: 정해진 장소는 없어. 아마 캠퍼스 전체의 시설을 다 책임져야 할 거야. 캠퍼스 밖의 학교 모임 장소에 대해서는 잘 모르겠다.
M: 그 일의 보수는 얼마나 되는지 아니?
W: 모르겠어. 캠퍼스 고용 센터에서 그 정보를 찾아봐야 할 거야. 그 곳이 급료를 받을 수 있는 장소이기도 하니까.

13. 화자들은 주로 무엇에 대해 이야기 하고 있는가?
A. 교내 미디어 시설
B. 교내의 일자리
C. 남자의 수업 스케줄
D. 남자의 현재 직업

해설 대화는 여자가 남자에게 학교에서 제공하는 일자리를 소개해주는 내용을 주로 하여 이루어지고 있습니다.

14. 남자는 어떤 종류의 일을 할 것인가
A. 전체 캠퍼스 조사
B. 캠퍼스 고용 센터에서 정보 제공
C. 교외에서 있는 모임 계획
D. 장비 배달 및 수거

해설 여자는 남자가 할 일이 주로 미디어 장비를 들고 내리는 일이라고 말하고 있습니다.

15. 남자는 그의 급료를 어디에서 받는가?
A. 캠퍼스 고용 센터에서
B. 미디어 센터에서
C. 교외의 모임 장소에서
D. 캠퍼스 주위의 다른 시설에서

해설 여자의 마지막 말에서 캠퍼스 고용 센터에서 정보 뿐만 아니라 급료를 받게 될 것이라고 말하고 있습니다.

[16~20]

Today, I'd like to talk about the development of the writing system of the Cherokee language. The people of the Cherokee Nation, who originally inhabited the regions of present-day Eastern Tennessee and North Carolina, did not possess a system of writing for their language until its development in the early 1800's by a Cherokee named Sequoyah. Based on his observations of the white man's use of written English, Sequoyah believed that a written language was essential to the continued development of the Cherokee Nation. His experiences as an American soldier in the War of 1812 further reinforced his belief in the need for Cherokee literacy. Sequoyah and the other Cherokee soldiers could not write letters home, read military orders or record events of the war. Although Sequoyah lacked a formal education and was illiterate, he began working intensely on a writing system after he returned home from war. At first, Sequoyah considered a pictographic writing system where each concept is represented by a different ideograph. But he realized that would be unmanageable because it would require thousands of symbols. Sequoyah then worked on a phonetic writing system in which each syllable is represented by a symbol. Eventually, he determined that the Cherokee language was composed of 86 vowel and consonant sound combinations. Sequoyah invented the syllabary for the Cherokee language by creating a symbol for each of these sound combinations. In 1821, Sequoyah demonstrated the syllabary to the tribal leaders and it was immediately adopted as the official written language. Within a short time, many Cherokees had learned to read and write. By 1825 much of the Bible and numerous hymns had been translated into Cherokee. By 1828 the first national newspaper, the "Cherokee Phoenix", was being published. Sequoyah's invention of the syllabary is the only time in history that an individual has created a totally new writing system. Now, please refer to today's class handouts. I'll be playing a recording of the syllabary printed on your handout.

오늘은 Cherokee 언어의 문자 체계 발달에 대해서 이야기하겠어요. 오늘날의 Eastern Tennessee와 North Carolina 지역에 처음으로 거주했던 Cherokee 부족 사람들은 1800년대 초 Sequoyah라는 이름의 Cherokee 사람에 의해 개발되기 전까지는 문자 체계를 가지고 있지 않았습니다. 백인의 문자 영어 사용에 대한 그의 관찰에 근거해서, Sequoyah는 문자언어가 Cherokee 부족의 지속적인 발전에 필수적이라고 믿었습니다. 1812년 전쟁에서의 미군으로서의 경험은 Cherokee인들의 읽고 쓰는 능력의 필요성에 대한 그의 믿음을 더욱 확고하게 했습니다. Sequoyah와 다른 Cherokee 군인들은 집으로 편지를 쓸 수 없었고, 군사 명령을 읽을 수도, 전쟁에서 있었던 사건을 기록할 수도 없었습니다. 비록 Sequoyah는 정규 교육을 받지 못했고 문맹이었지만, 전쟁을 마치고 집으로 돌아온 후 그는 집중적으로 문자 체계에 대한 작업을 시작했죠. 처음에 Sequoyah는 각각의 개념들이 서로 다른 하나의 표의문자에 의해 나타나는 상형문자 체계를 생각했죠. 그러나 그는 그것이 수천 개의 기호를 필요로 하기 때문에 관리가 힘들 것이라는 것을 깨달았습니다. 그래서 Sequoyah는 각각의 음절이 하나의 기호에 의해 나타나는 음성 문자 체계를 연구했어요. 결국, 그는 Cherokee 어가 86개의 모음과 자음의 조합으로 구성된다고 결정했습니다. Sequoyah는 각 음들의 조합에 대한 기호를 만듦으로써 Cherokee 어의 음절표를 발명한 것이지요. 1821년 Sequoyah는 부족장에게 그 음절표를 선보였고, 그것은 즉시 공식 문자 언어로 채택되었습니다. 단시간 내에 많은 Cherokee인들은 읽고 쓰는

법을 배웠죠. 1825년쯤에는 성경과 수많은 찬송가들이 Cherokee어로 번역 되었습니다. 1828년에는 최초의 전국적인 신문 "Cherokee Phoenix" 가 발간되었습니다. Sequoyah의 음절표 발명은 한 개인이 완전히 새로운 문자 체계를 만들어 낸 역사상 유일한 때였어요. 그럼, 오늘 수업의 유인물을 참고하세요. 나는 여러분의 유인물에 인쇄된 음절표가 녹음된 것을 들려드리도록 하겠습니다.

16. 이 강의는 주로 무엇에 관한 것인가?
A. Cherokee 음절표의 발달
B. Cherokee 언어의 역사
C. 음성 문자 체계의 기원
D. Sequoyah의 군사적 업적

해설 강의 첫 부분에서 교수는 Cherokee어의 문자 체계 발달에 관해 이야기하겠다고 밝힌 후, 그 중 Sequoyah라는 사람이 음절표를 만들게 된 과정과 결과들을 설명하고 있습니다. 그러므로, 이 강의의 주제는 Cherokee 음절표의 발달로 요약될 수 있습니다.

17. 교수에 따르면, 음절표 개발의 결과는 무엇인가?
A. Cherokee 언어가 영어로 번역될 수 있었다.
B. 최초의 전국 신문이 만들어졌다.
C. Cherokee 사람들이 전쟁에서 더욱 잘 싸우게 되었다.
D. Cherokee 문학이 꽃피기 시작했다.

해설 강의의 끝 부분에서 교수는 음절표가 만들어 진 후에 일어난 일을 몇 가지 말하고 있습니다. 최초의 전국 신문이 만들어 졌다는 것도 그 결과들 중의 하나입니다.

18. 어떤 경험이 Sequoyah로 하여금 문자 체계를 개발하게 했나?
A. 그는 미국 군인으로 복무했다.
B. 그는 어릴 때부터 영어를 읽고 쓰는 법을 배웠다.
C. 그는 성경을 Cherokee 언어로 번역해야 했다.
D. 그는 부족장에게 읽는 법을 가르쳐달라고 부탁 받았다.

해설 "His experiences as an American soldier ~ need for Cherokee literacy." 에서 Sequoyah가 미국 군인으로 복무한 것이 문자 체계를 만드는 데 큰 동기가 되었다고 말하고 있습니다.

19. Cherokee언어의 상형문자 체계 개발에 주된 문제는 무엇이었나?
A. 표의 문자를 만드는데 너무 오래 걸렸다.

B. 그것은 소리를 정확히 나타내지 못했다.
C. 부족 대표들이 그것을 인정하지 않았다.
D. 그것은 너무 많은 기호의 사용을 필요로 했다.

해설 "At first, Sequoyah ~ require thousands of symbols."에서 상형문자로 모든 개념을 표시할 경우 너무 많은 기호를 필요로 한다는 문제점이 있었다고 말하고 있습니다.

20. 이 수업에서 다음에 할 일은 무엇인가?
A. 음절표 기호의 슬라이드를 본다.
B. 음절표 소리 테잎을 듣는다.
C. Cherokee 문학의 단편 작품 하나를 읽는다.
D. Cherokee 음절표의 장점에 대해 토론한다.

해설 교수가 마지막 부분에서 음절표를 녹음한 테잎을 재생하겠다고 했으므로, 학생들은 음절표 소리 테잎을 들을 것으로 예측할 수 있습니다.

Progressive Test 4
P. 242

```
01 C  02 B  03 C  04 D  05 A  06 D  07 C
08 B  09 D  10 B  11 B  12 C  13 B  14 D
15 D  16 C  17 Monteverdi-B, Vivaldi-C,
Beethoven-A  18 C  19 A
```

01 W: My roommate really makes a lot of noise. She even invites her friends over during the week to have parties.
M: Then why don't you ask for a new roommate who is a graduate student? My roommate is a grad student and she seems to do nothing but study.
W: I'll go to the housing office first thing tomorrow morning.

W: 내 룸메이트는 정말 시끄러워. 그녀는 심지어 주중에도 친구들을 초대해서 파티를 열어.

M: 그러면 대학원생 새 룸메이트를 부탁해 보는 것은 어때? 내 룸메이트는 대학원생인데 공부 밖에 하지 않는 것 같아.
W: 나 내일 아침 가장 먼저 주거 사무소에 가봐야겠어.

1. 여자는 무엇을 암시하는가?
A. 그녀는 룸메이트에게 공부를 좀 더 하라고 부탁할 계획이다.
B. 그녀는 남자를 파티에 초대할 것이다.
C. 그녀는 새 룸메이트를 얻기 위해 알아볼 것이다.
D. 그녀는 대학원을 생각하고 있다.

해설 대학원생 룸메이트를 구해보라는 남자의 제안에 여자가 내일 주거 사무소에 간다고 대답하므로 여자는 새 룸메이트를 알아보겠다는 것을 암시하고 있습니다.

02 W: The power went out last night because of the thunderstorm. Luckily my alarm clock is battery powered, so I was able to get up in time for our class this morning. Where were you?
M: My clock doesn't run on batteries, so it didn't go off this morning.

W: 뇌우 때문에 어젯밤 전기가 나갔어. 다행스럽게도 내 자명종은 배터리 동력이라 오늘 아침 수업을 위해서 제 시간에 일어날 수 있었어. 넌 어디 있었니?
M: 내 시계는 배터리로 작동하는 게 아니라서 오늘 아침에 울리지 않았어.

2. 이 대화에서 무엇을 추론할 수 있는가?
A. 남자는 그의 자명종을 맞춰 놓지 않았다.
B. 남자는 그의 아침 수업을 놓쳤다.
C. 남자의 시계도 배터리 동력이다.
D. 남자는 지난 밤 정전을 겪지 않았다.

해설 여자는 자명종 시계가 배터리 동력이라 아침에 올 수 있었는데, 남자는 자명종이 울리지 않았다고 말하므로 남자가 아침 수업을 놓쳤음을 추론할 수 있습니다.

03 M: Does Professor Brown allow her students to take make-up exams? I wasn't able to take one of her midterms.
W: I hope you have a good explanation. She doesn't bend the rules very often.

M: Brown 교수님이 학생들에게 재시험 보는 것을 허락하

시니? 교수님이 출제한 중간고사 중 하나를 치지 못했
는데.

W: 네가 교수님께 잘 설명 드릴 수 있기를 바래. 그녀는 그
렇게 자주 규칙을 바꾸지 않으시거든.

3. 여자는 무엇을 의미하는가?
A. 교수는 남자에게 시험을 보도록 허락할 것이다.
B. 여자가 남자를 위해 교수에게 이야기 해볼 것이다.
C. 교수는 좀처럼 재시험을 보게 해 주지 않는다.
D. 남자는 시험을 보지 못한데 대한 합당한 이유가 있다.

해설 "bend the rule" 이란 "원칙, 규칙을 변경하다" 라는 뜻
으로, 여자는 교수가 좀처럼 원칙에서 벗어나는 재시험을
허용해주지 않는다는 것을 의미하고 있습니다.

04 W: Let's go see that new horror movie together. I
heard that it's very scary and fun to watch.
M: I don't know. I'd prefer to see a comedy if
anything at all, but I'm under a lot of pressure
now because of finals.

W: 같이 새 공포 영화 보러 가자. 그 영화를 보면 아주 무
섭고 재미있다고 들었어.

M: 모르겠어. 만약 보더라도 코믹한 영화가 더 좋긴한데,
지금은 기말 고사 때문에 스트레스를 너무 많이 받고
있어.

4. 남자는 왜 영화를 보러 갈 수 없는가?
A. 남자는 공포 영화 보는 것을 무서워한다.
B. 남자는 코믹한 영화만 본다.
C. 남자는 여자와 함께 가고 싶지 않다.
D. 남자는 영화를 보러 갈 시간이 없다.

해설 남자는 기말 시험 때문에 스트레스를 많이 받고 있다
고 말하므로, 기말 시험 준비 때문에 시간이 없어서 여자의
제안을 거절함을 알 수 있습니다.

05 W: Do you know how to get to the gym?
M: Just go straight down this road and take a right
at the second corner.
W: I'm sorry, but I'm new here. I'm not sure what
you are talking about.
M: Well, I'm headed in that direction. I'll point out the
building to you when we get to the corner.

W: 체육관은 어떻게 가는지 아세요?

M: 이 길을 따라 쭉 가서 두 번째 모퉁이에서 오른쪽으로
돌아가세요.
W: 미안하지만 저 여기 처음이거든요. 무슨 말씀이신지 잘
모르겠네요.
M: 음. 제가 그 방향으로 가거든요. 우리가 모퉁이에 도착
하면 제가 건물을 가리켜드릴게요.

5. 남자는 무엇을 할 것인가?
A. 그는 체육관이 어딘지 여자에게 가리켜줄 것이다.
B. 그는 다른 사람에게 여자를 도와주도록 할 것이다.
C. 그는 여자가 가야 할 방향을 말해줄 것이다.
D. 그는 여자를 체육관에 데려다 줄 것이다.

해설 남자는 여자를 위해 모퉁이를 돌아 건물이 어디 있는
지를 지적해주겠다고 말하므로, 직접 건물의 위치를 가리
켜 줄 것임을 예측할 수 있습니다.

06 W: I completely overslept this morning and was late
for class.
M: You're lucky that you got a good night's sleep. I
couldn't sleep a wink last night because it was so
hot.
W: I have an air conditioner in my room, so the heat
didn't bother me.
M: That must be nice. My room didn't even come
with a fan.

W: 나 오늘 아침에 완전히 늦잠을 자서 수업에 늦었어.
M: 밤에 잘 잤다니 다행이구나. 난 어제 밤에 너무 더워서
한숨도 못 잤어.
W: 내방에는 에어컨이 있어서 더위가 나를 괴롭히진 않았
어.
M: 정말 좋겠다. 내 방은 선풍기조차 갖춰져 있지 않아.

6. 이 대화에서 무엇을 추론할 수 있는가?
A. 여자는 방이 더워도 잘 수 있다.
B. 여자의 방에는 선풍기가 있다.
C. 남자의 에어컨은 고장 났다.
D. 남자의 방에는 에어컨이 없다.

해설 남자는 여자의 방에 에어컨이 있다고 하자 부러워하
며 자신의 방에는 선풍기조차 없다고 말하므로, 남자의 방
에는 에어컨이 없음을 추론할 수 있습니다.

07 M: I haven't seen you in ages. What have you been
up to?

W: I'm taking two summer classes and working a part-time job, so I don't really have any free time.

M: Don't you think you've taken on too much? If I were you, I'd only focus on school right now.

M: 널 정말 오랫동안 못 봤어. 어떻게 지냈어?

W: 난 여름 계절 학기 수업을 두 개 들으면서 시간제 일을 하고 있어. 그래서 정말 여유로운 시간이 없어.

M: 네가 너무 많은 것을 하고 있다고 생각하지 않니? 내가 너라면 지금은 학업에만 집중하겠다.

7. 남자는 무엇을 암시하는가?
A. 여자는 여름 학기 수업을 듣지 말아야 한다.
B. 그는 이번 여름에 너무 많은 일을 한다.
C. 여자는 일을 그만 두어야 한다.
D. 여자는 쉴 필요가 있다.

해설 남자는 여자가 너무 여러 가지 일을 떠맡고 있다며 자신이라면 학업에만 초점을 두겠다고 말하므로, 남자가 암시하는 바는 여자가 일을 그만두어야 한다는 것입니다.

08 W: Do I have to bring some food or something to your party? It's just that I'm not supposed to cook in the dorm.

M: Everyone else is bringing a dish, so there should be more than enough food.

W: 내가 네 파티에 음식이나 뭐 다른 거 가져가야 하니? 내가 기숙사에서 요리를 할 수 없게 되어 있어서 그래.

M: 다른 사람들이 음식을 하나씩 가져오니까 음식은 충분할 거야.

8. 남자는 무엇을 암시하는가?
A. 여자가 다른 누군가에게 이야기해봐야 한다.
B. 여자는 아무것도 가져오지 않아도 된다.
C. 모두에게 충분할 만큼의 음식이 없을 것이다.
D. 그렇게 많은 사람이 파티에 오지는 않을 것이다.

해설 남자는 모두가 음식을 가져오기 때문에 음식이 충분할 거라고 말하므로, 여자에게 음식을 가져오지 않아도 된다는 것을 암시하고 있습니다.

09 W: Can you lend me your sleeping bag? Mine is too thin. It won't be warm enough for this cold weather.

M: I'm getting it cleaned right now. I'm pretty sure

Steve has an extra one though.

W: I'd better go find him.

W: 네 침낭 좀 빌려줄 수 있어? 내 것은 너무 얇아. 그것은 이렇게 추운 날씨에는 충분히 따뜻하지 않을 거야.

M: 나 지금 그걸 세탁하는 중이야. 하지만 Steve가 여분의 것이 하나 있을 거야.

W: 그를 찾아 보는 게 좋겠다.

9. 여자는 다음에 무엇을 할 것인가?
A. 그녀는 자기의 침낭을 쓸 것이다.
B. 그녀는 세탁소에서 그의 가방을 가져올 것이다.
C. 그녀는 다음에 Steve에게 남자의 침낭을 줄 것이다.
D. 그녀는 Steve에게 침낭을 빌려달라고 부탁할 것이다.

해설 남자가 자신은 침낭을 빌려줄 수 없지만 Steve가 가지고 있을 거라고 하자 여자가 그를 찾아보겠다고 하므로 여자는 Steve에게서 침낭을 빌릴 것임을 알 수 있습니다.

10 W: I guess you've heard about the library's new policy on limited borrowing.

M: Yes, I have. But, I don't mind. I mean, who would ever need to borrow more than 10 books at a time?

W: Well, I'm a sociology major and I've never had a single paper that didn't require very extensive research.

W: 너도 도서관의 새로운 대출 제한 방침에 대해서 들었겠지.

M: 그래, 들었어. 하지만 상관없어. 내 말은, 누가 한 번에 10권 이상의 책을 빌리겠니?

W: 글쎄, 난 사회학 전공인데 아주 광범위한 조사를 요구하지 않은 리포트가 하나도 없었어.

10. 여자가 암시하는 것은?
A. 사회학 전공자들은 대출 제한에서 면제된다.
B. 그녀는 리포트를 쓰는데 보통 10권 이상의 책이 필요하다.
C. 다른 학생들은 사회학 전공자들 보다 더 많은 책을 읽는다.
D. 그녀는 수업에서 리포트를 하나만 쓰도록 요구된다.

해설 누가 10권 이상의 책을 빌리겠냐는 남자의 말에, 여자는 전공 과목 리포트를 쓸 때 늘 광범위한 조사를 해야 한다고 말하므로 자신이 10권 이상의 책을 빌려야 할 경우가 많다는 것을 암시하고 있습니다.

[11~12]

M: I have to go to the children's center twice a week for my sociology class. You know I don't like kids that much, so it's going to be hard putting up with them all the time.

W: I took that class last semester, and I had a lot of fun at the children's center. The kids are really cute and you can even learn a thing or two from them.

M: What can I possibly learn from them?

W: Well, children are really honest about their feelings. It made me take a look at my own behavior and it changed the way I deal with people.

M: I see.

W: Besides, you can write it on your resume when you're looking for a job and it might make a good impression on your interviewer.

M: Hmm··· you have a point. I guess this class won't be so bad after all.

M: 난 사회학 수업 때문에 일주일에 두 번 어린이 회관에 가야만 해. 내가 아이들을 그다지 좋아하지 않는다는 거, 너도 알잖아. 그래서 줄곧 아이들과의 시간을 견뎌내는 것이 힘겨울 것 같아.

W: 난 지난 학기에 그 수업을 들었는데, 어린이 회관에서 정말 재미있었어. 아이들이 정말 귀여운데다가 그들로부터 배울 수 있는 점도 몇 가지 있거든.

M: 그들에게서 배울 수 있는 게 뭐가 있을 수 있지?

W: 음, 아이들은 자신의 감정에 대해 정말 솔직해. 그건 내 행동을 돌아보게 하고, 내가 사람들을 대하는 방식을 변화시켰어.

M: 그렇구나.

W: 게다가, 네가 직업을 구할 때 넌 그걸 이력서에 쓸 수 있어. 그리고 그건 면접관에게 좋은 인상을 심어줄 거야.

M: 음, 일리가 있구나. 결과적으로 이 수업이 그렇게 나쁠 것 같지는 않아.

11. 남자는 왜 수업에 대해 불평을 했었나?
A. 그는 수업이 너무 어렵다고 생각한다.
B. 수업은 아이들과 함께 있는 것을 수반한다.
C. 수업에 너무 많은 시간이 든다.
D. 그는 사회학을 좋아하지 않는다.

해설 남자의 첫 대사 "You know I don't like kids that much, so it's going to be hard putting up with them all the time."에서 남자가 불평했던 이유는 아이들과 시간을 보내는 것이 수업의 일환이기 때문임을 알 수 있습니다.

12. 여자는 아이들에 대해 뭐라고 말하는가?
A. 그녀는 그들이 버릇없이 행동한다고 생각했다.
B. 그녀는 아이들을 그다지 좋아하지 않았다.
C. 그녀는 그들로부터 좀 더 솔직해지는 것을 배웠다.
D. 아이들은 대하기가 어렵다.

해설 여자의 대사 중 "Well, children are really honest ~ I deal with people."에서 여자는 아이들에게서 솔직해지는 법을 배웠다고 말하고 있습니다.

[13~14]

M: Let's go catch a movie tonight.

W: I don't think I can. I should finish my report for sociology class.

M: You weren't in class yesterday? The professor went to a seminar, so the due date for the report has been pushed back a few days.

W: Really? I didn't know that. That's a big relief. I thought I'd be up all night working on it. This gives me some time to work on my history presentation.

M: But you still have a week before you have to make that presentation. Just come with me. I promise I'll go to the library with you afterwards.

W: Well, okay, you talked me into it.

M: 오늘 밤에 영화 보러 가자.

W: 난 안되겠는데. 사회학 수업 리포트를 끝내야 돼.

M: 너 어제 수업에 없었어? 교수님이 세미나에 가셔서 리포트 제출 기일이 몇 일 뒤로 미뤄졌어.

W: 정말? 난 몰랐어. 정말 안심이다. 난 그걸 하느라고 밤을 꼬박 새야겠다고 생각했어. 그럼 역사 발표를 준비할 시간을 버는 거네.

M: 그렇지만 너 그 발표 하기 전까지 아직 일주일이나 남았잖아. 나랑 같이 가자. 나중에 너와 함께 도서관에 간다고 약속할게.

W: 음, 알았어. 내가 졌다.

13. 여자에 대해서 무엇을 추론할 수 있는가?

A. 그녀의 역사 수업 발표는 끝내는데 일주일 걸릴 것이다.
B. 그녀는 어제 수업에 가지 않았다.
C. 그녀는 마지막 순간에 일하기를 더 좋아한다.
D. 그녀는 도서관에 혼자 가는 것을 좋아하지 않는다.

해설 여자는 교수님이 세미나에 참석할 것이라는 사실을 모르고 있으므로, 어제 수업에 참석하지 않았다는 것을 유추할 수 있습니다.

14. 여자는 다음에 무엇을 할 것인가?
A. 사회학 리포트를 끝낸다.
B. 도서관에 간다.
C. 역사 발표를 준비한다.
D. 남자와 영화를 보러 간다.

해설 여자의 마지막 대사에 등장한 "talk a person into ~"라는 표현은 "누군가를 설득시켜 ~하게 하다" 라는 뜻이므로, 여자가 남자의 설득에 응하여 함께 영화를 보러 갈 것을 예측해볼 수 있습니다.

[15~19]

Most of you are familiar with classical music. But, how many of you are familiar with the history of the orchestra? Without the orchestra you would not be able to enjoy the beauty of classical music. Today, I'd like to look at the orchestra's early development. Its origins date back to the 17th century when small groups of musicians got together and played a variety of instruments. There was no standard of organization to these groups until Monteverdi, an Italian composer, established the opera genre. He wanted to make sure that instruments accompanied his opera singers. At that time the instruments were mostly comprised of viols. These were the predecessors of today's stringed instruments—such as violins, violas, cellos, etc. String orchestras became even more prominent when a number of Italian violinists-composers, such as Vivaldi and Torelli, established the concerto grosso and the solo string concerto around the end of the 17th century and the beginning of the 18th century. The orchestra continued to change during the next century when composers such as Haydn and Beethoven began writing tailored music for each specific instrument. The music written for orchestras, of course, followed a similar line of development to the organization of instruments. Early composers wrote relatively simple pieces that mostly emphasized the treble and bass lines. During the Classical period, beginning in the late 17th and early 18th century, the music became fuller and richer. Woodwind instruments were consolidated into a proper section and a pair of horns replaced the continuo, or bass line, filling out the texture of the sounds in an orchestra. This particular combination of instruments is now known as the classical orchestra. Now I'd like you to turn your attention to the overhead projector screen, so I can show you some of the arrangements of these early orchestras.

여러분 가운데 대부분은 클래식 음악과 친숙합니다. 그러나 여러분 중에 몇 명이 오케스트라의 역사와 친숙한가요? 오케스트라가 없다면 여러분들은 클래식 음악의 아름다움을 즐길 수가 없었을 겁니다. 오늘 나는 오케스트라의 초기 발달에 대해 살펴보겠어요. 그것의 기원은 소규모의 음악가들이 모여서 여러 악기를 함께 연주했던 17세기부터 시작됩니다. 이탈리아의 작곡가인 Monteverdi가 오페라 장르를 정착 시킬 때까지, 이들 그룹에 있어서 구성의 기준은 없었습니다. 그는 자신의 오페라 가수들의 노래가 악기에 의해 반주되기를 원했습니다. 그 시기에 대부분의 악기들은 비올로 구성되었어요. 이것들은 여러분도 알고 있는 바이올린, 비올라, 첼로와 같은 현대 현악기들의 전신이었습니다. 현악 합주는 이탈리아의 Vivaldi나 Torelli와 같은 수 많은 바이올리니스트 겸 작곡가들이 17세기 말과 18세기 초 무렵에 합주협주곡과 현악 솔로협주곡을 정착시켰을 때 두드러지게 되었습니다. 그 다음 세기 동안에도 오케스트라는 끊임없이 변화했는데, 이 때 Haydn이나 Beethoven과 같은 작곡가들이 특정 악기에 맞추어진 음악을 작곡하기 시작했습니다. 물론 오케스트라를 위해 쓰여진 음악은 악기들의 구성과 비슷한 발달의 과정을 따랐습니다. 초기 작곡가들은 주로 소프라노와 베이스 선을 강조한, 상대적으로 단순한 곡을 썼습니다. 17세기 말부터 18세기 초 사이에 시작된 클래식 기간 동안에 음악은 풍부해지고 풍요로워졌죠. 목관악기들은 적당한 부분으로 통합되었고 호른 한 쌍은 오케스트라에서 음질을 풍성하게 하면서, 통주저음(通奏低音) 또는 베이스 선율을 대체했습니다. 이 특정한 악기들의 조합은 현재 클래식 오케스트라로 알려져 있어요. 자, 이제 여러분의 머리 위에 있는 투사기 화면을 봐주시면, 제가 이 초기 오케스트라의 배치를 보여 드리겠습니다.

15. 이 이야기는 주로 무엇에 관한 것인가?
A. 오페라의 기원
B. 17세기와 18세기 작곡가들
C. 현악기의 중요성
D. 오케스트라의 발달

해설 강의 시작 부분의 "Today, I'd like to look at the orchestra's early development." 라는 교수의 말에서 강의 의 주된 내용이 오케스트라의 발달에 관한 것임을 알 수 있 습니다.

16. 최초로 정형화된 오케스트라의 구성에서 주요 악기들 은 무엇이었나?
A. 혼합
B. 첼로
C. 비올
D. 목관악기

해설 "At that time the instruments were mostly comprised of viols." 에서 처음 오케스트라가 정형화 되었 을 때 주로 쓰였던 악기는 비올(Viols)이라는 것을 알 수 있 습니다.

17. 다음 작곡가들의 업적은 무엇인가?
구를 클릭하라. 그리고 그것이 들어갈 칸을 클릭하라. 각 구는 한 번씩만 사용하라.
A. 특정 악기를 위한 음악을 썼다.
B. 오케스트라의 조직을 정형화시켰다.
C. 현악 합주단을 활성화시켰다.

해설 강의에서 가장 먼저 오케스트라를 정형화 시킨 것은 Monteverdi, 현악 합주단을 발달시킨 것은 Vivaldi와 Torelli, 각 악기에 맞는 곡을 작곡한 것은 Haydn과 Beethoven임을 알 수 있습니다.

18. 오케스트라에서 왜 현악기들이 더욱 중요해 졌나?
A. 현악기들이 소프라노 선율에 더 잘 맞다.
B. 오페라 곡들은 현악기들만을 필요로 한다.
C. 이탈리아 바이올리니스트-작곡가들이 음악을 썼다.
D. 음악이 현악기에 의해서 더욱 풍부해졌다.

해설 "String orchestras became even more prominent

~solo string concerto…" 라는 부분에서 현악 합주단이 발 달한 이유는 바이올리니스트들이 작곡을 했기 때문임을 알 수 있습니다.

19. 학생들이 다음에는 무엇을 할까?
A. 삽화 몇 개를 본다.
B. 악곡 몇 개를 듣는다.
C. 몇몇 악기들을 연주한다.
D. 오케스트라처럼 그들의 의자를 배열한다.

해설 교수는 강의 마지막 부분에서 오케스트라의 배치를 보여주겠다고 하므로, 학생들은 이 배치를 나타낸 그림을 볼 것임을 예측할 수 있습니다.

 4주 5일

Progressive Test 5
P. 248

01 D 02 B 03 A 04 C 05 C 06 B 07 A
08 C 09 B 10 C 11 D 12 B 13 B 14 C
15 C 16 D 17 C 18 C–B–A–D 19 B

01 M: Did you enjoy the opera last night? Was it worth all of that driving time?
W: Oh, it certainly was! I've waited a long time to catch this opera. Besides, it probably would never have played near here.

M: 어제 밤에 오페라 재미있게 봤어? 그 만한 시간을 운전 해 갈 만한 가치가 있었어?
W: 물론이지! 난 이 오페라를 보려고 오랫동안 기다려왔거 든. 게다가, 여기 근처에서는 절대 상연되지 않았을 거 야.

1. 여자에 대해서 무엇을 추론할 수 있는가?
A. 그녀는 장거리 운전을 좋아하지 않는다.
B. 그녀는 공연에 거의 늦을 뻔했다.
C. 그녀는 지역 예술 공연에만 참석한다.
D. 그녀는 오페라를 보기 위해 먼 길을 갔다.

정답·Script·해석·해설

해설 "Was it worth all of that driving time?" 이라는 남자의 대사에서 여자가 오페라를 보기 위해 먼 길을 운전해서 갔음을 알 수 있습니다.

02 W: Excuse me, may I ask you a question? How do I get to City Hall from here?

M: It's easy. You can take the train or a bus. The train is quicker, but the bus will cost you less.

W: Well, I'm a bit short on time now. Thanks for the help.

W: 실례합니다, 질문 하나 해도 될까요? 여기서 시청까지 어떻게 가나요?

M: 쉬워요. 열차나 버스를 타면 되요. 열차가 더 빠르긴 한데 버스가 비용이 적게 들어요.

W: 음, 전 지금 시간이 좀 부족해요. 도와줘서 고맙습니다.

2. 여자는 무엇을 할 것인가?
A. 위치를 묻는다.
B. 열차를 탄다.
C. 버스를 탄다.
D. 남자와 함께 간다.

해설 버스와 기차 중 기차가 더 빠르다는 남자의 말에, 여자가 시간이 부족하다고 응답하므로 여자는 기차를 탈 것임을 예측할 수 있습니다.

03 W: Thanks for covering my shift for me last night. I really needed to study for my exam.

M: Don't mention it. Besides, I need you to return the favor tomorrow.

W: 지난 밤 내 교대 시간에 근무해줘서 고마워. 시험 공부를 꼭 해야만 했거든.

M: 천만에. 게다가 내일은 네가 나의 편의를 봐줬으면 하거든.

3. 남자는 무엇을 의미하는가?
A. 그는 여자가 자신을 대신하여 일해주기를 원한다.
B. 그는 공부하는데 여자의 도움이 필요하다.
C. 그는 여자와 이야기하기를 원하지 않는다.
D. 그는 시험을 준비해야 한다.

해설 "I need you to return the favor tomorrow." 라는 남자의 대사는 직역하면 "내일 네가 그 호의를 돌려줬으면 해." 가 되는데, 여기서 남자가 의미하는 바는 여자가 자신

의 근무 시간에 대신 일해주기를 원한다는 것입니다.

04 W: Have you thought about our presentation?

M: How about meeting tomorrow night to discuss some ideas and start our research?

W: Tomorrow night? I'm not sure if we'll have enough time. The presentation is due the day after tomorrow.

W: 우리 발표에 대해서 생각해 봤니?

M: 의견을 나누고 조사를 시작하기 위해서 내일 밤에 만나는 게 어때?

W: 내일 밤? 우리에게 충분한 시간이 있을지 모르겠다. 발표는 모레 하기로 되어 있는데.

4. 여자는 무엇을 암시하는가?
A. 그녀는 그의 생각에 동의한다.
B. 그녀는 발표에 대해 생각할 시간이 없었다.
C. 그들은 더 일찍 시작해야 한다.
D. 조사를 하는데 충분한 시간이 있다.

해설 내일 밤에 조사를 위해 만나자는 남자의 말에, 여자는 발표가 모레라서 충분한 시간이 없을 것 같다고 말하므로, 여자는 그들이 더 일찍 시작해야 한다는 것을 암시하고 있습니다.

05 W: I heard that you were in a chess tournament today. Did you win?

M: Actually, the tournament isn't over yet. I still have three more matches to play tomorrow morning.

W: Isn't it difficult to play so many games?

M: No, not at all. I'm anticipating it.

W: 오늘 네가 체스 토너먼트를 했다고 들었어. 이겼니?

M: 사실 그 토너먼트는 아직 끝나지 않았어. 아직 내일 아침에 3개의 경기가 더 남아있어.

W: 그렇게 많은 경기를 하는 것이 어렵지 않니?

M: 아니, 전혀. 난 그것을 기대하고 있어.

5. 남자는 무엇을 의미하는가?
A. 그는 연습이 더 필요하다.
B. 그는 그렇게 많은 경기를 하는 것을 좋아하지 않는다.
C. 그는 경기들을 기대하고 있다.
D. 그는 토너먼트에서 이길 거라고 예상하지 않는다.

해설 남자의 마지막 대사 "I'm anticipating it." 에서 남자가

체스 경기를 기대하고 있음을 알 수 있습니다.

06 M: What about getting some pizza for dinner?
W: I really like pizza, but I already had it for lunch.

M: 저녁에 피자 먹는 게 어때?
W: 피자를 정말 좋아하지만 벌써 점심으로 먹었어.

6. 여자는 무엇을 의미하는가?
A. 그녀는 점심 시간에만 피자를 좋아한다.
B. 그녀는 저녁으로 피자 먹기를 원하지 않는다.
C. 그녀는 이미 저녁을 먹었다.
D. 남자는 피자를 사러 가야 한다.

해설 여자는 피자를 좋아하지만 이미 점심때 먹었다고 말하므로, 저녁 식사로 피자를 원하지 않는다는 것을 의미하고 있습니다.

07 W: I need to get a part-time job, but I don't know where to start looking.
M: How about trying the campus job center in the student union building? I think they may be of help.
W: Really? Thanks. I'll check it out.

W: 시간제 일를 구해야 하는데 어디서부터 찾아 봐야 할지 모르겠어.
M: 학생회관에 있는 캠퍼스 직업 소개소를 찾아 가보는 게 어때? 아마 도움이 될 거야.
W: 정말? 고마워. 알아 볼게.

7. 여자는 무엇을 할 것인가?
A. 학생회관에 간다.
B. 캠퍼스 직업 소개소에서 일한다.
C. 학교의 취업 설명회를 알아본다.
D. 몇몇 친구들에게 도움을 요청한다.

해설 시간제 일을 구하기 위해 학생 회관에 있는 직업 소개소를 찾아가보라는 남자의 제안에 여자가 알아보겠다고 응답하고 있으므로, 여자가 할 일은 학생 회관에 가는 것이 됩니다.

08 W: Excuse me, but I haven't received my registration confirmation in the mail. Can you double check for me?
M: It seems that you changed your address recently.

You should check for it at your old address.

W: 실례합니다만 저는 우편으로 제 등록 확인을 받지 못했는데요. 다시 한번 확인해 주시겠어요?
M: 최근에 주소를 바꾼 것 같군요. 옛날 주소에서 한번 확인해보세요.

8. 남자는 여자에게 무엇을 하라고 제안하는가?
A. 그녀의 주소가 정확한지 확인한다.
B. 학교에 그녀의 주소 변경을 통보한다.
C. 그녀의 옛날 거처에서 등록 증명서를 찾아본다.
D. 그녀의 등록증을 우편으로 보낸다.

해설 남자는 여자의 주소가 바뀐 것 같다며 이전의 주소에서 확인해보라고 말하므로, 여자에게 옛날 거처에서 등록 증명서를 찾아보라고 제안하고 있습니다.

09 W: My roommate let me use her computer to finish the assignment.
M: That's why you weren't in the computer lab. You're lucky. My computer is too slow so I was stuck in the lab all day.

W: 룸메이트가 내 과제를 끝내도록 그녀의 컴퓨터를 쓰게 해 줬어.
M: 네가 컴퓨터실에 없었던 이유가 그거였구나. 넌 운이 좋아. 내 컴퓨터는 너무 느려서 나는 컴퓨터실에 하루 종일 틀어박혀 있었어.

9. 남자는 무엇을 의미하는가?
A. 그의 룸메이트는 컴퓨터가 없다.
B. 그는 하루 종일 컴퓨터실에서 작업을 해야 했다.
C. 그는 컴퓨터 때문에 과제를 할 수 없었다.
D. 그의 컴퓨터는 컴퓨터실에 있는 것보다 더 빠르다.

해설 남자의 마지막 대사에서 자신의 컴퓨터가 너무 느려서 하루 종일 컴퓨터실에 있어야 했다는 (stuck in the lab all day)말은, 남자가 하루 종일 컴퓨터실에서 과제를 수행했다는 것을 의미합니다.

10 M: Professor, I have a question. I went to the school theater last night and the performers weren't using costumes.
W: The students prefer the audiences to appreciate the opera and not be distracted by fancy costumes.

M: 교수님, 질문이 하나 있어요. 제가 지난 밤에 학교 극장에 갔었는데 연기자들이 무대 복장을 사용하지 않았어요.

W: 학생들은 관객들이 오페라를 감상하는 것을 더 좋아해. 화려한 의상으로 인해 주의가 산만해지지 않기를 바라지.

10. 대화에서 무엇을 추론할 수 있나?
A. 학교는 의상을 살 여유가 없다.
B. 극장은 현대 오페라만을 상연한다.
C. 연기자들은 평범한 옷을 입고 있었다.
D. 여자는 오페라를 감상하지 않는다.

해설 costume은 연극에서 사용되는 시대 의상을 뜻하는데 남자는 배우들이 'costume'을 입지 않았다고 말하므로 연기자들이 평범한 옷을 입었음을 유추할 수 있습니다.

[11~12]

W: Did you know that the student center is being rebuilt? They plan to construct a four-story building with all new modern facilities.

M: That sounds great. Where will the new building be?

W: It will be where it is now on the corner of University Avenue.

M: Wow, that doesn't seem possible. The old student center was so small.

W: Well, the school is tearing down the building next to it.

M: All I can say is that it's about time. The center was really showing its age.

W: I couldn't agree with you more.

W: 학생 회관이 다시 세워지고 있는 거 알고 있었어? 그들은 완전히 새로운 현대식 시설로 4층 건물을 지을 계획이래.

M: 그거 멋진걸. 새 건물이 어디에 세워질 건데?

W: 그것은 현재 있는 University Avenue의 모퉁이에 세워질 거야.

M: 우와, 그건 가능할 것 같지 않은데. 옛날 학생 회관은 너무 작았어.

W: 음. 학교는 그 이웃의 건물을 무너뜨리고 있어.

M: 내가 말할 수 있는 것은 때가 되었다는 것뿐이야. 그 회관은 정말 낡았었거든.

W: 네 말에 전적으로 동의해.

11. 화자들은 주로 무엇에 대해 이야기하고 있는가?
A. 학생 센터 시설들의 개선
B. 새 학교 건물의 위치
C. 대학로를 끼고 있는 건축물
D. 새 학생 회관 건설을 위한 계획

해설 화자들은 새로 세워질 학생 회관의 시설과 위치, 크기 등에 대한 전반적인 이야기를 나누고 있으므로 대화의 주제는 '새 학생 회관 건설을 위한 계획'이 됩니다.

12. 대화에서 무엇을 추론할 수 있는가?
A. 여자는 이전의 학생 회관을 좋아했다.
B. 새 건물은 옛날 것보다 클 것이다.
C. 대학로 주위의 여러 건물들은 공사 중이다.
D. 옛 학생 회관 내부의 시설들은 충분했다.

해설 "Wow, that doesn't seem possible. The old student center was so small." 이라는 남자의 대사에서 새로 지어질 건물이 예전 것보다 더 클 것임을 추론할 수 있습니다.

[13~14]

W: Professor Robinson wrote a letter of recommendation for me. Now, I just need to get one more for my grad school applications.

M: Why don't you ask your old math professor? You did well in his class last semester.

W: I would, but math isn't my major.

M: Why does that matter?

W: I was told it is better to get letters of recommendations from professors in your own department.

M: Then have you considered asking the department chair? You said you have a good relationship with him.

W: That's a good idea. I'll go over to his office this afternoon.

W: Robinson 교수님께서 나에게 추천서를 써 주셨어. 난 이제 대학원 지원을 위해서 추천서를 하나만 더 받으면 돼.

M: 네 옛날 수학 교수님께 부탁해 보는 게 어때? 너 지난 학기에 그 교수님 수업을 열심히 들었잖아.

W: 그럴 수도 있지만 수학은 내 전공이 아닌걸.

M: 그게 무슨 상관이니?

W: 자기 학과 교수님에게 추천서를 받는 것이 더 낫다고

들었어.

M: 그럼 학과장님께 부탁하는 건 고려해 봤어? 넌 그분과 친분이 있다고 했잖아.

W: 그거 좋은 생각이다. 오늘 오후에 그 분의 사무실에 가 봐야겠다.

13. 여자의 문제는 무엇인가?
A. 그녀는 전공에서 잘 하고 있지 않다.
B. 그녀는 충분한 추천서를 가지고 있지 않다.
C. 그녀의 학과 교수들은 그녀를 싫어한다.
D. 그녀는 이번 학기에 다른 수학 수업을 들어야 한다.

해설 "Now, I just need to get one more for my grad school applications." 이라는 여자의 대사에서 여자의 문제는 추천서가 충분하지 않은 것임을 알 수 있습니다.

14. 여자는 무엇을 할 것인가?
A. 그녀에게 추천서를 써 달라고 수학 교수님께 말씀 드린다.
B. 그녀의 지원서에 추천서를 하나만 사용한다.
C. 추천서를 학과장에게 부탁한다.
D. 다음해로 지원서 제출을 미룬다.

해설 학과장님에게 추천서를 부탁해보라는 남자의 말에, 여자가 좋은 생각이라고 말하므로 여자가 다음에 할 일은 학과장에게 추천서를 부탁하는 것임을 알 수 있습니다.

[15~19]

P: So, you've all had time to read over the materials for this class. What conclusions did you draw about population growth in developing countries?

M: From my understanding, the root of the problem is due to the fact that poor people in developing countries have too many babies.

W: Actually, that's a common misperception. In fact, birth rates in developing countries are declining just like in the industrialized countries.

M: Then why do we keep hearing the term 'population explosion' in reference to birth rates in poorer countries?

P: The problem is due to a time lag. The death rates of people have fallen dramatically almost everywhere due to better sanitation, healthcare, etc over the past 100 years.

M: So, that just means that more people live longer these days.

W: Exactly. So, if death rates have fallen first and birth rates are only beginning to fall, then the time lag creates the situation of a continuously increasing population in the mean time.

M: I still don't see why we can't say it's a problem with too many babies.

W: Well, the big jump in population over the last century is because so many more people are alive even though the birth rate is falling. So, in actuality, the relative number of babies is declining and the population of the planet will not continue to boom indefinitely. It just needs time to adjust, probably at least 50 years.

P: 자, 여러분 모두 이번 수업 자료들을 읽어 볼 시간을 가졌을 겁니다. 개발도상국의 인구 증가에 대해 어떤 결론을 내렸나요?

M: 제가 이해한 바에 의하면 문제의 근원은 개도국의 가난한 사람들이 아이를 너무 많이 가진다는 데 기인합니다.

W: 사실, 그것은 일반적인 오해입니다. 실은, 개도국의 출생률은 산업화된 국가들처럼 감소하고 있어요.

M: 그렇다면 왜 우리는 가난한 나라의 출생률과 관련하여 '인구의 폭발적 증가' 라는 용어를 계속 듣는 건가요?

P: 문제는 시간의 지체 때문입니다. 사람들의 사망률은 지난 100년에 걸쳐 더 나은 위생설비, 건강관리, 등으로 인해 거의 모든 곳에서 급격히 줄어들어 왔습니다.

M: 그럼 그 말은 곧 오늘날 보다 많은 사람들이 더 오래 산다는 것을 의미하는군요.

W: 바로 그거죠. 그래서 사망률이 먼저 줄어들고, 출생률은 이제 막 감소하기 시작한다면, 그 시간의 지체는 일시적으로 계속해서 인구증가의 상황을 야기합니다.

M: 전 아직도 왜 그것이 너무 많은 아기들 때문에 생기는 문제라고 할 수 없는지 모르겠어요.

W: 음. 지난 세기 동안 인구 수의 격증은, 출생률이 감소함에도 불구하고 더 많은 사람들이 살아있기 때문입니다. 그래서 실제로 아기들의 상대적인 수는 감소하고 있고, 지구의 인구가 끊임 없이 폭등하지는 않을 것입니다. 단지 조절되는데 시간이 걸릴 뿐이죠, 아마 최소한 50년 정도가요.

15. 이 토론의 주제는 무엇인가?

A. 국가간 출생률의 차이
B. 20세기의 사망률 감소
C. 세계 인구 증가의 이유
D. 개도국들의 태도 변화

해설 토론은 개도국의 출생률이 줄어들었음에도 불구하고 왜 세계 인구가 증가하고 있는지에 대한 것이므로 토론의 주제는 '세계 인구 증가의 이유' 라고 요약해볼 수 있습니다.

16.줄어드는 사망률의 원인은 다음 중 무엇인가?
A. 증가한 후진국
B. 열악한 위생 상태
C. 증가한 출생률
D. 개선된 건강 관리

해설 "The death rates of people have fallen dramatically almost everywhere due to better sanitation, healthcare, etc~" 에서 보기 중 사망률이 감소한 이유로 적당한 것은 개선된 건강 관리임을 알 수 있습니다.

17. 왜 세계 인구는 여전히 늘어나고 있는가?
A. 출생률이 줄어들지 않고 있다.
B. 사망률이 거의 0이다.
C. 현재 시간의 지체가 존재한다.
D. 세계는 경제적으로 발전을 계속한다.

해설 "The problem is due to a time lag." 라는 교수의 설명에서, 인구가 계속해서 증가하는 이유가 현재 존재하는 사망률 감소와 출생률 감소 간의 시간 차 때문임을 알 수 있습니다.

18. 다음의 사건들을 원인과 결과에 따라 바른 순서로 나열하라.
사건을 클릭하라. 그리고 나서 그것이 들어갈 칸을 클릭하라. 각 사건은 한 번씩만 사용하라.
A. 출생률은 줄어들기 시작한다.
B. 인구가 급격히 늘어난다.
C. 사망률이 두드러지게 감소한다.
D. 인구 증가가 수평이 된다.

해설 강의에 의하면 먼저 건강 상태나 위생 상태가 나아지면서 사망률이 감소하고(C) 그로 인해 인구가 급격히 증가하며(B), 그 때부터 출생률이 줄어들기 시작하여(A), 결국 인구 수는 평형 상태에 도달하게 됩니다.(D)

19. 교수에 따르면 대략 언제쯤 세계 인구가 증가를 멈추겠는가?
A. 2000
B. 2050
C. 2100
D. 분명치 않음

해설 교수는 "It just needs time to adjust, probably at least 50 years." 에서 인구 증가가 멈추는 것이 대략 지금으로부터 50년 후, 즉 2050년쯤이라고 말하고 있습니다.

4주 6일

Actual Test

P. 254

01 B	02 A	03 B	04 B	05 C	06 D	07 C	08 C
09 C	10 B	11 D	12 D	13 D	14 A	15 B	16 A
17 B	18 A	19 C	20 B	21 A	22 C	23 B	24 B
25 C	26 C	27 A	28 B	29 A	30 C		

01 W: I was lucky to find a used book for my class at the bookstore.
M: I prefer not to buy those because the pages are usually covered with marks.
W: That doesn't matter to me.

W: 서점에서 수업에 필요한 중고 교재를 찾을 수 있다니 운이 좋았어.
M: 나는 오히려 그런 것을 사지 않는 편이 좋아. 왜냐하면 거기에는 대부분 표시가 많이 되어 있거든.
W: 나에겐 그것이 별로 중요치 않아.

1. 대화에서 추론할 수 있는 것은?
A. 여자는 수업에 필요한 중고 교재만을 구입한다.
B. 여자는 책의 상태보다 가격을 더 많이 고려한다.
C. 남자는 보통 서점에서 중고 교재를 찾는데 어려움을 겪곤 한다.
D. 남자는 여자에게 그의 책을 팔 것이다.

해설 중고 책에는 표시가 많이 되어 있어서 싫다는 남자의 말에, 여자는 그런 것을 별로 신경 쓰지 않는다고 응답하므로 여자가 책의 상태보다 가격을 더 염두에 둔다는 점을 추론할 수 있습니다.

02 M: Have you thought about taking summer school this year?

W: I have to take a Physics class for my major if I want to graduate on time. It was canceled this term.

M: Are you thinking about any other classes?

W: It would make sense for me to finish up my math course work also. But, I can't decide between Professor Williams and Professor Long. I heard that they are both great lecturers.

M: 올해 여름 계절 학기 듣는 것 생각해 봤어?

W: 난 제때 졸업하려면 전공 과목으로 물리학 수업을 하나 들어야 해. 그 과목이 이번 학기에 취소됐거든.

M: 다른 수업도 들을 생각이니?

W: 수학 수업을 끝내는 것도 좋을 것 같아. 그런데 Williams 교수님과 Long 교수님 중에 결정을 못하겠어. 두분 다 강의를 잘 하신다고 들었거든.

2. 여자에 대해 추론할 수 있는 것은?

A. 그녀는 두 교수 모두의 수업에 관심이 있다.

B. 그녀는 수학과 물리학 수업 사이에서 결정을 못하고 있다.

C. 그녀는 계획보다 늦게 졸업해야만 한다.

D. 그녀는 이번 여름에 수업 하나만 들을 계획이다.

해설 "But, I can't decide between Professor Williams and Professor Long." 이라는 여자의 대사에서 여자가 두 교수 모두의 수업에 관심이 있다는 점을 추론할 수 있습니다.

03 M: I've had a splitting headache all day since biology class.

W: I might have something you can take for that in my room. Do you want some?

M: 난 생물학 수업 시간 이후로 하루 종일 머리가 깨질 듯이 아파.

W: 내 방에 네가 복용할 수 있을만한 것이 있을 텐데. 좀 먹어 볼래?

3. 여자는 무엇을 의미하는가?

A. 그녀는 남자를 의사에게 데려다 줄 수 있다.

B. 그녀는 두통 약을 가지고 있다.

C. 그녀는 생물학 숙제를 그와 분담할 수 있다.

D. 그녀는 자신의 방으로 돌아가야 한다.

해설 남자가 두통이 심하다고 말하자, 여자는 남자가 복용할 만한 것이 있다고 말하는데, 이는 자신이 두통 약을 가지고 있다는 것을 의미합니다.

04 M: Where would you like to meet to work on our project?

W: Well, it will require some research before we can even start to put together the presentation. So, how about we meet at the library after lunch today?

M: Okay, I'll see you there later. I have to run to another class right now.

M: 우리 프로젝트 연구를 위해 어디서 만났으면 좋겠니?

W: 음. 발표를 구성하기 전에 조사가 좀 필요할거야. 그래서 말인데 오늘 점심 먹고 도서관에서 만나는 게 어때?

M: 알았어. 나중에 거기서 보자. 지금 나 다른 수업 들으러 달려가야 해.

4. 남자가 의미하는 것은?

A. 그는 점심시간에 여자를 만날 것이다.

B. 그는 수업 후에 도서관에 갈 것이다.

C. 그는 그 프로젝트를 저녁에 계속하길 원한다.

D. 그는 다른 수업 때문에 오늘 만날 수 없다.

해설 남자는 여자에게 지금 수업이 있으므로 나중에 도서관에서 만나자고 말하고 있습니다.

05 M: I lost my wallet with my ID card in it.

W: That could be a problem. You need that card to do anything around campus.

M: You said it. And, I can't get the student discount on the bus without it. But, walking to class is definitely out of the question.

M: 난 학생증이 들어있는 지갑을 잃어버렸어.

W: 그건 꽤 골칫거리겠는데. 캠퍼스에서 뭔가를 하려면 학생증이 꼭 필요하잖아.

M: 그러게 말이야. 거기다가 그것이 없으면 버스에서 학생 할인을 받을 수도 없어. 하지만 수업까지 걸어간다는 건 전혀 불가능한 일이고.

정답·Script·해석·해설

5. 남자는 무엇을 암시하는가?
A. 그는 새로운 학생증을 받을 때까지 학교를 걸어 다닐 것이다.
B. 그는 학생증 없이는 학교를 갈 수 없다.
C. 그는 버스 요금 전액을 지불해야만 한다.
D. 그는 학생증이 없어도 불편하지 않을 것이다.

해설 남자는 학생증이 없으므로 버스 요금 할인을 받을 수 없지만, 강의실까지 걸어가는 건 불가능하다고 말하므로 자신이 버스 요금 전액을 지불해야만 한다는 것을 암시하고 있습니다.

06 M: I can't believe we're expected to read the entire book for the midterm.
W: Didn't you hear? We are being tested on half of the chapters this week and the rest next week.

M: 중간 고사를 위해 책 한 권을 다 읽어야 한다니 믿을 수가 없어.
W: 못 들었니? 우린 이번 주에 단원의 절반을 시험치고 다음 주에 나머지를 시험 치게 될 거야.

6. 남자는 무엇을 가정했는가?
A. 중간 시험은 책의 반만을 포함할 것이다.
B. 절반의 학점에 대해서는 다음 주에 보충 시험이 있을 것이다.
C. 시험은 주말로 예정되어 있다.
D. 시험에 책 전체가 다 포함될 것이다.

해설 "I can't believe we're expected to read the entire book for the midterm." 이라는 남자의 말에서 남자가 중간 시험에 책 전체가 포함된다고 가정했음을 알 수 있습니다.

07 M: The textbook for organic chemistry is so expensive and I won't even need it after this semester.
W: You can probably get a good buyback price next semester if you're careful not to damage it.

M: 유기 화학 교재는 너무 비쌀 뿐더러, 이번 학기가 끝나면 그것이 더 이상 필요하지도 않을 거야.
W: 네가 그것을 손상하지 않도록 주의하기만 한다면, 다음 학기에 괜찮은 가격으로 되팔 수 있을 거야.

7. 여자는 무엇을 의미하는가?
A. 그녀는 다음 학기에 남자에게서 책을 살 것이다.

B. 남자는 가격을 할인 받을 수 있다.
C. 남자는 나중에 자신의 책을 서점에 되팔 수 있다.
D. 남자는 손상된 교재를 반납할 수 없다.

해설 여자는 남자에게 책을 손상시키지 않고 잘 사용하면 좋은 값을 받을 수 있을 거라고 말하므로, 남자가 서점에 책을 되팔 수 있다는 것을 의미하고 있습니다.

08 M: I need to register for my classes, but I'm not looking forward to standing in that long line. Do you think I could use the computers in the library?
W: You could, but you have to get there at 8 o'clock in the morning to find an open terminal these days.

M: 난 수강 신청을 해야만 하는데 저 긴 줄에 서 있고 싶지가 않아. 내가 도서관에 있는 컴퓨터를 쓸 수 있을까?
W: 쓸 수 있어. 하지만 요즘에는 빈 컴퓨터 찾으려면 아침 8시에는 거기 도착해야 해.

8. 여자는 무엇을 의미하는가?
A. 컴퓨터는 아침에만 이용할 수 있다.
B. 도서관은 8시에 문을 연다.
C. 남자는 비어있는 단말기를 찾기가 어려울 것이다.
D. 남자는 등록을 위해 줄을 서서 기다려야 한다.

해설 여자는 비어있는 단말기를 찾기 위해서는 아침 일찍 가야만 할 거라고 말하는데, 이는 사용하고 있지 않은 단말기를 찾기가 어려울 것이라는 의미입니다.

09 W: What are you doing here? I thought you had a math class at this time.
M: I do, but I couldn't pay attention during class so I decided to leave a little early.

W: 여기서 뭐하고 있니? 난 네가 이 시간에 수학 수업이 있다고 생각했는데.
M: 맞아. 하지만 수업에 집중할 수가 없어서 조금 일찍 나왔어.

9. 남자는 무엇을 암시하는가?
A. 교수님이 오늘 수업을 일찍 끝내셨다.
B. 그는 수업을 방해하고 싶지 않았다.
C. 그는 강의에 집중할 수가 없었다.
D. 그는 지금 수업에 가는 길이다.

해설 남자는 강의에 집중을 하지 못해서 수업 도중에 나왔다고 말하고 있습니다.

10 M: How's your ankle? I heard that you sprained it pretty badly last week.

W: It isn't too bad. I'm undergoing therapy now, so it should heal with a little time.

M: Then, will you be re-joining your track team soon?

W: I'm not sure when that will be. I'll need to get my physician's approval first.

M: 발목은 좀 어떠니? 지난 주에 꽤 심하게 삐었다고 들었어.

W: 그렇게 심하지는 않아. 지금 치료를 받고 있어서 곧 나을 거야.

M: 그럼 머지않아 육상 팀에 다시 합류하는 거니?

W: 그것이 언제일 지는 잘 모르겠어. 먼저 의사의 허가를 받아야 하거든.

10. 여자는 무엇을 의미하는가?
A. 그녀는 다음 육상 경기 모임의 날짜를 모른다.
B. 그녀는 다시 달리기 전에 먼저 의사를 만나봐야 한다.
C. 그녀의 발목이 완전히 낫는 데는 오랜 시간이 걸릴 것이다.
D. 그녀는 치료가 언제 끝날 지를 정확히 알지 못한다.

해설 "I'll need to get my physician's approval first." 이라는 여자의 대사에서 여자는 달리기 전에 의사를 만나봐야 한다는 것을 의미하고 있습니다.

11 W: This is a nice place you have. How much is the rent?

M: It's pretty expensive. I really like it here but I may have to find somewhere else to live because the landlord wants to raise the rent.

W: 네 집이 상당히 좋구나. 집세가 얼마니?

M: 약간 비싸. 나는 이 곳이 좋지만 아마 다른 거처를 알아봐야 할 것 같아. 집주인이 집세를 올리기를 원하거든.

11. 남자는 무엇을 암시하는가?
A. 그는 아파트에서 이사 나오기를 원한다.
B. 그는 다른 거처를 찾았다.
C. 그는 자신의 집 주인을 좋아하지 않는다.

D. 그는 집세의 인상 금액을 감당할 수 없다.

해설 남자는 집 주인이 집세를 올리기 때문에 이사를 해야 할 것 같다고 말하므로, 인상된 집세를 감당할 수 없음을 암시하고 있습니다.

[12~15]

Listen to part of a lecture on Mayan civilization.

I just came across an interesting article in yesterday's newspaper that I wanted to share briefly with you this morning. Last week we talked about the possible effects of global warming on future economic activity. Well, the article I have here is sort of related. Apparently, there is new evidence that suggests that the collapse of the Mayan civilization is linked to climate change. According to the study cited in this article, a series of severe droughts affecting the Caribbean region began in the 7th century AD and occurred on and off for over 100 years. The evidence is based on analysis of sediment samples from the Cariaco Basin in northern Venezuela, which has a climate very similar to that of the Yucatan Peninsula in Mexico where the Mayans built their civilization. The analysis of the sediment samples has led scientists to conclude that multi-year droughts occurred around 810, 860 and 910 AD. This chronology matches with the known timeline about the series of collapses in the Mayan civilization before its final downfall. The Mayans had flourished for a thousand years before these droughts and had built an advanced civilization with pyramids, irrigation systems and elaborate cities. However, the Mayans depended heavily on seasonally consistent rainfall to support their agricultural system. With the onset of three, six and even nine-year long droughts, the resources of the Mayan civilization were strained beyond capacity. The cities were abandoned and repopulated several times during this period, but were deserted for the last time in the 9th century. Apparently, the technology at the time wasn't sufficient for dealing with such crises, which leads me into today's topic.

전 어제 신문에서 뜻밖에 흥미로운 기사를 발견하게 되었는데, 그것을 오늘 아침 여러분과 함께 간단히 살펴봤으면 합니다. 지난 주에 우리는 미래의 경제 활동에 대한 지구 온난화의 잠정적인 영향에 대해 이야기를 했었죠. 자, 여기 제가 가지고 있는 기사가 다소 연관성이 있는 것입니다. 분명히 마야 문명의 몰락이 기후의 변화와 관계가 있다는 것을 제시해주는 새로운 증거가 있습니다. 이 기사에 언급된 학설에 의하면 카리브해 지역에 영향을 미쳤던 계속적인 심각한 가뭄은 AD 7세기경에 시작되어서 100년 이상의 기간 동안 때때로 발생했습니다. 이 증거는 베네수엘라 북부에 있는 Cariaco 유역의 퇴적물 표본 분석에 근거한 것인데, 이 곳은 마야인들이 그들의 문명을 건설했던 멕시코에의 유카탄 반도와 매우 유사한 기후를 지니고 있습니다. 퇴적물 표본의 분석은 과학자들로 하여금 다년간의 가뭄이 대략 AD 810년과 860년, 그리고 910년경에 일어났다는 결론에 이르게 하였습니다. 이 연대기는 마야 문명이 궁극적인 몰락에 이르기 이전에 몇 번 붕괴되었던 때로 알려져 있는 시간대와 일치합니다. 마야인들은 이 가뭄 이전에 약 1000년 동안 번영을 누렸으며 피라미드와 관계 시스템, 그리고 정교한 도시를 지닌 진보한 문명을 건설하였습니다. 하지만 마야인들은 그들의 농업 체계를 유지하는데 있어서 주기적으로 일관된 강수량에 지나치게 의존하고 있었습니다. 3년, 6년 그리고 심지어는 9년간의 오랜 가뭄이 시작되면서 마야 문명의 자원은 감당할 수 있는 것 이상으로 줄어들었습니다. 이 기간 동안 도시들은 버려졌다가 다시 사람이 살게 되기를 몇 번 거듭했지만 9세기에 최종적으로 유기되었습니다. 당시의 기술은 분명히 그런 위기들에 대처하기에 충분치 않았는데, 그것이 나를 오늘의 주제로 이끄는군요.

12. 이 강의의 주제는 무엇인가?
A. 지구 온난화가 농업에 미치는 영향
B. 마야 문명의 특징
C. 중앙 아메리카 지역의 큰 가뭄
D. 마야 문명이 사라진 원인

해설 "there is new evidence that suggests that the collapse of the Mayan civilization is linked to climate change." 라는 교수의 말에서 교수가 강의하고자 하는 주된 내용이 마야 문명의 붕괴 원인과 관련된 것임을 알 수 있습니다.

13. 교수에 의하면 마야 문명은 얼마 동안 지속되었는가?
A. 100년간 간헐적으로

B. 약 700년
C. 900년 이하
D. 1000년 이상

해설 "The Mayans had flourished for a thousand years before these droughts" 라는 부분에서 마야 문명이 적어도 1000년 이상은 지속되었음을 알 수 있습니다.

14. 강의에 의하면 마야 문명의 붕괴에 대한 이유를 알아내기 위해 과학자들이 무엇을 분석했는가?
A. Cariaco 유역의 퇴적물 표본
B. 카리브 해 지역의 기후 양식
C. 고대 문명의 관계 체계
D. 유카탄 반도에서 나온 고대 유물

해설 "The evidence is based on analysis of sediment samples from the Cariaco Basin in northern Venezuela," 라는 부분에서 마야 문명의 붕괴 원인을 알아내기 위해 과학자들이 주로 분석한 것은 Cariaco 유역의 퇴적물 표본임을 알 수 있습니다.

15. 학생들이 다음에 할 일은 무엇이겠는가?
A. 마야 문명에 대한 기사를 읽는다.
B. 기술에 대한 강의를 듣는다.
C. 기후 변화에 대한 자료를 분석한다.
D. 새로운 이론의 타당성을 논의한다.

해설 강의의 마지막 부분에서 교수는 당시의 기술이 자신을 오늘의 주제로 이끈다고 말하고 있으므로 학생들이 다음에 할 일은 기술에 대한 강의를 듣는 것임을 알 수 있습니다.

[16~17]

Listen to part of a conversation between two students.

M: I just came to tell you that I'm not able to stay for my lesson. I've caught a very bad cold and I have a sore throat. I don't want to risk making it worse by trying to sing today.
W: Sorry to hear that you're not feeling well.
M: Since I paid for my lessons this month in advance, can you give me my money back for this lesson or at least credit me for a lesson next month?

W: I'm sorry. I feel terrible about this, but I can't give you a refund. It's studio policy.

M: Okay, I understand. Actually I'm more concerned about my upcoming singing contest at this point.

W: In that case, why don't we schedule a make-up lesson? I can probably squeeze you into an opening somewhere.

M: That sounds fair.

W: Let me see… I have an opening slot this coming Friday afternoon. How about that?

M: Well, I'm not sure I will be well enough to sing by then. I need to make sure that my throat is fully recovered before I do anything that may strain it.

W: If you wait too long then you may not have enough time to prepare for your competition.

M: Can I rest a few days and decide then if my throat is feeling well? How about I call you on Thursday to confirm?

W: I'll make a special exception in this case, since you have the pressure of the competition coming up. I'll expect your call by Thursday morning. I'll keep that Friday slot open for you until then.

M: 제가 수업을 계속 받을 수 없다는 것을 말씀 드리러 왔어요. 전 심한 감기에 걸려있고 목도 아프거든요. 오늘 노래를 해서 상태를 더 나쁘게 만드는 위험을 감수하고 싶진 않아요.

W: 몸이 안 좋다니 안됐네.

M: 이 달치 수업료를 미리 냈으니까 이번 수업료를 환불해 주시거나, 적어도 다음달에 수업을 한 번 듣도록 해주실 수 없나요?

W: 미안해. 정말 미안하지만 환불을 해 줄 수 없어. 연습실 규칙이거든.

M: 네 알겠습니다. 사실 지금으로선 다가오는 노래 경연대회가 더 걱정이에요.

W: 그렇다면, 보충 수업 시간을 짜보는 건 어떨까? 빈 시간에 네 수업을 끼워 넣을 수도 있을 거야.

M: 좋은 생각이에요.

W: 어디 보자. 이번 주 금요일 오후에 빈 시간이 있는데. 어떠니?

M: 글쎄요. 그때까지 노래 부를 수 있을 만큼 몸이 좋아질지 확신할 수가 없네요. 저는 목을 많이 사용해야 하는 일을 하기 전에 목을 완전히 낫게 할 필요가 있거든요.

W: 너무 오래 기다리면 대회 준비할 시간이 충분하지 않을 수도 있어.

M: 몇 일 쉬고 제 목이 낫는다면 그때 결정할 수 있을까요? 목요일에 전화해서 제가 확답을 드리는 것이 어때요?

W: 다가오는 대회 때문에 네가 스트레스를 받고 있으니, 이번만 특별히 예외로 해줄게. 목요일 아침에 네 전화 기다리마. 그때까지 금요일 시간은 너를 위해서 비워둘게.

16. 남자의 문제는 무엇인가?
A. 그는 목이 아파서 노래를 부를 수가 없다.
B. 그는 빠진 수업에 대해서 전액 환불을 받을 수 없을 것이다.
C. 그의 대회는 금요일이다.
D. 그는 수업을 재조정하도록 허락 받지 못했다.

해설 "I've caught a very bad cold and I have a sore throat. I don't want to risk making it worse by trying to sing today." 에서 남자의 주요한 문제점은 목이 아파 노래를 할 수 없다는 점임을 알 수 있습니다.

17. 남자는 무엇을 할 것인가?
A. 대회를 포기한다.
B. 그 주에 여자에게 전화한다.
C. 다음달로 수업을 연기한다.
D. 즉시 노래를 시작한다.

해설 남자는 보충 수업을 받는 날을 나중에 결정해서 연락해 주겠다고 하므로, 남자가 할 행동은 여자에게 그 주 내로 전화하는 것임을 알 수 있습니다.

[18~21]

Listen to a talk on the book of hours.

Today, we will be talking about a special type of book called the book of hours. There are probably 35,000 editions of this book that still exist today. It is believed, though, that during the Middle Ages, about 20 million books were produced. They were not printed because printing had not yet been invented; rather, they were written by a scribe on special paper. Because they were copied by scribes, every single book of hours is unique. The book of hours was used in worship. It contained prayers, psalms, and a schedule of readings and prayers that was based on a religious calendar. People who owned this book knew what specific prayer to use or what text had to be read at a given hour on a given day. However, even if a person was not religious, it was common to own a book of hours. The wealthy had very ornate and beautifully decorated books of hours. Thus, a book of hours was like a status symbol. Having a book of hours did not really mean that the owner was religious but that he could read and that he had money. As time passed, the social reason became more important than the religious one. The uniqueness of each book, the ornamentation, and the illustrations are the reasons why a book of hours is considered a collector's item today. The more decorated of these books are real works of art. Many were bound in silk or velvet. The pages were made of vellum. They were superbly hand-illustrated. The margins even contained leaf patterns or tiny drawings of human and animal figures, often representing scenes from books of the Bible. This is not to say that all the books of hours were expensive. Some were very modest, consisting only of the basic text copied on ordinary paper. I have some pictures of some of these books on the board. Let's look at them in greater detail.

우리는 오늘 시간의 책이라고 불리는 특별한 종류의 책에 대해 이야기 해볼 것입니다. 오늘날까지 존재하는 이 책의 인쇄물은 대략 35000판 정도입니다. 하지만 중세 시대에는 약 2000만권 정도의 책들이 만들어졌던 것으로 여겨집니다. 그들은 인쇄되지 않았는데 이것은 아직 인쇄술이 발명되지 않았었기 때문이죠. 대신 그것들은 사본 필경자들에 의해 특수한 종이에 쓰여졌습니다. 그것들이 필경자들에 의해 베껴졌기 때문에 시간의 책 하나하나가 모두 색달랐습니다.

시간의 책은 예배에 이용되었습니다. 그것은 기도문과 성시, 그리고 종교 일정표에 따른 낭독과 기도 일람표를 포함하고 있었죠. 이 책을 소유하고 있던 사람들은 특정한 날의 특정 시간에 어떤 기도문이 사용되어야 하고, 어떤 지문이 낭독되어야 하는 지를 알고 있었습니다. 하지만 비록 신앙심이 깊지 않은 사람이라고 해도 시간의 책을 소유하는 것은 일반적인 것이었습니다. 부유층들은 매우 화려하고 아름답게 장식된 시간의 책을 가지고 있었습니다. 그러므로 시간의 책은 지위의 상징과도 같았지요. 시간의 책을 소유

하는 것은 그 소유자가 정말 종교적임을 의미한 것이 아니라 그가 읽을 수 있고 돈을 가지고 있다는 것을 의미했습니다. 시간이 흐르면서 사회적인 이유가 종교적인 이유보다 더 중요해져 갔습니다. 각 권의 독특함과 장식 그리고 삽화들은 시간의 책이 오늘날 수집가들의 품목으로 여겨지는 이유입니다. 보다 많은 장식을 포함한 이 책들은 실제로 예술 작품이지요. 많은 책들은 실크와 벨벳으로 장정되었습니다. 내지는 고급 피지로 만들어졌죠. 그것들은 매우 아름답게 손으로 그려졌습니다. 심지어 그 여백에는 나뭇잎 무늬나 사람과 동물 형태의 작은 그림들이 있었는데 이는 주로 성서의 장면을 나타내는 것이었습니다. 그렇다고 해서 모든 시간의 책이 비싸다는 뜻은 아닙니다. 일부는 매우 수수하고 일반 종이에 베껴진 기본 글로만 이루어졌지요. 칠판에 이 책들의 사진이 있습니다. 좀 더 자세히 그것을 살펴보도록 하죠.

18. 이 강의의 주제는 무엇인가?
A. 중세 시대에 널리 퍼져있던 책
B. 시간의 책을 만든 사본 필경자들
C. 시간의 책을 만드는 비용
D. 시간의 책의 종교적인 영감

해설 "It is believed, though, that during the Middle Ages, about 20 million books were produced."라는 교수의 말에서 강의의 주요 내용은 중세 시대에 보편화되었던 시간의 책에 대한 것임을 알 수 있습니다.

19. 시간의 책의 페이지 가장자리에서는 주로 무엇을 볼 수 있었나?
A. 소유자의 논평
B. 사본 필경자가 남긴 주석
C. 삽화와 시각적 표현물들
D. 종교적인 노래와 금언들

해설 "The margins even contained leaf patterns ~ of the Bible."에서 책의 가장자리 (border)에서 주로 볼 수 있었던 것은 삽화와 그림들이었음을 알 수 있습니다.

20. 왜 오늘날 시간의 책이 수집되는가?
A. 오늘날에는 만들기가 어렵기 때문에
B. 예술 작품으로 여겨지기 때문에
C. 금과 진주로 새겨져 있었기 때문에
D. 한 때 부자와 유명인들에 의해 소유되었기 때문에

해설 "The uniqueness of each book, ~ real works of

art." 에서 시간의 책에 수록되어 있는 화려한 장식이 그 책을 일종의 예술 작품으로 여겨지게 했기 때문에 수집가들이 이 책을 모은다는 사실을 알 수 있습니다.

21. 아래 사진에서 나타난 시간의 책을 소유했을 법한 사람은?
A. 부유한 귀족
B. 농부
C. 사본 필경자
D. 신앙심 깊은 신도

해설 그림에 나타난 시간의 책은 여백에 화려한 장식이 되어있는 책이므로, 부유층이 소유했을 것임을 알 수 있습니다.

[22~23]

Listen to part of a conversation between two students.

W: Would you like to join a study group that I'm putting together? We meet for an hour and a half after each class. It'll be very helpful.
M: I'm sorry, but I don't have time after class. I work part-time with campus security after my classes every day.
W: Really? That's surprising!
M: It's really not a big deal. I'm just an administrative person. I take care of documents and make phone calls. I'm not allowed to do anything that is potentially dangerous like patrolling the campus, although I wish I could.
W: How long have you had this job?
M: I just started at the beginning of this semester. With the increase in student fees, I needed a little more cash to supplement my existing loans.
W: I guess if you can handle the load, then it makes sense to work a little rather than incurring more debt.
M: Yeah, so far, I'm able to keep up with all my schoolwork. I just hope that I can stay on top of everything in the long run.
W: Well, then do you have time after work? I could move the study group to the evening if you would like to join us.

M: That would be great. Where do you meet?
W: 내가 모집하고 있는 스터디 그룹에 들어 올 생각 있어? 우린 매 수업 후에 1시간 30분 동안 모임을 가지거든. 도움이 많이 될 거야.
M: 미안하지만, 나 방과 후에 시간이 없어. 매일 수업이 끝나면 학내 경비실에서 시간제로 일하거든.
W: 정말? 그거 놀랍네!
M: 별거 아니야. 나는 그냥 관리인인걸 뭐. 서류 정리하고 전화업무를 해. 내가 하고 싶어도 캠퍼스 순찰처럼 위험할 가능성이 있는 일은 못하게 되어있어.
W: 그 일을 한지는 얼마나 됐니?
M: 이번 학기 초부터 시작했어. 학비가 늘어나서 지금 내 빚을 메우려면 돈이 조금 더 필요했거든.
W: 내 생각에도 네가 일을 잘 조절할 수 있다면, 빚을 더 지는 것보다는 일을 하는 게 나을 것 같아.
M: 그렇지, 지금까지는 학교 수업을 모두 따라갈 수 있었어. 끝까지 모든 일을 해낼 수 있기를 바랄 뿐이야.
W: 음, 그럼 일이 끝난 후에는 시간 있어? 네가 우리 팀에 들어오고 싶다면 스터디 모임을 저녁으로 옮길 수도 있는데.
M: 그래 좋아. 어디서 만나는데?

22. 이 대화는 주로 무엇에 관한 것인가?
A. 이번 학기 학비 인상
B. 새로운 수업에 대한 어려움
C. 남자의 시간제 일
D. 여자의 스터디 그룹

해설 화자들은 주로 남자가 학내 경비실에서 어떤 일을 하는지에 대한 이야기를 나누고 있으므로 대화는 남자의 시간제 일에 관한 것임을 알 수 있습니다.

23. 남자는 그의 일에 대해 무엇이라고 말하는가?
A. 그는 위험한 일을 해도 된다.
B. 그는 행정 업무만을 돌본다.
C. 그는 빚을 갚을 만한 충분한 돈을 번다.
D. 그는 너무 바빠서 공부할 시간이 없다.

해설 "I'm just an administrative person. I take care of documents and make phone calls." 에서 남자는 단지 행정상의 업무만을 맡고 있음을 알 수 있습니다.

[24~27]

Listen to a lecture on planets.

We will be making a comparison of Saturn and Earth today. Actually, there is almost nothing similar about these two planets except for, obviously, their spherical shape, and one other detail that I will discuss a little later. As you already know, the Earth is the third planet from the Sun and the only planet in the Solar System that supports life. It is made of rock and metal. It has a solid surface and is very dense. The Earth is what is known as a terrestrial planet. The terrestrial planets are closer to the Sun.

Saturn is categorized as a Jovian, or gaseous, planet. These planets are generally larger and farther away. Saturn's diameter is about 9.5 times that of the Earth's and it is a spinning ball composed of liquid and gas. Primarily, the gases are hydrogen and helium, two very light gases. Saturn is so light, in fact, that if it could be thrown into an enormous pool of water, it would float. Saturn's ring system is what makes it unique. Although Jupiter also has a ring system, Saturn's rings are much larger and are clearly visible.

As I said earlier, there is one other similarity between Saturn and Earth. It has to do with their rotation. Saturn rotates so quickly that it takes only about ten and a half hours for it to complete a rotation. The Earth takes 24 hours. Where is the similarity? Both rotations cause the two planets to bulge at the equator. However, the bulge in Saturn is much more noticeable. This is because its faster rotation causes the gases of the planet to be flung toward the equator. Like Saturn, the Earth's rotation is much slower at the poles, and then gradually increases toward the equator. As the rotation increases, the stretch increases, creating a bulge at the equator. Look at the diagrams I have on the board.

오늘은 토성과 지구를 비교해보도록 하겠습니다. 사실 이 두 행성 간에는 분명히 그들의 구 형태와 제가 나중에 이야기 할 또 다른 사항을 제외하고는 거의 비슷한 점이 없습니다. 여러분이 이미 알다시피, 지구는 태양으로부터 세 번째에 위치한 행성이며 태양계 내에서 유일하게 생명체를 유지하고 있는 행성입니다. 지구는 암석과 금속으로 만들어졌습니다. 그것은 단단한 지표면을 지니고 있으며 매우 밀도가 높지요. 지구는 지구형 행성으로 알려져 있습니다. 지구형 행성들은 태양에 보다 가깝지요. 토성은 목성형 혹은 기체 행성으로 분류됩니다. 이 행성들은 주로 더 크고 더 멀리 떨어져 있죠. 토성의 지름은 지구의 9.5배 정도로, 토성은 액체와 기체로 이루어진 회전하는 구체입니다. 기체들은 주로 매우 가벼운 두 기체, 수소와 헬륨입니다. 사실 토성은 매우 가벼워서 만약 물 웅덩이 속에 던져질 수 있다면 그것은 물에 뜰 것입니다. 토성의 고리 조직은 토성을 매우 독특한 것으로 만듭니다. 비록 목성 역시 고리 조직을 지니고 있지만 토성의 고리가 훨씬 더 크고 뚜렷하게 보입니다. 제가 아까 말했던 것처럼, 토성과 지구가 지니고 있는 유사점이 있습니다. 그것은 그들의 자전과 관련이 있지요. 토성은 매우 빨리 자전하기 때문에, 한 번 자전을 끝내는데 약 10시간 반 정도만이 소요됩니다. 지구는 24시간이 걸리지요. 유사점이 어디에 있을까요? 두 자전 모두 그 두 행성을 적도 부근에서 불룩하게 합니다. 하지만 토성의 불룩한 부분이 훨씬 더 눈에 띄지요. 이것은 토성의 보다 빠른 자전이 그 행성의 기체들로 하여금 적도 쪽으로 몰려들게 하기 때문입니다. 토성과 마찬가지로 지구의 자전은 극에서 매우 느려지며 적도 쪽으로 가면서 점차 빨라집니다. 자전이 빨라지면서 팽창 부분도 증가하는데, 이것은 적도에서의 불룩한 부분을 만듭니다. 칠판 위에 있는 도식을 보세요.

24. 강의는 주로 무엇에 관한 것인가?
A. 태양계 행성에 대한 설명
B. 토성과 지구의 비교
C. 토성 기체들이 태양계에 미치는 영향
D. 태양계 행성들의 자전

해설 강의 첫머리인 "We will be making a comparison of Saturn and Earth today." 라는 교수의 언급에서 강의의 주된 내용이 토성과 지구를 비교하는 것임을 알 수 있습니다.

25. 지구는 어떤 독특한 특성을 지니고 있는가?
A. 위성을 많이 지니고 있다.
B. 딱딱하고 밀도가 높다.
C. 생명체를 유지하는 대기를 지니고 있다.
D. 암석과 금속으로 만들어졌다.

해설 "the Earth is ~ and the only planet in the Solar System that supports life." 에서 지구의 독특한 특징은 생명체를 존재하게 하는 대기를 지니고 있는 것임을 알 수 있습니다.

26. 교수에 의하면 태양계 내에서 토성을 다른 행성들과 다

르게 하는 것은 무엇인가?
A. 그것은 헬륨과 수소로 이루어져 있다.
B. 그것은 태양으로부터 가장 멀리 떨어져있다.
C. 그것은 매우 눈에 띄는 고리 조직을 지니고 있다.
D. 그것은 크기가 매우 거대하다.

해설 "Saturn's ring system is what makes it unique." 에서 토성을 독특하게 만드는 것은 그것의 고리 조직임을 알수 있습니다.

27. 토성의 팽창 부분이 지구보다 큰 이유는 무엇인가?
A. 토성의 자전이 두 배 이상 빠르기 때문이다.
B. 토성의 중력이 더 약하기 때문이다.
C. 토성의 자전이 극에서 더 약하기 때문이다.
D. 토성이 가벼운 기체로 이루어져 있기 때문이다.

해설 "However, the bulge in Saturn is much more noticeable. This is because its faster rotation causes the gases of the planet to be flung toward the equator." 에서 토성의 팽창 부분이 더 큰 이유는 토성의 자전 속도가더 빠르기 때문임을 알 수 있습니다.

[28~30]

Listen to part of a talk in a biology class.

P: All of your papers seem to be coming along pretty well. So, let's use today to talk a bit about the assignment topic; animals predicting the weather. Would anyone like to go first?
M: In general, animals are more aware of their surroundings because of their heightened survival instincts. So, an animal will be perceptive to subtle changes in humidity, temperature or air pressure.
W: That's what I came across in my research also. Small animals will run for higher ground when serious storm clouds begin to build up in order to take refuge from a heavy down pour.
P: Okay. Good. But, does anyone have examples of the behavior of specific animals linked to weather prediction?
W: It has been reported that bats and birds fly at different altitudes depending on the weather. Before a rain storm, they tend to fly lower to the ground because air pressure is lower; sort of like the air has thinned. In this case the bird or bat has to work harder to generate lift from their wings at higher altitudes. But when the air is dry and the air pressure is higher, it is easier to fly at higher altitudes because the air is denser.
M: I'm writing my paper on the ability of animals to predict earthquakes. Mostly researchers have only been able to find anecdotal evidence about such behavior.
P: Interesting. Can you elaborate more about how you wish to approach this topic?

P: 여러분의 리포트가 모두 잘 되어가고 있는 것 같군요. 그래서 오늘은 그 과제의 주제에 대해 이야기하는 시간을 갖도록 하겠습니다.--날씨를 예측하는 동물들에 대해서요. 먼저 이야기해보고 싶은 사람이 있나요?
M: 일반적으로 동물들은 그들의 강한 생존 본능 때문에 주위 환경에 보다 민감합니다. 그래서 동물은 습도, 온도, 혹은 기압 상의 미세한 변화를 감지할 수 있을 것입니다.
W: 저도 조사하면서 그 내용을 알게 되었어요. 작은 동물들은 무거운 먹구름이 형성되기 시작하면 폭우를 피하기 위해 높은 지대로 달려갑니다.
P: 네. 좋아요. 그런데 날씨의 예측과 관련된 특정 동물의 행동에 대한 예를 알고 있는 사람은 없나요?
W: 박쥐와 새들이 날씨에 따라 다른 고도로 난다는 것이 알려져 있어요. 폭풍우 전에는 그들이 땅 쪽으로 더 낮게 나는 경향이 있는데 이것은 기압이 낮아지기 때문입니다. 이를테면 대기가 희박해지는 거죠. 이 경우에 새나 박쥐는 그들의 날개에서 상승력을 만들어내기 위해 높은 고도에서는 더 열심히 움직여야만 합니다. 하지만 대기가 건조하고 기압이 높을 때는 높은 고도에서 날기가 더 쉬운데 이것은 대기의 밀도가 높기 때문입니다.
M: 전 동물들이 지진을 예측하는 능력에 대해 리포트를 쓰고 있어요. 대개 연구가들은 그런 행동들에 대해 일화적인 증거만을 찾을 수 있었죠.
P: 흥미롭군요. 이 주제에 대해 어떻게 접근하기를 원하는지 보다 자세히 설명해줄 수 있나요?

28. 화자들은 주로 무엇을 논의하고 있는가?
A. 폭풍우가 칠 때 동물들의 행동
B. 날씨 변화를 예측하는 동물들의 능력
C. 새가 나는 것을 보고 기압을 측정하는 것

D. 지진을 예측할 수 있는 동물들의 유형

해설 강의 첫 부분의 "So, let's use today to talk a bit about the assignment topic—animals predicting the weather." 에서 강의의 주제는 날씨의 변화를 예측하는 동물의 능력에 대한 것임을 알 수 있습니다.

29. 화자들은 다음에 무엇을 할 것인가?
A. 한 학생이 자신의 리포트 주제에 대해 이야기하는 것을 듣는다.
B. 동물과 날씨 예측에 대해 보다 자세한 조사를 해본다.
C. 학생들의 리포트에 대한 교수의 평가를 듣는다.
D. 그들의 리포트 주제를 뒷받침 할 증거를 더 수집한다.

해설 강의의 마지막 부분에서 교수는 남학생에게 리포트 주제인 지진을 예측하는 동물에 대한 이야기를 자세히 해보라고 하므로, 학생들은 남학생의 리포트 주제에 대한 이야기를 들을 것임을 예측할 수 있습니다.

30. 왜 새들은 폭풍우 전에 더 낮은 고도로 나는가?
A. 피난처를 찾기가 더 쉽다.
B. 그들은 더 빨리 땅에 내릴 수 있다.
C. 낮아진 기압이 나는 것을 어렵게 한다.
D. 비가 오면 밀도가 더 높아진다.

해설 "In this case the bird or bat has to work harder to generate lift from their wings at higher altitudes." 에서 낮아진 기압으로 인해 높은 고도에서 나는 것이 어렵다는 것을 알 수 있습니다.